ON THE ROCK

ΣΤΟΝ ΒΡΑΧΟ

TITAN

ALLYSON VIEIRA

ON THE ROCK

THE ACROPOLIS INTERVIEWS

ΣΤΟΝ ΒΡΑΧΟ

ΟΙ ΣΥΝΕΝΤΕΥΞΕΙΣ ΣΤΗΝ ΑΚΡΟΠΟΛΗ

SOBERSCOVE PRESS | CHICAGO

Soberscove Press
Chicago, IL
www.soberscove.com

Library of Congress Control Number: 2018906762
ISBN 978-1-940190-22-8

Design by Stacy Wakefield
First Printing 2019
Printed in Korea

This publication was made possible with the support of FLACC Workplace for Visual Artists, the Graham Foundation for Advanced Studies in the Fine Arts, the Hafter Family Foundation, and the Henry Moore Foundation.

Graham
Foundation

TABLE OF CONTENTS

ΠΙΝΑΚΑΣ ΠΕΡΙΕΧΟΜΕΝΩΝ

ACKNOWLEDGMENTS

I OWE MANY PEOPLE thanks for their radical support—moral, artistic, practical, and financial—in my pursuit of a new project, a type of which I have never attempted before. Thank you for believing that a book about an ancient craft is something worth making and something worth reading.

First and foremost, I must thank Polyanna Vlati: my friend, link to the carvers, intrepid assistant, translator, and "fixer." Without her agreeing to work on this project with me, quite literally it would not have happened. She was the "yes" that started this ball rolling. I met Polyanna through Nikiforos Sampson, who, sight-unseen, generously agreed to take me on a tour of the Acropolis worksite, allowing me my first behind-the-scenes glimpse of the place that has kept me thinking for years. That visit with Nikoforos and Polyanna, and our subsequent trip to the ancient quarries on Mount Penteli, were two of the most exhilarating days of my life. Nadia Gerazouni, director of The Breeder, Athens, connected me with Nikiforos through her extensive social web. Leonidas Halepas, sculptor and director of the School of Fine Arts at Pyrgos, Tinos, generously shared his time and spirit.

Julia Klein, my publisher, believed in this project from day one and has been an amazing champion, organizer, fundraiser, critic, and friend. She was the second "yes." Dimitris Sakkas provided excellent transcriptions, and could really make me laugh. Andrea Gilbert, my good friend and Greek to English translator, gamely took on this project despite the abundance of obscure and technical terminology and the challenge of translating verbatim interview transcriptions. I owe thanks to Chaido (Hilda) Papadimitriou, who provided wonderful English to Greek translations; Kristi McGuire, our English copyeditor and proofreader; and Giorgos Theocharis, our Greek copyeditor and proofreader, for being patient with our shifting timelines, and for wading through this dual language—and dual alphabet!—book. I am especially grateful to Stacy Wakefield, my dear friend and an extraordinary book designer, for generously giving her time and energy to this project.

My partner, Stephen Ellis, always my biggest support, read early interview drafts and told me they were great, even when they weren't quite yet. His enthusiasm for the project kept me engaged through the years it took to complete it.

FLACC provided the crucial research and travel support to get this project off the ground. The Graham Foundation, the Henry Moore Foundation, and the Hafter Family Foundation generously funded the editing, translation, and printing of the book. Without their support, this book would not have been possible.

But I owe the most gratitude to all of my interviewees, those in the final edit and those not, without whose emotional and technical generosity, patience, and candor, this project would not have had wings. You have been fascinating me since I first saw you working from afar in 2011, and you continue to do so. It has been a profound privilege to meet you, and to be allowed into your craft and your lives. I humbly hope that I have represented you as you were with me in person: intelligent, lively, frank, defiant, and warm. You will always have my deepest admiration. Thank you for trusting me.

PROLOGUE

I AM OFTEN ASKED IF I'M GREEK. I'm not. And no, I don't speak the language either. I am not a classicist, an art historian, or an archeologist; I'm an artist, a sculptor. Yet since childhood I've had an interest in Greece that feels so natural, so innate, that those simple inquiries have given me pause. Why does Greece continue to offer me fresh insights about the intersection of time, site, material, labor, economies, and power structures, stretching across millennia? This book is a product of my ongoing examination.

I first visited Athens in August 2007. Just a few years after the 2004 Olympiad, it was a time of relative prosperity for the country. But I arrived in the midst of a punishing heat wave, and the Peloponnese was ablaze. After smoldering for months, fires exploded out of control across the country and around Athens. The sky turned to smoky orange; ash flurried down on the barely-there breeze. Some of the fires had natural causes, but many were set by arsonists attempting to take advantage of antiquated and vague land-development and ownership laws. The fires devastated the countryside and suburbs. The nation was in a state of emergency. At the same time, the campaign for the 2007 parliamentary elections was in its final, all-or-nothing throes, with rallies and counter-rallies in Syntagma and political signage and flags papering the city. The stakes were high everywhere, and the public's emotions were intense. *This place is not like other places*, I thought. I became bonded to it; I wanted more.

Despite everything, the Acropolis was still open for business. I had been warned by a well-meaning friend that it was surrounded by scaffolding. I paid that no mind: I was a pilgrim in final ascent. But after an hours-long survey of the site, staggering from heat and awe, I could no longer ignore the fact that the Parthenon, this ancient architectural marvel, was also a work site. Scaffolding enveloped the building, accentuating its geometry with a crystalline superstructure. Utilitarian outbuildings huddled blank-faced by the Parthenon's side, obscuring tourists' views. But the site was quiet: it was August, too hot to work outdoors, so the workers had the month off.

Nearly four years later, I returned to Athens on a gray New Year's Day, 2011. The economic crisis was now in full swing, and the blazing city I thought I knew was dark and muted. On my first jetlagged afternoon, I walked down Athinas from my hotel on Lofos Strefi. The city was shuttered for the holiday—only a bakery or two was open—and I was offered a "*Kalí Chroniá*!" with my cookies. I practiced saying it under my breath while I wandered around the base of the Rock, as Athenians refer to the Acropolis. I meandered along Dimitris Pikionis's paths of repurposed neoclassical marble spolia, always glancing up: in Athens, with the Parthenon looming overhead and untold millennia of ruins underfoot, one treads lightly on an ever-shifting, soap-bubble membrane of the present.

A few days later, I went up on the Rock. Far from the crowds and dangerous heat of August, it was now cool and relatively quiet. The whole color of the place changes in the winter. Instead of hot milk-and-honey stone thrusting up into an impossibly blue sky, a harmony of warm and cool grays invites sitting, thinking. The sharp whine of saws, the banging of air compressors, and the ringing of hammer and chisel underlaid occasional eddies of tourist chatter. I watched workers crawling over the scaffolding and walking along the architrave. Cranes jutted out akimbo from the rhythmic geometry. Workers heaved huge planks of wood, building a massive concrete mold in front of the west stairs of the Parthenon. Day after day I returned. I found myself photographing the workers and their relationship to the building more than the monument itself. I took a few shaky, tentative videos of the crane operating: a mechanical giant's arm slowly dipping in and out, moving ancient architectural pieces with an embroiderer's delicacy. As my documentation progressed, the workers and the construction equipment—the *work*—pushed their way into the foreground, while the Parthenon became a stage for their actions. At a certain point the workers noticed me lurking. I waved sheepishly: just another gawker.

Instead of getting crossed off my travel list, contemporary Athens reinscribes itself in me with each subsequent visit. It unfolds a little more each time, allowing me one step further in, teasing me into thinking I know it better than I do, and seducing me back for more.

When I returned in January 2013, I knew why I was there: to watch the work. Sitting alone on a marble bench for hours with my camera beside me, I watched and filmed workers fluting new column sections. For the first time, I was close to the action. I could see that they used angle grinders, the same tool I used in my studio. Watching them, I could feel the machine in my hands. But what were they doing and how did they do it? Who were these people saddled with the awesome responsibility of re-carving the West's greatest monument, treading in the steps of architectural gods? (Or as one of my interviewees later said: "*Agia Acrópoli!*") One step deeper. . . .

A year and a half later I was back. I lived in the city for the summer of 2014 while creating an exhibition for an Athens gallery. I wanted to shoot the work on the Acropolis again, but this time I needed to do it right: a good camera, a tripod, a little planning. Working with rented equipment, I wouldn't have the luxury of returning day after day until I got the right shot. I needed to know which hours, which days, the workers were on site. It was another blazing summer—what if the workers were off because of the heat? I couldn't take the chance of missing them, so I asked the gallery director if there was any way to find out their work schedule. A few degrees of separation later, I had a contact: Nikiforos Sampson, a young contract carver who volunteered to meet me. I was over the moon.

But, it felt important for me to complete the work before I met Nikiforos. I still needed to feel like an outsider to make the artwork as I had envisioned it. Armed with the schedule, I went up as soon as the site opened and shot alone. A few days later, I returned to meet a smiling, bespectacled guy in the Propylaea. And then I stepped behind the scenes.

As we walked together through the workshops on the north side of the Acropolis, Nikiforos showed me the outdoor carving studio where missing chunks of marble are replicated, the large saw that he operated, and other assorted workspaces. We crawled over and between monstrously scaled marble blocks, old and new. I asked permission before I touched the ancient stone, and laughingly, Nikiforos replied, "Yes, of course!" It was all so unfamiliar—yet familiar—so exciting, and it was coming at me very, very fast.

We walked across the Rock to the Parthenon, over the rope cordoning off the stairs, through the scaffolding shell, and up into the temple. Just like that, I found myself within the cella, the sanctum, the holiest of holies. It was filled with workers carving, hoisting, having coffee, barely looking up at this goggle-eyed interloper. A crane loomed overhead. We walked over to a young woman cleaning corroded iron clamps—Polyanna Vlati, Nikiforos's friend from marble carving school. Together, they took me, a stranger, around the site, showing me what they were working on, their favorite places—the hidden minaret, the artillery impacts—all with a continuing astonishment that anyone from the outside might possibly be interested in what they do. Then we all had a coffee together in the little shack in the middle of the cella, which served as a break room for the workers.

A week or two later, the three of us took a short road trip north of the city—up Mt. Penteli to the ancient quarry, the original source of marble for the Acropolis. We climbed around in the clay-bottomed cave, and watched the sun set from the mountainside. We were friends. A few days later I was home in New York, but I couldn't stop thinking about my experiences with them.

English-language information about what I had seen was scant to nonexistent, and what I was able to find was written from an academic or bureaucratic, data-driven perspective. Conservators, archeologists, historians, and engineers had published informative texts about the restoration of the Acropolis buildings, but the information I sought, the hands-on "how-to," the history of the carving, or even any mention of the marble carvers and their craft, was nowhere to be found.

About a year and a half later, I floated the idea of this book to Polyanna and my publisher at the same time. I was incredibly fortunate that both of them said, "Yes." But by the time I was able to return and conduct the interviews in 2016, both Polyanna and Nikiforos, along with their fellow contract workers, had been laid off. The funding for their jobs was spent; only the permanent Ministry of Culture employees remained. A wave of crisis-driven retirements in the years just prior to my previous visit had also thinned the workforce. It felt like the crucial moment to document a community—and a craft—in transition under an externally imposed crisis.

The layoffs came from high up within the Ministry, not from anyone on the Rock. Polyanna maintained warm relationships with her former co-workers and was able to introduce me to enthusiastic interview subjects. Her trust and friendship allowed me unparalleled access to this community of carvers. For all of June 2016, we worked together; she was my facilitator and local translator. I conducted twelve interviews in Athens, on the Rock and off, with both current Acropolis workers and those recently laid off. We visited the Dionyssos quarry on the far side of Mt. Penteli to see where and how the new marble for the Acropolis is quarried. Then we traveled to the tiny island of Tinos, the stronghold of traditional marble carving in Greece and home of the School of Fine Arts at Pyrgos, where new generations of marble carvers are trained in traditional carving. There I interviewed three recent retirees and one older, laid-off contract worker, and I visited the school and the antique quarry.

After returning home, the long process of transcription, translation, and editing began. The interviews are structured as monologues in an effort to allow the expression of individual voices and personal stories to communicate uninterrupted by neither an artistic or academic superstructure nor by my own presuppositions. I have not extracted "facts" for my own use, nor have I interpreted or "corrected" what was said. They have been condensed and edited for clarity. In preparation for conducting the interviews, I studied Studs Terkel's collection of interviews, *Working* (1974). I was deeply affected by that book, by the political potency of its frank, democratic tone, and by the unvarnished pathos and distinct voices of Chicagoans from all walks of life talking with pride, bitterness, and resolve about their jobs. I aimed to allow the carvers to explain their work and history in their own voices, leaving the technical, sociological, and personal aspects of their lives interwoven, as they are in life.

I hope for this book to establish a permanent written and photographic record of the building, material, and cultural practices of the small, fragile, and potentially imperiled community of master marble carvers who have reached the pinnacle of their profession: working on the Acropolis restoration project. Though these master carvers are inheritors of millennia-old building and craft technology, this book is the first documentation of what they do, how they do it, and how they feel about it, in their own words.

—**ALLYSON VIEIRA**

The essential marble carving tools: pencil, folding rule, kopídhi *(pitching chisel),* velóni *(pointed chisel),* dislídiko *(small toothed chisel),* fagána *(large toothed chisel),* láma *(flat chisel), hammer, and* píhi *(parallel straightedge).*

THE INTERVIEWS

GIORGOS ANGELOPOULOS

In his uncle's barbershop, Athens

TO START AT THE BEGINNING, I'll have to go back thirty-five, thirty-eight years. It started in 1974. Since childhood I liked working in stone, and when I came to Athens at fourteen—no, twelve years old, from my home in Ilia, or as you would say, from the Peloponnese—I was really impressed. One day I was with my uncle, my mother's brother, and we passed by a workshop where I saw a sculpture of an aviator, an Air Force man. It was just a plaster figure. And I admired it so much that I wanted to do all that work. I wanted to be able to make it myself.

I was thirteen, and I decided then and there. With my uncle's help we found the sculptor and talked to him: Yiannis Georgiou, who was by then a very successful sculptor. I went to school at night and worked in the morning, from seven o'clock until three. I studied in the afternoon in order to go to school in the evening.

In early '77, I began working officially. Before that I was working as an amateur, an apprentice. But in 1977, I earned my first legal wage. I was sixteen years old. The first period was extremely hard because our work is arduous. That is, the *mandrakás* and chisel—as a young boy to take that up and work on the marble is certainly tiring.[1] It's one of the hardest tasks—marble sculpting. How can I say it—being on your feet for so many hours chiseling marble is wearing and tiring. You need arm muscles; you have to have to have a robust constitution to be able to cope, so to speak. After a while you get used to it. And by now, as experienced as I am, no matter how many hours I'm standing it doesn't bother me. Rather, it gives me pleasure, like I'm not standing at all.

[Georgiou's workshop] is well known, so we didn't work only in Athens. We made all types of monuments—memorials, statues—all over Greece. We had jobs from Crete to Evros, on almost every island, whenever and wherever there was a need. We made memorials of heroes, we made statues for cemeteries, for public squares, we made major public monuments. . . . I worked together with [Georgiou's] son—we were a year apart in age. I later left to work on the Parthenon. But the son has continued; this marble workshop still exists.

[Georgiou] was a very strict master, a very good teacher, because that's the only way you can learn this work. Oh, he was extremely strict. Very! His strictness interested me in that he was not strict for its own sake, or because of his personality. It was all about the work. He simply was strict in order to teach the kids who studied alongside him, his son and me, for us to properly learn the work. Especially about the detail, because marble requires serious patience and attention to detail. Damage can occur in an instant. So you must have the experience to protect [the marble], especially when you're dealing with four, five, or six, or ten tons of marble that you have to move or turn over to work in various ways.

With all the experience that Yiannis Georgiou had, he certainly wouldn't have anyone do something irresponsible or dangerous. He had me do simple types of work first. I started on the full block of marble, and he watched me until the point that I wouldn't damage it. As time goes by, you gradually evolve, you gain experience until, at some point in the stages of the work, you become trustworthy. The

1 *Mandrakás* (pl. *mandrakádes*): a small, symmetrical, square, hand-held hammer, often with slightly flared ends, used with a chisel.

master trusts you and you begin alongside him, and with his help, of course, you work carefully and until the final form emerges.

Mainly I dealt with marble. I made the marble copies from my master, who made the clay, and from the clay I—we—made the plaster cast. That was great experience. When a sculptor makes the clay, he has an inspiration of his own, which is to achieve a specific [likeness of a] person. From that clay I had to make that same likeness in marble. It requires great care. Everyone had his responsibility.

I could tell you, of course, about some of the large personal jobs that I've done such as the Venizelos in Thessaloniki, which is four meters, twenty centimeters. It was the first piece that I participated in, but as a secondary master. From then on I had the experience to undertake works by myself, such as the Lion of Piraeus. I also did Makarios, the leader of Cyprus, a 2.2 meter statue.

I remained [in the workshop] twelve years, and then I considered myself a ready master. Okay, the reason that I left then was that I wanted to do my own thing. I felt that I was ready as a marble master. At the same time, [the Acropolis job] came up, so I went there. It was a coincidence that when I applied to go up on the Rock, I had an old acquaintance there, a marble sculptor, who I'd worked with in the workshop. In 1987 about twenty of us took exams and I basically came in second. So I got into the Acropolis. That's when I was twenty-six. The conditions and the pay were okay there, and at the same time I was working at a second job. If I hadn't liked it or seen something that didn't sit right with me, I could have opened my own shop, let's say. That's what I mean.

Look, when first I went to the Parthenon, I felt really different. It's a big difference from the private sector, the behavior and the demands are different. At the workshop you are obliged to obey and accept your master, or as I told you, I wouldn't have been able to learn the job. There was also the strictness and other things that were oppressive. I wanted something better. On the Parthenon, the engineers and the architects behave differently. They don't speak the same way as in the private sector, where they can curse at you. I guess the reason I left [the workshop] was that I was feeling humiliated. That is, you are required to listen to whatever and if you respond or argue, you're finished. And I wasn't satisfied with the money I was getting. In general, there was a lot of pressure. However, when I went to the Acropolis, I felt liberated. That is, so long as I knew the work, I didn't have anyone on top of me. You always advance, that's the way I began, and I later became, by the engineers' choice, the foreman of the place.

To learn this craft and then dare—like me—to apply to work on the Acropolis. . . . This craft is so specialized. You have to have patience. And you have to sacrifice a lot to manage to reach that level, to say that you'll go to do a task such as the Parthenon. To touch those sacred marbles!

So, I was somewhat anxious about starting work there, even though I knew by then that I was experienced in marble. But making a statue, which I knew how to do, and the exams I took at the Acropolis were very different. [The Acropolis work was] more difficult, because until I entered the space and saw exactly what the old masters were involved in, I was anxious about what I would encounter and if I could handle it. But I was sure about the work I did, so I knew that I would adjust quickly to the new work environment. But still, I was nervous about what exactly I would be working on.

On the Acropolis, you work with clean, straight surfaces—something I realized immediately after I started working there. The difference is that with a statue, when you make a figure, it requires incredible care, but [on the Acropolis], you are in contact with surfaces that have to be perfect. Straight surfaces I mean. The contact of one piece of marble to another must be perfect.

Besides the straight surfaces, as the work advanced, there was also the process with the pointing machine.[2] When we find a broken marble, we make a mold [of it] and then make a new supplemental part to hug the ancient part. In other words, we fit the ancient surfaces with new supplemental pieces. In essence, at some point I did the same work that I did as a sculptor in the workshop.

The work there has pointing, chiseling, complex problems. For example, the fluting when we did the northern colonnade. . . . That required really accurate geometry. You have to have the experience to divide the column drums into twenty even parts. You have to make negative forms to prepare the depth of the flutes. Also, when you are dealing with the guttae, that also requires the corresponding geometry to separate, to divide, to do the guttae forms correctly.[3]

In general, it's not something you would call easy; it's difficult. It requires great care. Whether it's a sculpted face you're making or a straight surface, or if you have to make guttae, or a Doric capital—which also requires its own technique to create it—or whatever else is needed on the temple, everything requires responsibility and knowledge. You have to have a lot of experience with how to begin making each thing. I think working on a sculpture is not as complex as what we do on the Parthenon.

The old craftsmen—before we had technology, now we have all types of power tools—had the experience, as I do, to do very perfect surfaces by hand, in

2 Pointing machine: a three-dimensional measuring tool used by sculptors to accurately copy sculptural models into a different medium.

3 Gutta (pl. guttae): a small, water-repelling, cylindrical, or cone-shaped projection on the architrave of Doric order temples.

the large dimensions—any dimension—required for the Parthenon. When I went to work at the Parthenon in '87, there weren't any routers, Dremels, angle grinders, no electric tools. We were obligated to make all the surfaces—the faces of the marble, the visible surfaces—perfect, by hand. It just took a lot more time then. Now you can do the surfaces in a very short amount of time when you use the power tools. But you still have to do ninety percent of the work by hand in order to use the machine. Despite the fact that we use electric tools, you apply your hand again right afterwards. The last touch is the hand. To make the work look beautiful, handcrafted. You give it beauty.

At that time, when each marble block came from Dionyssos [quarry], it was irregular. In other words, you ordered a dimension but it didn't come squared. It was an irregular stone, a rock. The first thing you do is to choose which of the four sides you will smooth first. You start from one side, fix it, and from the side that you have perfected and finished you can measure [the others].

You start with the longest side because you can't start from the shortest and measure everything off of that. Then you use your tools based on the dimensions you want. You have a carpenter's square, you have the measurement, you have your ruler. You mark the height, the width, or whatever is useful, and you begin [working] the surface above the one you've just smoothed. You make the angle with your square at whatever length you need, and from there you mark it with a pencil, and you begin. You make your first move with the *dislídiko* above the line you've drawn.[4] You put guides all around, then you begin from where you made your marks with the disilídiko. Immediately after that you work with the *velóni* to do the initial hand-planing.[5] After the velóni, you use the *fagána*.[6] You get down closer to the place you have to go. In the final phase, after the fagána, you have the *láma,* which gives you the final result.[7] But before all that—after the velóni and before you switch to the fagána—there is the so-called *péki*.[8] You use two *píhes*—one opposite the other—so you can see if you're accurate on the cornering and the angle of the marble.[9] So, that's the best guide, to check the péki, using the two píhes, to be one hundred percent sure that you're on the right track.

Oh, but I left out a tool. When you have a block where you have to remove a lot of *ápergo* to make it straight—I forgot to say that before the velóni—you use the

4 *Dislídiko*: a small chisel with fine teeth.

5 *Velóni:* a pointed chisel.

6 *Fagána*: a large toothed chisel.

7 *Láma:* a flat chisel.

8 *Péki*: alignment, level, square, or pitch.

9 *Píhi* (pl. *píhes)*: a parallel straightedge bar.

kopídhi, okay?[10] Because that makes it easier to make it all even, I mean, to make it straight, in a condition that allows you to then start with the velóni.

I will put all these tools I just mentioned in order for you when you come up, so you understand what I mean. And I'll probably make you a sample, of what I'm talking about, about how we work, how we begin measuring. That's how I'll make you a hotshot! Because you're a sculptor! You're one of us! [*laughs*]

There are two types of power tools. There are the heavy tools and the light tools, which are the *svouráki* and the *koftáki*—those two are the basic ones.[11] Those electric tools can really lighten your load when you have the experience and the know-how to work the marble with them. You can do your work quicker and easier, especially when you have a large block and you have to remove a lot of the existing marble, it's a big help. But only up to a point.

In the first stage [of squaring a block], when I choose what my first surface will be—more or less by eye—I have to mark where I will put the koftáki. You cut very close to the guides and see what remains in the center of the marble. After you've seen the depth, how much excess stone there is, then you take the koftáki and make a series of cuts in it. Then you can remove it easily with the kopídhi. And from there you can work quicker and easier.

Besides the tools a marble craftsman has, since I mentioned the heavy type—all custom designs of course—there are the *kóftes,* which work well.[12] The classic saw only has one action. But since on the Parthenon we needed some tools that required a particular way of handling the material, we needed a "patent" by a specialist, a machinist, who created a saw for us with multiple actions. When you've marked the marble you want, whether it's a column drum, or an architrave or any other member, and it has excess stone to be removed, you put it on the machine and it removes all the waste in a very short time and much more easily for you. After this machine, then the hand comes in. The final treatment is done by hand.

We recently did the reconstruction on the north side, from the fourth column to the eleventh. Because they had to be in place and properly divided into twenty even parts, we left the drums rough when we put them into place. When we arrived at the capitals, I measured with the plumb line from the last drum to the first, because we had to bring all the straight lines in twenty even parts, to create the edges.[13]

10 *Apergo*: excess marble that must be removed; *kopídhi*: a pitching chisel.

11 *Svouráki*: a hand-held electric sander; *koftáki*: literally "little cutter." A handheld power saw or angle grinder..

12 *Kóftes*: literally, "cutters," here meaning a very large, stationary, wet-cutting, circular saw.

13 The "last" drum is the top drum; the "first" drum is the bottom. They are numbered 1–11 in order of how the column is constructed, from the bottom up.

When the edges were drawn, we took molds [of the fluting] from the healthy parts of the ancient column along the whole height. We needed about six or seven little plaster molds, from the first drum to the eleventh drum, because the column gets smaller. So, from the first drum to the eleventh, the depth—the dimension—of the fluting lightens. You must make the corresponding mold section by section, to find the depth and the entasis that exists in each column.[14] You have to make plaster molds of the healthy ancient flutes so that with your knowledge and the study that the civil engineer or the architect gives you, you know the dimensions you need to make the thickness of each flute facing it. Understand?

We make the molds and number each of them [with] which [column drum the mold] corresponds to, [starting] from the bottom. After we've made the edges, then we start along the height and make guides. With these molds we've made along the whole height, we get guides [for the flutes]. We then make little cuts. So, then we join these guides along the height and that's how, from bottom to top, we align all the surfaces with the depth.

When the edges are now marked and the forms have been prepared along the full height, as I said, then the carvers—in groups of two or three, depending—go up onto the scaffolding. With the mold, the carver finds the depth he needs to reach. When all the guides are ready, he descends from top to bottom. They join the guides—it's like an elevator—and then after they've taken off the guides, they go up again to the top and begin the detail work in order to reach the final result on the whole of each drum. We work from the top down, so we don't eat all the dust and get hit in the head with the chips.

Along with the koftáki, the electric tool, we also use hand tools. The electric tool helps, gives you a little relief, it removes a great deal of excess marble so that it's easier afterwards to use hand tools to break off whatever isn't necessary. How should I describe it? With the koftáki you make cuts centimeter by centimeter. But it goes gradually, little by little. You make cuts, then everything that's left you break off with the mandrakás and the kopídhi or velóni, because now the marble is thinner, weaker. It's one thing to have solid marble and to strike it, and another to do it with thin marble. It requires less strength and you proceed faster, you work with less effort.

Of course, you know the depth from experience. You have to know where to cut, right? It's empirical, you see. The guides immediately give you the depth. For example, when you have to go three centimeters, you watch the koftáki. Someone who doesn't trust [himself uses] a marker on the cutting wheel and makes a little

14 Entasis: tension; specifically, the slight convex curve of a column shaft to correct an optical illusion of concavity.

mark, as a visual guide. He sees the red mark and goes, "Whoops! I'm not going any deeper here," stops, and goes to the next one.

I do that when I have large distances and I don't want to tire myself later. I prepare the surface by hand. I do that when I have to do many cuts. Now, if I had only three, I wouldn't do that. Then I use my eyes. . . . Once I get my mandrakás and velóni, fear me where I work! [*laughs*]

I use the marker in order to make parallel cuts of the same depth. Then you break off the rest and refine the results. But when you go to do the final surface, you can't use the sander or the koftáki; the finishing is done by hand, and you must know how to use your tools. We use the láma, struck with very soft hammer blows, just enough to roughen it. It's a choice of how you want the fluting to look. We used to use the láma with short mallet strikes and it looked really beautiful. We still do that, but now we also use sandpaper on what we've done, such as the fluting, with an adapted tool that hugs the sandpaper. Wherever there are stubborn spots, we go back to the láma.

But there is a witness for every flute we make: the sun. When it comes to finishing each flute, you have the sun as an ally. It helps you a lot. The shadow of every flute becomes immediately visible, on the spot. Wherever there's a detail you don't like, you fix it with sandpaper or the láma, as long as you have patience. Basically the láma is the final stage of making the fluting—a three or three-and-a-half centimeter one.

You can't really say what they used on the ancient surface, because the marble is so old. There are some samples of láma marks, but the temple was painted. So now, with the passage of time, all that has. . . . The surface is sugared, so you can't say for sure. There are some ancient traces but we have to make a decision of what looks more beautiful, how beautiful it should look. But I think the láma was the final tool.

I generally I go up to the Rock very early in the morning, well before the start of the workday. I get there at 6:30, I drink my coffee, sometimes in the summer I go outside and look at the sea. It's amazing to be up there in the morning, watching the sunrise. A lot of days the air is terrible, but on the good days it's great: clean atmosphere, enjoy the sunrise, drink your coffee, gather your thoughts before the whole staff gets there to start work. There are, of course, things from the previous day or from before I go to work that I think about while I'm drinking my coffee. I think about what has to be done that day, what each worker will have to deal with and I know the schedule very, very well, each thing that has to happen. When they get there, I put each one in his place: where he should work, what he should do.

I'm inspired by the place from the first moment I go up to the Rock to work. I know that I will be pleased and that the place where I work will please me—that and the good collaboration with the workers that I have on the job there. Whenever I go to work I feel that no matter what happens with the employees, the workers, when we leave at the end of the day there will be something to show for it. By the time I go to work I've planned the schedule and everything goes well. In other words, every day is pleasant for me. I don't have any difficult days.

In all my years there—I'm now thirty years on the Acropolis—there are days that, you see, begin very well. That is, all the workmen are in good spirits and we begin energetically. Satisfaction is when you finish at midday, when the schedule you've planned works out, when all the workers have been very productive. But what matters is that most of the time there is a schedule, there is steady output from the workmen, and we function very well.

There are days where half of them—you see, you need some psychology to work—aren't in the mood. Sometimes I get annoyed when something doesn't go well. I see which of them does something on purpose and the matter is complicated. But I have a way of making every day pleasant! That is, even if someone is a bit upset or they have a personal problem, with my humor and joking I can change his mood and then he gets into the spirit of the work, and it happens. But there is no day where the mood isn't good. We joke around, tease each other. Of course not all the time, but just to change the mood a bit!

Before I was the foreman, I only had one responsibility: I had the piece that the foreman gave me, and I had to work on it. Working on a piece is a very pleasant way to spend your day because you love it.

The foreman has a huge responsibility, because when I have fifty men, and I have to give all fifty a piece to work on, I have to look after each one and see how he's doing so mistakes don't happen. I have responsibility and anxiety about [each person's] work. It's a huge difference to have this kind of responsibility. But when you're certain, when you have a lot of experience with the objects, you have courage, you know the work, you can immediately give your orders and each workman will understand what you're asking of him—that's what has to happen. So that's how in the daily routine things come out as they should. But there's a big difference. Sometimes they say that the foreman's job is restful because he doesn't deal with the hand labor. However, you participate everywhere. In other words, you have to be hands-on in every difficult phase. If you don't love it, then it's tiring. It's better not to have this kind of title if you don't feel like you have the strength and the lungs to put up with it.

Thank God, in all my years there, a nostril hasn't been split open. I mean, no bad thing has happened, no workman has been hurt, no piece of marble has fallen and hit someone, no major injury or electrocution has happened—because we have current everywhere. In all my years I haven't experienced anything bad like that to ruin our frame of mind. Sometimes I do worry, though. Like when there are very difficult procedures planned for the next day, and especially if there are reporters or TV cameras, you have to be extremely careful. But when what you have to do goes perfectly, you feel such satisfaction that you forget the morning's difficulty.

I have an example—I just remembered it—of a difficult day that I was anticipating. On the south side, the fifth column, the bottom drum had a serious structural problem, which, if an earthquake happened, would have toppled it. So, we made a custom device and lifted seventy tons of weight a half centimeter up. We detached the entire column, except for the architrave on top. The column was by itself up to the capital. So, with one grab, we lifted seventy tons of weight and shifted the entire column two meters to the north. To free up the first drum so we could fill in its gaps. It was nearly half ancient and we had to supplement the rest.

Well, that day the TV was there, ERT, reporters, photographers.[15] And because they knew what was going to happen, they were all next to us, practically on top of us. Well, at some point, while we were pulling and the first drum had been raised half a centimeter from the surface, it was teetering like there was an earthquake. See, I'm telling you about it and you're terrified! And just as I lifted my head, I see that the photographer is way over there. That is, everyone had disappeared!

But it was okay. We shifted back the seventy tons—the entire column—after the gap was filled in. The entire column came back to its place and was set down.

I was one of the two people who coordinated the special device that we used to move it two meters back. I could put that as one of my most difficult days, because for that to happen. . . . That's why I said that when we finished, afterwards I felt so good. I was the one under all this pressure. Because if something slipped or something didn't go well, for sure we'd have had—I can't describe it to you, okay, worldwide we'd have become. . . . And besides that, a life could have been lost.

Also, I can say something else. It was a little easier, as far as something bad happening. The *katafraí* in the last architrave on the north side.[16] We're talking about nine to ten tons of weight, right? And when we say katafraí, we mean the final piece of marble that goes in. It has to be carved to the tenth of a millimeter. You have to have that kind of perfection to lower it and have it go in correctly, without it moving. Because if any movement happened, we'd have a loss, the marble would break.

The vertical architrave on the north side—I'm referring now to the end—this architrave has many particularities. This was a project that I'd taken on personally.

15 ERT: Greek national television.

16 *Katafraí*: a nautical term meaning the final, central piece of wood that completes a hull. Here, the final block that is placed, connecting all the rest.

We lifted up the entire column and changed a drum from below. It was a half drum. I don't know if you've seen it in a photograph. Then we matched the piece, supplemented it there, and then we reinstalled it. Under the entire column! I don't recall how many tons it was. It was very impressive! That is . . . what can I say? You felt like you had a superpower! Since you lifted the Parthenon!

I was there for twenty-five years. We were all good guys on the team, good craftsmen, and, most of all, friends. We worked side-by-side with enthusiasm, with gusto, and we were being paid. We got fully into the work. In the beginning we worked on the eastern side. We lifted one corner to fix a capital and the other corner because we wanted to take down the lion that was on the left eastern corner, towards the Erectheion. We took down whatever marbles had to be taken down, we corrected them on the ground—as we do now—and we reinstalled them. We reworked them. We worked with the mandrakás, velóni. Like normal!

Filling in missing pieces wherever a piece is missing, patching, using the pointing machines . . . it's how we make a patch. We have an ancient piece, which is broken. The first process is to make a copy of it. We take plaster, we take wadding and we make a plaster cast of the break. Then we remove the plaster from the marble and we take a piece of new marble, always using the same measurements of the piece we're missing and we try to match it. We match the plaster by carving centimeter by centimeter with a tool called a pointing machine. It becomes a copy of the broken piece.

The electric tools help to take off large amounts of marble. When there was a surface with a lot of marble that had to go, the electric tools helped a lot. All of them. The saw, the sander, the drill . . . but you can't use them on the detail. The hand is what. . . . Okay, when you're a master carver you use the electric tool with skill. That is, all the tools certainly help, but the person using them has to use them appropriately. The hammer is needed in some areas and the pneumatic chisel elsewhere. The hammer and velóni are for heavy jobs, to remove a lot of marble. We use the pneumatic tool when we are reaching the detail. Of course, there is also the pneumatic tool that is for rough work, the heavy removal. And there is the pneumatic tool that's for the detail, those small pneumatics we have. You can use it. But the fine detail is done by hand.

Manolis Korres (b. 1948), currently a professor at the National Technical University, Athens, is the foremost scholar on the archeology of the Athenian Acropolis, and was the chief architect of the Acropolis Restoration for over twenty years, directing the study of the construction techniques and materials used in the site's historic buildings; Kostas Zambas (b. 1952), a civil engineer and the former supervising engineer of the Acropolis Restoration project, engineered many high-risk dismantlings of the Acropolis's ancient monuments, including the 2007 removal of the Erecthion's caryatids to the Acropolis Museum.

So after we work all the marble and it becomes a perfect copy of the cast of the broken marble—always according to the measurements that we're missing for it to complete the piece—we then go to apply the new marble to the old marble, to glue it. The gluing is done with white cement, a very fine material, and titanium spiral rods. According to the weight they must bear, we insert the appropriate diameter of titanium. We glue it and then we fit it. It is very well-bonded—of course it should stand twenty or thirty days to cure, so the statistics say. There is no problem doing this with either a marble that's new on its own or an ancient one with a new piece. You can work on it without fear.

Then the exterior carving of the marble takes place, with the various surface designs it has on it; it could be guttae or have flutes, like on the columns. This warrants special attention since it's fine work, so it doesn't break on you. Okay, that's where the art comes in! It could, of course, also be straight. When it's finished it matches up exactly in accordance with the work of the ancients. And since we have now worked it on all sides, it's finished and ready to go into its place.

Oh, the guttae! In the beginning we were cautious and scared. No, not scared. Wary. A lot of tools, a lot of folds, a lot of fluting, a lot, a lot! It's a lot of ups and downs, angles up and down. In the beginning we didn't want to make a mistake, neither me, nor Giorgos. We were gripped with tension. Then our hands got untied and it became like child's play when we became comfortable. We considered it a game.

Kostas Zambas, the engineer, had me make some of the first fluting we worked on. And then all the guys did it. Even my son did it. . . . It's great—I feel like I've left an heir behind! It was in the pronaos, on the right, just as you enter.[27] In fact, I made the base, down at the bottom. I worked on it in situ—that was the hard part—and I couldn't finish because it was so low down at the bottom. I left a piece so that if someday they take it apart, then they could finish it easily afterwards. They were the first flutes. I worked alone there because two people couldn't fit. I really loved that job!

I worked on everything! That is, whatever required the most responsibility, was the most difficult, I worked on. Of course, always with a partner. Up there you never do anything alone. And I think that's the right thing. If something happens, some mistake, your mate alongside you can correct you. We always used two people. We always chose the most specialized people to do the difficult work.

Whatever requires a lot of attention is difficult . . . whatever doesn't allow for error. How can I say it? If you make a mistake up there you feel . . . You are given [a task] that takes a lot of responsibility, something that not everyone does, that's what interests you. It gives you an appetite.

27 Pronaos: the vestibule at the front of a classical temple.

The truth is, when the time came for me to leave, I left with a heavy heart! I was very emotional. When I packed up my clothes and tools, my personal tools, that is, I didn't believe it. I left because I was forced to, because the time came for me to retire. They'd sent me a paper, to pack up. . . . You enter another stage. Look, given my years of work, the pension points I had, they said, "He can retire. He can leave. So let's remove him." Now, how did they do that? I don't know on what grounds. . . . I could have stayed longer. I left at fifty-five years old. Fifty-five and six months. And I wanted to stay!

Before we may have been somewhat happy and excited to retire, to leave the job and get a pension, with dignity. But then things changed. Now we've reached the point where a large portion of the money has been cut. Then you come to think, "Did all that work go to waste? All that effort I made!" We were getting good pensions and we had good benefits. Now things have changed a lot and have become difficult for all of us.

So, first of all, I did what I missed. That is, in leaving the island I love so much, I wanted some day to go back and occupy myself with what I couldn't do when I was working. I have a little boat [*points to his boat*].The first thing I loved was the sea, fishing. I don't do it to save money. . . . Well, okay, you can catch your food, but above all it's the recreation that I've missed in life. For me to go out with the little boat and catch five fish. That's one thing. The second is I made a very lovely garden with all the vegetables. It's nearby. It's on my cousin's property. I like that. That's also what I learned from my father when I was young. The third thing—my days are full, I don't sit around—I have two amazing dogs. Okay, maybe it sounds a bit barbaric, but I go hunting.

I missed all that, and returning to the island, to the place I loved, I thought I'd occupy myself with these things. There are no jobs outside. There are no jobs in marble. Here there aren't even jobs for those who are still working. Us here—and this has to be heard—all the marble carvers and artists, we've done a lot of jobs in our village, pro bono. I plan to make a workshop in my house, purely for myself. Not to sell, to give away. I want to make some decorative works and give them to friends.

Unfortunately . . . I'll say, and it doesn't bother me, write what you want: all those austerity packages and the leaders have gone against the people. They cut our bonuses.[28] They cut everything. For a pension that barely covers the first two weeks of the month. They've piled taxes and wildcat taxes on us. All that! There's no money! People are worrying about how they will live. How they will get by each day. There are no jobs. Especially art jobs.

28 Annual Christmas, Easter, and vacation "gifts," which are a normal part of compensation packages.

The funding of the project was difficult and continues to be. A really big mistake by the Greek leaders was to cut the contract workers. They kicked out guys who were five years on the job on the Parthenon. There is work to do. I don't know what they'll do to find funding, because the Acropolis is unique. There is only one Parthenon in the world. To continue the work afterwards without those worthy people is a big mistake. That's what the crisis brought. All that is the crisis. You don't play with these jobs. These are the games they play. They fired people who knew the job and hired clueless ones.

But, as I said, I place the major blame on the government leaders. First it was the others, now it's Tsipras. Tsipras started out good, with big dreams and big promises. But unfortunately along the way, they put him in a similar place—the European Union, the International Monetary Fund—they didn't allow him to do what he thought, as a leftist government, to do what he thought was right for Greece. He started off with good promises and along the way he sold out the people. And me along with it, ha! Me, who voted for him! Me, too!

I would have preferred to stay with the drachma and gradually—for one, two, three years to struggle—so that now everything would have been much better. The euro broke us up. The salaries and the pensions, nothing is keeping pace with all the prices of everything. Everything: gas, fuel oil, electricity, telephone, all that keeps going up, and the euro. . . . They keep cutting our incomes. I don't think that Greece was ready to enter Europe. Coffee and bread—with the euro they went up to 340 drachmas! In other words, the difference between day and night. And the salaries stayed the same! So, we were getting along a lot better with the money we were getting with the drachma. For sure! The euro cut off our legs. It destroyed us.

Look, the art will not be lost, because it is something you have inside you and you have it forever. But during the crisis, someone who wants to make something does not spend as much money as is needed to do a job. Even in Greece, busts have stopped being made. Even the ecclesiastical works have stopped!

Things are getting harder and harder. [At the Acropolis] they've told them that the "personal variance," which they are receiving up there, they'll receive until 2018.[29] Gradually it will be cut. And then salaries will drop way down. If someone, for example, is now getting 1,100–1,200 [euros] per month, that will drop to 700 euros. And yes, of course, there are no jobs on the outside.

The School [at Tinos] still turns out people who could easily work on the Acropolis. I don't know what the future of those kids will be like. But the School is doing fine. The training is perfect! It's a tradition here. The island has always turned out artists, marble carvers, and ships' captains. Because of the marble yielded by

29 Another type of payment written into contracts.

various quarries here, well, there's a tradition. We also have many good artists from here. Halepas, Gyzis, Lytras, Sochos, the Vitalis brothers, the Filippotides. They've become world famous. The whole world knows Tinos from its art. What can I say? I can't explain it. We Tinos islanders have the gift of turning out artists.

You can see over there [*points to the hills surrounding the marina*] how all those structures that have fallen, those *douvária* as we call them, have been made.[30] And why they have been made. What we marvel at on Tinos—you see it on very few islands, you can count them on your fingers—is that type of building that's in the fields, those *mántres*.[31] All of them have been made by people, right? They truly look like a wonder of nature. Those have all been built so that each person could recognize his property, protect his fields, and so that the soil is not washed away by the rain. All of that was cultivated. Whatever we see is built all around us. They even say that up at the top of the hill is a threshing floor. That land must have been worked. I'm speaking now of what is the most barren, the hardest land. And most of these fields created by these walls have marvelous buildings inside them. Marvelous! With art and the labor of love. There they produced their wine; there they produced their raki, olive oil, barley. Lived there, in those fields and the buildings. From there they raised their families.

It has a relationship [to sculpture] because you don't easily encounter this elsewhere, and because it is built. They are centuries old! Why don't they fall down? They are built so skillfully, and that too is art. To build a wall, if you have just anyone do it, the wall will fall with the first rain. So that is an art too. This comes from somewhere.

I want to say that after my job, I'm enjoying myself. I can't say that I have any money. But I have my fishing, my gardening, a little from here, a little from there; I'm getting by. Greeks have learned [to exist] in hard times. We Greeks have been through many difficulties. We've had wars, we had the German occupation. After that we had civil war. Greece has been through a great deal! What I want to stress is that, whatever they do—Europe, the International Monetary Fund—they won't be able to do whatever they want to the Greeks. The Greek—I don't know, to say it simply—does not fit into a mold. In other words, what we have we will have. Nobody can take the sea from us. . . .

30 *Douvária:* mortarless stone walls. Also called *xerolithiá.*

31 *Mántres:* low stone walls to enclose livestock, or to act as retaining walls, property markers, etc. Also means pen or industrial yard in its singular use.

MIHALIS JANOULINOS

Café in Alimos, Athens

Mihalis Janoulinos carefully manages the turning of an ancient marble block.

I WAS BORN IN TINOS—in Falatados. My grandfather was a marble carver. That's how I got inspired to become one. He worked on installing marble. He wanted to work on the Acropolis, but he was unable to do so. I got to spend very little time with him. I was very young and he was at the end of his working life. So to tell you the truth, I don't remember very much. He didn't have a workshop. He worked for someone else. And I only knew him as he was winding down. I remember him showing me the tools in his box, the iron tools.

My grandfather wanted very much to go [to work] on the Acropolis. It was like that was imbued in me. The truth is, he wasn't telling me that all the time, but I knew it. I didn't know much then . . . about the Rock, about the temples. I just didn't know. I'd never come [to Athens]; I'd only heard of it on the island. My grandfather had told me about the Acropolis, that he wanted to go, that he'd tried once or twice, during Orlandos's time but he was unable to do it.[32] And that made me determined that, when I finished the School [at Pyrgos], my goal was the Acropolis. I had the desire to go there from the moment I entered the School.

The first time I did anything in marble was at the School. After grammar school, I was twelve or thirteen. The first impression, eh? I think it was, "We'll be doing hard work from now on, with this stuff." Mmm, very hard. Okay, I was a little kid then, and the *mandrakás* was one kilo and. . . . "How will I manage with this difficult and hard material?" You were making something yourself, that is, *you* were creating something, not someone else. When it was someone else you were thinking it's very easy, but when *you* got a hold of it, *that* was different. I believe that was fulfilling.

I left Tinos because there was no marble craft, no good workshop jobs, there, in 1984 or 1985. I left with the aim of coming here and working. When I told my mom, she didn't speak. But then, she gradually got used to the idea and we left (I came with my younger brother). I'd found a workshop—a marble workshop not far away from here, in Alimos. Then I worked in construction, with marble, installing marble.

At first things were difficult but also good. The good thing was that we had freedom from our parents! [*laughs*] I was very young: sixteen, seventeen. And from a village we went to a huge city, which we didn't know at all. We lived in a little house. We cooked. We washed everything. We had a great time!

First of all there was the financial difference, because in Tinos I [had also] worked as a marble carver. Let me explain. . . . When I was in Tinos, I worked in a marble workshop, but things weren't great. Imagine, there I was earning, say, 400 drachmas a day, and when I came here I was earning 1,500 drachmas a day! From Saturday to Monday. You understand?

After I learned the work in construction, my goal, as I said in the beginning, was to go up [to the Acropolis]. I had always looked up there—that is, my goal was there. I went in '91 or '92, sometime around then, and took the exams. I didn't pass. So after that, in '98, I took them again and they hired me.

Oh wait, what exams did I take? Marble—*velóni, fagána, dislídiko*, that is, finishing a surface. How to lay the *píhi* down and have it more or less straight. Using

32 Anastasios Orlandos (1888–1979), director of the Service for the Anastylosis of Ancient and Historic Monuments (1939–1958).

The foreman, the supervisor of the job, the engineer, but mostly the foreman, goes with a master carver to see if [the new marble] has any *komoí*, if the size is right, the color, the grain, if it's the same as the ancient piece.[38] It might be in the mountain, or might have been taken out—that is, the quarry has removed a block and they've told us that there's a block that will interest us. And they measure it, to see if the marble is right for them, if the grain is right. It must match up with the grain [of the block] next to it, or, if it's been bonded to an ancient piece, to the grain of the ancient one. The ancient piece mustn't be going one way and the new piece the other way. Understand?

When I went to the Acropolis in 1998, despite the fact that I'd fulfilled a dream, on the outside I had had a great deal of work with a lot of money. Things were crazy! The truth is that the thought did sometimes cross my mind that there was a lot of money on the outside, and what was I doing here, with a salary . . . but I let that thought go, and time went by. It has been proven that that morning when my grandpa told me about the Acropolis, was crucial to my entire life. That is, that I am among those blessed to be up there, at this moment. That I am up there and that I enjoy the temple and was able to create a stable family. Because family stability plays a large role. As does job stability.

I want to work until I can't any longer. I don't know how long I'll be able. Until I retire? It seems very distant to me. I don't see that happening, anyway, with the economic situation, the way things are in our country. . . . I'm not concerned with whether I'll stop working because I don't want to stop working up there.

I'm very pessimistic because I can't see a light at the end [of the tunnel]. I don't know . . . but I don't see anything bright. In general, I've stopped dealing with politics, party issues, with what's going on. I don't watch the news. I'm calmer this way. I help where I can, and where I see I can help. I can't do anything else beyond that. I don't know if that's good or bad to feel this way, but that's the way I feel. I have two kids: the girl is thirteen, the boy is nine. It's not nice to say this but I'd like them to go abroad. That's very difficult, of course. I don't see any bright future here.

But I think the Parthenon gives off a feeling of well-being. It gives you. . . . I don't know if it's valid . . .there is this thing about energy. I don't know. . . . It's amazing what people we see [up there] every day. Everything! Yes, all types: white, black, Chinese, Muslim, straight, gay, everything, everything. That is, young, old, everything! I mean, there was no way I would have ever seen that in my life. I think about that many times and I say, it's not possible, all those people my eyes have seen. Millions of people!

38 *Komoí:* cracks, flaws.

There are people you see who stop and look at the job you're doing. There are others who don't even look at the monument. I mean, they might take a selfie that doesn't even have the monument in it. They don't even see it. And it's upside-down. I think those people don't have any connection. They are clueless. They go just to say they've been to the Acropolis, and that's it. But there are other people who watch intensely and stop there, [to watch] a marble that we're hoisting or turning over. You see that these people are interested in how we're doing that.

I think only foreigners and not us [Greeks] understand what we're experiencing here. I understand it. I mean, before I arrived on the Acropolis, I couldn't understand it, whatever we say about the ancients. You can't understand it so strongly if you haven't gone in there to see the depths of time, over time. Because the ancients, although they were far back in time, they were much further ahead of where we are now. Even though it was a long time ago, they are still ahead of us.

FRANCESCOS ALEXOPOULOS

His patio, Tinos

Pointing machines in the sculpture classroom of the School of Fine Arts at Pyrgos, Tinos.

LIKE EVERYONE ELSE who gave you information and interviews, the same is true for me: we all got our start here. A large percentage of us have finished the School at Tinos, and for Greece that is a great qualification. Now there is a Presidential decree to give preference to the young people from the School. That's a good thing. Before the School there were others, like the previous, older carvers, who did not finish the School and they were also excellent craftsmen. Perhaps better than we are. Not perhaps . . . there were many who were much better than we are. We're talking right now about natives of Tinos, right? They've all died now. They were old. And we must mention them too. There were others from other places, of course, good craftsmen. They weren't only from Tinos. There were some others who had no connection with Tinos. But look, I don't want to mention names because I'll do an injustice to anyone I forget. But if you had the time, I'd have taken you to the oldest, he's ninety-two years old. He lives here, down in Hora. He's my brother-in-law, Markos Skaris. There were many Skarises on the Acropolis.

So, we were talking about the Tinos carvers. At one time in the three main work-crews—the Parthenon, Erechtheion, and Propylaea—we were some seventy-five people if I remember right. Genuine Tinos natives, those who were born only on Tinos, around seventy-five people. That period was from the late '80s to the early '90s. After that it gradually thinned out.

Here there was, especially in our villages, a tradition. Always, from early childhood, the first toy was a nail—we didn't have another tool—and we'd sit around on the marble tiles. That's why in all the villages outside Hora, you'd always find carved names. Even the older folks would engrave their names, always with the year. Even along the road. On the old paths, between Pyrgos and Marlas, for instance, or Pyrgos-Ysternia, where you go by foot, there are hundreds of names written.

Those of us who'd been to school and knew how, would write our names, scribbles, depending on our individual personalities. That was the first contact. With a nail and . . . whatever we found in front of us. We're talking about seven, eight years old. Ten, maybe. And then, we'd start watching the adults. We'd find some tool and pretend we were working, that we were carving. I was in Marlas. The schools, high schools were difficult for us to attend then. There was no access. Many kids were done an injustice. Very many. And I'd excelled in school, but . . . unfortunately it was a time when our hands were tied.

My uncles, cousins, carved. Almost all of them have died now. Some of them are still living. A couple of them I think worked on the Acropolis. A long time ago. But for a short time, and privately. We didn't have any workshops in Marlas. Whenever I went down to Pyrgos, I'd go to the workshops. If I was with my father, I'd go off for a bit, I was probably ten years old or twelve, and I'd go and watch.

In school, I had a great teacher, Bárba-Yiannis Filippotis. He knew how to influence the students. He was a little strict, or rather, very strict, but he tried to make the students love [the work], to give the students good foundations. And for that reason, his students, [even] those who did not continue as marble sculptors—that is, those who went into construction afterwards—and me too for a long period—stood out. We were successful. We had acquired good foundations.

I'll tell you a story: it was springtime and the teachers had told us that we'd go on an excursion the next day. Those of us from the surrounding villages had food—our lunch—with us every day. Those who came from Pyrgos didn't because they ate at home. The teachers said to them, "Bring food too because we're going on an excursion tomorrow." We knew that when we went on excursions, all the teachers came along except for Filippotis. So, that morning, we saw the sculpture teacher coming alone. We had three classes then. We held a quick meeting and said, "Guys, nobody goes to class. They promised us an excursion and now we see him coming alone, [which means] we won't go on the trip." So the teacher went up the stairs. He had a habit, when the bells of Ai-Dimitris struck eight o'clock (the famous Paraschos was the teacher), he'd go up the stairs doing this [*claps his hands*] for us to go inside. There we were, under the pine tree . . . but nobody went inside.

And he came out again for a second time. The third time two kids went in—a girl from class and one of my cousins. The teacher taught a lesson and finished with them. And the philologist Kaisaris (he was also a very good teacher), did the same. So he finished at twelve o'clock, with only the two students in each class and left. And we all sat together, kids from Pyrgos and the villages. (Kids!—I must have been fifteen years old then). We ate lunch and played, and we said, "Kids, we won't go inside even for Filippotis! Even if he comes, we won't go inside. We won't go!"

After that we had marble. Filippotis's class started at one o'clock. At one o'clock we saw Filippotis coming. He had no hair at all and his head shone, there in the cemetery, on the corner, there. As soon as we saw him, automatically, as though an invisible hand snatched us all up, like we were wind-up toys, we ran inside . . . we went inside to the marble class and began *danga-douka, danga-douka!* [*mimes hammering*]

Because he was so strict! And as he came inside the door: "Shut up!" [*imitating the voice of Filippotis*] Some kids kept on banging: "I said, 'Shut up!'" [*laughs*] I'm telling it now as it was, like I'm seeing it as we speak.

We didn't dare raise our heads after that! We didn't raise our heads after two hours of *danga-douka* over there. We couldn't even go to pee! I'll tell you, he sure was strict!

With the good students he was good, with the tough ones . . . he was sort of . . . well, there was some hitting. The times were different too. The kids were difficult, bratty, tough kids—many of them. And there had to be a way to discipline them. He couldn't do otherwise.

The first block he gave us—it was a piece about so [*gestures*] thirty by thirty, or a half-meter by a half-meter and about so thick. At first we'd strike our hands, injure them; almost none of us kids knew [what we were doing]—not almost, none of us kids. Then, with time, our hands got into shape—a month, less than a month? I don't recall now . . . maybe longer than a month.

Then we were tested with the *píhi*. Filippotis would put the píhi on top [of our marble blocks] and he'd see that it was very good. We were sure that we'd then go on to something harder. Filippotis was like, "Again! Do another. We'll smooth the entire surface." "What?!" Deep down, I felt sort of disappointed, "Since I'm good, why does he make us do it again?" What was he doing? He was watching our hands. How the hand was moving. He didn't want the result. If the hand hadn't gotten the rhythm yet, continue! He'd say to you, "Another! Another!" Until the hand got the rhythm. He wanted the sureness. And once he saw—afterwards we understood the reason—that the hand had gotten the rhythm that was necessary, then we went on to the harder stuff he gave us.

He never disciplined me. And afterwards in the workshop where I followed him, I had no complaints. He was very good. There, too, he was strict, but in his own way. There, where we were being given some money, I felt like I had some obligation to do it more quickly. I couldn't delay it a bit. Not that they were pressuring us, I just felt that way. There had to be production there. Whereas in the School I was simply free. But it was a continuation of the School. For sure you always get better over time. That is, if what someone gives you to do, you are capable of doing, then he gives you something more difficult. On the job, Filippotis was strict. But as a person, he was very good. This was 1958 to 1961 in school, and 1961 to 1964 . . . about three years in the workshop.

In 1964, I went to Athens. Jobs were still depressed and everyone was going to Athens. Not only from here; all of the countryside was going. That's when Athens got ruined. Everyone went [there]. "Let's go to Athens, let's go to Athens!," as if it was the Promised Land. Okay, there wasn't room for many people in the countryside. That's true. There was no work, jobs were limited, and people were forced to leave.

I had some support. I was one of the privileged because I had my sister [in Athens] and I stayed with her. But many kids went into the unknown with hope as their boat. Alone. They group-rented some little rooms there. Three, four, five people together.

Usually we went there with an introduction or, we'd find the job and then go. Some relative would get a hold of a so-and-so acquaintance. "Can you take my nephew?" You always found work. There was no chance you wouldn't. The entire economy of Greece had collected in Athens. Construction, factories. . . . All that stopped afterwards, of course.

It was about a decade after the war. Because the war in essence ended in 1950—the Civil War. It wasn't only the Germans. The Civil War was a worse war. So, after each war there was some growth. The bad thing was that the growth took the wrong direction. All of Athens was ruined, lovely Athens, which was a beautiful city. I managed to experience some of that. I remember quite a bit, of course. And I've heard from others and read how Athens was and what they turned it into. All the neoclassical houses were made into apartment buildings. They were made into boxes. Industry snatched what it could there. It was the first period of Karamanlis. Karamanlis governed in two periods. The second was after the restoration of democracy, which was completely different from what it was before.[39] In the first period there were constant political upheavals, political realignments. At that time it was the King who interfered in all that. Greece was a mess. Governments fell, governments rose, the same ones always, of course.

It continued the same way. The governments found money and they were giving it to the Acropolis. But they gave it carelessly, pointlessly, with no programming.

I was supposed to go to the Acropolis in 1970, 1971, around that time. I don't recall now exactly, but something happened to my wages then. It was different then. The wages were low and at the last minute I didn't go. But, in '84, I went then for the insurance, the social security.

And I wanted to go. That is, I was yearning for it. Besides the insurance that I needed, I also had an urge—how should I say it?—to go work on the Acropolis. Because you have a historical monument. Not just historical. The most historical! I wanted to gain some experiences from it. Because the Acropolis was a proven school. A great school. And, me, despite the fact that I had the experiences I had, when I went there I was—and not only me, we all said it later—that we were like blind people. We learned a great deal there.

When I went there it was during the preparatory work. The [pieces of the] Parthenon were still down on the ground. We prepared the cement, the crane, and then the restoration program began. The preparations took two to three years. To assemble all the material, which was scattered everywhere, spread all over, and to bring it near the site, to set up the cranes—two cranes—the interior crane and the bridge below. The other crane came later, just before I left.

We'd find pieces that we had to match together, how they would join, they were all scattered. You had to look for the missing piece. Which is it? And I'd remember the breaks. I'd found this one a couple of days before. Such and such a day, ten days before, and you check to see, do they match? And this other one I found the other day. Does that fit? That was experience too.

39 July 1974.

The restoration was a very important lesson. And moving the marble, all that. How to lift it, how to move it, how to turn it, how . . . how . . . a thousand hows! With a new piece of marble, if it's asymmetrical, you don't care. You make the turn-over right there. Whereas the ancient piece requires thousands of precautions. How to lift it, at what point will the *sambáni* reach to begin turning. Then slowly, slowly so it doesn't lose a tiny bit of surface peel, so it doesn't shed, so as not to, so as not to . . . preventative measures!

Putting the strap on the marble requires an act in itself. It can't be explained with words. It depends on the idiosyncrasy of the marble. Not all marbles are the same. One might be broken and need the rigging in a different place. One might be whole. Usually the rigging goes in the center so that when the piece is lifted, its weight doesn't make any sudden moves. In other words, at some point you have to assist it—we're talking about big blocks now, not little pieces of marble. Ten tons and . . . so that when the marble is raised and touches down, it doesn't hit the ground suddenly. Because it can cause damage! The rigging should be a bit off-center towards the point where the marble will touch down lightly, to act as a brake. And then again to shift the rigging a bit over here so that it lifts more easily. Usually we assist it with our hands, for more security, so it takes the [correct] angle. After that, the crane holds it, reliably. Then you have to pay attention to the ground below, where the marble lands. Because all that weight can produce wear and tear.

Of course, we check it over well before we take it down. I recall one time we took down a column drum from the pronaos. We'd seen that it had many faults, a lot of breaks, and it was high up. And we strapped it, we tightened it with turnbuckles and such, so it wouldn't get damaged in the air. And as soon as we took it down and released the tension, the whole thing split open! But we knew, we were sure it would split open. So it wouldn't fall down on the cement, we'd taken measures and gotten thick wood and sponges, and that drum came apart on us in one hundred eighty-five pieces! And after that it had to be put together again. . . . After that you put codes on each piece, and then, you know, the codes guide you.

And I recall that the President of the Hellenic Republic, Stefanopoulos, had paid a visit on that specific occasion. They took him to the Parthenon and gave him a tour and he stopped there where we were working and asked how many pieces there were. And when I told him one hundred eighty-five pieces, he was amazed.

I usually did the gluing. Okay, each person had his post. At the time that I left—without exaggerating—half of the marbles had passed through my hands. Because I was only there, on the gluing team. For quite some time I worked with Dimitris Foskolos—a very good coworker and good guy. With Iosif Armaos—he has a workshop that is furnished like a museum. Who else? Mihalis Janoulinos.

Look, there were old master carvers—now I'm changing the subject—noteworthy to a great extent, who had found ways of their own to make things, and they took that with them to their graves. There was one guy in Pyrgos who was very good. When I was in the School, he was an old man. He was still working. He'd found a way to color the marble. It wasn't painting. He did his own technique. He carved some apples and colored them, and you'd think they were real apples! That good! Kouskouris. The old man, not the one who was in the School later, his son. How he colored it, I don't know. He took that secret with him, too. There were many others who did things and didn't tell about it, because they had the notion that they'd lose their work if someone else learned how. . . . But when you learn something you should pass it on to another. For that continuity! Me, what I learned. . . . We went to the Acropolis and we all had a turn, those that came after and those before, we went and were—let me say in the vernacular—dummies, blind. Even though we were craftsmen. We learned a lot there, really a lot. Whatever I learned I tried to pass on to the next one. Why should I keep those things to myself? To do what with? On the Acropolis and in general too. Why should I keep things to myself? Why shouldn't I show someone else how things should be done? Should I allow him to do damage?

For example, I also worked in quarries for a year-and-a-half, so I have experience from there. One day, on the Acropolis, someone went to split a piece of marble. He'd made some holes in an unorthodox way, which would have caused the marble to break. With the experience I had from the quarry, I knew what should be done. I told him and it split properly! In other words: what? Should I have let him break the marble? What would that gain? Would I have been happy? It's nothing; it's simple, a little experience, it's nothing. But if I hadn't wanted to convey my knowledge to him, the marble would have broken. Isn't it good to tell the other person what you know?

If we have this block—imagine this is a block [*gestures at the long table top*]—and we want to cut it in two. A meter thick, as much as this is. We drill holes at intervals and there are special wedges and special shims. The shims are what go on either side so you can insert the wedge, but you can't use the wedge by itself. What did he do? He inserted the wedge by itself. That's what he did! It broke the marble! It wouldn't split. In other words, the place where the wedge is hammered in, it will break without the marble splitting. And there are some special pieces of metal that go alongside it, in the hole. One goes in here and one in here, and the wedge goes in the middle. And as it goes down, these shims are conical, thick at the bottom, narrowing towards the top. The opposite of the wedge, which is narrow at the bottom. And you strike all the wedges at the same time . . . five, six, as many as you need to use, as many as ten, according to the length. One by one the marble splits. It can go against the grain too. There's no problem. Only if it's against the grain, it might need more wedges. That is, if in one spot there are three; if it's against the grain five might be needed.

Everything is easy and everything is hard. I don't know. What we saw before we began—I'm talking about the opisthonaos now—when we once went up to the top, from the minaret, and we saw the burnt pieces that were completely destroyed, and we said, "Who'll be the lucky guy who will fix that?" We said it ironically, of course. And they pointed to me! So, it was . . . . What was it? I think it was an architrave, yes!

Fire causes calcination. It turns marble into lime. It burns everything from the surface and continues into the interior. The stronger the fire the more it penetrates. It leaches all the moisture from inside the marble. Of course, the sun gradually does the same thing, after many years. But not as much as fire. It's different.

When we took the burnt piece down, it didn't have a *prósopo* at all.[40] From then on I wouldn't walk by it, so as not to see it. [*laughs*] It upset me. I mean, how would we fix it? It was destroyed completely, burnt. And one day Manolis Korres came by—he was still the head of the project then—and he took a crowbar and went like this [*demonstrates*], and knocked off all the burnt part. I exhaled then! And he says, "That doesn't help, what to do? This thing is destroyed!" Because we were very familiar, I said, "Manolis, with what you did for me, you lifted a [burden] off me. I had more weight on my chest than the weight of that piece of marble!" And he says to me, "Why?" "Because I'd see that and walk the other way. I didn't know what to do." "That," he says, "is not an option! What to do, we'll make a new one, an addition." He explained it to the committee, of course, and. . . .[41]

Earlier I told you that one reason I went to work on the Acropolis was the security and the other reason was my desire to work on there. But during the time I was working there I saw people. People who had problems. To see people, who are disabled, paralyzed, in wheelchairs on the Rock, with others carrying them. For them to pay and have someone carry them up to see the Acropolis! When you see a blind person going inside and caressing a column and crying! When you see a thousand and one things like that, you say, "I have gone up [on the Acropolis] at least five thousand times." I've figured out how many times—twenty-two years times two hundred fifty days a year, it comes out to more than five thousand. You

40 *Prósopo*: literally, "face"; the "front" of a marble block, parallel to the grain; easiest to carve, used for detailed surfaces.

41 E.S.M.A.: Committee for the Conservation of the Acropolis Monuments, part of the Ministry of Culture.

say "I feel"—how should I say it?—"blessed," that I'm in this field. That I've served on this site. And whenever I say that I was on the Acropolis, that I worked there, many people who understand feel it too.

DIMITRIS ZERVAS

His studio in Kolonos, Athens

Freshly bonded ancient and new marble cures for twenty-eight days.

LOOK, I NEVER HAD A DREAM to be a sculptor, never. But I understood that when I made something with wood, with stone, with paint, I felt very good. It was the best part of me that came out, and when I started to learn with stone and to understand marble a little bit, a new world opened before my eyes. That I can carve, I can create, I can do; I can think of an idea and transfer it to the object. That was a revelation, I believe for everyone, but definitely for me, to think something and to want to make it into an object. To understand that you can do that is very, very important.

Marble is a kind of natural material. So, if you give it love and meaning, the material will give the same back to you. I think it's a mutual relationship, you understand? If you give your all to the material, that material will reward you later. I have a lot of patience and I think that anyone who is involved with sculpture must have a lot of patience. And pain and tears and blood! [*laughs*]

I've lived in Athens since I was born. I went to the School at Tinos when I was eighteen years old, a small little guy, into a village with two hundred people. It was very important for me to be in nature, and also in all the villages that are sculpted in marble. It was like a fairytale. Everyone around was involved in the craft. Even the ordinary citizens of the village have an artistic sensibility.

I was at a crossroads when I left Tinos. I could either continue my studies at the School of Fine Arts [in Athens] or go to work. I was broke, I had no money to live, so I decided to work. I worked for a manufacturer, a marble workshop—marble, granite—for four years. I entered the production line. That helped me a lot, because I saw that what we learned in Tinos was only the start. I saw myself doing things I would never have believed. I saw marble in other objects. I saw it in manufacturing, I saw it used for building, to make furniture, to make decoration. I had it in my mind that marble was only for ancient sculpture. But I learned, and I saw that marble had many possibilities. And it helped me a lot. But it was really hard work and I couldn't do it for many years.

The way that they used material [in manufacturing] is very different, I think. In Tinos, they respect the marble. They are not in a rush. You want to cut the marble with your hand, a hammer, you don't have a time problem. In manufacturing, everything was done with machines, everything was done to the liking of the customer. We polished the marble like a mirror. It was a production line. Time was an issue. Entirely different conditions. I learned a lot because I understood the limits of the material, you know? In Tinos, they work the material, the marble, like 2,000 years ago. It's very good to learn about this, but it's not enough. In manufacturing you learn the first step and the last step. All of them.

There you use a big saw with a water jet, a drill with a water jet, and hand power tools of different sizes. This is difficult because after you learn the traditional way in Tinos, when you use power tools to cut marble, it's like . . . it's hard for the material. It's a bit difficult to cut a piece of marble that's beautiful, clean, white, and so forth, to cut it with the cutter. You feel a bit embarrassed, you know—like you're raping the material. You feel guilty. There were no problems, but in my head I felt guilty sometimes because I had to finish very quickly.

Maybe this a little crazy, but sometimes the relationship between you and the material can be broken. Once I was asked to do a kitchen counter, so I started to work very quickly, and I broke it. In just a few minutes, I broke it. It was a marble from Naxos. Marble from Naxos has big crystals inside. I started to cut the marble with a big heavy saw. I started to cut it very quickly, because I thought that I had it, but the marble started to throw out the crystals because they don't cut very well. So, then in a part where it wasn't very strong, it broke. Because I didn't respect the piece. I was acting like a god.

I left that job because I got tired. Not with the work, I loved the work. I grew tired of the people. The people didn't pay me, made me work long hours, that kind of thing. The bosses weren't good. There were some good people, of course, but it's very tiring to have to always ask for your money. So I went to the Acropolis. I worked on the Parthenon and on the Temple of Athena Nike. That's a beautiful temple. But I didn't forget the manufacturing, it was in the back of my mind.

I think that it wasn't a big leap because at the Acropolis we work with marble, and most of the people there have also worked outside in manufacturing. The work on the Acropolis doesn't have the pressure of manufacturing, of course, but it's a similar situation. I mean, the discussion about the material, the discussion about how to do the work, all that, I think it's the same. Because to work on the Acropolis, you must have an interest in the material itself. If you have ideas about making art, you can't do this work. You must love the material, the subject, to work here, I think. And it's hard, it's not easy. [But in some ways] it's more like in Tinos, because in Tinos you learn, you see, the material, how it is in its true state, without the business, without the marketplace.

For me, and for people who are involved with marble, it was a long-time dream to work on the Acropolis. And when you go there to work, you understand it: the uniqueness of the place, how important it is. And also how important it is that it exists today, and that you work there, and how it can be inspiring for you. Not for the space and the monument, but to work there with this light, with these materials; it's very inspirational.

I get frustrated when I look at the regular Greeks and see how they think about this monument . . . it's a little bit weird. They don't know their history, they don't know about the monument. They don't know what they're looking at, okay? And they don't know how to learn. I learn, I study, and I admire the Parthenon for architectural reasons, for the proportions, for the mathematics, for the size, and I think that it's very important building. I know the bad history of the Parthenon and the good history of the Parthenon. The Parthenon was broken up to make other buildings. It has had bad times. That mostly stopped after the Greek Revolution against the Turks, once we were free. People continued to sell [parts of the Acropolis], or to take the stone after the revolution, but not to such an extent. After these people left the Rock, all of the space, the archeological space, was empty, abandoned. And many years after, around 1950, the real archeological research began.

The people don't know that. They see the Parthenon, take a photo, and go away. We have a lot of history. They don't know what they have, what they are seeing, they can't appreciate it. People, tourists from other countries, come to see this monument with . . . wonder. And the people who live here, who speak the language and have the history, don't know this monument.

I worked in the bonding workshop. We were a team that took the fragments from the temple—the architectural sections of the temple that have been taken down. We took the fragments, we cleaned them, we examined the surfaces, we saw what joins they had. We reinforced them with titanium and bonded them together so that the fragments took on their correct dimensions, as they were before. And then they were hoisted back up on the temple, back to the place where they belonged. That's it, very simply.

The drilling is a very important job and I love it. We started with a small drill and then got bigger and bigger and bigger. When we drilled, we [usually] drilled at least one meter. So, when the mechanical engineer once told us to drill four meters, we had to invent a way to drill four meters! I loved that because so many people were involved, all trying to come up with something good. It's difficult, you know?

We constructed a drill, a stationary one, which takes attachments. It's a big machine on a table, attached to the ground. It has a big electric motor. I think it's a Bosch. You can put different pieces on the front. So, you drill one meter, then you back out, you put a piece in the drill, and then you drill one meter and a half. It's just metal, but the tip has a diamond tooth for doing the job. So, you do this with the second and third piece. You must do it very carefully and very slowly because you must keep it straight. You can't lose the line, because then you'll drill something crooked.

Drilling over one meter is difficult. Over four meters you always have a little . . . divergence. Over four meters, a few millimeters can get away from you. When you put another piece on the drill, you always check your angle, your level. Always you check. To know exactly, well . . . you can't know exactly. At the end we take a very long tube with a metal line and a sponge, and with water we go inside the hole. We clean it.

If you work slowly, there is less pressure. In this job, the material helps, the marble. If you want to drill four meters in another material, like wood or something else, you will have a lot of problems. But the marble is very hard. If you go quickly, the bit can go off in another direction. But if you go slowly, you stay on the line. If you force it, everything will go bad, go wrong. When you fall into a very soft piece of marble, you hear it, and you can understand it. Or, maybe you hit glass, a very hard piece, a crystal, then you must not push the drill, you must drill slowly. . . . When it happens, you can hear it, you can feel it, the pressure. It's easy.

We start with the smallest bit, about five or eight millimeters [in diameter], so we don't lose the center of the hole. And we start going deeper, that is, twenty centimeters, thirty centimeters; that will be the guide to continue with larger holes. And then we continue with a slightly larger bit, and a slightly larger one. Five millimeters, then ten, twelve, fourteen. We start with a five millimeter [bit], to about twenty centimeters deep. Then, we change to an eight millimeter [bit], and drill fifty centimeters deep. Okay? Then we go up to a ten millimeter [bit], to one meter deep. Twenty-six [millimeters] is the largest we have. But we try to do the work with the smallest bit possible. The most important work is with the smallest drill. So that we have a guide to help us, so the line doesn't get away at all. At first, with the five and eight millimeter [bits], we try to make a good start, to create a good path [so that we can] continue deeper. If you know what you're doing at the beginning, afterward it's impossible for it to go off the line. Because this job is unforgiving, we must find the best way to do it, so there's a lot of innovations, like this drill. Everything we can't do, we figure out.

I would get to work at about six o'clock and drink coffee and have breakfast there. We bring it from our houses, toast, and all that. We drink coffee, have a good discussion, and start the day. It's very good. It's like a ceremony, it's not just breakfast. We prepare to have a good day; we see the sunrise.

The work is always done in the best way, but if you have a bad energy, a bad feeling, it's hard to do the work, it's hard to do anything. But [that's] only some days. In recent years, we had a very good team. We were a group of young people. This is important not only because of our ages, but because we had the same mentality about the work. We have the same ways of discussing things, of talking about art. We have the same interests, the same problems in our lives. We became a family. I worked there from 2008 to December [2015].

Amongst us workers, the relationship is very good. Of course we don't discuss money every day, how much we are all getting. But as time passes, you understand that [as a contract worker] you are a B-class worker. Of course we are thankful that the money from Europe [E.S.P.A.] came to Greece for the archeological sites, and all that, but the Greek government . . . it's not enough.

In the crisis—it's a big job on the Rock—they haven't stopped the restoration. They don't stop. But after years of crisis, they've lost a lot of money for materials and suppliers and tools: things they need. And as for our salaries, how many times did we have to ask to get paid for the two, three months that they owed us? And the entire job has been delayed. When the Service owes the suppliers so many thousands of euros, the entire situation gets delayed.[42] We must fix the old tools. If we don't have materials, we must wait.

One particular time we waited for a very big piece of marble that was cut at a factory. It was big: 2.5 meters by 1.8 meters. It was for the top of the Parthenon, on the pediment, to supplement an existing piece. But it was in the factory, and the Service couldn't pay for the marble because they didn't have the money, so we had to wait for the Service to pay and get the marble before we could work. We got it a few months later. Okay, we got it. But it was very important to put it into place [quickly], because it was a matter of stability. Now it's finished.

I think it won't end well. There won't be a positive ending. I'm telling you this because this place where I live—its archeology, its culture, this country, this government—it's not adequate. Not adequate to have this culture, to have this monument, to have the Parthenon. We don't use the right people for the Ministry of Culture. It's a very big problem. We have the wrong people in the wrong places. We need the right people in the right places. We have a lot of the right people, in culture, in art, but they are living in obscurity, in their ateliers making art.

The Ministry of Culture is a ministry that always, always, like anything in the government of this country, always has a leader that has no knowledge about culture. He got the job because the Ministry of Culture in Greece is very important for the country. It should be one of the most important ministries in Greece, and have the backing of other services, academies, and universities that are involved in this area, but it is a ministry that is very opportunistic. People enter the Ministry who have no connection to the culture of Greece. They can't defend either the programs or the works. And they are usually "tourists." They take a position just like that and stay for six, seven months and sign two or three papers. They have no idea what they're signing. They take a position because it's an accommodating position, to set themselves up, without a lot of obligations. Important people don't enter the Ministry. There are people who don't need the money and would do important work, would promote the areas of culture, without getting paid, but they are now simmering in discontent.

But I hope to return [to the Parthenon], because I love the work, I love that place. I hope they don't stop all the archeological works in progress. I think I will leave Athens and go to another archeological place in Greece to work. I would like that very much. To go to Delos, to Vravrona, Epidavros. I'm sure that the work

42 Y.S.M.A.: The Acropolis Monuments Restoration and Conservation Service, part of the Ministry of Culture.

in the Parthenon will continue, I am sure, but I don't know when. I would like to go back.

I have been working marble since I was eighteen; now I am thirty-six. Look, me and Polyanna, and the young artists who work with marble, we try to have a balanced relationship with the material, because we learned an old, ancient art. [Marble is] a material that's very beautiful, very precious, but we don't want to make busts and classical statues, we want to use this material and bring it into the twenty-first century. We try to find a balance. It's a good road, a good struggle.

L29

PERICLES PRAVITAS

His studio, Athens

A marble craftsman carves a new marble piece by carefully copying the plaster negative form with a pointing machine.

THINGS WERE DIFFERENT FOR ME. That is, marble working came out of my wanting to be an artist. I had a hard time getting accepted by the Schools of Fine Arts—the regular ones, as they say—in Athens and Thessaloniki. So, after the Schools of Fine Arts, my choice was Tinos.

I had already failed the [Fine Arts] exams three times. I was interested in sculpture generally, without knowing exactly what it was then, and Tinos was focused on sculpture. The main lessons—the main material there was marble. I was really bad at it! I didn't really want to be there at all because it was my third choice and on a really small island. I'm from Thessaloniki. I was twenty years old, and I was kind of depressed. I wasn't living in Pyrgos, I was in the next village, Parnormos, which is really isolated. That winter was really difficult for me. But it was a good opportunity to work a lot on art.

So I focused on the lessons: drawing, painting, sculpting, but I had the worst relationship with marble. I didn't think I wanted to learn it, because I wanted to be an artist. At the same time, every September, I took the Fine Arts exams again. I took them six times. I didn't think I'd stay in Tinos. I thought the exam results would come and I'd leave.

The first lessons, what were they? They were really practical things, like making the stone have one flat level surface. Really technical. It's hard. It's boring. I remember my clumsiness when I tried to do it and I couldn't. I took the surface down, and I took it down, and I took it down, and I took it down, and then, "I'm not leaving after all . . . I'll continue," after I got my [Fine Arts] exam results. I felt a bit like I was doing forced labor in prison! I was like, "Fuck this insanity of mine!" [*laughs*] The marble workshop—well, the professor understood—was a forced thing for me. The following year was better. But if we're talking about my first experiences, it was like they were punishing me! Do it, and if you don't do it well, you have to take it down, take it down, take it down, take it down. I was really late finishing the first year. The normal students finished the whole cube in two months. I finished it the next year. And I was actually a good student. Imagine that! So, if I have to say something about the first experience, I remember that it was not a "light" period. [*laughs*]

At the beginning I couldn't understand how I had to treat the marble in order to not break it or make a mistake. But because we did it every day for four hours, we started to understand the material whether we liked it or not. Really soon. My third year was really positive all around. I liked the studies, the practical parts. Every day we had a lot of labs, we got involved with different materials. We did sculpting in clay and drawing and painting. I started doing more sculptural things in marble. It became more of a 3D thing, more free. The marble was difficult because it was hard, and you worked really slowly. I prefer materials where you can see the result more quickly. With marble you have to be so patient. Actually, the work in Tinos was more of a technical laboratory for me. It was all very academic.

At the Tinos School, if you have the first or second best grades at the end of the third and final year, they automatically pass you into the Athens School of Fine Arts. I was first each year, so by my second year I had a really good mindset about the next year. Maybe that's why I passed both the exams in Thessaloniki and in Athens that year.

It affects my artwork, of course. Probably the way I saw the Parthenon was the way I saw things before. I mean, I love the issue of decay, of how everything is gradually rotting. So this is something that fascinated me anyway, and I used it in my work. There was this element with the addition of trying to stop it, the procedure and the gesture of caring and therapy, of taking care of something—this was something that I got from the Parthenon job. I made some works that remind me of the Parthenon a lot. I made an artwork called *Immigrants*. It's a pediment made out of small porcelain and plastic animals and birds that are not native Greek animals. They are composed in a triangle, and there is a Plexiglas box on top of them. It comes from the Parthenon not only in its shape, but because of a story that Manolis Korres shared. Do you know Korres? He said that in ancient Athens they used to put a snake in the sculptural monuments as a symbol of the people that came from here, because they believed the snake is born and dies in the same place. When they put the snake in they re-enforced the idea of being indigenous. It was a hidden message, but it's purpose was to convey this meaning. I wanted to use the shape that is the top of the Parthenon with the opposite question: What if we put the immigrants on top, and not the Greeks?

KAROLOS MEGOULAS

Village hall, Tripotamos, Tinos

The doorway of the Tripotamos village hall with a traditional Tinian ypérthyro.

IN THE LAST TWELVE YEARS that I was there, I met a lot of young guys—I was the oldest of them—but the youngest guys, with their open minds, they had something to show us older ones! It wasn't just that they showed me how to work. It was more than that, it was how much they'd read in recent years that was more up-to-date about the job.

It's all in the attitude! The technique is the same. We followed, and still follow, the techniques of the ancients who did this work. We haven't changed. The linearity, the design is the same. Besides which, the site itself inspires you. Daily life isn't about, "I'm off to earn my daily wage and that's it." When you're enthusiastic about this work and you like it, every day is a new day. It's [the young people's] passion. Their passion for the job. Their passion to learn.

In other words, they weren't alongside you just to work. They asked questions. And for me, personally—I'm always speaking for myself—that was good. I liked that. And I was always beside the young carvers. Simply put, I saw something in the younger people, a bit more than in us, older ones. [But we also] had [something] to offer the young people. We offered, and I want to believe that they took something from us, the older [masters]. That's what I think.

I think it comes from both sides. I recall in the old days, when I'd finished school and went to work, the old master carvers didn't—I'm not talking about the Acropolis, I'm talking about elsewhere—they didn't tell you, they didn't all help you to learn, didn't show the new kid. But we were not indifferent to the young people. Those of us up there [on the Rock], from the supervisors to the marble masters, we helped the new kids. Besides, we wanted the work to get done! So you had to help the new person who had the enthusiasm to continue, to learn the work to continue. And that was apparent during the period from 2011 to 2012. I left on July 3, 2012. Five or six old masters left and the new guys had no problem. They could continue the work, those who had the desire.

Fortunately, the story begins here [in Tinos]. Iktinos and Kallikratis might not have been from here, but the continuation [of the story] is in Tinos.[45] Because of the abundant marble, towards the Exomeria—that is, towards Pyrgos, Isternia—the men in those areas had two choices: to become merchant sailors or to work in marble. There was a lot of marble there. There was no livestock there like there is here [in my village]. Here, there was a lot of agriculture, while there, there was marble. So they worked with the marble. Halepas was there, and before that, there was the Sochos family, the Lammeris family—there were a great many.[46] We're talking about the Perakis family, 100–150 years ago. And there were those that followed all of them.

Two years ago, in this village, Tripotamos, which is so small, we had our first celebration of the local wine. I dedicated the celebration, on the first day, to the marble carvers [from the village] who graduated from the School at Pyrgos. And we had an exhibition with the Kousounadis family, with Vidalis, with Misi, and with Modenos. I talked about the marble carvers who'd graduated from the School. I started recording the names—if you include the guys who didn't attend the School,

45 Iktinos and Kallikratis, the ancient architects of the Parthenon.

46 Yannoulis Halepas (1851–1938), renowned sculptor.

you would have more than twenty-five. The professor, Kritikos, is from here. And Nikos Paraskevas, the sculptor, is from Tripotamos. And a great many more.

In the old days, there were [master carvers] on Mt. Penteli, but I think that here—how should I say this—the need to work forced you into it. Because, as I said, in the Exomeria they were all sea captains and marble carvers. They only had marble and had to work with that. So there, the generations that followed continued to be marble carvers. And I think that their passion and desire also created some of the artistry.

[Tinos carvers have] had a lot of access to work on the Acropolis since the old days. But history has it that there were carvers in Paros and in Naxos since ancient times. There are quarries there, and Naxos has *smyrígli*.[47] This stone helps us to process the marble. Smyrígli came from Naxos and is exported everywhere in the world. It's used to polish the marble, to grind it. It's very hard.

I didn't work with it and I don't know it, but lately some [abrasive] *kabánes* have been made with diamond.[48] But before the diamond, they were made with smyrígli, the black stone. It worked for grinding. It was thirty-six [grit]. . . . The scale was from twenty-four up to three hundred. It was among the coarsest. So it was used to polish. Years ago there was the *kalýbra*.[49] This too uses a type of powder or sand that mostly came from the islands, from Santorini. It was especially for polishing. I couldn't take the sand from my own sea and use it for polishing, because it dissolves. But that sand was harder and it took off the surfaces, it made them. . . . It's a type of stone that is processed to become like sandpaper.

Tinian marble is a little darker but it's soft. It's gray, like the marble from Kavala. But the Kavala marble has *spathiés* in it.[50] The marble carvers worked Tinos marble and made many templons, or altar screens.[51] They even used it for busts. It is softer, not hard like Dionyssos marble. Dionyssos marble is harder than ours.

There isn't much difference between the ancient marble and the Dionyssos. It's the same mountain and the same vein. Penteli is in front; Dionyssos is in the back. It's just that the marble from the back, if I can say anything, is a little harder. And it has a bit more glass. But it's the same massif, the same mountain. I think they're

47 *Smýrida Náxou*: *smyrígli* in local dialect; a kind of emery, a hard mineral stone used to make abrasives, found among the marble and dolomite strata on the Cycladic island of Naxos.

48 *Kabána* (pl. *kabánes*): literally, "bell." An abrasive, flaring, cup-wheel attachment for an angle grinder.

49 *Kalýbra*: A heavy metal plate with two handles used for refining flat surfaces. Small funnels into which sand is poured protrude from one side of the plate; the sand sifts through slowly, creating an abrasive surface beneath the plate.

50 *Spathiés*: literally, "sword cuts." Breaks against the grain.

51 *Templons*: altar screens.

the same. A small difference. Because marble is being lost, it's hard to find marble. We had difficulty finding some large blocks for architraves that were restored with all new marble. A lot of difficulty!

Years ago, when I was at the School, I remember that there wasn't a road from above Platia. The master carver up at the quarry would cut a block, approximately the size we wanted. He'd cut a block that wasn't completely rough; it had a form. They'd bring it by car down as far as they could, to Platia, and we'd bring it further down with the "donkey," a kind of gang-plank, and with a little forward, a little here, there, we pulled the marble downhill. It was a kind of sled in front where we'd put the marble—we didn't use it for large blocks—and we'd transport it on wooden cylinders down the slope into the School. Yes, us students. Once we left Platia, on the turn where the village begins to appear, down there is a road you go down by foot. The [blocks] weren't very large. They were around seventy to eighty centimeters. It was the marble we learned on, so we weren't interested in it being very large.

I finished school at fifteen. I then had the pleasure of Bárba-Yiannis Filippotis accepting me into his workshop in Pyrgos, at first with no money, for a period of one or two months, so I could learn more, work more. Then gradually, according to our progress, we were paid. He'd give us something more and then something more.

Of course, there were a lot of master carvers there, but there was one master carver, Bárba-Yiannis Vassilakis Varavas, who every day at lunchtime would say to us, "Do you want to learn the work? Then work now too! Take this and do something." And without him pressuring us, we learned a lot about the work. He'd give us a piece of marble and we'd learn Byzantine designs, not folk designs. The ten minutes we gained from our lunchtime. . . . Something more, for our own good, which I didn't know before. I didn't get that in the School. From a master carver who had nothing to gain, who just wanted to help us. He was always beside us, helping us. Always. That was in my childhood; I remember him and I won't forget him. He passed away. I'll never forget him.

Bárba-Yiannis wanted you to do things perfectly. Nothing slipshod. He would yell at us many times until we did it perfectly. And I saw it afterwards, when we made some works in various churches, I'd go look at them and say to myself, "*You* did that!" When I'd hear someone say, "That templon is beautiful, very beautiful," I'd say to myself, "He pressured me and I learned it!"

I was there five years. It was like a second school. Then I went into the army at twenty years old. It was right after the Junta was over, 1974, and democracy—let's call it that—arrived. Between '74, when the dictatorship ended, and '77, I'd served twenty-eight months because I got caught up in the reconscription. After the army I did other work. I quit marble carving. I quit everything for twenty years because I got involved with tourism.

Here in Tinos in those years, the marble carvers, those who had workshops, didn't pay. There was very little money. You had to leave Tinos and go to Athens. I had a love for the island, for my village, and I didn't want to leave. It was necessary for me to go work somewhere else. I had a friend who had a pizzeria-cafe, who hired me. I spent ten years working with him, cooking. When I left Tinos, I already had a family. I had two children. I had more needs, so I left for Athens and worked for one of my wife's relatives, who had a restaurant in Kifissia.

Then I got tired of the night work—it was night work. A friend showed up, Mihalis Janoulinos, who had gone to the Acropolis six months earlier. He was a guard there first and then went to the restoration. When I saw friends in Athens who were on the Acropolis, mostly fellow students, from my childhood, they excited me with discussions, and they encouraged me to take the exams. It was really something, I had been in Athens for twenty years, and I hadn't gone to the Acropolis. Beat me for it!

In my village they have a saying—in most villages—"learn an art and when you're hungry, take it up." I wasn't hungry. But after twenty years I took it up again. My love for it drove me back to the marble. I came back to myself.

I took the exam in October 2000. Fifty people took the exam then. Fifty people for ten positions. They had hired seven already and were looking for three more. In the end they took only one, me, who out of fifty, came out first!

When I took the exams, there was a piece of marble there, on which fifty people had worked before me. At some point they called me to go. So when I started working, someone heard the sound of the *mandrakás* and said, "He knows the job. Who is he?" Because they'd heard the correct sound. There was someone from the committee who tried to trip me up. He said to me—I was working with the *velóni*—he said to me, "Use a *láma* and continue." I looked at him "Do you know the job?," I asked him. He says, "I am on the committee." I said to him, "First bring me a *fagána*, a *dislídiko*, and then the láma. There is an order, you know." So he said, "He knows the job, so leave him be. Let's move on." That was the first day.

That was around when the Acropolis Restoration Service was organized. There were some monuments that had to be ready for the Olympiad, in 2004, so a lot of money was given from the Ministry of Culture, from some allocation, as well as from the European Union. There were some funding packages specifically for the restoration of the Acropolis. If you didn't finish in the time frame, you didn't get the money. The period 2002–08 was the best period of all from an economic standpoint. There were bonuses; there was overtime. You could work more and make more. If you had the desire, you could.

Marble is very easy and very difficult. If you work it on its face with its grain, it's workable. If you're not familiar with the grain of the marble and you start on its *kefáli*, upside-down, you can't work with it.[52] And all that becomes apparent if you wet the marble a little. You'll see its grain when it's horizontal, so the upper surface is the face, the *prósopo*. That's what you work on.

When we have a block of marble and we want to make a surface, first we find the prósopo. What kind of marble is it? Is it a repair that will go on a column drum that has a piece missing? Or will it go on an architrave? You have to bring that marble into a form, so you can smooth it. There is an order. First there is the velóni, to take off the rough surface, we bring it to a surface of 1.5 centimeters. Then we take the fagána—a tool with thick teeth in front—which with the mandrakás on one side, and then the other, we make straight lines. We create a smooth, straight surface. But for that to happen it's nothing to have to try, one, two, three, four times. It has to be straight and to have linearity. You get linearity by taking a *péki*, making sure the two grooves on the four edges on the bottom side are aligned. If it's good, then you join the next lines. In other words, you make a line on one side, one here. You check the alignment—"it's okay"—you join them up to make a square, then you carve out everything in between, inside. Next you take up the láma. In the old days you went to the láma and then we worked with the kalýbra to polish. We didn't use electric disk polishers or anything. With progress over time and the pressure to finish the job, electric tools eventually came into the picture.

The kalýbra is used at the end, when we finish dressing a surface. The láma, as careful as you are with it, leaves some little lines. We want the surface to be perfect, to not have any gaps. So it has to be polished. We use the electric sander, we polish with that, but before that, we use the kalýbra on it. We use the special quartz sand that doesn't dissolve—it has a bite. There is an order to this. You can't go round and round. You work and smooth the surface until you are able to make perfect contact between one piece and another.

Between the fluted edges [of the column drums], all the way around, there always has to be a gap of around a millimeter, half on top and half on the bottom. Around the curves. That way, in the shock of an earthquake, the edges won't rub against each other and break. There's something else you have to keep in mind: the drum has approximately twenty-five or thirty centimeters of flat surface. Because where we now put titanium, in the old days there was wood, the *embólio*. So no air

52 *Kefáli*: literally, "head." The top of the marble block, perpendicular to the grain, hardest to carve.

can pass through there, or soil, or moisture, because if it got in there, expansions and contractions would begin and the wood would rot and break. Then there is a gap that we made with the little velóni, before the square where the embólio goes in, to contain the shocks, so it wouldn't break. The contact of drum with drum has to be that perfect so that the drum will never be damaged. So if it shifts, the whole column will shift. We've seen that happen on the Acropolis.

I recall when we restored the last column on the interior of the pronaos—it had shifted—there were two or three patches that had to go in. And when we took down the drums—I don't recall exactly, between the fourth and fifth or the third and fourth, I don't remember—the wooden embólio was still inside. That really impressed me! Because, let's face it, that must have been done many, a great many, years ago. Of course with the wear, with the sugaring from the weather and with all that, it wasn't entirely healthy. It had rotted, but it was evident that one [wood] was different from the other. The wood of one part of the embólio was harder while the other was softer. They've done an analysis but I don't remember now which woods they were.

On many ancient marbles, we saw that two carvers had worked on one marble, rather than a single carver. How could we tell? Because you have one way of working and the other guy worked differently. So we understood that there were two carvers on that piece. That's one way. Another way is that we saw the names hidden somewhere, where they didn't show, because you can't, say, write your name visibly. We also put our names! When, in 2004, the Olympic torch was in the Kallimarmaro, the day that it went there was the same day we finished the opisthonaos.[53] In the finishing of the opisthonaos, above the architraves are the cornices. Between the two is a gap. So, there we were: Francescos, Foskolos, me, Mihalis, a bunch of the guys. We took a piece of lead and on that we engraved our names and the date that the flame went to the Stadium. So, if after one hundred [or] two hundred years there is another restoration for one reason or another, they'll say that some ancients were here and were working!

One time I was talking with Spyros Kardamis; we were working way up high together on the cornices. And I said to him, "So, buddy, up here why is there this perfection? Since here nothing shows, we could overlook it, somewhat." And

53 Kallimarmaro, literally, "beautiful marble." The ancient Panathenaic Stadium has been a race course site since the sixth century BCE. It was originally built as a simple stadium c. 330 BCE, then rebuilt in marble to a 50,000 seat capacity in 144 CE, during Roman occupation. Excavated in 1869, it held the Zappas Olympics in 1870 and 1875. It was fully refurbished by 1896, dubbed "Kallimarmaro," and was the primary site of the first modern Olympics that year. It was again used as a sporting site during the 2004 Olympics, and serves as the finish line for the annual Athens Classic Marathon.

he said to me, "I'll tell you something. You can laugh, but for me it's serious." "What?," I asked. "The ancient Greeks, those who worked here, respected the place, they loved the place, but they feared the gods! Their gods were watching from above, and that's why there is perfection."

When we restored the north side, it took four years . . . five? It was a lot of years. At one point, we were setting the second or third drum, and some Greek-American guy took some photographs of us. He didn't say anything to us. He left. He went to America. Four years later he returned to Greece. And he saw me way up there. We were setting the cornices. "Hey, boy!" he called to me, "Come down!" I came down and asked, "What do you want?" And he takes out the photograph he'd taken four years earlier. And said to me, "See where you were? Thank you! Because I came four years later and that job is done." That's what! There are some moments when you don't hear anything from your supervisors but you hear something from an ordinary person.

Life began to be difficult with all the political problems. Wages started to be cut. I could have left on January 1, 2012, but I stayed another six months to finish a job. I had heavy construction social security credits. I'd fulfilled my years of work at age fifty-eight. Then I remained another year; I had to take my pension at sixty. At first I missed it a lot. I can tell you that now, after four years, when I recall the good times—because most of the times were good for me—I get emotional.

Marble carving will go on. Greece is an ancient civilization, so it has antiquities to show. Greece lives from tourism. I don't think they'll let that part go. But I'm sorry when I hear that one by one the archeological sites are letting staff go. Yes, things are hard in Greece, but that part. . . . Foreigners don't come to see me! They come to see the civilization they have read and heard about! There has to be continuity!

Greece was strong in more difficult times. There's been worse. Now it's an economic war. There were other wars. There was the seven-year dictatorship. There was the Civil War. There was the Cypriot invasion. There was a lot! We got over all that. But this here is hard. Half the people are suffering. That's a fact. The other half . . . there are few who are okay. But the half who are suffering—they're the lifeblood of Greece. We Greeks have something—I'm not criticizing other countries, other people—but we have something more. We get by on bread and olives. And we'll do okay. It may go on for a while, but it will pass. That's what I think. We islanders have this here—we're always open, free, we aren't pressured. That's not in our nature. Like what we've seen now with the navy [and the refugees]. With what has happened to Chios, Samos, Mytilini. A million people who passed through here and all the people, all the islanders helping. The people didn't drown; they helped people! That's the glory of Greece!

NIKOS PERANTAKOS

Café in Pyrgos, Tinos

Nikos Perantakos stands on the road to an old Tinian quarry.

I'M HAPPY THAT I WAS BORN and raised in Pyrgos, in Tinos, in this village that has produced so many artists. And from childhood, I was carving my name on the stairs with a nail—in those days we kids didn't have tools. There were a lot of kids and so we wouldn't fight with each other, our parents or grandmothers and grandfathers would keep us close to home. And [carving] was what we busied ourselves with. My house is by the School's restaurant and if you see the staircase, I've written "N.K.P.," all over from top to bottom! "N.K.P., N.K.P.!" Although a lot of my initials have been removed due to the repairs that were done, some have survived.

My father was a merchant seaman; all my uncles were seamen. One uncle on my mother's side was a marble carver—a construction worker in Athens—and one uncle on my father's side was a quarryman. And my grandpa, my mother's father, was one of the best builders in Tinos. He, his brother, and their father together built the church of Agios Dimitrios. The dome as well! The dome of Agios Dimitrios has no poured concrete, it's all stone—marble.

Before I decided to become a marble carver, I'd changed professions two or three times. I started out as a carpenter. I liked it, but the pay was low for an apprentice in wood. There was no comparison between the wage for an assistant in wood and the wage for an assistant in marble. Not only that, there was a trend for boys of my age then: after learning a trade like marble or finishing the School at Tinos, they'd leave the village. They'd escape some of the misery. They'd go to Athens. You understand? Because there were already a lot of people working here in marble. So, by necessity, after learning the trade, you had to leave because you couldn't make a living here. I entered the School in 1969 and graduated in 1971.

After finishing the School, I went to Athens and worked in an artistic marble workshop, the Theotokou Brothers, who were from Tinos. They'd built the second bell tower of Agios Dimitrios. But I stayed there for only one year, purely for livelihood reasons. Because my expenses in Athens were a lot, and the wages for an apprentice were low there, I went to work exclusively in construction. I was eighteen.

There are a lot of very difficult situations in the art of installing marble. A difficult and heavy job is the installation of a staircase. Another difficult job—and here you have to be very responsible about what you're doing—is the *orthomarmarósi*.[54] High up. Not just the marble that starts out touching the floor and continues to the top. We're talking about balconies, which were covered in marble, hanging in the air. They weren't supported anywhere. You install it on the concrete—the thickness of this concrete is how thick? Eighteen centimeters—and you cover that with marble.

Using the large saw, you make a cut as deep as the disc can go. Then you insert a bronze *láma* into the cut.[55] You make cuts at specific intervals after you've premeasured the marble sheets you've been given to install. You make cuts so that the marble fits, from marble piece to marble piece, on the concrete. The lámas go in, and after you've nailed all the lámas and done everything, you measure. You

54 *Orthomarmarósi*: installation of vertical marble sheets and tiles on building walls.

55 *Láma*: a narrow, thin piece of metal.

put the marble on from the reverse side, so you can see it, and make a similar cut in the marble—a notch. And the way the láma is, it goes in and sits on top. So the marble doesn't go crashing down. Then, as the marble is a parallelogram, you make two holes in the heads on the top portion, and two holes in the bottom portion. Then, in these holes you put bronze wire, which you bend into a right angle. You insert it and nail it to the concrete above and below. And thus the lámas hold the marble so it doesn't fall. The two on top hold it so it doesn't crack open from the top, and the two on the bottom hold it so it doesn't crack from the bottom. And then you put a board beneath, because the concrete is there and the marble is here. Then we filled this gap with *ariáni*, a watery mortar of cement and sand. So we put a board underneath to hold the ariáni, we fill the gap. The concrete, marble and the material we poured in become one entity. With no exterior screws, nothing, showing. There were construction companies that nailed the marble, with screws that showed. We're talking about a *koútelo!* [56]

In the old days, when the process of the splitting of the marble was done with the blades of the old saws, the surface texture of the marble on both sides was rough. They used metal, like a saw let's say, but inside the cut, they'd pour in grains of emery and sea sand. These would eat away at the marble and it would split. That made a rough surface. This had a very good adhesion for the marble to stick to the cement. After they stopped using these machines and switched to machines using diamond blades, the marble came out very smooth. And those of us who did the installation would make cuts on the back with the handheld power saw to create a rough surface so it would stick better.

Tinos marble has it's own peculiarity. Tinos marble is green because it has a lot of lime in it. You'd install a tile today and you'd go back to the site tomorrow and find that the tile had come unglued. One- or two-thirds would lift off! It didn't create an adhesion, it made a crust on top of the cement and didn't stick. So, they found a unique solution and poured a resin on the back of the marble and spread *garbíli* on top of the resin. Garbíli is finely ground marble or gravel. They'd leave the garbíli for the resin to draw it, and this created a very good adhesion and the marble would stick.

All of these things are connected to each other. Everything is connected. In order to make a platter, to make something, you find the marble. Once you've found the marble, you decide how you're going to make the platter, according to the grain of the marble. You get familiar with your material, first. So, if Dionyssos marble is hard enough, Naxos marble is softer. If it's Kavala marble, it's even softer. So when you have experience with marble—experience, what is that?—you can

56 *Koútelo*: a low wall around the base of a balcony or floor.

distinguish which is the *prósopo*, which is the *mourélo*, which is the *kefáli*, the grain and the type—let's say—of each marble.[57] That's experience. What the origin is of each marble. That's experience. Then, there's the experience of installing a heavy object on a building, which is connected with the dismantling and, afterwards, with the re-installation of marbles on a temple, like the Parthenon. What you use to transport marble, what you must pay attention to. . . .

The artistic workshop is purely artistic. Ecclesiastical carving and such. When you work in a marble workshop where all you do is carve—just carving—it's a routine in which you learn what you've been assigned to do well. And you stay inside the workshop all the time. If that suits you, that's all you want, you remain there. What helped more is that I had done construction work, where I gained related experience in installation—of a templon, say, how to set up a heavy base, how to do such things. That can help you a lot in artistic work. Well, it helped me a lot and I know how to do a few things inside the workshop. But I was really helped by the experience of installation. And I know a few things that perhaps my colleagues, who did not do them, may not be able to do well. If I hadn't worked in both situations, perhaps I wouldn't have been able to deal with a reinstallation, for example, up on the Parthenon, or with a dismantling.

Before we talk about the Parthenon, let me tell you that I was fortunate to have been hired by the Cultural Ministry in 1974–75 to go to Ancient Olympia at the time when they were moving from the old museum to the new museum. I worked with the dear departed sculptor, Stelios Triantis.[58] He was a sculptor, and he was in charge of the installation of the new museum. We moved the sculptures from the old one to the new, as directed by Triantis. We made new bases, new installations where Triantis told us.

After Olympia, I went into the army. I served in the army for thirty-two months—unsalaried. You should know that, because in America the soldiers are paid. So, I was discharged as a soldier and went back to construction, from 1979 to 1983. In '83 they were looking for staff on the Acropolis. I went there with Francescos's bunch. There was no team working on the Parthenon then. There was only a small team working on the Erechtheion. In 1983, the Parthenon team was formed with a few people: eight marble technicians and two builders. And in '85 a law was issued where we could be employed there permanently. So, I was made permanent in '85, a permanent civil servant—screw me!

57 *Mourélo*: side of a marble block lateral to the marble grain; edges, circumference.

58 Stelios Triantis (1931–99), celebrated sculptor with deep ties to Ancient Greek artwork. He held the unusual position of artist-sculptor within the network of Greek archeological museums and worked to redesign and build exhibitions in archeological museums across Greece.

When the workshop was set up, we began, as a team under the direction of Manolis Korres, to collect the various pieces that were scattered all around the Rock. We gathered all the pieces next to the sheds, where the bridge crane is now, where you see the cutter and all the rest. We carried all those piles at that time, until '85. The pieces were brought there and were recorded under Korres's direction, "That marble belongs to the Parthenon, it should go there." Someone would recognize if this piece matched that one and they'd be joined. "That's from the south wall. That's the north wall. That's the stylobate." They simply told us that those marbles belonged to the Parthenon and had to go there. And they were registered. They gave them numbers; they registered the numbers on the pieces and a chart was made so that at any time we'd know where each marble was. Now, if a better classification took place later on, I don't know.

They brought a pantograph to the Parthenon.[59] And because I was the youngest worker, they recommended that I learn how to use it, because I had a future ahead of me. I was twenty-nine. So I agreed to learn how to use the pantograph. But I nevertheless was a little uneasy in general. I wasn't one to fit into molds and I was searching for myself. I was also a permanent civil servant of the Ministry of Culture. I tried and was able to change my specialty along with some other colleagues. We changed our specialties due to the recognition of our degrees from the School at Tinos. When the degrees were finally recognized, they assigned specialties to those who had the diploma from the School at Tinos and had been permanently hired. They assigned us the specialty of conservation. So in '87, I left the Parthenon and we created the conservation workshop of the Acropolis Museum—the old Acropolis Museum.

This job didn't exist. No. There was a team that occasionally was involved with the Acropolis Museum, but when we became conservators—four or five of us—they made the Acropolis Museum's conservation workshop a permanent thing. [Our workshop], under the direction of a conservator, was responsible for whatever happened inside the museum at any point in time. We searched through the storerooms to see if we could identify any pieces: sculptures, inscriptions, reliefs, and such. The bonding was done the way we knew then: hole-to-hole, bronze rods, cement and bonding. These were small pieces. The conservation workshop was next to the old Acropolis Museum, at the outdoor crane below. We later moved it to right outside the Museum entrance, opposite there in the courtyard room beneath. I stayed there until 1991.

59 Pantograph: a mechanical copying machine. A very large, electrically powered one has occasionally been in use on the Acropolis worksite though it seems to have fallen out of favor.

I was in the Acropolis Museum conservation workshop, and rather restless. I was looking around for something new every day, when I came across an inscription. That inscription was on a piece [that had been] sitting on top of the bench for two years—an ancient marble inscription. So searching among the shelves, I found a piece of marble that I thought matched the marble that was on top of the bench and I took it. I fooled around with it a bit and I matched it to the inscription. There was a lot of excitement [among] the supervisors. A huge volume was published, specifically about that inscription. And my grievance and the reason I left the Acropolis was this: I was not mentioned anywhere, not my name, and not even the Acropolis Museum conservation workshop. They said nothing. Nothing. Just that a Byzantine (or something) identification had been made.

It's typical. They don't appreciate you at all as a worker, nor do they take into consideration the knowledge we marble workers have, which they exploit. I was upset, of course, when I left. I was upset not because I lost the job, but because I lost that object, which was an object that was interesting and fulfilled me. What I was doing fulfilled me. But I couldn't do otherwise.

I got turned off. There was a lot of work outside—by outside, I mean outside the Acropolis site. There was much more money. By then I'd gotten married and had a family. I had a lot of expenses and I had to move on. So, I turned my hat around, handed in my resignation, and left.

From 1991 to 2011, I worked in the private sector. I enriched my knowledge somewhat, learning to install marble, installations on walls, with a new technique by which don't you glue with cement and such. There were some stainless steel supports, which had some concealed support that you didn't see but which could support a whole marble slab. No screws, no nothing! And you could be as much as fifteen centimeters away from the load-bearing structural wall on the outside, and it could be hollow inside. According to the distance—how far you go out—and according to the weight of the marble, the support changes. Of course, those marble sheets are all three centimeters thick. And they don't fill in [between the marble and building wall], so it's hollow. The marble is suspended, so to speak. The one simply never rests on top of the other. It gives you the possibility, if you want, to go out up to fifteen centimeters. If you want, you can fill it with foam board for insulation. I learned this technique also. I worked quite hard. I was satisfied with what I was doing; I didn't regret having left the Acropolis.

I didn't regret it, but things turned upside down, and in 2011, just when construction took a downturn, they were hiring again on the Acropolis. I was given preference because of my previous service and because of the School at Tinos, and they took me back on contract.

At first they put me back on the pantograph, because I was familiar with the machine, so production could move forward. But that wasn't feasible since I couldn't stay sitting next to the pantograph. So I asked to go out. Sometimes I worked at gluing marble, other times I matched the marbles. And in the last phase, I worked on replacing the northwest corner. Until the installation was finished, they took advantage of my skills. Once the corner was finished and they didn't need me there any more, they kicked me out and put me back down at the patching—that is, the matching and gluing—until I was discharged.

Each part of the work is interesting in its own right. So you can't call the cleaning and bonding of two small pieces routine. But taking down an architectural member—and a large one too—conserving or bonding it if it's broken, and replacing it is more interesting. It requires more attention, and in general I personally like the difficult jobs.

The installation of the marbles on both corners was done in an unorthodox way, in my opinion. Normally the marbles should have been fastened from the middle of the pediment and spread out left and right. But we were working backwards. We were working backwards because the decision was made to fix only the two corners. They'd studied the two corners and determined that those had to be started on directly. And they began on them, which was unorthodox. Because when you lay a stone block, the stone always has to be laid in such a way that the connecting metal clamps and *gómfoi* go in without giving you trouble. Now, the marble has to be kept suspended so we can prepare the place for the connectors to fit. So this means you are working the wrong way around. But the study was such and the program was such that it had to be done that way. There are always experienced people who can help and produce the correct results, and they are never heard. The supervisors always do it their way. As a result, the job is not done one hundred percent as it should be. It's always the big shot who wins!

The Parthenon is a monument that doesn't exist anywhere else. And again I have a personal grievance that the decision makers don't show the appropriate zeal that they should for things like this that are unique in the world and are what we have to show off to the world. The state doesn't help support the projects with the zeal required to help! There should be more staff, more money to purchase things that the projects require for the work to progress. Because Greece has five or six monuments which don't exist anywhere else, and that's what we have to show the world, to foreigners.

Here's the thing. The Parthenon monument, where I've worked several years, I've bonded with more than any other monument I've been to and seen as a visitor. For sure, because I've ached and tired myself for what I've done there. I have a bond and I don't hide the fact that I was upset when they fired us because our contracts expired. It's like when you have a pet, say, for some years. Well you bond with it, you love it.

In these past months, I decided to come and live permanently here in Tinos. My son is here and works in agriculture. So I came to give him a hand. I've learned to return to the places I've left. And thus I returned to my village. I also do a little fishing, a little hunting, a lot with my garden and animals. I have thirty-five goats, ten sheep, cucumbers, tomatoes, squash, eggplant, potatoes, green beans. . . .

The old houses here are built of stone, whatever stone was there. It could be marble, it could be *sapiópetra,* between which they packed earth.[60] They also used a white earth that is a bit like clay, to sweeten it a bit so it settled. The plaster was hay, earth, and manure. Hay, manure, and river sand. For the surface. That's it. We whitewashed it. They'd put a little indigo in the whitewash, because they said it made it whiter than just the lime. Inside the houses, the interior walls, they'd put in some ochre, which made it a bit yellowish or beige, sky blue, if they'd add a bit more indigo . . . that sort of thing.

Even though the walls were very thick, the water would sometimes seep from a gap somewhere high up. Say there was a crack in the plaster—the water entered from there and went down. It looked for stones where it could meander and you got dampness. There was nothing in those years more waterproof. At the time, what else could they have used? If the plaster has no problems it probably isn't disturbed. But where there was a problem is what I'm telling you. We're talking about very thick walls. I made one myself, my house, which is over there. It's built piece by piece in an unconventional layout.

Here's the thing. Greece has always kept its head down. Rather, the Greeks, see? They've spent a lifetime keeping their heads down. And they've been patient, waiting for things to get a bit better. Unfortunately, however, every time a new leader comes along to govern Greece, he has orders from somewhere else to do their bidding—Clinton's, Obama's, so-and-so's, and so forth. And not only America, right? So, the current government was elected on a lot of false promises, which were stolen from others. But I believe that the Greeks believe in themselves and they will not flinch. We won't be brought to our knees! I'm on the left, but not with Tsipras. Because Tsipras is not left-wing. He is left-wing with a right-wing pocket! [*laughs*]

60 *Sapiópetra*: local slate from Tinos.

CHRISTINA CHRISTOPOULOU

Café Dioskouri, Athens

An ancient marble surface meticulously restored from many tiny fragments.

I WANTED TO LEAVE HOME—I'm from Patras—so I went and took the exams at the [Panormos] School and landed in Tinos. I had a painter friend in Patras. He was also a sculptor: Charalambos Themistokleous. He'd been to the School, and anyway, at some point he told me, "You can draw, you should go there." I was twenty-one. First I went for painting and drawing, not really for marble. I met the marble there.

Oh! First were the *ypérthyra*.[61] I saw the marble work on the houses, very lovely ypérthyra and columns for the doors. Anyway, it was really beautiful . . . especially the fact that people were doing this just to beautify the entrance of their houses. And marble was everywhere there. The fountains. The floor. In Patras, it's only used for floors. When I went to Tinos, I got to have personal contact with the marble, to use it. It was this and the experience of touching the marble and the tools that drew me to it. It was something new, something exotic. We had a good connection, let's say.

In school I made a sculpture. It was the *Ephebe of Marathon*, the famous one of the boy from Marathonos. I don't remember exactly when, I think it was the third year. We had to copy a statue, using this tool called the pointing machine. Now, about how I was feeling then. . . . For heaven's sake . . . although it was a copy, it was like . . . giving life to the piece of marble. To see this statue there, appearing little by little.

I had a big gap [between Tinos and the Acropolis]. There were other jobs. Photographer, painting houses, decorative painting, and things like that. Painting landscapes. Painting for the Church (I make icons). But with marble, nothing.

Many years later, about eighteen years, I thought, "I finished the School, so let's do something with this!" [*laughs*] And so I came and took the examinations on the Acropolis. I didn't even remember how to hold the tools! Now I remember, but then I remembered nothing. After that examination I worked for eight months on Hadrian's Library in Monastiraki. There were some good marble workers there. Slowly, slowly, I started to remember it.

[Hadrian's Library] is a Roman building built by Hadrian. We made the entrance to the Library. We were not working with the pointing machine; we were working with very big pieces of marble. We had to use the *velóni*—it's for very rough surfaces—and the holes for the connectors. Not any curves or anything. It's like Zen sometimes because you do the same thing over and over. And the big pieces sound like a bell. I liked this too.

That was in 2001, from May to December. So I remembered all of it, and I went again for examinations on the Acropolis and they took me. The second time I was nervous, but I managed it.

The work in the Propylaea was different because of things like the coffered panels in the ceiling. You have to use your mind more, to count. The other job was more mechanical. This was more sculptural. You had to be very careful, especially if you were close to the final surface, because you could very easily cut the marble, or

61 *Ypérthyra*: literally, "over the windows." Ornamental, arched, marble door and window lintels with carved and cut-out designs that let light and air into buildings. Specific to Tinos.

something like that. This was also very exciting to manage. Sometimes something wrong would happen. It was not exactly flat, maybe, with a mistake here or there. Sometimes the marble happens to be softer in one place, and you feel the air compressor suddenly go soft. You have to keep all of this in mind.

You can't do anything when there's a problem with marble. There were never big problems anyway. Even in the ancient pieces we could see small problems, like, it was not straight, or something. Sometimes the ceiling coffers were not the same length or width, or wider here than there. Small things, not big ones. Me, I would not even call it a problem. Sometimes to not be exactly precise is a little nicer to the eye, I think, because it shows a human touch and a human being.

The contact between the blocks is so good that we don't know how it was done so perfectly, or exactly what tools were used. They haven't found it yet. It was very exciting, in the columns, between the drums, when they found the ancient wood inside: it was like new! It's exciting, two thousand five hundred years ago some hands put it there and it still exists! That was a good moment on the job.

They say that the marble is from ancient rivers. Gradually the rivers dried and became limestone. A piece of marble has a *prósopo*, a *mourélo*, and a *kefáli*. The head is where these layers emerge, where they end up. And it's the hardest part of the marble. The head is always facing north, like a compass, let's say. When you carve a face, the head is up, so when you find the marble, this is the north part.

You use the prósopo for the face because it's easiest to carve. It's easy to make the details; it's the best part of the block of the marble to sculpt. The other parts might have some other material inside the marble so you lose pieces.

At first I didn't want to use the air compressor, or the electric tools at all. In Tinos, we didn't have them. Only by hand. With electrical tools I am not good; I am afraid of them; I don't like them. I used the electric tools very seldom, just if I had to cut something. The pneumatic tools I could use. Because it was quicker, it was okay.

You always have tendonitis. I think that you get more injuries with the air compressor than with the hammer and chisel, because the compressor is more violent and has more vibration. Many times I have had to have my hand in a wrap. So, that's another reason I don't like the new tools. But now everything is different. Everything is becoming more mechanical. But I think it's just as good. It's a little strange, I mean, but I think it's the same.

For about four or five years, I worked in conservation. It wasn't such hard work, but you had to be out in the sun with the wind. [If] you have an ancient marble that needs repair, if a piece has chipped off because of all these years in the air and all that, you have to take it, clean it, and after, stick it back on with white cement.

But the conservation project doesn't stop. You have to do it again after. . . . I don't know how long exactly, after ten, twenty, thirty years because the material gets old. Only on the exterior. Now they are trying some new materials. Sand–quartz sand, not sand from the sea–lime, cement, some color. . . . Sometimes, especially in the summer, [when] it is very hot, the [materials] don't wet properly, so you have to [do] repairs.

In the summer it is difficult because, especially up on the Rock, it is very hot, hotter than down below, reflecting off all the white stone. In the winter you cannot be out if it's raining, if it's very cold or snowing. So you stay inside. If you have something to do inside, okay. Otherwise you wait for the hour to leave because you can do nothing.

You get used to [working in public]. At first it's difficult to see all these eyes looking at you. It annoys you. But mostly I didn't like it when they took photos. Sometimes I felt like I was an exhibit. Like an exhibit in an exhibition. But me, I would like to see the work that we do, so it was part of the job. It was okay. Because we cannot do it differently, you get used to it. For me it's difficult when I finish work and have to leave—there are so many people it takes me half an hour to go out. Just to walk out. Many, many people and we have to go slow, wait. And I want to be at my house. This is torture!

I stayed working in the Propylaea, but now I am in the conservation office because I have a health problem. I cannot do heavy work and things like that. So now I am inside until I leave. We have plans of all the stones of the building. How they were before the restoration, if there are historical marks on them. So I have to put all these plans together, with numbers: one, two, three, four . . . and write it in a book. This is a "very interesting job." Okay, it's not interesting, but I can do it. It's also kind of Zen: you do the same thing, write the same things. There are colors that show effects of the weather, problems with the stones: "This is from Byzantine times," or, "This is a new restoration." Everything is in a different color. And I organize it and categorize it. It's all written down, so I write what I see. It's all in the numbers. Say you want this stone: you find the number in the plan, you go into the book that I write, and you see the whole history of the stone. Now I am on number 16,716. And I have not finished yet; there will be more. Now they do it digitally, too, but I write it in the book. I don't know who will ever open it! Our previous director and architect, Tanoulas, studied the Propylaea and all of this.[62] He is going to write a book about all the graffiti that is on the stones of the buildings.

Now, after my health problems, I use the elevator to go up. It is there for the people who can't go on foot, [for] wheelchairs. I haven't tried to go down. I also

62 Tassos Tanoulas (b. 1947), architect formerly in charge of the Propylaea restoration project.

had problems with my knees. And so there are about six, seven of us who use the elevator. It's stupid to me. I think all of us could use it. Because you get tired with this work. But, I don't say it. The mentality is a little bit rigid.

Because it's a difficult job, we can retire after fifteen years. Not with the same money as if you worked longer, but. . . . Because the job is so physically hard you can also retire if you are at an age to leave. For the women, it was fifty-five. Now it is sixty. I am tired because I am fifty-nine years old. And I want to do some other things in life. I especially want to use my time as I want. To paint again: some landscapes, but in a different way than I used to. I have a small house in Aegina, a wild place. . . . There are not many houses on the mountain. I think about going there.

Today I see that [the work on the Rock] is not continuing the way that it was in the first years. Everything around is so disappointing and it is going into you, all these things. All the icons of crisis. The people, they are sleeping outside, the buildings are falling down and are dirty. In the place I live—it's not in the center of Athens, it's near Victoria—all the refugees are there. All these things get inside you.

What is happening now in Europe is no longer represented by this symbol [of the Acropolis]. They say it symbolizes the free spirit, the spirit of a free culture. So they say! But I think now it's a pretext. It's a word only. But maybe that means that the world is changing, and why not? Every change is difficult in the beginning. And after, we don't know what. . . . It's an optimistic point of view. This is a difficult period now but we don't know what will ultimately happen. I hope it will be completely changed. Oh, I don't know. Change the brains of the people. Everywhere. I don't have an answer, but you see everything getting worse and worse and worse, and you have this symbol and you cannot put it together.

So, me personally, I feel it's vainglorious if they continue [the restoration] in this situation. I think I agree more with some archeologists who say that the ancient things have a time to die. I mean that if a stone falls beautifully, it is where it falls and you'll see it and sit on it. Maybe it's beautiful. . . . I think it's more like this idea. Look, okay, maybe not exactly. But the idea is interesting to me. I don't understand if it's better to reconstruct everything or [let it] fall down. Look, to restore it is good for the memory. But on the other hand. . . . I don't know. I think that human vanity comes in here.

THOMAS BOUGELIS

Café in Pangrati, Athens

View of a restored colonnade from inside the Parthenon worksite.

MY FATHER WORKED ON all the archeological excavations in Athens: Plato's Academy, Kotzia Square, Keramikos, beneath the Acropolis someplace, at the Theater of Dionysus, or the Stoa of Eumenes, one of those. In Athens he must have worked at most of the archeological worksites in the Third Department. At that time, it was the largest in Athens. He was a workman. He did the work to find, to dig, to make the trenches, to find the geological periods. . . . So, when I was a kid, I played soccer in all of those sites when my father was working. It was during the summers when school was out, and my dad didn't know what to do with me. I think I was the only one. I was spoiled by the archeologists. I was small and cute. [*laughs*] I got to be in the sites before anyone else did!

An archeologist there noticed me when I went to watch my dad—I think it was in Kotzia Square, in front of City Hall. The archeologist gave me a little brush, and I cleaned a seashell that had just been found. I picked it up, put it in a crate, and then took another shell and cleaned it carefully with a little brush or a toothbrush, and put it back again. That's it. Another time they had just found a mosaic. I had specific orders. That is, "Sit over there, with your brush and clean this little piece." That's all! But don't imagine that this was a proper all-day job. I'd sit for two or three hours, I'd do the job and then I would go for a stroll with dad, a tour. . . .

When I was a kid, it was just pieces of information. As an adult I understand that this thing about the layers of earth is all about the sediments and deposits from ancient times. It's how archeologists understand what they have found. [Now I see] that the work is the accumulated experience of centuries—millennia—of human civilization, of human knowledge. All of this is very interesting to learn: from the limestone temples, how we progressed to marble temples, how raiders came and destroyed one temple and built something else in its place.

Because I'd seen it all in person, it became a desire of mine to be an archeologist. Later that changed, but you know, it's all part of the game of life. I was very bad in ancient Greek and Latin in high school. I found those subjects interesting but I didn't have the patience to sit and read, to study. I liked everything that did not have to do with reading. Homework . . . no. Nothing where you have to put your head down and study. So I quit them, they quit me too, and I quit archeology. Since I had a good artist's hand even then, I spent a lot of time painting. I heard about the Tinos School through my dad, who worked at the Ministry of Culture. So I took my drawings and went to Tinos.

It was hard, yeah! But everything can be hard or soft, beautiful or ugly, depending on how you handle it. If you don't know how to handle it, everything is difficult. Marble is a material that has its own peculiarity. You have to read it, look at it, study it, until it comes to you. You can't start working on it, doing whatever on a piece of marble anyway you imagine. There's a specific way. There are rules. If you follow them . . . from then on your hand is liberated. You can do a lot of things.

Let me be honest, my contact with marble in Tinos was shallow. It became meaningful when I came to work on the restoration. The spark was rekindled when I held an ancient architectural piece in my hands, not [in order] to make something new, but to conserve, to help the ancient piece survive, to take its shape again—the shape it should have—to go back up and be whole, through the restoration.

NIKIFOROS SAMPSON

Café in Pangrati, Athens

The large, wet-cutting saw with a moving, programmable wagon.

FIRST OF ALL, IT WAS MY FAILURE to get into the architect's university, at the age of seventeen. [*laughs*] I failed the examinations, so when I was eighteen, I had a winter with nothing to do. I had to do something. So, my mother's cousin introduced me to a sculptor who worked with marble. He said, "Do you want to? You are good with your hands." I said, "Yes, of course I want to." I wanted to try the art of marble sculpture. I stayed with him for a year and decided that I liked it very much.

In his workshop he did busts, heads, lots of work for churches. I did small things: flowers, letters, boats, whatever kids learn to do in marble. Simple things. I made a lot of Byzantine motifs and I liked that. The decoration. He made the design. He taught me how to hold the tools. First, they show you how to use the tools, you see, and then after that they let you try it yourself, so you can feel the material, because it's a new material for you. It's a stone; you don't know how the stone, this material, reacts. It's a new thing for you. So, you start with hours and hours and hours of trying. You start to become better and better. I have some small things that I made then in my house—I laugh when I see them—but it's funny, okay.

After that year I decided to go to Tinos. I loved architecture. I loved the ancient monuments. So, I thought I could combine the sculptural art with architecture by working at the ancient sites. I didn't imagine myself as a sculptor, as an artist, as a maker of statues and things like this, ever. I'm not good at those things. I wanted to be on an ancient monument and. . . . I love this.

I lived in Athens, in a big city, and went to live in a village with two hundred people. It's the "big" village! So the first lesson was how to live in a different place. The first months, it was, like, "Oh my god, what am I doing here?" But after, I loved it. It was perfect. I loved it because I love the Cyclades islands, and the wildness of the winter. It's different. Winter in the islands is very different from the summer. They are wild. The sea is wild; the wind is very strong all the time.

The School has existed since the fifties. In the first years, only people from Tinos went to the School. In a village of two hundred, there were forty students. Thirty boys and ten girls. A girl's paradise! [*laughs*] But the villagers don't accept people easily. Everything wrong that happens in the village comes from you. Everything! [*laughs*] I had long hair; I was thin, so to them I was taking drugs like heroin, and because I was listening to rock music I was a Satanist. Try to explain to them that you are not! All the small towns all over the world, I think, it's the same thing. They don't accept differences.

It was difficult for people that came from Athens or Thessaloniki, the big cities. You had to choose between only forty people to be friends with. There was only one café. So, if you had an argument with one of your friends, you knew that every day you would be in the same place, at the same table. The relations were complicated. Between everyone. For example, if I broke up with you, and after I was with another person, but you and she were friends. My best friend was with you. . . . So, okay! You had to learn to live with this. It was a good lesson.

There are two kinds of marble workers. There are the marble workers from the families: "My father was a marble worker; my grandfather was a marble worker; I started to work from the age of ten!" Like this. These are the traditional marble workers. I am not a traditional marble worker! [*laughs*] We have another view of it. Perhaps we are not better workers than them, but we have a different view about the work. For example, when I was working at the Acropolis, I believe that I saw the whole structure more holistically rather than just being up there to do one job.

All the workers at the ancient monument are different from the marble workers in the workshops outside. It's different. We work with a lot of detail. Very detailed. The detail of a millimeter. This doesn't exist outside. I found it very difficult—and very different—when I worked at the Parthenon, and when I was at the workshop. It was another job, another job completely. The material was the same but it was another job. At the Parthenon, there were no mistakes. So, I tried to do my best, to get better and to be better.

The first place I worked was the Parthenon, in the summer for three months between the second and the third year of the School at Tinos. They took us there. Those three months were like a feast! Imagine, I was twenty years old, I had only two years with the *mandrákas*. . . . And I went to the Acropolis, to the Parthenon, where the best workers are! They tried to put us into the work. They watched us, of course. They didn't give us anything ancient, only new parts, so if we made a mistake it was okay. We didn't touch the ancient parts. And when they trusted us, then they gave us more. They passed us around to a lot different parts of the work, to see where we were good. First the copies, the new marbles that we make connect with the ancient parts. Okay, we took the mandrakás and chisel. The next job was the lead. We had to clean the lead from old parts to put in the titanium. Every new person passes through this part. The hardest part was working on the scaffolding in July. We were working on the column drums. What does he do, the kid that helps? He takes all the tools up and down, "Bring me this, bring me that!" [*laughs*]

After [I graduated], I started to work on different monuments, like Hadrian's Library, in Monastiraki. Generally, it's the same work. You have an ancient monument that you have to make some new parts for—they have been destroyed, so you make the parts that are missing from new marble, and you put them on the monument. The difference is the monument. For example, the Library of Hadrian is a Roman monument, which means it doesn't have as many details so it's easier work to do. At the other monuments there were only a few people working. Five to ten. There are more than one hundred at the Acropolis. And yes, I believe that they are the best. The Parthenon and monuments of the Acropolis, they are very detailed structures, and you have to follow that detail. It's not the same with the other monuments. Because at [Hadrian's Library] you are building a simple wall, with both reconstructed and new blocks. But on the Acropolis there are no simple walls. You're playing with the stability of the monument, of the entire structure.

Then I went to Phylakopi, on Milos. Phylakopi was a different job. It was an archeological excavation. I hadn't worked for a summer, and they wanted workers at Milos, so I went. It was a Paleolithic site: 1700 BCE. It was totally different. Another world. It had been a town, but nothing was left. Only obsidian tools. Stone tools, obsidian. After that I returned to Athens and it was the start of the big period of my work at the Acropolis, for four years.

I wanted to work on an ancient monument. Of course, working on the Acropolis, for your work, for your career, it's perhaps the best place to be, because you work with very good workers. It is the only monument that always gets money from the European Union, and there is always work to be done there. For example, Hadrian's Library: it's finished. Since 2008, the work has stopped. Sometimes there are plans to start again, but these days we have to choose.

[On the Acropolis] they took me to the Propylaea. It was nice. I was happy. They put me with a worker, Aristides Kladios, the perfect worker. He was an older guy. He helped me a lot, taught me a lot of things during all those years. He knew what to do, he wanted to tell me what I must do, and [I had] a good connection with him. I think we were both happy. We were a duet. He taught me to operate the big saw to cut the marble.

Every new piece of marble will pass through this machine. You are a part of the chain. First, I take the piece of marble, after the workers [have] sculpted it, and cut it down to near the final surface—to about two millimeters. The difficulty with this machine is to place the marble so precisely that when the blade passes, you cut to the precision of a millimeter. And not cut the ancient marble that is cemented to the new one! For two years, I only did it with Aristides. Finally the last year, I could do it alone. But for two to three years I didn't take the responsibility. I was afraid to!

The blade is about forty-four centimeters, not too big. It's on an arm. The width of the blade is seven millimeters. So, you can cut a surface of seven millimeters. And after, you move the marble and cut another seven millimeters, and then you move the marble, and another seven millimeters. We are talking about pieces of marble about two, three tons, those kinds of pieces. Big pieces.

The power of the blade is so strong that you don't care about [imperfections in the marble]. It cuts everything, and it cuts it the same. You understand it by the power. You have an ammeter, and you can see when the blade is working harder. You have to be careful, because you don't want the disc to break. If the blade breaks . . . it can kill someone.

When you have a handheld power saw, you feel everything about the marble, when it's tough, when it's soft, everything. With the big saw, you feel nothing. You can't feel the material, you use your hand only to press buttons and things like that.

SPYROS KARDAMIS

Café in Pangrati, Athens

The scaffolding surrounding the columns.

MY GREAT-GRANDFATHER AND my grandfather had a quarry in Corfu, from which they extracted marble and used it as construction material. All the houses in the old village were built from my grandfather's quarry. My great-grandfather died when I was one year old but I knew my grandfather very well. He died in 2008. So I saw him—and my father, too, who is, naturally, also in the business—I saw all of them working in marble and stone. [My great-grandfather was] Themis, son of Spyros Kardamis; [my grandfather was] Spyros, son of Themis Kardamis; [my father is] Themis, son of Spyros Kardamis; and I am Spyros, son of Themis Kardamis!

Around the age of thirteen—you know, that's when kids start to shape up—my father often took me to the studio of Stelios Triantis on Thrasyllou Street, in Plaka. Triantis was the sculptor for the National Museum. Anything that had to do with the Archeological Museum, Stelios Triantis made it—the marble bases, everything.

So I started getting involved with Triantis. The School on Tinos let out at 4 p.m. My father worked in the morning; he would come home at midday, eat, lie down. Then at about 5 p.m., he'd take me to Triantis until 8 or 9 in the evening. I was thirteen years old and he made me his assistant in his studio. Like: "Make me some wadding," or, "Bring me some plaster," or, "Do such-and-such for me." I posed for him two or three times. Once for a sculpture of Plastiras on the horse on Plastiras Lake, and another for Kanaris, which is in the Hellenic Naval Academy.[72] Yes, I was the model for Kanaris! [*laughs*]

Triantis was a good friend of Maniatakos, too. They were of the same school. So as soon as I finished middle school, at sixteen, Triantis phoned up Maniatakos. I spent about three months at Triantis's doing freehand drawing and mechanical drawing, which Maniatakos wanted. I also made a portfolio with the sculptures I'd designed in the studio, and I went and took the exams [for the School].

In Tinos, I worked from day one. After class let out at 4 p.m., I rode my motor-scooter (I had a scooter then), straight to the marble workshop. At first I worked with Giorgos Tsakiris. He had a workshop in Hora. Now he has one in Agia Marina. We're talking about the pinnacle of marble sculptors.

At that time we made a lot of Byzantine works. That is, ecclesiastical decorations. We made eagles for the floors and made [busts of] a lot of priests. Tsakiris specialized in priests. Priests would come, one after another. We also made templons. So the work had a broad range.

My most powerful experiences, the biggest challenges, let's say, I encountered at Tsakiris's, not at school. I liked school a lot, but at school things were quite relaxed for me. That is, I simply spent the required time. But in the afternoon—well, then things were difficult. Because the work Tsakiris wanted was much more demanding. You couldn't fool around there. There you had to be good and fast. There was no room for error, and the results had to be perfect. For me as a young boy, that was very stressful. I had to try very hard.

Of course I made mistakes, but they were those that could be corrected. Part of our job is to be to be able to cheat. To be able to shape a mistake so that it doesn't show. That is, to be able to fool even a sculptor. This has happened many times.

72 Nikolaos Plastiras (1883–1953), Greek general during the Greco-Turkish War of 1919–22, as well as a leading figure in the September 1922 Revolution, politician, and three-time prime minister; Konstantinos Kanaris (c. 1793–1877), hero of the Greek War of Independence and five-term prime minister of the newly independent Greece.

You also might have to do this if the marble has a problem. There might be a flaw, which you can remove with a very small alteration. So you do it, right?

After Tinos, I went to the army. As soon as I was discharged I told Triantis, "I'm going on vacation now." And he said, "You're not going anywhere. You're going to the Acropolis!" [*laughs*] Straightaway! I was discharged on May 21, 1990, and on the 27th I took the exams for the Acropolis. Six days. For me, Triantis was a god. I didn't dare say no to him. I didn't dare!

First of all, Triantis commanded respect. He was a very good artist. And at that time he had very good contacts. He'd had a lot of exhibitions and I liked that we prepared them together. One thing I liked was that he'd studied anatomy, human anatomy, as well as that of the dog and the horse. Besides studying here, he'd also graduated from the Beaux Arts [in Paris].

Triantis also behaved very well in general. He treated you well, you know, compared to the primitive practices that dominated the marble workshops at that time. That is, they kicked you around like cops. I don't know if Angelopoulos told you what he suffered, but in the workshop where he worked, there were fights and kicking, for real. So, Triantis had an entirely different philosophy. He allowed you to create, to evolve. If you didn't work out, you didn't work out. But if you did!

Anyway, I passed the Acropolis test the ordinary way. There was the written part, hand carving, mechanical cutter, *sikómata*.[73] Most of the procedures had to do with using the hand tools in the classical way. There was a block of marble and they told you, "Strike a few cuts with the *velóni*; strike a few cuts with the *fagána*." There were also some tools spread out. And they asked you, "What's this for? What's that for?" Afterwards, outside, there was a block of marble, and they told you, "Make us a deep cut here that's seven centimeters deep, one meter long. Let's see, will you make it straight? Will you make it like this? Will you make it like that? Will you pick up the cutter and start trembling?" And then there was a regular written section. Oh, and you had to lift two blocks. One was a typical lift and one you had to roll over. And there were some questions about lifting, "What's the safest way?"

Infrastructure works were carried out up there from '87 to '90. The cranes arrived, all that. In 1990, the restoration began on the east side. That's precisely the reason I was hired. The entire east side had to be taken down—and put back up again. They hired three people. Two years before me they'd hired Giorgos Angelopoulos. (Angelopoulos and I get along great. We've worked together many times on the outside. We've made statues together. The last one was of Archbishop Makarios in Nicosia, Cyprus. It's three meters tall, marble. It's in the Archdiocese in Nicosia, right outside the building.) We were barely twenty people then because

73 *Síkoma*, (pl. *sikómata*): the process of carefully lifting and moving a piece of marble.

the work on the temple had just begun, the funds available for the programs were not so large, and a lot of things had not been included in the program. We were not so pressured by time. The Archeological Society was funding us then, and we were getting a little money from the national budget. For the first six years, I was an employee of the Archeological Society.

It was very important for us to begin this process. Of course, at that time we had some old masters, who . . . well . . . they weren't very collaborative. They were the type that, when it was time to do something difficult, would tell you, "Go drink some water," or something. So you wouldn't see how they did it. [*laughs*] They didn't readily show us. They wanted to keep it all to themselves. Maybe they were afraid of being fired? I don't know what was going on. But . . . still . . . it was great! When the first marbles started being taken down . . . Korres was young then. We worked with Korres, with Zambas, with those guys. It was beautiful.

I was an assistant on the eastern side. So I was involved in the entire process, but as an assistant. There were more senior carvers. Assistants do everything. All of it. I prepared lead joins, I carried wedges for them, I tied the marbles with straps, I plastered, made them coffee, brought them water, set up the scaffolding . . . everything, everything. As soon as the eastern side was finished, we went to the pronaos, and from the pronaos we went to the northern side. From the northern side we went to the opisthonaos. And then we went to the western side.

I began taking initiative, let's say, and undertook pieces in their entirety, starting with the pronaos. I carved about six drums and then I did the fourth capital. The capital that was half ancient and half new—I did that, number 4, P.K.4.

Making a new drum, as much as one can analyze with words . . . . The marble would come to us in a square. We set it upright. We marked the bottom and the top faces with a compass—because they are different; the bottom face is larger, the top is smaller. We marked the radius, all twenty flutes, and we began slowly to take. . . . Eh, how should I explain it to you . . . we made an octagon first. After we marked it with the help of an engineer who knew the exact dimensions of the drum, we then began the pure marble sculpting. If you have a lot of excess to remove, you start with the mechanical cutters. If you only have a little, you do it by hand. You follow the marking all around, taking great care that it doesn't crumble, and then you carve towards the center. Of course you can use modern tools, too, the cutter and the sander, but when carving inwards you use the *velóni* and the *fagána*. Until you do the final refinement when the *láma* is required, like the ancients did it. At the end we also ground it smooth with the *kalýbra* and steel sand. The kalýbra is a flat slab. It has funnels on top, inside which we put steel sand. It has holes. It's also rather heavy, so you need two people. The ancients had exactly the same system.

After the octagon was done—we were of course continually rechecking everything, right? Maybe flaws would appear in the marble and we'd have to make a slight shift, as much as we had leeway. Once we decided that the marking was right, we continued and made it round. Once we made it perfectly round, then we used the very fine pick, the *velonáki*.[74] Of course, if an ancient piece had to be inserted—that is, a matching piece—we'd carve it. So, once we carved all the faces in the new drum and did the picking with the velonáki, we'd go and install it. But there at the installation, we had smoothed only the bottom face. We placed it and measured the height from the floor, and then we smoothed the top face in order to see if maybe there were some deviations or gradients. That was the process.

Of course, now, as you can see, it turned out that it's better to carve flutes than leave flat faces.[75] At that time, those who made the decisions were saying, "No." Now they've decided that we should make the flutes. Half of them have been done, and now we're starting on the rest. Without a doubt, I prefer it with the flutes. If they'd let me, I'd finish the entire Parthenon!

After the pronaos, I undertook the top layer of the north side. I think it was around 2000. Then, again with a team, we replaced triglyphs, filler blocks, friezes, cornices. . . . That's when I first became a foreman. I really don't know why. For sure there are better people than me. Anyway, I never asked for it; I simply accepted it. I just liked the challenge. That's what I undertook.

All the marbles on the west side had deteriorated. All of them. We had to take enormous care to avoid accidents to the monument as well as to ourselves. All the marbles were in pieces. To understand, you have to see the before and after photographs. The architrave was in six pieces.

The entire team gathered there before we started on the job. We discussed it in detail—each person there said what he had to say. And we gradually began setting up the supports we needed. We tied the marbles carefully. As we worked, we kept an eye out for anything that could create a problem, and we'd solve it there, on the spot. There were very few times that we stopped for a long period—hours—until we found a solution. We didn't want to leave it to fate.

Among the most difficult pieces—because nearly all of them were on the brink—were the two corner architraves. When we took them down, each of them was in two or three pieces for which we'd created an entire infrastructure below. How should I describe it? We made a very strong platform to be able to hold them,

74 *Velonáki* : a small velóni.

75 The early stages of the column restoration had no concave flute carving on the new sections, just flat faces representing the flutes. This was an aesthetic and conservational ethics decision made at the time. Today, the flutes are fully carved. However, because of the earlier decision, some restored columns on the Parthenon have flat, faceted faces without concave flutes.

because when removing one piece, the other could very easily fall. These broken pieces were ten tons—each! Those two corner pieces, both the southwestern and the northwestern corners. The crane was at it limits, too, especially for the southwestern corner. Half the capital was missing. Right? So, the problem of it overturning was. . . . There were many possibilities for things to go wrong.

After we did all the necessary actions to take the broken blocks down, they were then properly fitted, any missing pieces were filled in, as needed, and they became whole again. The southern capital was supplemented, too—the one that had the problem—and all the pieces went up again into their places. We fixed the ancient blocks with supplemental pieces of marble where they were missing. Titanium armatures are placed with a specific method—of course there is a protocol for that, it's not random. So, we placed titanium clamps with new marble supplements, where needed, with Danish cement, and followed the protocol of leaving it undisturbed for twenty-eight days from the hour it was bonded.[76] It requires exactly twenty-eight days [to cure] from the hour it is bonded. And constant watering.

Before you do anything, you do feel some anxiety. But when you put your mind to it and find the solution, well . . . then it's simply a matter of executing it. I get more anxious about the stupid solutions that some people give. Solutions we know can't be executed. [You need to] do it the right way, the way it's been done for so many years. I just think that in our work, it's not necessary to use extreme solutions. It's preferable to use the traditional way, which is a sure thing, even if that way is a little slower, or, say, requires a stronger infrastructure, rather than doing something completely extreme just for the sake of doing it.

Very recently with capital number two on the western side, we said that we could, in a very simple way, support it on two rails. We'd unglue the capital and with a second construction—again very simple—we'd take it down. Some people maintained that this could be done using a scale and counterbalances, sort of like acrobatics, say. In other words, to grab it from one side and from the back, it would have counterbalances, weighted with springs. Very dangerous!

Our way was used. We opened the capital very little, as much as necessary. We put in cement, as usual, bonded it, screwed it together—everything was fine. We did it up there. It didn't have to come down. And even the third architrave, on the southern side, they didn't want us to bond it in situ. But in the end that's what we did. I explained to them how we could do it, and I think they also understood that it was the correct way.

76 Danish cement: Aalborg White cement, a rapid hardening Portland cement with high early (two days) and standard (twenty-eight days) strengths, produced from extremely pure limestone and fine-ground sand, and considered unique for its white color, high consistency, low alkali content, and high sulphate resistance.

On a typical day we arrive at work at seven. Coffee until about eight. There's always something to do. During the day we have a break at eleven and then the schedule continues regularly until three. Most days there's a lot of work for everyone. We could be doing anything from setting up a marble for bonding, to drilling a marble for bonding, to bonding a marble. Now we are setting up the pointing machine to copy some pieces for the wall, and moving some marbles to the big saw at the Propylaea. We are installing some marbles that are ready. At this time we're mostly working on the north wall. Those are most of the procedures taking place now. Lately we've been doing a lot of moving to clean up the site a bit, to bring the marbles closer, because we won't have two cranes any more. Soon there won't be the inside one and the outside one. There'll only be the inside one. The crane won't reach outside over there. The Clark crane will bring whatever is too far a bit closer.

We have gained enormous experience because what happens on the Acropolis and especially the Parthenon is unique. We have learned how to behave with ancient marbles, because there's a big difference between them and the neoclassical and contemporary monuments. And that has helped us a lot in our jobs outside. To be able to handle an ancient marble, and most importantly to not cause any damage, is no simple matter. You know, even with the turning you have to use your padding.

We have learned from the ancient sculptures on the Parthenon. That is, you see, for many years nobody could reach the metopes that we took down recently, not to see them, not to touch them. You saw the perfection, the respect that the sculptor showed. The Centaur, for example, or the Annunciation are amazing works, right?[77] They tell you that, in the end, you don't know how to do anything! That you still have a great deal to learn in order to arrive at that level. Even the connection between the column drums, say—they're something incredible. Like you say, "How could someone be so perfect? How could he make two marbles have such contact?"

Look, to square off a block is everything. It's the start. Especially by hand, without machines. To take a rock and make it square. Exactly square. Even. That's extremely difficult. As simple as it looks, and even if the results not impressive to the eye—like, you say, "What's the big deal, it's a square." But to make that, a person must have knowledge and skills. It doesn't happen just like that. Am I right?

But we have also developed new things. To begin with, Danish cement was used for the first time on the Acropolis. Titanium was used for the first time on the Parthenon and other restoration works on the Rock. Even today, stainless steel is used in other works and in previous years bronze was used quite a bit. We've been

77 *The Metope of the Annunciation*, the thirty-second metope from the southwestern side of the Parthenon, was thought by Early Christians to resemble the Virgin Mary and the angel Gabriel; *The Metope of the Centauromachy*, the first metope from the south side of the Parthenon, depicts the mythical battle between the Lapiths and the Centaurs.

using titanium since the '90s. Now it's used everywhere. That bonding must use white Danish cement is now the standard practice everywhere. That it must remain undisturbed for twenty-eight days is the practice everywhere. Whatever is being done on the Acropolis now, and especially on the Parthenon, is being followed to the letter. All the protocols, all the methods, all the experience there is from these [practices] and their permanence are automatically applied to every other monument throughout Greece. Of course, all these methods with titanium and cement have passed through many, many trials at the [Athens] Polytechnic University. That is, everything has been studied for flexibility and breakage, to see exactly how they withstand all that. All the methods used are now certified. Nothing is done, just like that, on its own.

And regarding the carving, before my time [on the Rock], there weren't many carvers who'd completed the School at Tinos. There wasn't anyone from the Polytechnic University either. Then gradually, as time went on, it became required for you to have finished the School at Tinos. That elevated the educational level somewhat, and there were also a lot of kids from the [Athens] School of Fine Arts. So that helped even more. Now, as far as the methods, with contemporary machines like the CNC and such, work time has improved.[78] That's the difference. But, one way or another, the quality has always been good.

The lion—the copy on the southwestern corner that we made—could not have been done without the kids who've recently come with Polyanna, with Vangelis, Akakaios, [without] the opinions expressed by, say, Pericles, Dimitris, Kostas. So congratulations to them, regardless of whether [their solutions] will be applied. It's really good work.[79]

It was the Committee's decision [not to use it]. In the beginning they said they didn't want to lose work hours. [The workers] said they'd do it in the afternoon. Then [the Committee] said that the marble was expensive. We said we'd pay out of our own pockets. There was also a proposal to install it with its features unfinished, so we didn't provoke the feeling that we were attempting to copy the ancients. We didn't accept that either. In the end they said, "Congratulations, guys, but it's not going to happen."

I can retire after forty years of service, so I have at least fourteen more years. I can leave at sixty. But if I want, I can stay until I'm sixty-seven years old. And

78 CNC (Computer Numerical Control): any number of methods that use computer input, as opposed to manual controls, to automate the manufacture of parts from a variety of materials.

79 Polyanna Vlati, translator and interlocutor: "Anyway, this lion was broken. There was only half. There was no solution. Two marble workers had an idea to make it again sculpturally with clay, to make a copy. And it was a very great job that everybody liked, but they didn't use it in the end. This would not have even been considered before, to give someone this job to make a sculpture like they are the ancient sculptor!"

then . . . finished. Sixty-seven. At sixty-seven, it's over. Maybe I will finish my career in Corfu. [*laughs*]

A lot is going on in Greece right now! Bad stuff. Okay, we—I at least—am one of the lucky ones because during all this crisis I have a job. So that makes me feel very fortunate. But you cannot be uninvolved. You cannot not be upset over what you see happening around you. We have reached the point, almost, where we're embarrassed to say that we're working when so many people are unemployed and don't have money to pay for necessities. But I am fortunate because I don't owe anyone money. In today's Greece, if someone has a job and doesn't owe money, that's the most important thing.

Of course, I have a salary, but the prevailing situation in the hospitals, the conditions in education and such. . . . Well, unfortunately these are things that affect us too. What troubles me is what will happen with the children. What will happen with my son when three years from now it will be time for him to find a job?

Nothing will change with marble sculpting. Maybe it will be a bit more industrialized. But the master's hand will always be needed in our work. That's my opinion. Even today, from the machines I know and see, there is no machine at this point that can turn out something with "high fidelity," with really high quality, if the hand doesn't touch it. That's a given. What will surely change is the landscape at the restoration works. It will be turned over to contractors. It's started already. It upsets me that it could happen on the Acropolis. It's already happening below on other monuments. But unfortunately that's where things are going. I don't know if it will happen on the Acropolis, because the Acropolis is a fortress, you could say. But it will happen all around it.

I'd like to say that I believe that I am among the lucky ones to have found such good work relatively quickly. I am very pleased that I've worked with very powerful people—that is, powerful as personalities and scientists, not powerful because of connections—such as Manolis Korres, Petros Koufopoulos, Kostas Zambas, Stelios Triantis.[80] All these people whose mission was the good of the monuments, without any of them having any particular financial gain. All that is still apparent today. There are people who love the monuments and want to see them finished some day, and for the works on the Acropolis to remain in place for another 2,000 years. That I've been working on the Parthenon since 1990 is my own choice. During all this time I could have left. I was offered a supervisory position in Corinth and I turned it down. It was much better money too! I want to end by saying that to work on the Parthenon today is no simple matter. I think it's something significant.

80 Petros Koufopoulos, architect and architectural conservator, Professor of Architectural Design and the Conservation of Historic Buildings and Sites at the University of Patras, Greece, worked for ten years on the Parthenon Restoration Project.

POLYANNA VLATI

Her sister's apartment, Pangrati, Athens

Dionyssos-Pentelicon quarry, on Mt. Penteli in northern Athens, is the source of the new marble for the Acropolis restoration.

I FOUND OUT ABOUT THE School at Tinos from a friend of mine who was studying there. I went to visit her and saw it was a fantastic place to study. I was eighteen years old, so I was really just attracted by the idea of running away from my family! To get away from Athens, from the big city, for three years, and live on an island. It was the perfect timing for me to just be the master of myself [*laughs*] and have my life there. I didn't know then that it would suit me so well, or that in the future I would work with stone, but ultimately that's what happened.

After Tinos, I went straight to the School of Fine Arts in Athens and studied sculpture there. But my years in Tinos were, in my mind, the freest of my life. It was so windy, and freedom is close to that. Maybe it is the scenery in Tinos—that is, it's very dry and very windy—but the colors and the elements there really speak to my heart!

I couldn't say the same for marble—I loved it but it wasn't my artistic style—but when I finally got to the School at Tinos, I realized that I could do it, like it was natural for me. Marble is a very alive material. It soaks up water, it can be colored easily. Though it is a strong material, it can be very sensitive at times. And because the marble has a texture like wood, with a grain, depending on which side of it you're working, it can be soft or hard.

My mother and father were very open to me studying marble. I am very lucky to have them as parents; they didn't push me at all to study something else. They really liked it; it was exciting for them. They were proud that someday I would become something like a marble sculptor. They were also really excited—and so was I—when I got accepted by the Acropolis Restoration Service.

I didn't expect it! The year that I applied, they were looking for ten marble technicians: six with previous experience and four with none. So, I was very lucky that I was accepted as one of the four because I hadn't worked on marble carving before, other than in school. I was surprised! Also, because I am a woman maybe I wouldn't be so useful for them. [*laughs*] Usually you have to be tougher to do some of the jobs. I remember that at the time, the architect who was leading the project was checking the new women marble technicians who were coming to work for the first time by shaking their hands, to see if they were strong enough to work. [*laughs*] It was very funny. I passed!

I was also lucky because a lot of the men were looking out for me. When I had to change something on some of the electric tools—usually you need a lot of strength for that—they would help me, though I started learning to do it myself, too. By the end, I realized that I can do a lot of stuff. It took me awhile to believe it myself, but also to make the guys believe I could do it as well.

There is always a lot of work to be done. Because the job is a collaboration between many people—architects, mechanical engineers, marble technicians—it's like a big wheel that the whole team must push together to make it roll. First the office makes a study and the leader of the workers arranges who will do what. Then maybe the team of architects gives some more instructions as the workers and marble technicians continue. The marble technicians are a very basic part of the wheel. Almost the last part. The last touch is made by the conservation team.

One of the first jobs I did when I was in the temple was casting small, white, plaster triangles of the fluting from the ancient column drums for the guys that carved the new fluting—some of the most experienced marbled carvers. The triangles were very small, smaller than my hand. I was the assistant of a very experienced marble sculptor. We were doing it together. I had to make the triangles so the carvers could make the correct form for continuing the lines of the fluting up the column, when they were carving the new marble.

The ancient marble is destroyed by time. From the rain and everything, it has a sugared surface. So first we spread a fluid on the surface to protect the marble. Then we spread some plaster on it—it was like yogurt. We worked it on with a small tool, starting from the edge of the fluting. Then we put another fluid over that to protect the plaster from the rain. Then it was good. After that we could take it off easily.

The other marble technicians used the triangles as steps on long, straight, metal bars—like big metal rulers, two or three meters long, vertically—to get the correct form of the flutes on the new marble parts. The columns have a very famous tension at a specific height, where they get thicker. Before doing the triangles we had to study these shapes. And because every column has its own form, we couldn't just copy the form of one column for another. So, I had a small part in this very difficult job. I loved being up on the scaffolding. It was high up and had a beautiful view.

I did both interesting and not so interesting jobs. One that was fun for me was sifting the ancient soil that was taken from the pediment. A team was taking down these pieces of marble that had never been moved before. Between those pieces there are gaps of about thirty or forty centimeters. The ancient Greeks put some soil there, on purpose, to help the stability of the monument. No one had ever touched or seen this soil before. The guys on the team found a very nice bronze utilitarian object that the ancient workers placed there. And they found some coins. Also extra pieces of marble that were used as fill. It's up on the top, between the architrave blocks. I didn't work up there, because again, this team was very experienced. But at the end, when they brought the soil down, I took a sieve and passed all the soil through it, keeping the pieces that I thought were interesting. The coolest things I found were probably the birds. For awhile I thought that the ancient guys were hunting and eating birds up there as they worked! But it wasn't like that. It's just that the birds may have died up there, or the bones were brought by other birds and may have fallen into the gaps. So, it's not such a mysterious story. [*laughs*] My first year on the Acropolis, I believed everything they told me! I don't even know if they were joking or not. But as time passed I realized more and more what was going on. The Parthenon has a lot of mysteries! So between the mystery and reality. . . .

There were big periods of time that I did the job that I wanted to do most up there, which was copying the broken parts of the ancient marbles in new marble. I was using the electric cutter, so I could take the marble off very quickly. But the first thing to be done to copy a marble is to make a mold of the surface of the broken marble. It may be very big—thirteen tons—or very small—just two hands. We had one mold that was the size of two double beds together! We take the mold to the working space, inside, so it doesn't get rained on. We measure the size of the plaster mold exactly so that we can find the correct place to set it and the new piece of marble that we will carve. It needs to be a comfortable distance, the right distance, so we can carry the pointing machine between the marble and the plaster cast.

The pointing machine is a very complicated thing. It can move in every way. It must be fixed onto another bigger metal piece, called the *stéla*, which usually has the shape of a T, or a Greek gamma. So, step-by-step: we start by taking the first points with the pointing machine from the outermost parts of the plaster mold. Then we move the pointing machine to the marble and the machine shows us how deep we need to carve so that we reach the same spot. It's a very safe way to copy, especially when you have to go very deep into the marble. You go back and forth many times. You take all of the outermost parts, then lower, then lower. Then when the marble is almost ready, we take the deepest points with the pointing machine: the "lakes," not the "mountains!" It's almost like sewing. You go spot to spot and then you connect them and the shape shows up.

Sometimes we worked as a team and someone would just carry the pointing machine and someone else would carve the marble. But all of us did it—we did all the jobs. When we had to do a heavy job and remove a lot of marble, one person would rest and the other would carve. Usually we did that with the cutter, but when you do that, you then have to break the cut parts, which is also a heavy job.

My favorite job was a kind of "office" job. I worked with the graphic designer of the Parthenon team. She usually worked in the office, but for this job we went into the temple, in a very nice spot. We had a piece of wood for a table and we measured all the ancient iron connectors from the pieces of marble that had been taken down. They weren't going to be used again so we measured them and took pictures of them. We made an archive and now they are in storage. I liked it because it was one of my favorite places in the Parthenon: the opisthonaos, the back entrance. It's cool in the summer and it has a nice wind. It was also very pleasant to work with a woman. Maybe I missed that! [*laughs*]

I didn't work much on the drilling and bonding, but when I did work there, I watched the holes to make sure that they were drilled correctly. The process is called, "I watch for the *péki*." Two people must watch for the alignment of the drill that the third person is holding. These two people tell the third one, who is drilling, how he has to move, vertically or horizontally. You have to close one eye and stand exactly in front of the man who drills. You have to check if he goes a little bit left or a little bit right then show him with your hand, pointing in the direction of the correct alignment. Usually we don't speak because it's very loud. The other guy stands right next to the man who drills and says whether he has to drill more up or down. It's a very important job to correctly drill the holes for where the titanium bars will be placed. It depends on the needs of the hole, but sometimes the drill is very big because there are some very big pieces that have to be drilled very deeply. The mechanical engineers study the pieces and give directions about the length of the titanium bars, where the holes should drilled, how much concrete to use with how much water in it. Sometimes, depending on the needs of the bonding, we had to mix sand with the concrete. It could be sand with a small grain or sand with a big grain. But I wasn't on this job very much. A guy that works on the bonding team would explain it better.

Sometimes you have to suddenly deal with a break that you don't expect to find in an almost finished surface! Like you have a marble that is ready to be bonded and suddenly a piece breaks off. This happens because inside the marble there are sometimes bad parts, usually other kinds of materials. When I was beginning there and something like that happened, I was stressed: "What can I do now?!" But the more experienced technicians said, "Okay, this happens. You can feel secure because there is spare marble on this side, so you can carve down more, or to the left more, etc. I know exactly where this piece will fit in, so it's okay." Or, "We will put some marble glue in it and fix it." Just like that. Because it's a natural material and sometimes we can't know what will happen.

The more experienced guys who go to the Dionyssos quarry and choose the marble for the restoration know whether it is a clean marble block or if it has bad parts, like a black line, or some other kind of problem. I suppose that when somebody has to work a two-meter large statue and he doesn't want the arm to break off suddenly, he has to know which marble to choose!

Dionyssos marble is from the backside of Mt. Penteli, a small mountain where they take off this white marble. It's very good marble. Penteli's marble is the ancient marble. I think Dionyssos and Penteli have a similar texture.

Sometimes we find glass in the marble. It looks like quartz. It's the most common thing to find. When we are working and the marble suddenly feels harder, it's usually that. We continue working, but it has a much different feeling. Much harder, very hard. Once when I was carving the Dionyssos marble at work, there were these black lines—I don't know what they were—but when I hit them with the metal tools, there was a small spark! And a smell like gunpowder. It was fantastic! Very surprising when you're working and suddenly there's an explosion. Marble is amazing—it's alive!

Being up at the temple is very nice because you are not down in the basin of Athens. . . . You are on the top, like a god! [*laughs*] We used to say that we work in the best penthouse of Athens! You can watch the city all around.

I want to share something, but I don't know if it is the correct time. It is an experience that I had. I saw somebody committing suicide from the Rock. It is very strange that people choose the Acropolis to kill themselves. It was during the crisis and it is so strange to have this kind of contrast happening on the Rock—to have all the happy tourists coming to see the monument and among all these people, one guy goes and jumps off the wall. It happened two or three times during the four or five years that I was there. It really made me think afterwards.

Usually the guards try to change the person's mind and bring him down inside the wall. All the workers try to help, or try to rescue him. I had a colleague that helped one guy change his mind, talked to him and saved him from killing himself. All the tourists were watching. . . . These people choose the Acropolis, which is a symbol of Greece, to commit suicide, I imagine because they want to show that the state has brought them to this situation. They could go somewhere else, but they choose the sacred Rock. Maybe they paid the twelve euros to go to jump off—it is awful to think about, I know! It's like an x-ray of the Greek society now: there is the tourism—the happy, shiny place—and there are also people in deep depression. The guys that have worked there for a long time have seen it a lot of times. They said, "Yes, these people come and they take their shoes off before they jump."

Personally, I don't see everything in black. But maybe I don't really feel the crisis. I don't have a family to raise, I don't have so many things to pay for, like rent or loans, but I still see what is going on. I feel the bad energy, depression everywhere. I don't think I have seen people in a worse situation. Maybe I understand some things now that I didn't understand before. I can't dream [of my future] or get a master's degree, which I would like very much. I can't find a job right now, so I can't do anything! I just hope that in the future everything will be better.

We thought our contract would end in June 2015, but there was a six-month renewal of the contract. We were lucky that we got a little bit more work. Everybody from the restoration service of Acropolis wanted us—the contract workers—to continue working, but the state couldn't give the money for it, couldn't give the priority to the restoration of the Acropolis, and in general, not to the Ministry of Culture. All the restorations, excavations, other works concerning antiquities and tourism happening all over Greece, had the same fate. The Theater of Dionysus, underneath the Rock, is the same story. There is a lot of work to be done there. But when the state doesn't have money and fires half of the workers—the contract workers—the projects almost stop.

There is usually a fund from the EU to hire contract workers in order to complete a specific job. There is a deadline for the project, and when it is finished, all the workers that were hired for it are fired. Many projects had the deadline of December 31, 2015. That's what happened at the Acropolis. The project was completed on time, and we knew we were going to have to leave. All the funds are paused until the next program is ready. The EU fund is called E.S.P.A. My job started and continued only through that fund. It was especially for the project that we, the contract workers, would complete. We were told from the start that this would last until 2014 or maybe at the latest 2015. We were the most fortunate regarding the length of the contract. Some friends of mine who are also marble technicians and were working at the Dionysus Theater only had an eight-month contract. Then they had to stop for four months until they got rehired for another eight months. This was not good. At the Acropolis we had renewals, without pauses, for four to five years, so we were very lucky. For many of the restoration or excavation jobs the contracts are usually only four or six months, and they stop for the winter.

The state finds these kinds of solutions: it creates a lot of positions for contract workers for short periods of time so that it doesn't have to pay them forever. The shortest, I think, was for three days. Yes, three days! I checked the online postings in November and saw that there was a project that was asking for a worker for three days! It was very funny.

After the 31st of December [2015], 3,000 contract workers from the Ministry of Culture were unemployed. Only the permanent workers of the Ministry of Culture remain. These workers were probably hired before 2004. At that time there was a law that said that once you've worked with a contract more than four years non-stop, you become a permanent worker. Nowadays, this is very rare, especially in the Ministry of Culture and the conservation and restoration projects.

I often think about what would happen if I could return and become a permanent worker. I don't know. I think it would be a gift—I should want this! I would be very happy and lucky. . . on the one hand. But on the other hand, I personally don't like permanent situations very much—I like changes! Maybe it's because of my age. [*laughs*] But now that I taste what it is to be unemployed, I would choose the permanent job, of course.

GIORGOS DESYPRIS

Storage room, Acropolis worksite

Giorgos Desypris (left) and a colleague guide a newly carved block of the cella wall into place.

I'M FROM TINOS, from Dyo Horia, a village on the other end of the island from where the marble is. Well, when I finished primary school, my choices were to go to middle school or to the School [at Pyrgos]. I was accepted at the School. I was only twelve. My godfather lured me to go there and learn the work, the art. I went to the School with no idea about marble. I didn't even know what color it was. But Tinos only produces three specialties: marble carvers, priests, and seamen. So . . . marble carver it was!

I was at the School for three years, then straight here to Athens. How old was I? Sixteen or seventeen. My whole family moved. I went into the workshops. The first work I did was busts in the cemetery, in a sculpture workshop at the Second Cemetery run by Sklavounos, It started at 7 a.m. I was on the pointing machine until 11 a.m. when we had lunch, and again until 3 p.m., when we knocked off. Without stop. When you're young, you're learning; you're essentially playing around. Now, the games were over, and from 7 a.m. to 3 p.m., your hands hurt. Your back hurt. Everything worked and hurt.

The master there didn't know anything about carving and waited on me to produce the work, because he didn't know how to work the pointing machine. He found me, knew what I knew from the School, and he hired me out of necessity to do his work. There was no master, you understand. That was fine, it was worth it for me too. I stayed there one year. I changed workshops seven times. One was a sculptor, another in construction, another again in a cemetery. And in the *schistírio*.[81]

I never learned the same thing in any workshop, even though they all worked on the same material. The workshops used the pointing machine; they made busts, but one person's technique was not the same as another's. Comparable of course, but different approaches, different chiseling, all different. It's all relative. In each workshop I learned different things. And everything had to do with the same thing, the marble.

The industry, the schistírio, those places have no relation to marble sculpting. That's a standardized product, manufactured. But there, too, you have to know how to cut the marble in order to carve it. That is important too. In the schistírio, if you don't know how to cut the marble, how to carve it, then what? It's all a chain. From the mountain to the schistírio, from the schistírio to the master to carve it. As for me, the only link in the chain I didn't learn was the mountain. I went through all the rest.

I went to the quarry once. Not to see how the quarrying is done, but to order some marble. The blocks are cut and you choose blocks. They aren't all the same, even if they are quarried from the same side. Some are darker, others lighter. They're extracted from the same place, but the grain colors the marble. When you have experience, you can see it, you can distinguish first of all the color, then the grain—how dark it is in the marble, and if the block is strong. If the piece has *komoí, engársia*, red spots, those that are *spathokomoí*. . . . [82] Anyway the grain, the breaks or flaws in general. The *spathiés* against the grain. We call them spathiés, because the marble is broken in those places. The marbles get damaged. You wet

81 *Schistírio*: a factory that cuts and polishes large blocks and slabs of marble.

82 *Engársia*: oblique or cross-graining; *spathokomoí*: literally, "knife-" or "sword-breaks."

the marble to see all this. The water shows you a lot. It's like magic, like this—abracadabra! [*laughs*]

After ten years of working outside in various marble workshops, at twenty-four years old, twenty-eight years ago, I came to the Acropolis because the work on the Propylaea was starting and they needed people. First I came to have a specialty. Because outside, as I said, I was in seven shops, different jobs. Here you have a specialty. That's the first thing. Then, later, I realized it paid more too!

When I began this job here, there was nothing here. I came and it was just the monument. Here, where we're sitting, the soil was filled with marble rubble, and there was a little shed on top. To set up a construction site, we had to do some other work. We made an excavation here. There were marble fragments protected by a layer of soil. It wasn't all good, but we sorted them out and cleaned off the soil. We did everything because we were so few, only ten. With the architect, we measured the entire monument with the *horovátis*.[83] We cut it in slices with the same machine that's also used on the road to take level readings and sections. You survey the monument around the perimeter. You set up the machine and take the lens all around. You make lines and marks and separate the monument into sections, to make the plan.

At first it seemed to me a typical job. I changed my mind when I watched the pieces being taken down from the Propylaea. When we held those pieces in our hands and saw the work they had on them—then I realized their value, as work, not as money. For so long I hadn't understood anything! They had perfect chiseling. The finishing? It was cut as if by laser. How can I say it? It was so beautifully cut that it could not have been done even by machine. Now, we can do it like that to a certain extent, yes. Not one hundred percent. We are at about ninety-five percent.

We're not talking about statues. Statues are easy. I'm talking about the blocks. The blocks are difficult. A statue—if you miss a little something, you correct it. On the block you can't lose the edge that fits against the other stone. There you must be exact and perfect. This perfection, this work, is what we wonder at up there. And I can't do it. Nobody can do it. Nobody can make that contact. The contact is the amazing thing. Not even a hair can pass through.

We made more than half the blocks in the Propylaea. New ones and patches on the ancient stone. To make a new one we take a piece from the schistírio with almost the same dimensions, and we start to prepare the surfaces. First the *prósopo*, then the *mourélo*, and the *kefáli*. And smoothing the face, we "take the *péki*." The péki is everything! If you don't know the péki, then you can't join the stones together. Because one side, maybe it's a corner, protrudes more than the other.

83 *Horovátis*: a surveying tool used to measure elevation points.

Or it could be level on this side, and the other side sits down differently. The péki makes them straight. You put two *píhes* on opposite sides and bring them into a straight line. You step back two meters. Then you use your eye to look at the ends of the píhes (the píhes have to be larger than the marble). And you look at the edges. The edges will show you how much one is different from the other.

And you can make the corner easily over here and easily over there. This is in relation to every surface. It doesn't matter if it's the prósopo, the kefáli, or the mourélo. All the surfaces have to be leveled. We do the same thing on a block that is cut with a machine, because the saw could be crooked. You will straighten it. Okay, there's a chance it will be straight, but you must check it. First the prósopo, then the mourélo, then the kefáli. Then, when you do that, you're a master! [*laughs*]

The blocks on the Propylaea have anathyrosis: hollows on their heads so that they only make contact around the edges and not in the [whole] interior [surface].[84] On all ancient architectural members, just the edges touch. It's so they fit together more easily, so they have good contact. It's about a half-centimeter gap [between the blocks]. How many square meters do you have level to join just one strip [of surface]? And how many square meters would the rest of the surface require? Doing it this way makes the job quicker. It's enough just to do the outside edges. And it helps make the contact. Maybe it was more earthquake-proof? Because the marble had to have some give in the case of vibrations. If the [whole] surface was [in contact] it would have broken quickly. It was another trick. Like on the surfaces, the supports, they weren't smooth, they were roughened with the *dislídiko* so they wouldn't slip.

[The ancient carvers] carved in a zigzag form. There was no ancient chiseling that was straight, like we did in the School. [There] we took the *fagána* and made straight lines, we made little grooves. We ploughed it. We ploughed the marble like it was a field! But the ancients never did anything like that. There is no ancient chiseling like that. All the chisel marks are zigzag. For slippage.

I wouldn't do that on a construction site. Here we do whatever the job demands. When you are filling in parts of ancient pieces, in essence you are copying the ancient work on the new part. You copy it. You can't do anything else. You make a faithful copy. Yes, even with the tools you use. Here we had a forge and we copied the teeth [of the chisels] exactly. A colleague made them. I went

84 Anathyrosis: literally, "door-framing." An ancient, mortarless joining technique in which the perimeters of the blocks' facing interior surfaces are highly finished for close contact, while the center portions of the interior surfaces are rough and slightly recessed, enabling precision edge joining, and possible better static tension during seismic events.

down to the forge and told him how I wanted them. Thin, thick, small teeth—whatever the ancient block had. Not whatever tool we had. Those are special instances!

There are some [of those chisels] left. They break. And when they break they die. There are no craftsmen any more. One carver is left to do this work for us: Vassilis Tsitsibankos, a guy who's up on the Acropolis. But he's not a blacksmith, he's a marble carver. But he spent some time with metal. Now, if someone makes something, if your hands are good, you get close to that person and you learn too. You watch and then you want to do it too. All the hammers, the *mandrakádes*, we've made them ourselves here in the furnace. Even though we had the traditional hammer from the School at Pyrgos, we made different sizes, large, small, whatever the job asked for. Because here we worked a lot with our hands when we began. The electric tools came in the last decade. If a corner of a tool breaks off we can fix it. But that's about it. It has to be retired. We can't make new ones.

But after Vassilis, that's the end. Finished. And there's the one master who is left in Pyrgos. But the guy in Pyrgos, you know what he does? He makes a series of standardized tools. He's standardized things now. We make the ones we want.

They're similar. Nobody [from the outside] would understand the difference. Be sure of that. You understand the difference only in the marks the tool makes. If I chisel with one tool and then another, then you'll understand. It's about the distance from tooth to tooth and the edge, how blunt it is, understand? It's about the blade and the distance between the teeth. We care for them by sharpening them, but there are two ways. One is with stone and water—by hand. The other is with a grinding machine. But only with water; we never put oil on the marble.

But undoubtedly the pinnacle of my work here was carving the Ionic capitals [for the Propylaea]. There was nothing more difficult and more complete. I did it entirely from the beginning. I made a copy of the entire colonnade and did research on all the pieces we found. Because each one was different even if they were all Ionic and from the same row. They had minute differences, differences not only in the outer measurements. There were tiny differences on the inner measurements too. It was a complete copy. So I chose the most beautiful form and adapted it together with the architect, as best I could, because he was too mad about details.

We made two, one on the right and one left, to support the ceiling. There was one that was made from [pieces from] four different capitals. Balanos had joined them from four different capitals and made one.[85] But it didn't support

85 Nikolaos Balanos (1869–1943), leader of the first Parthenon restoration, which began in 1894. Much of the current restoration is fixing damage unintentionally created by this first attempt.

anything. We took it apart. One side is down in the museum. The other is somewhere around here, in a crate, the other piece. . . . Here it is—it says so![86] [*points to a large crate*]

One piece is right here. It is one of its corners [of the capital]. Two others are in the museum. Of the pieces that were there, we kept the two that belonged to the monument. We removed the other two that didn't.

To start with, the design isn't simple. The scrolls aren't round, the way you'd imagine two wheels. They are ellipses. They have deep carving on the inside. They have unbelievable details, which you don't see from a distance. Not round. The marble block [you're using] must be clear, without breaks. That's the selection: that it isn't dark, that it doesn't have breaks—what we call *kopsíes*—in it, that it has the graining we want, and that the kefália should be at the kefália and the prósopa should be on the top and bottom, on their bases. Same quality, same quarry, same mountain as all the blocks for the Propylaea.

There were many occasions when we worked together very well, not just with the large blocks that had to be raised high up. There was moving the cranes—all that iron. They came up on the Rock in a traditional way: with planks and rollers. Iron tracks, that is, eight meters by one meter tall. What do you think? How do you think they got up here? There was no road here for a truck to bring them. By pushing! Ropes, brake-rope, brake-roller, everything. In some places we pulled, in other places the reverse. Across the Rock, planks and rollers. We also brought up some marble pieces that had been tossed below the Rock. Up the stairs with planks and rollers. It's the same thing. Nothing changes. The lions that are at the entrance, we brought them up for conservation and took them back down again. How did we do that? With what? By helicopter? I didn't know the technique with the rollers. We'd never learned that anywhere outside. Here we learned it. So that was a great feat for us.

At the Propylaea I saw everything from start to finish, everything. Whereas at the Parthenon now, I'm like a visitor. At the end I was the leader of the Propylaea team. The job of the foreman went to the most senior. The more senior, the more experienced. There was nobody more experienced. Usually the architect proposes you. If you don't accept, you will offend the person who proposed you, because the other person trusts you. Eventually you stop working on marble and you have another perspective on the work. You have an overall picture, from the cutting of the marble, you're on all the stages of the job afterwards. You have to follow all the stages and carry them out in order.

86 Polyanna Vlati: "It says *kionókrano,* which means 'capital.' Corner of the capital of the union 5. Ionic capital."

Over time the jobs didn't change. The technique has changed. The contemporary era has other techniques. We don't work on the large pieces of the marble anymore, we take them to the machines. So the work changes a little by itself. I didn't change it; time changes it de facto. The old master knows all the phases of the work. And he can do it with every tool, from hand tools to contemporary machinery. The contemporary tools help you, but if you don't know the traditional art, the contemporary tools won't help you at all. So, helped by contemporary machines you move your job along more easily. But not better. Just easier. Marble carvers will pass into another dimension. They'll forget the traditional ways, they'll be forced to modernize, they'll move along with the times, by necessity. You can't be traditional any more.

PETROS GEORGOPOULOS

Café near the Acropolis, Athens

Petros Georgopoulos carves the negative form of a massive architrave with a pneumatic chisel.

[looking at a 2013 program from the revived Nemean Games]

I MET STEPHEN MILLER and I admired the way he talked about the workmen who helped him over the years.[87] He told us stories; he showed us photos; he told us jokes that he had with them. In his latest book he gave the highest recognition to his chief workman,

87 Stephen Miller, Professor Emeritus of Classical Archeology at University of California, Berkeley and former Director of the American School of Classical Studies in Athens, began as Director of Excavations at Ancient Nemea in 1974. Miller led the modern revival of the Nemean Games, held at the site every four years since 1996.

Theodosius, who was the one who heard the sound of his shovel hitting the stone, realized that it was hollow and understood that there was something underneath. I was so impressed by Miller giving Theodosius total credit for the discovery and jokingly saying, "Me, I just paid the money." It means a lot for a scientist of his stature to say this. Scientists are keen to present the work produced by others as their own, and to a certain degree that can be unfair. That's why Professor Miller is very beloved, because he doesn't do this. He brought to light all the unseen heroes who worked with him.

Today there is still a divide between the rights of a scientist, an archeologist, an engineer, an architect, and someone who is engaged in a technical aspect of the work. They are very different. The scientists are presenting the work of the marble workers. We cannot write books about and document the work that we are doing on our own. Sometimes the scientists understand and present the topic better than we can. But other times, they make big mistakes.

First, it is difficult for someone who does not know how to work marble to distinguish what type of marble he is dealing with. This is the case even today in very famous museums. After that, it's the working process, the tools. For someone who has not worked marble, it's difficult to understand how an object made of marble should be worked. Even for master carvers, marble-working knowledge today is at a much lower level than it was in ancient times, so those scientists who study the antiquities do not have the specialized knowledge of marble. So, when they attempt to analyze and explain the marble-working process, they make mistakes.

As an example, if an archeologist finds a piece of an ancient block with some carvings on it, he tries to explain why the sculptor chose this particular side of marble to carve. . . . But a marble technician *knows* the layers of the material, and *knows* that you can see just by looking at a piece of marble where you can drill it, where it is strong, where it has layers and where you can open it if you hit it. Once I see the grain of the stone, I know on which side to look for markings. The archeologist sees marks everywhere. But they are not there.

Sometimes the engineers tell me to do things that I know are impossible . . . technical matters, like how we put one very heavy block of marble over another. With technical matters we have problems, and it's because we don't have written sources or books that refer to our techniques—no instruction manuals or technical texts—for this kind of thing. If you are a famous scientist, your opinion matters a lot. And even if you are wrong, all your students and all the others can take one wrong opinion as fact. This is a problem. It takes too much time for others to find the evidence to prove you wrong.

But in general, archeologists and marble carvers have a good collaboration here. The problem is that we don't have many marble sculptors, even here in Greece. You think we would have a lot, but right now in the Ministry of Culture, I think that there are only about sixty people, spread out all over the whole country. And we have another forty-five temporary workers who come and go.

Marble is a fairly difficult material. We were taught in our school to respect the material and the labor in order to learn the technique. In Tinos, there is an intense persistence in hand working. We spend three years working only with our hands before trying modern tools. After acquiring an excellent knowledge of the material like that, then you can work better with a modern tool. On the other hand, if you start using a modern tool from the beginning, you will probably damage the material and you may also have an accident.

It is like this on the Acropolis too. You have to learn your material very well first, to work it by hand very well, and then, after becoming good at it, you can use electrical or pneumatic tools in order to make the work faster. If you don't know the material, you can still cut it with an angle grinder every which way, but you will cut it in the wrong place and there will be big problems after a few years.

Here in Greece, marble is something that you can find almost everywhere. It is not too expensive, it is built to last, and it has very good properties as a construction material, so it has been widely used. But because there are different types of stones in different areas, they can't all be treated the same way. Depending on the area, the quality of the marble, and the weather conditions, different treatments are needed. We have, I think, more than one hundred different types of marble: colored marbles, white marble, white that you can carve, white that you cannot carve, other kinds. . . . It takes a lot of experience to get involved with different kinds of marble and to know how to carve them well. Or, to *not* carve them. If you bring me ten different pieces, I have to choose the best, even if they are from the same quarry. There are different criteria for choosing a piece to make a sculpture, or to build something.

For example, for the upper parts of the ancient buildings they used marble that had a degree of transparency, to let the sunlight through. Now, how can I explain that? Marble consists of small particles, the grain, the crystals. If the crystals are small, it's easier to carve by hand. But if they're bigger it's very hard to make something very fine, a fine line, a fine face, because it breaks. But the big grain lets more light through. So, Naxian marble was very good for ceilings because it let the light inside. But in order to carve something in Naxian marble, you have to find the finest, smallest grained pieces. It looks like it has small pieces of quartz in it. Quartz is a 7 on the Mohs scale, diamond is a 10, the hardest, and marble is a 3, 3.5.[88] So, it's very hard. You can break your tools. You cannot carve a classical figure.

To find a good piece, first you have to see the layers in order to know where you can hit the block or cut it, and only then should you try to do something by hand—carve a fine straight line, or a good letter. If it lets you to do it the way you want, then it's a good piece. But some kinds of marble just don't have very good life expectancy. Some kinds have to be kept indoors. There are also new criteria that we have applied. Today people try to find the whitest marble. This is a myth: the ancients didn't care about this because they painted the marble. But today some people want the whitest marble in order to carve something.

You know the Getty kouros? It's a fake. Many archeologists argued over this kouros, but if they asked just one marble sculptor he would tell them that not only can it not be ancient because it's made of Thassos marble, but, if you put it outside in the rain, in three years it will be full of holes with sand coming out from them. Thassos marble is very good quality for indoors. But it erodes. Today, many people like this marble. It is very, very expensive and popular in the Emirates. They put epoxy resin on it to protect it. Maybe the forger chose Thassos marble because it's very easy to carve. It's soft. "Take it, give me the money, and if, ten years later, it's decomposed . . . okay!"

I think it was a matter of fortune that I became a marble carver. I liked making things with my hands and I also liked playing with toy soldiers. I made small figures from comics out of plaster and Fimo—Belgian, French, Italian, American characters—and they laughed at me at first and told me, "Go to the Disney studios and make things for them." [*laughs*] My godfather, from Mani, had a marble carving workshop. But he mainly did things for homes, not sculptures: decorative art, tables, pieces of marble for the kitchen, marble stairs, things like that. I only went to see his shop right before going to Tinos. So I think becoming a marble carver was a matter of luck.

When I went to Tinos, I liked the other students. I liked that it was on an island, and that the sea was nearby; I'm very fond of the sea. And I also liked the idea that you can take a piece of stone from nature and transform it into something beautiful that's all yours, without interventions.

In Tinos you are not stressed at all, you have plenty of time to spend with your favorite things and occupations. It is not crowded and you can have an exceptional quality of life by finding just a couple of people you can really talk to. . . . It's nothing like how we live here in the city. You can become closer to nature, you can

88 Mohs scale: A 1-10 scale of hardness used to classify minerals, with 1—the softest—being talc and 10—the hardest—diamond.

walk on the hills. We carved stones that we had collected on the mountains; we went swimming; we went spear-fishing. And there was nothing else to do, except to have a coffee and a beer.

After school—we finished at four o'clock—you could go to the blacksmith, see him making tools, and ask him to make some tools especially for you. If the weather was good we could go spearfishing. We would follow paths on the mountains and see how they put the stones to make all these stone walls. And we didn't have the anxiety and the routine of the city.

The first week I went to Tinos I saw a kid, about five years old, with a very small hammer. He took it and a big nail from his pocket and carved in the marble pavement, "N + M = heart." He carved it! For his girlfriend. Most people on Tinos have someone in their family who is a marble sculptor, so they have this ability.

Greece has a very big gap in our history of marble carving, except for on the island of Tinos, which has kept the tradition alive for more than five hundred years. Most places in Greece don't have the continuing tradition from the ancient times until now.

I believe this is largely related to the history of Tinos. It's an island with a very ancient religious tradition and a very strong religious heritage. It's near Delos, so in ancient times, it was a stop on the pilgrimage to Delos. Then, during the Roman period, it was a kind of sanctuary. If you were a slave rowing on a ship and you jumped into the sea and swam to Tinos, you would be free if you stayed there. So even in the Roman period it had a kind of sacred aspect. Later, it wasn't affected by the Turkish occupation because it was ruled by the Venetians. This was better because Catholics made sculptures, so they had workshops—today, if you go to Tinos, you will see a lot of people's names are Venetian. The island is half-and-half: half Catholic, half Orthodox. They carved emblems on the houses of the family names, family symbols, lions, goats, snakes. There were big workshops that did a lot of business abroad. At that time, a Tinos man had two options: he could either be a sailor or he could chisel. The families with seamen transported the marble carvers' works and sold them all over eastern Europe: Romania, Bulgaria, Austria . . . as far as Russia. The workshops developed commercial relations there. Because of this, during Turkish times, marble carvers had money. It was a good job. The problem was that they had to keep it secret. The job was passed from father to son in order to keep the secret. So, that's one reason why marble carving survives on Tinos. The other reason is that Tinos is full of marble!

The first time I carved marble was in school. It was a very, very windy day. We were working outside of the workshop because that day a very big truck came and brought a piece of marble that weighed five [metric] tons. Imagine a big block that's two meters wide and five meters long and it's about forty to sixty centimeters high, with no flat surfaces. Imagine that one cubic meter of this marble weighs about 2.8 tons. After it was off the truck, our teacher drew lines dividing it into pieces. We had to cut it in order for each new student to take one big piece. So our teacher took his pencil, marked it, and gave a five kilo hammer to the third year male students to hit it in the right places. They made holes in a line with the *velóni* and the *kopídhi* to put in the *sfína*, the wooden wedges. Then we poured water on them. It's the easiest way. We hit it with the kopídhi, all along the straight line. Then we could see if it broke well. After that, we cut it into smaller pieces by hitting it with the big, very big, five kilo hammer. Girls took smaller pieces, boys took bigger pieces. My marble was about four hundred kilos. It was a big one.

The first week, you had to go to the blacksmith in the center of the village. You had to buy one hammer for small carvings, a light one, and another one for rougher work. He would shake your hand and feel your bicep and give you the proper weighted hammer for you. The girls didn't have a problem. The blacksmith gave them mostly about 600 gram hammers. That's the small one! And how big is the large one? 1,100? 1,150? My small one was 750 and my large one was 1,350.

So after that, back at the School, you had to first make your block as flat as you could with the velóni, the big nail, and then you used a big toothed chisel to make some lines at the perimeter. And after that you used the chisel with smaller teeth, and after that the flat chisel. It took about one month to make one completely flat surface. That's the starting point from which you measure the rest of the work. You had to completely level the surface in order to take exact measurements to cut the next side. Then you flipped it and you cut the opposite large flat side, then you did the short sides.

Imagine how marble is in nature. Marble is C-A-C-O-three.[89] Bones, eggshells, seashells. Calcium carbonate. It gathered in big holes under the sea. It filled gaps. It follows the contour of what's below it. When it compresses from its own weight, it creates high temperatures and becomes marble.

When you cut the marble from the quarry, the upper surface, the part facing the sky, is called *prósopo*, the face of the marble. This you can drill, carve, without breaking it. The top and the bottom surfaces. The opposite side we call *mourélo*. And this is *kefáli*, head. Kefáli has the most complex grain; [it's] the hardest part of the marble, and it's not easy to make something delicate, and very easy to break. The first and easiest surface is the prósopo. Then, the mourélo, the long sides. The head is the last that you cut. And every time the teacher came and found something that was not perfect, he told you to take down the surface another half centimeter

89 $CaCO_3$.

oldest ones, the ones with the most experience. That was the first thing. Afterwards, because they pay us based on our education, and the diploma from the School at Tinos is not recognized, many of the carvers who also had fine arts degrees from the Art School of Athens could make more money working at the museum. So, one third of the carvers who had other degrees used them and went to other places. Like our accountant. The person that writes our paychecks used to be a marble sculptor from Tinos, Marina.

Now, after cutting our salaries, we make 62 percent less money than in 2009. Not half, less than half. In 2009, there was a big cut. In 2010, a bigger cut. In 2011, another cut. And now more taxes. And also it's very, very difficult now to make something and sell it. We cannot afford to buy marble for ourselves to carve things, for an exhibition or something like that. All of this. It affects morale.

Look, the Propylaea project was awarded a prize by the Europa Nostra for our restoration. All these projects began before the crisis and we finished them *in* the crisis. In the middle of the crisis. So everyone thinks, "They don't have problems, everything is good for them." Okay. A restoration must be finished. Now we have started some other projects. We have to finish the Parthenon. Maybe we will work there for another six, ten years. Sometimes the money stops before the project. But this doesn't matter on the Acropolis. We have delivered everything that they have given us to do on schedule. It's not only the marble technicians who have problems. We don't have engineers, we don't have architects. We have problems in every aspect. When Polyanna left, she didn't leave alone. She left with seventy-five other people.

Now that the E.S.P.A. funding package is finished, we are waiting for another one. But if you are someone with such a specialized skill as marble carving, and you are out of work for two years, you have to find something else in order to provide for yourself and your family. So, some of the carvers leave Athens to try to find something else abroad. Outside of the country there are some opportunities. These people have worked with us, we know that they are good at their jobs. They need to come back. But they need to know that they can find a steady job. You cannot be productive if you have anxiety that, "Maybe I will not be here tomorrow."

You know, I am one of the lucky few people who make a living from something that I not only love, but where every, every, day I find something exciting, something new in it. It's good not to feel tired from the thing that you do. I say to myself: I am lucky. But now, with these circumstances, the problem is that even I, if I could find something else. . . . I *have* to find something to provide for my family. It's a problem. I'm married; I have two kids.

Working up on the Rock is not an everyday job. We don't say we "work" at the Acropolis. It is a dedication. If you say, "Today I have to carve three square meters," it's a job. But you have to try to take the piece, to see the best way to fit it, to understand what hit it and why it broke this way, how it's going to be reconstructed with the least aesthetic problems, how to make it strong, how to make it last for centuries, and you try to do the best that you can. People ask: Why have you worked there for so many years? They can't understand trying to keep every little part of our history in place.

My opinion is that places like this that are for the people, it's public interest, and the people that work there should paid by the government. If someone told me, "I'll give you three, four, ten thousand euros for every block." What would I do? Carve like mad in order to complete the blocks! And try to find the pieces that were easiest to make, in order to make more money. There are some jobs that are very hard, are not well paid, and no one wants to do them if you can make money from other things. For example, two women from conservation had to put 1,300 flakes—the biggest was a few centimeters and the smallest were less than a half centimeter—back onto a 1.5 meter surface. And they worked there, every day, for six months, in order to put them together and glue them with the cement. They were four layers of flakes. Every little chip: 1,300.

It was amazing. No one is going to pay for that. And no one is going to ask for a job like that. When I go to the Rock after heavy rain or hail, I try to find white marks on the ancient stone. Because marble has a little iron in it, the patina is a little yellowish. If you hit it, inside it's white. So, every little piece that falls leaves a white spot. We try to find white spots and then look around for the missing chips. This can't be paid. You not only have to like it, but to respect it, and to do your best. If someone, even me, was going to say, "Give us a price," and that was why we tried to do our best. . . . [*shakes head*] I think I work by hand for one fourth of the price of a CNC.

The Parthenon and all the monuments on the Rock of Acropolis are emblematic for everyone in the world. But here in Greece, the Parthenon is like our flag. It was the first monument we restored when we had our newborn state after the Turks, and that's why we had a problem with the Parthenon marbles. They were stolen, not from us, but from the monument. From our flag! It's more than a belief, it's more than emblematic. It is not about Greece, but Greek civilization. It represents the Greek civilization. I am not sure if we, the modern Greeks, give the honor that we should to this civilization, but it's something globally established. It's why you are here and we are talking about this.

GLOSSARY

ápergo, άπεργο: excess marble that must be removed. Also called *kabás* or *chondró*.

anáptyxi, ανάπτυχι: development.

anathyrosis: literally, "door framing." An ancient, mortarless, joining technique, in which the perimeters of adjacent blocks' facing interior surfaces are highly finished for close contact, while the center portion of the inner surfaces are rough and slightly recessed, enabling precision edge joining, and possibly better static tension during seismic events.

asvéstis, ασβέστης: lime whitewash.

Bárba-, Μπάρμπα-: literally, "uncle." When hyphenated before a first name becomes a traditional, old-fashioned form of affectionate, respectful address for an older man.

cella: the interior of a classical temple where the cult-image was located.

chondró, χοντρό: excess marble that must be removed. Also called *apérgo*, or *kabás*.

CNC (Computer Numerical Control): any number of methods that use computer input, as opposed to manual controls, to automate the manufacture of parts from a variety of materials.

Danish cement: Aalborg White cement; a rapid hardening Portland cement with high-early (two days) and standard (twenty-eight days) strengths, produced from extremely pure limestone and fine-ground sand, considered unique for its white color, high consistency, low alkali content, and high sulphate resistance.

dislídiko, or disilídiko, ντισλίδικο, ντισιλίδικο: a small chisel with fine teeth.

douvári (pl. douvária), ντουβάρι, ντουβάρια: a mortarless stone wall. Also called *xerolíthiá*.

embólio, εμπόλιο: a large, two-part, square, wooden peg with a single interior wooden pin of harder wood, the *pólos*, used to connect column drums.

engársia, εγκάρσια: oblique or cross-graining.

entasis: tension; specifically, the slight convex curve of a column shaft added to correct an optical illusion of concavity.

E.S.M.A., Ε.Σ.Μ.Α.: Committee for the Conservation of the Acropolis Monuments, part of the Ministry of Culture.

E.S.P.A., Ε.Σ.Π.Α: Partnership Agreement for the Development Framework, an EU organization that distributes project-based funding within Greece.

fagána, φαγάνα: a large-toothed chisel.

feeler gauge: a series of small steel lengths of different thicknesses used to measure gap widths.

gómfos (pl. gómfoi), γόμφος (γόμφοι): bronze or iron wedges used to fit, connect, and stabilize vertically adjacent blocks.

gutta (pl. guttae): a small, water-repelling, cylindrical, or cone-shaped projection on the architrave of Doric order temples.

horovátis, χωροβάτης: a surveying tool used to measure elevation points.

kabána, καμπάνα: literally, "bell." An abrasive, flaring, cup-wheel attachment for an angle-grinder.

kabánes, καμπάνες: literally, "bells." Three metal bars—two flared, one square—attached with a pin to a looped handle, used in lifting large heavy blocks. The wedges fit snugly into a flared rectangular hole in the block, and when under upward pressure, form a secure fit. Used up through the Renaissance. Also called a *lýkos* ("wolf"), lewis bolt, three-legged lewis, St. Peter's keys, or *holivela* (Latin).

kabás, καμπάς: excess marble to be removed. Also called *ápergo* or *chondró*.

kalýbra, καλύμπρα: a heavy metal plate with two handles used for refining flat surfaces. Small funnels into which sand is poured protrude from one side of the plate; the sand sifts through slowly, creating an abrasive surface beneath the plate.

katafraí, καταφραή: a nautical term meaning the final, central piece of wood that completes a hull. Here, the final block that is placed, connecting all the rest.

kefáli, κεφάλι: literally, "head." The top of a marble block, perpendicular to the grain; hardest to carve.

koftáki, κοφτάκι: literally, "little cutter." A handheld power saw, or angle grinder.

kóftes, κόφτες: literally, "cutters." A very large, stationary, wet-cutting, circular saw.

komoí, κομμοί: cracks, flaws.

kopídhi, κοπίδι: a pitching chisel.

koútelo, κούτελο: a low wall around the base of a balcony or floor.

láma, λάμα: 1. a flat chisel; 2. a narrow, thin piece of metal.

lamáki, λαμάκι: a small, straight-edged chisel.

mandrakás, (pl. mandrakádes) μαντρακάς (μαντρακάδες): a small, symmetrical, square, hand-held hammer, often with slightly flared ends, used with a chisel.

mántra (pl. mántres), μάντρα (μάντρες): a low stone wall to enclose livestock, or to act as a retaining wall, property marker, etc. Also means pen or industrial yard, in its singular use.

Mohs scale: a 1-10 scale of hardness used to classify minerals, with 1—the softest—being talc and 10—the hardest—diamond.

mourélo, μουρέλο: the side of a marble block lateral to the grain; edges, circumference.

opisthonaos: the rear porch of a classical temple.

orthomarmarósi, ορθομαρμαρώσεις: installation of vertical marble sheets on building walls.

palángo (pl. palánga), παλάγκο (παλάγκα): a small, hand-operated hoist or crane.

pantograph: a mechanical copying machine.

paténda, πατέντα: a unique solution or invention to solve a specific problem; an innovation or invention, either of a tool, a method, or both.

péki, πέκι: alignment, level, square, or pitch.

píhi (pl. píhes), πήχη (πήχες): a parallel straightedge bar.

pointing machine: a three-dimensional measuring tool used by sculptors to accurately copy sculptural models into a different medium.

pontíli, ποντίλι: a chisel with narrow flat tip, the width of a screwdriver.

pronaos: the vestibule at the front of a classical temple.

prósopo, πρόσωπο: literally, "face." The front of a marble block, parallel to the grain; the easiest to carve, used for detailed surfaces.

sambáni, σαμπάνι: a rigging, tackle, strap, or rope used with a hook to lift heavy loads, such as marble blocks.

sapiópetra, σαπιόπετρα: local slate from Tinos.

schistírio, σχιστήριο: a factory that cuts and polishes large slabs and blocks of marble.

síkoma, (pl. sikómata), σήκωμα (σηκώματα): the process of carefully lifting and moving a piece of marble.

spathiés, σπαθιές: literally, "sword-cuts." Breaks against the grain.

smyrígli (smýrida Náxou), σμυρίγλι (σμύριδα Νάξου): a kind of emery; a hard mineral stone used to make abrasives, found among marble and dolomite strata on the Cycladic island of Naxos.

spathokomoí, σπαθοκομοί: literally, "knife-" or "sword-breaks."

spóndylos, σπόνδυλος: literally, "vertebra." A column drum.

svouráki, σβουράκι: a hand-held electric sander.

velóni, βελόνι: a pointed chisel.

velonáki, βελονάκι: a small *velóni*.

xerolithiá, ξερολιθιά: mortarless stone walls. Also called *douvária*.

xechóntrisma, ξεχόντρισμα: hand-planing; the removal of excess marble from a surface of block.

ypérthyro (pl. ypérthyra), υπέρθυρο (υπέρθυρα): literally, "over the window." An arched marble door and window lintel, decoratively carved with cut-out designs to let light and air into buildings, specific to Tinos.

Y.S.M.A., Y.Σ.M.A.: The Acropolis Monuments Restoration and Conservation Service, part of the Ministry of Culture.

ΣΤΟΝ ΒΡΑΧΟ

ΕΥΧΑΡΙΣΤΙΕΣ

Οφείλω ευχαριστίες σε πολλούς ανθρώπους για τη δραστική τους υποστήριξη—ηθική, καλλιτεχνική, πρακτική και οικονομική—στην προσπάθειά μου να φέρω σε πέρας ένα νέο εγχείρημα, σε ένα είδος που δεν είχα ποτέ δοκιμάσει μέχρι τώρα. Σας ευχαριστώ που πιστέψατε ότι ένα βιβλίο για μία αρχαία τέχνη είναι κάτι που αξίζει να γραφτεί και να διαβαστεί.

Θέλω να ευχαριστήσω πρώτη απ' όλους τη φίλη μου Πολυάννα Βλατή: ήταν ο σύνδεσμός μου με τους μαρμαρογλύπτες, ατρόμητη βοηθός, διερμηνέας και συντονίστρια. Αν δεν είχε συμφωνήσει να δουλέψει μαζί μου σε αυτό το εγχείρημα, το ανά χείρας βιβλίο δεν θα είχε γραφτεί—κυριολεκτώ. Ήταν το δικό της «ναι» που έθεσε τους τροχούς σε κίνηση. Γνώρισα την Πολυάννα μέσω του Νικηφόρου Σαμψών, ο οποίος, χωρίς να με έχει ξαναδεί, είχε την καλοσύνη να με ξεναγήσει στο εργοτάξιο της Ακρόπολης και να με αφήσει να ρίξω μια πρώτη ματιά στα παρασκήνια του χώρου που κυριαρχούσε στη σκέψη μου για χρόνια. Εκείνη η επίσκεψη, με τη βοήθεια του Νικηφόρου και της Πολυάννας, και η μεταγενέστερη εκδρομή μας στο αρχαίο λατομείο της Πεντέλης θα είναι για πάντα οι πιο συναρπαστικές μέρες της ζωής μου. Τη Νάντια Γεραζούνη, διευθύντρια της γκαλερί The Breeder, στην Αθήνα, που με έφερε σε επαφή με τον Νικηφόρο, μέσω του εκτενούς κοινωνικού δικτύου της. Τον Λεωνίδα Χαλεπά, γλύπτη και διευθυντή της Σχολής Καλών Τεχνών στον Πύργο της Τήνου, που μου χάρισε τον χρόνο του και την καλή του διάθεση με γενναιοδωρία.

Η Julia Klein, η εκδότριά μου, πίστεψε σε αυτή τη δουλειά από την πρώτη μέρα και υπήρξε φανταστική υποστηρίκτρια, οργανώτρια, χρηματοδότης, κριτικός και φίλη. Δικό της ήταν το δεύτερο μεγάλο «ναι». Ο Δημήτρης Σακκάς έκανε τις εξαιρετικές μεταγραφές, και πραγματικά με έκανε να γελάω. Η Andrea Gilbert, καλή μου φίλη και άριστη μεταφράστρια από τα ελληνικά στα αγγλικά, ανέλαβε τη δουλειά με θάρρος, παρά την αφθονία δυσνόητων τεχνικών όρων και την πρόκληση της μετάφρασης των κατά λέξη μεταγραφών των συνεντεύξεων. Οφείλω ευχαριστίες στη Χίλντα Παπαδημητρίου για τις θαυμάσιες μεταφράσεις από τα αγγλικά στα ελληνικά· στην Kristi McGuire για τις διορθώσεις και την επιμέλεια του αγγλικού κειμένου· και στον Γιώργο Θεοχάρη για τις διορθώσεις και την επιμέλεια του ελληνικού κειμένου, για την υπομονή που επέδειξε στα μεταβαλλόμενα χρονοδιαγράμματά μας και για τη δύσκολη άσκηση ισορροπίας σε αυτή τη δίγλωσση—και με δύο αλφάβητα!—έκδοση. Είμαι ιδιαίτερα ευγνώμων προς τη Stacy Wakefield, καλή μου φίλη και εκπληκτική γραφίστρια, για τη γενναιόδωρη προσφορά του χρόνου και της ενέργειάς της σε αυτή τη δουλειά.

Ο σύντροφός μου Stephen Ellis, ανέκαθεν το μεγαλύτερό μου στήριγμα, διάβασε τις συνεντεύξεις σε πρώιμο στάδιο και μου είπε ότι ήταν σπουδαίες, ακόμα κι όταν δεν ήταν ακριβώς έτσι τότε. Ο ενθουσιασμός του για το εγχείρημα αυτό με κράτησε ενεργή όλα αυτά τα χρόνια που μου πήρε μέχρι να το ολοκληρώσω.

Το FLACC μού παρείχε κρίσιμη ερευνητική και ταξιδιωτική υποστήριξη για να απογειωθεί το εγχείρημα αυτό. Τα ιδρύματα Graham Foundation, Henry Moore Foundation και Hafter Family Foundation χρηματοδότησαν γενναιόδωρα την επιμέλεια, τη μετάφραση και την έκδοση αυτού του βιβλίου. Χωρίς την υποστήριξή τους, αυτό το βιβλίο δεν θα ήταν δυνατόν να πραγματοποιηθεί.

Αλλά οφείλω τη μέγιστη ευγνωμοσύνη σε όλους τους συνεντευξιαζόμενούς μου, είτε η συνέντευξη τους περιλήφθηκε τελικά στο βιβλίο είτε όχι· χωρίς τη συναισθηματική και τεχνική γενναιοδωρία τους, την υπομονή και την ειλικρίνειά τους, αυτό το εγχείρημα δεν θα ήταν το ίδιο. Με συναρπάσατε από την πρώτη φορά που σας είδα να δουλεύετε στο μακρινό 2011, και εξακολουθείτε να με συναρπάζετε. Ήταν τεράστιο το προνόμιό μου να σας συναντήσω, το γεγονός ότι μου επιτρέψετε να μπω στην τέχνη και στη ζωή σας. Ταπεινά ελπίζω να σας έχω παρουσιάσει όπως ήσασταν μαζί μου δια ζώσης: έξυπνοι, ζωηροί, ειλικρινείς, ασυμβίβαστοι και θερμοί. Θα έχετε για πάντα τον βαθύτατο σεβασμό μου. Σας ευχαριστώ για την εμπιστοσύνη που μου δείξατε.

ΠΡΟΛΟΓΟΣ

Συχνά με ρωτούν αν είμαι Ελληνίδα. Δεν είμαι. Και όχι, ούτε τη γλώσσα μιλάω. Δεν είμαι κλασικίστρια, ούτε ιστορικός τέχνης ή αρχαιολόγος· είμαι καλλιτέχνιδα, γλύπτρια. Παρ' όλα αυτά, το ενδιαφέρον που έχω για την Ελλάδα από παιδί το αισθάνομαι τόσο φυσικό, τόσο έμφυτο, ώστε εκείνες οι απλές ερωτήσεις με έχουν βάλει σε σκέψεις. Γιατί η Ελλάδα συνεχίζει να μου προσφέρει νέες ιδέες για την τομή του χρόνου, του χώρου, του υλικού, του μόχθου, των οικονομικών και των δομών εξουσίας, μέσα σε βάθος χιλιετιών. Αυτό το βιβλίο είναι προϊόν της συνεχιζόμενης έρευνάς μου.

Επισκέφτηκα για πρώτη φορά την Ελλάδα τον Αύγουστο του 2007. Μόλις τρία χρόνια μετά την Ολυμπιάδα του 2004, η χώρα βρισκόταν σε μια εποχή σχετικής ευημερίας. Αλλά έφτασα στη μέση ενός βασανιστικού καύσωνα και η Πελοπόννησος ήταν στις φλόγες. Αφού σιγόκαιγαν για μήνες, οι φωτιές βγήκαν εκτός ελέγχου σε όλη τη χώρα και γύρω από την Αθήνα. Ο ουρανός, γεμάτος καπνούς, είχε ένα πορτοκαλί χρώμα· στάχτη στροβιλιζόταν στο ισχνό αεράκι. Κάποιες από τις φωτιές είχαν φυσικά αίτια, αλλά πολλές τις είχαν βάλει εμπρηστές σε μια προσπάθεια να εκμεταλλευθούν τους απαρχαιωμένους και ασαφείς νόμους περί ιδιοκτησίας και ανάπτυξης της γης. Οι φωτιές κατάστρεψαν την ύπαιθρο και τα προάστια. Το κράτος ήταν σε κατάσταση εκτάκτου ανάγκης. Ταυτόχρονα, η προεκλογική εκστρατεία για τις βουλευτικές εκλογές του 2007 βρισκόταν στην τελική ευθεία, με συγκεντρώσεις και αντι-συγκεντρώσεις στο Σύνταγμα, με τα πολιτικά συνθήματα και τις σημαίες να έχουν πλημμυρίσει την πόλη. Διακυβεύονταν πάρα πολλά και τα συναισθήματα του κόσμου ήταν έντονα. *Αυτό το μέρος δεν μοιάζει με κανένα, σκέφτηκα.* Δέθηκα μαζί του· ήθελα περισσότερα.

Παρ' όλα αυτά, η Ακρόπολη παρέμενε ανοικτή για το κοινό. Μια καλοπροαίρετη φίλη με είχε προειδοποιήσει ότι περιστοιχιζόταν από σκαλωσιές. Δεν έδωσα σημασία: ήμουν μια προσκυνήτρια που είχε να διανύσει την τελευταία ανηφόρα. Αλλά μετά από μια ώρα περιδιάβασης στον χώρο, ενώ παρέπαια από τη ζέστη και το δέος, δεν μπορούσα πλέον να αγνοήσω το γεγονός ότι ο Παρθενώνας, αυτό το αρχαίο αρχιτεκτονικό θαύμα, ήταν επίσης ένα εργοτάξιο. Σκαλωσιές περιέβαλαν το κτίριο, τονίζοντας τη γεωμετρία με μία διάφανη υπερδομή. Τα βοηθητικά κτίσματα, στριμωγμένα κυριολεκτικά δίπλα στον Παρθενώνα, εμπόδιζαν τη θέα των τουριστών. Αλλά ο χώρος ήταν ήσυχος: ήταν Αύγουστος και η ζέστη έκανε αδύνατη την εργασία σε εξωτερικούς χώρους, οπότε οι εργάτες είχαν πάρει την ετήσια άδειά τους.

Σχεδόν τέσσερα χρόνια αργότερα, επέστρεψα στην Αθήνα τη μουντή πρωτοχρονιά του 2011. Η οικονομική κρίση ήταν πια ανεξέλεγκτη και η λαμπερή πόλη που νόμιζα πως ήξερα ήταν σκοτεινή και βουβή. Το πρώτο μου απόγευμα, ακόμα υπό την επήρεια του τζετ-λανγκ, έφτασα στην οδό Αθηνάς από το ξενοδοχείο μου στον λόφο του Στρέφη. Όλα ήταν κλειστά λόγω της αργίας—μόνο κάνα-δυο φούρνοι ήταν ανοιχτοί· δίνοντάς μου τα κουλουράκια που είχα αγοράσει, μου ευχήθηκαν «καλή χρονιά!». Έκανα εξάσκηση επαναλαμβάνοντας την ευχή από μέσα μου καθώς έκανα βόλτα στη βάση του Βράχου, όπως λένε οι Αθηναίοι την Ακρόπολη. Περιπλανιόμουν στις διαδρομές που σχεδίασε ο Δημήτρης Πικιώνης, ανάμεσα στα νεοκλασικά αρχιτεκτονικά μέλη που είχαν βρει νέα χρήση, κοιτάζοντας πάντα προς τα πάνω: στην Αθήνα, με τον Παρθενώνα να ξεπροβάλει πάνω από το κεφάλι σου και με τα ερείπια χιλιετιών θαμμένα κάτω απ' τα πόδια σου, αλαφροπατάς πάνω στην αενάως μεταβαλλόμενη, λεπτή σαν σαπουνόφουσκα μεμβράνη του παρόντος.

Λίγες μέρες αργότερα ανέβηκα στον Βράχο. Σε απόλυτη αντίθεση με τα πλήθη και την τρομακτική ζέστη του Αυγούστου, τώρα ήταν δροσερά και σχετικώς ήσυχα. Το χρώμα του χώρου τον χειμώνα αλλάζει ολοκληρωτικά. Αντί για τις καυτές υπόλευκες πέτρες που υψώνονταν στον απίστευτα γαλάζιο ουρανό, τώρα μια αρμονία θερμών και δροσερών γκρίζων αποχρώσεων σε προσκαλούσε να καθίσεις, να σκεφτείς. Το οξύ βουητό των εργαλείων κοπής, ο θόρυβος από τους αεροσυμπιεστές και τα χτυπήματα των σφυριών στα καλέμια ήταν το ηχητικό χαλί στην περιστασιακή δίνη της φλυαρίας των τουριστών. Παρακολούθησα τους εργάτες να έρπουν στη σκαλωσιά και να περπατούν κατά μήκος του επιστύλιου. Γερανοί προεξείχαν διασαλεύοντας τον γεωμετρικό ρυθμό. Εργάτες έστηναν τεράστια μαδέρια, κατασκευάζοντας ένα ογκώδες τσιμεντένιο καλούπι μπροστά στα δυτικά σκαλιά του Παρθενώνα. Επέστρεφα κάθε μέρα. Βρέθηκα να φωτογραφίζω τους εργάτες και τη σχέση τους με το κτίριο περισσότερο από το ίδιο το μνημείο. Τράβηξα μερικά τρεμάμενα, δοκιμαστικά βίντεο με τους γερανούς σε λειτουργία: ο μηχανικός βραχίονας ενός γίγαντα να βουτάει μέσα κι έξω, να μετακινεί αρχαία αρχιτεκτονικά μέλη με τη λεπτότητα μιας κεντίστρας. Καθώς προχωρούσε η καταγραφή μου, οι εργάτες και ο κατασκευαστικός εξοπλισμός—το *έργο*—περνούσαν ακούσια στο προσκήνιο, ενώ ο Παρθενώνας μετατρεπόταν σε σκηνικό των ενεργειών τους. Κάποια στιγμή οι εργάτες πρόσεξαν ότι τους παρακολουθούσα. Τους χαιρέτησα ντροπαλά: ήμουν απλώς άλλη μία που κοιτούσε με το στόμα ανοιχτό.

Αντί να τη διαγράφω από τα μέρη που θα ήθελα να επισκεφτώ, η σύγχρονη Αθήνα ξαναέμπαινε μόνη της στην εσωτερική μου λίστα μετά από κάθε επίσκεψη. Μου αποκάλυπτε λίγα παραπάνω κάθε φορά, επιτρέποντάς μου ένα βήμα πιο μέσα, ξεγελώντας με ότι την ξέρω καλύτερα απ' όσο την ξέρω στην πραγματικότητα, και δελεάζοντάς με να επιστρέψω για άλλη μία φορά.

Όταν επέστρεψα τον Ιανουάριο του 2013, ήξερα γιατί είχα πάει εκεί: για να παρακολουθήσω το έργο. Καθισμένη μόνη μου σε ένα μαρμάρινο παγκάκι για ώρες, με τη φωτογραφική μηχανή δίπλα μου, παρακολουθούσα και φωτογράφιζα εργάτες να σκαλίζουν ραβδώσεις σε νέα μάρμαρα για τους κίονες. Για πρώτη φορά ήμουν κοντά στη δράση. Μπορούσα να δω ότι χρησιμοποιούσαν γωνιακούς τροχούς, το ίδιο εργαλείο που χρησιμοποιούσα κι εγώ στο ατελιέ μου. Παρακολουθώντας τους, μπορούσα να αισθανθώ το μηχάνημα στα χέρια μου. Αλλά τι έκαναν και πώς το έκαναν; Ποιοι ήταν αυτοί οι άνθρωποι, οι επιφορτισμένοι με την τρομερή ευθύνη να σκαλίζουν εκ νέου το σπουδαιότερο μνημείο της Δύσης, βαδίζοντας στα βήματα των θεών της αρχιτεκτονικής; (Όπως είπε αργότερα ένας από τους συνεντευξιαζόμενους: *στην Άγια Ακρόπολη!*) Άλλο ένα βήμα πιο βαθιά....

Ενάμιση χρόνο αργότερα επέστρεψα. Έζησα στην πόλη το καλοκαίρι του 2014, όσο έστηνα μία έκθεση για μία γκαλερί της Αθήνας. Ήθελα να φωτογραφήσω το έργο στην Ακρόπολη ξανά, αλλά αυτή τη φορά να το κάνω σωστά: μια καλή φωτογραφική μηχανή, ένα τρίποδο, με κάποιον σχεδιασμό. Δουλεύοντας με νοικιασμένο εξοπλισμό, δεν θα είχα την πολυτέλεια να επιστρέφω κάθε μέρα μέχρι να πετύχω το σωστό πλάνο. Έπρεπε να μάθω ποιες ώρες, ποιες μέρες βρίσκονταν οι εργάτες στον χώρο. Ήταν άλλο ένα καυτό καλοκαίρι—κι αν οι εργάτες ήταν σε άδεια λόγω της ζέστης; Δεν μπορούσα να διακινδυνέψω να τους χάσω, γι' αυτό ρώτησα τη διευθύντρια της γκαλερί αν υπήρχε τρόπος να μάθω το πρόγραμμα της εργασίας τους. Ρωτώντας από δω κι από κει, σύντομα βρήκα μια επαφή: ο Νικηφόρος Σαμψών, ένας νεαρός συμβασιούχος μαρμαρογλύπτης, προθυμοποιήθηκε να με συναντήσει. Πετούσα στα σύννεφα.

Έχοντας το πρόγραμμα στα χέρια μου, ανέβηκα μόλις άνοιξε ο χώρος και άρχισα να φωτογραφίζω μόνη μου. Μου φαινόταν σημαντικό να ολοκληρώσω τη δουλειά πριν συναντήσω τον Νικηφόρο. Εξακολουθούσα να έχω την ανάγκη να αισθάνομαι ξένη για να κάνω αυτό το έργο όπως το είχα οραματιστεί. Λίγες μέρες μετά τη φωτογράφιση, ξαναπήγα για να συναντήσω έναν χαμογελαστό, διοπτροφόρο άντρα στα Προπύλαια. Και τότε βρέθηκα στα παρασκήνια.

Καθώς περπατούσαμε μαζί μέσα στα εργαστήρια στη βόρεια πλευρά της Ακρόπολης, ο Νικηφόρος μού έδειξε το εξωτερικό ατελιέ γλυπτικής όπου γίνονταν αντίγραφα των μαρμάρων που έλειπαν, τον μεγάλο κόφτη που χειριζόταν ο ίδιος και διάφορους άλλους χώρους στο εργοτάξιο. Περάσαμε πάνω και συρθήκαμε ανάμεσα από τεράστιας κλίμακας μαρμάρινους λίθους, αρχαίους και νέους. Ζήτησα την άδεια να αγγίξω μια αρχαία πέτρα, και ο Νικηφόρος, γελώντας, μου είπε, «Ναι, ασφαλώς!» Όλα ήταν τόσο άγνωστα—και, παρ' όλα αυτά, οικεία–, τόσο συναρπαστικά, και μου προσφέρονταν πάρα πολύ γρήγορα.

Διασχίσαμε τον Βράχο μέχρι τον Παρθενώνα, πέρα από το σκοινί που εμπόδιζε την πρόσβαση στις σκάλες, μέσα από τη σκαλωσιά και πάνω στον ναό. Έτσι απλά, βρέθηκα στον σηκό, στο άδυτο, στον πιο καθαγιασμένο χώρο απ' όλους. Ήταν γεμάτος με εργάτες που σκάλιζαν, μετακινούσαν, έπιναν καφέ και ούτε που πρόσεχαν την παρείσακτη που κοιτούσε σαν χάνος. Ένας γερανός πρόβαλε πάνω από τα κεφάλια μας. Πλησιάσαμε μια νεαρή γυναίκα που καθάριζε διαβρωμένους σιδερένιους συνδέσμους—την Πολυάννα Βλατή, φίλη του Νικηφόρου από τη σχολή μαρμαρογλυπτικής. Οι δύο τους με ξενάγησαν—εμένα, μια ξένη—στον χώρο, δείχνοντάς μου πάνω σε τι δούλευαν, τα αγαπημένα τους σημεία—τον κρυμμένο μιναρέ, τα σημάδια από βολές του πυροβολικού—όλα αυτά με μια διαρκή έκπληξη που κάποιος απέξω ενδιαφερόταν για τη δουλειά τους. Στη συνέχεια, ήπιαμε όλοι μαζί καφέ στη μέση του σηκού που χρησιμοποιούνταν ως χώρος διαλείμματος για τους εργάτες.

Μια-δυο βδομάδες αργότερα, οι τρεις μας πήγαμε εκδρομή στα βόρεια της πόλης—πάνω στην Πεντέλη, στο αρχαίο λατομείο, την αυθεντική πηγή των μαρμάρων της Ακρόπολης. Σκαρφαλώσαμε μέχρι τη σπηλιά που είχε δάπεδο από πηλό και είδαμε τη δύση του ήλιου από τη βουνοπλαγιά. Είχαμε γίνει φίλοι. Λίγες μέρες μετά ήμουν πίσω στο σπίτι μου, στη Νέα Υόρκη, αλλά δεν μπορούσα να σταματήσω να σκέφτομαι τις εμπειρίες μου μαζί τους.

Οι πληροφορίες στην αγγλική γλώσσα για ό,τι είχα δει ήταν από ελάχιστες έως ανύπαρκτες, και όσα κατάφερα να βρω ήταν γραμμένα με τρόπο ακαδημαϊκό ή γραφειοκρατικό, με την έμφαση στα δεδομένα. Συντηρητές, αρχαιολόγοι, ιστορικοί και μηχανικοί είχαν δημοσιεύσει πληροφοριακά κείμενα για την αναστήλωση των κτιρίων της Ακρόπολης, αλλά οι πληροφορίες που αναζητούσα, για την πρακτική πλευρά τού «πώς», την ιστορία της λάξευσης, ή ακόμα και οποιαδήποτε αναφορά τους μαρμαρογλύπτες και την τέχνη τους, δεν υπήρχαν πουθενά.

Περίπου ενάμιση χρόνο αργότερα, έριξα την ιδέα γι' αυτό το βιβλίο στην Πολυάννα και στην εκδότριά μου, ταυτόχρονα. Ήμουν απίστευτα τυχερή που και οι δύο είπαν, «Ναι».

Αλλά ώσπου να μπορέσω να επιστρέψω και να κάνω τις συνεντεύξεις το 2016, η Πολυάννα και ο Νικηφόρος, μαζί με τους υπόλοιπους συμβασιούχους συναδέλφους τους, είχαν απολυθεί. Τα χρήματα για την επιδότηση των θέσεών τους είχαν τελειώσει· παρέμειναν μόνο οι μόνιμα εργαζόμενοι στο Υπουργείο Πολιτισμού. Ένα κύμα συνταξιοδοτήσεων που πυροδοτήθηκε από την κρίση μέσα στα χρόνια ακριβώς πριν την προηγούμενη επίσκεψή μου είχε επίσης μειώσει την εργατική δύναμη. Είχα την αίσθηση ότι ήταν η κατάλληλη στιγμή να καταγράψω μία κοινότητα—και μία τέχνη—σε μεταβατικό στάδιο εν μέσω μιας εξωτερικά επιβαλλόμενης κρίσης.

Οι απολύσεις είχαν γίνει από τα υψηλά κλιμάκια μέσα στο υπουργείο, όχι από κάποιον στον Βράχο. Η Πολυάννα είχε διατηρήσει θερμές σχέσεις με τους πρώην συναδέλφους της και ήταν σε θέση να με συστήσει στους ενθουσιώδεις συνεντευξιαζόμενους. Η εμπιστοσύνη και η φιλία της μου έδωσαν απεριόριστη πρόσβαση στην κοινότητα των μαρμαρογλυπτών. Όλο τον Ιούνιο του 2016, δουλέψαμε μαζί· ήταν η οργανώτρια και η διερμηνέας των συνεντεύξεων. Πήρα δώδεκα συνεντεύξεις στην Αθήνα, πάνω στον Βράχο και στην πόλη, με ανθρώπους που εξακολουθούσαν να δουλεύουν στην Ακρόπολη και με άλλους που είχαν προσφάτως απολυθεί. Επισκεφτήκαμε το λατομείο του Διονύσου, στην πίσω μεριά της Πεντέλης, για να δούμε πού και πώς εξορύσσονται τα νέα μάρμαρα για την Ακρόπολη. Στη συνέχεια ταξιδέψαμε μέχρι το μικρό νησί της Τήνου, το προπύργιο της παραδοσιακής μαρμαρογλυπτικής, εκεί όπου βρίσκεται η Σχολή Καλών Τεχνών του Πύργου, όπου εκπαιδεύονται στην παραδοσιακή λάξευση νέες γενιές μαρμαρογλυπτών. Εκεί πήρα συνέντευξη από τρεις προσφάτως συνταξιοδοτημένους και έναν μεγαλύτερο, απολυμένο συμβασιούχο, και επισκέφτηκα τη Σχολή και το αρχαίο λατομείο.

Όταν επέστρεψα στις ΗΠΑ, άρχισε η μακρά διαδικασία της μεταγραφής, της μετάφρασης και της επιμέλειας. Οι συνεντεύξεις είναι δομημένες ως μονόλογοι σε μια προσπάθεια να εκφραστεί ελεύθερα ο καθένας τους ξεχωριστά και οι προσωπικές τους ιστορίες να περάσουν στον αναγνώστη απρόσκοπτα, χωρίς ούτε καλλιτεχνικές ή ακαδημαϊκές παρεμβολές ούτε τις δικές μου προκαταλήψεις. Δεν έχω αποσπάσει «γεγονότα» για δική μου χρήση, ούτε έχω ερμηνεύσει ή «διορθώσει» ό,τι ειπώθηκε. Προετοιμαζόμενη για τις συνεντεύξεις, μελέτησα το *Working* (1974), τη συλλογή συνεντεύξεων του Studs Terkel. Αυτό το βιβλίο με επηρέασε βαθιά, λόγω της πολιτικής δύναμης του ειλικρινούς, δημοκρατικού τόνου του και λόγω του καθαρού πάθους και των διακριτών φωνών των κατοίκων του Σικάγου, απ' όλους τους τομείς εργασίας, οι οποίοι μιλούσαν με υπερηφάνεια, πίκρα και αποφασιστικότητα για τις δουλειές τους. Ο στόχος μου ήταν να αφήσω τους μαρμαρογλύπτες να εξηγήσουν τη δουλειά και την ιστορία τους με τη δική τους φωνή, αφήνοντας τις τεχνικές, κοινωνιολογικές και προσωπικές πλευρές της ζωής τους συνυφασμένες, όπως είναι και στην πραγματικότητα.

Ελπίζω αυτό το βιβλίο να αποτελέσει μία μόνιμη γραπτή και φωτογραφική καταγραφή των κτιρίων, των υλικών και των πολιτισμικών πρακτικών αυτής της μικρής, ευάλωτης και ενδεχομένως απειλούμενης με εξαφάνιση κοινότητας των μαστόρων μαρμαρογλυπτών που έχουν φτάσει στο απόγειο του επαγγέλματός τους: να δουλεύουν στο έργο της αναστήλωσης της Ακρόπολης. Παρόλο που αυτοί οι μάστορες μαρμαρογλύπτες είναι οι κληρονόμοι μιας οικοδομικής και δημιουργικής τεχνογνωσίας χιλιετιών, αυτό το βιβλίο είναι η πρώτη καταγραφή τού τι κάνουν, πώς το κάνουν και πώς αισθάνονται γι' αυτό, με τα δικά τους λόγια.

—ALLYSON VIEIRA

ΟΙ ΣΥΝΕΝΤΕΥΞΕΙΣ

ΓΙΩΡΓΟΣ ΑΓΓΕΛΟΠΟΥΛΟΣ

Στο κουρείο του θείου του, στην Αθήνα

Για να πάρουμε τα πράγματα από την αρχή, θα πρέπει να γυρίσω πίσω τριάντα πέντε, ή μάλλον τριάντα οχτώ χρόνια. Όλα ξεκίνησαν το 1974. Από παιδί που ήμουν, μου άρεσε να δουλεύω την πέτρα, και όταν ήρθα στην Αθήνα, στα δεκατέσσερά μου—όχι, δώδεκα χρονών ήμουν—από το χωριό μου στην Ηλεία, πραγματικά εντυπωσιάστηκα. Μια μέρα περνούσαμε μαζί με τον θείο μου, τον αδερφό της μητέρας μου, έξω από ένα μαρμαρογλυφείο και είδα το άγαλμα ενός ιπτάμενου, ενός αξιωματικού της Αεροπορίας. Ένα σκέτο γύψινο πρόπλασμα ήταν. Αλλά τόσο πολύ το θαύμασα, ώστε θέλησα να την κάνω κι εγώ αυτή τη δουλειά. Ήθελα να μπορέσω να φτιάξω κι εγώ κάτι τέτοιο.

Ήμουν δεκατριών και το αποφάσισα εκείνη τη στιγμή, επιτόπου. Πήγαμε με τον θείο μου στον γλύπτη και του μιλήσαμε. Λεγόταν Γιάννης Γεωργίου, πολύ επιτυχημένος γλύπτης εκείνη την εποχή. Το βράδυ πήγαινα νυχτερινό σχολείο και το πρωί δούλευα, από τις επτά μέχρι τις τρεις. Μελετούσα το απόγευμα για να πάω το βράδυ στο σχολείο.

Στις αρχές του '77 άρχισα να δουλεύω επισήμως. Μέχρι τότε δούλευα ερασιτεχνικά, ως μαθητευόμενος. Αλλά το 1977 πήρα τον πρώτο μου μισθό. Ήμουν δεκαέξι χρονών. Στην αρχή ήταν πολύ δύσκολα γιατί η δουλειά μας είναι κοπιαστική. Θέλω να πω, για παράδειγμα, ο *μαντρακάς*—είναι πολύ κουραστικό για ένα μικρό παιδί να δουλεύει το μάρμαρο μ' αυτά τα εργαλεία.[1] Η μαρμαρογλυπτική είναι από τις πιο δύσκολες δουλειές! Είναι εξαντλητικό να στέκεσαι όρθιος τόσο πολλές ώρες και να λαξεύεις το μάρμαρο με το καλέμι. Χρειάζεσαι μπράτσα· πρέπει να έχεις γερή κράση για να ανταπεξέλθεις. Μετά από λίγο, το

1 *Μαντρακάς*: μικρό, συμμετρικό, τετράγωνο σφυρί, συχνά με ελαφρώς φουσκωμένα άκρα· χρησιμοποιείται μαζί με το καλέμι.

συνηθίζεις. Τώρα πια που είμαι έμπειρος, όσες ώρες και να στέκομαι όρθιος δεν με πειράζει. Αντίθετα, μου δίνει χαρά, καθόλου δεν με πειράζει η ορθοστασία.

[Το εργαστήριο του Γεωργίου] είναι φημισμένο, έτσι δεν δουλεύαμε μόνο στην Αθήνα. Φτιάχναμε κάθε λογής μνημεία—ανδριάντες, αγάλματα—σε όλη την Ελλάδα. Είχαμε δουλειές από την Κρήτη μέχρι τον Έβρο, σε όλα σχεδόν τα νησιά, όποτε και όπου υπήρχε ανάγκη. Φτιάχναμε ανδριάντες ηρώων, φτιάχναμε αγάλματα για νεκροταφεία, για πλατείες, φτιάχναμε μεγάλα δημόσια μνημεία. ... Δούλευα μαζί με τον γιο του Γεωργίου—είχαμε έναν χρόνο διαφορά. Αργότερα εγώ έφυγα για να δουλέψω στον Παρθενώνα. Αλλά ο γιος συνεχίζει· το μαρμαρογλυφείο υπάρχει ακόμα.

[Ο Γεωργίου] ήταν πολύ αυστηρός μάστορας, πολύ καλός δάσκαλος, γιατί αυτός είναι ο μόνος τρόπος να μάθεις αυτή τη δουλειά. Α, ήταν πολύ αυστηρός. Πολύ! Η αυστηρότητά του μου άρεσε γιατί δεν ήταν αυτοσκοπός, ούτε επειδή ήταν τέτοιος ο χαρακτήρας του. Είχε σχέση αποκλειστικά με τη δουλειά. Χρειαζόταν αυστηρότητα για να διδάξει τα παιδιά που μάθαιναν δίπλα του, τον γιο του κι εμένα, για να μάθουμε σωστά τη δουλειά. Ειδικά σε ό,τι αφορά τη λεπτομέρεια, γιατί το μάρμαρο απαιτεί μεγάλη υπομονή και προσοχή στη λεπτομέρεια. Η ζημιά μπορεί να γίνει ανά πάσα στιγμή. Άρα πρέπει να έχεις την εμπειρία να το προστατέψεις [το μάρμαρο], ειδικά όταν δουλεύεις σ' έναν όγκο τεσσάρων, πέντε, έξι ή δέκα τόνων που πρέπει να τον μετακινήσεις ή να τον τουμπάρεις για να κάνεις διάφορες εργασίες.

Έμπειρος καθώς ήταν, ο Γιάννης Γεωργίου δεν μας έβαζε ποτέ να κάνουμε κάτι υπεύθυνο ή επικίνδυνο. Στην αρχή μου έδινε να κάνω απλές εργασίες. Ξεκινούσα μ' ένα ανεπεξέργαστο κομμάτι μάρμαρο κι αυτός με παρακολουθούσε μέχρι του σημείου που δεν μπορούσα να προξενήσω ζημιά. Με την πάροδο του χρόνου, εξελίσσεσαι σταδιακά, αποκτάς εμπειρία, μέχρις ότου θεωρείσαι αξιόπιστος για να εκτελέσεις τις διάφορες φάσεις της εργασίας. Ο μάστορας σε εμπιστεύεται, κι εσύ δίπλα του, με τη βοήθειά του ασφαλώς, δουλεύεις προσεκτικά μέχρι να φανεί το τελικό αποτέλεσμα.

Δούλευα κυρίως με μάρμαρο. Έκανα τα μαρμάρινα αντίγραφα. Ο μάστορας έφτιαχνε το πήλινο πρόπλασμα και από αυτό, και οι δυο μαζί, φτιάχναμε το γύψινο εκμαγείο. Αυτή ήταν μεγάλη εμπειρία. Όταν ο γλύπτης φτιάχνει τον πηλό, έχει τη δική του έμπνευση, πώς θα πετύχει την ομοιότητα μ' ένα συγκεκριμένο πρόσωπο. Από αυτόν τον πηλό, εγώ έπρεπε να πετύχω την ίδια ομοιότητα στο μάρμαρο. Αυτό απαιτεί πολλή προσοχή. Ο καθένας είχε τον τομέα ευθύνης του.

Μπορώ φυσικά να σας αναφέρω τις μεγάλες δουλειές που έκανα εγώ προσωπικά, όπως ο Βενιζέλος στη Θεσσαλονίκη, που είναι τέσσερα μέτρα και είκοσι εκατοστά. Ήταν το πρώτο έργο στο οποίο συμμετείχα, αλλά ως βοηθός μάστορα. Από κει και πέρα είχα πια την εμπειρία να αναλαμβάνω μόνος μου έργα, όπως ο Λέων του Πειραιώς. Έκανα επίσης τον Μακάριο, τον πρόεδρο της Κύπρου, ένα άγαλμα δύο μέτρα και είκοσι εκατοστά.

Έμεινα [στο μαρμαρογλυφείο] δώδεκα χρόνια, και τότε θεώρησα όταν ήμουν έτοιμος μάστορας. Ο λόγος που έφυγα ήταν ότι ήθελα να κάνω κάτι δικό μου. Ένιωθα έτοιμος μάστορας του μαρμάρου. Εκείνη την εποχή, προέκυψε και η δουλειά [στην Ακρόπολη], έτσι πήγα εκεί. Κατά σύμπτωση, όταν έκανα αίτηση να δουλέψω στον Βράχο, ήταν εκεί ένας γνωστός μου από παλιά, ένας μαρμαρογλύπτης, με τον οποίο είχα συνεργαστεί στο εργαστήρι. Δώσαμε εξετάσεις είκοσι άτομα το 1987 και βγήκα δεύτερος. Έτσι πήρα τη δουλειά στην Ακρόπολη. Ήμουν τότε είκοσι έξι χρονών. Οι συνθήκες και η αμοιβή ήταν μια χαρά εκεί, αλλά συγχρόνως είχα και δεύτερη δουλειά. Εάν δεν μου άρεσε [στην Ακρόπολη] ή εάν κάτι δεν μου καθόταν καλά, θα άνοιγα το δικό μου εργαστήριο. Αυτό εννοώ.

Κοίτα, όταν πρωτοπήγα στον Παρθενώνα, πραγματικά αισθάνθηκα αλλιώτικα. Ήταν μεγάλη η διαφορά από τον ιδιωτικό τομέα, η συμπεριφορά και οι απαιτήσεις ήταν άλλες. Στο μαρμαρογλυφείο είσαι υποχρεωμένος να υπακούς και να παραδέχεσαι τον δάσκαλό σου, αλλιώς, όπως σου είπα, δεν γίνεται να μάθεις τη δουλειά. Υπήρχε επίσης η αυστηρότητα και άλλα πράγματα που ήταν καταπιεστικά. Ήθελα κάτι καλύτερο. Στον Παρθενώνα, οι μηχανικοί και οι αρχιτέκτονες συμπεριφέρονται διαφορετικά. Δεν μιλάνε όπως στον ιδιωτικό τομέα, όπου οι βρισιές είναι συνηθισμένο φαινόμενο. Υποθέτω ότι ο λόγος που έφυγα [από το εργαστήριο] ήταν ότι ένιωθα ταπεινωμένος. Θέλω να πω, είσαι υποχρεωμένος να ανέχεσαι τα πάντα και αν αντιδράσεις ή διαφωνήσεις, έχεις τελειώσει. Και δεν ήμουν ικανοποιημένος με τα λεφτά που έπαιρνα. Γενικά, υπήρχε πολλή πίεση. Ενώ, όταν πήγα στην Ακρόπολη, αισθάνθηκα απελευθερωμένος. Εννοώ ότι, από τη στιγμή που ήξερα τη δουλειά, δεν είχα κανέναν πάνω από το κεφάλι μου. Ξεκινάς από χαμηλά—εγώ έτσι ξεκίνησα—και ανεβαίνεις. Αργότερα, οι μηχανικοί με επέλεξαν ως εργοδηγό στο εργοτάξιο.

Μεγάλη ιστορία να μάθεις την τέχνη και μετά να τολμήσεις—όπως εγώ—να κάνεις αίτηση για να δουλέψεις στην Ακρόπολη. ... Είναι μια τέχνη πολύ εξειδικευμένη. Πρέπει να έχεις υπομονή. Και πρέπει να κάνεις πολλές θυσίες για να καταφέρεις να φτάσεις σ' αυτό το επίπεδο, να πεις ότι θα αναλάβεις ένα έργο όπως είναι ο Παρθενώνας. Να αγγίξεις τα ιερά μάρμαρα!

Έτσι, είχα αγωνία που θα άρχιζα να δουλεύω εκεί, αν και τότε πια ήξερα ότι ήμουν έμπειρος στο μάρμαρο. Άλλο πράγμα όμως να κάνεις ένα άγαλμα, κάτι που ήξερα να κάνω, κι άλλο οι εξετάσεις για την Ακρόπολη. [Η δουλειά στην Ακρόπολη] ήταν πιο δύσκολη επειδή, μέχρι να βρεθώ στον χώρο και να δω με τι ακριβώς ασχολούνταν οι παλιοί μαστόροι, αγωνιούσα τι θα συναντήσω και αν θα μπορέσω να το αντιμετωπίσω. Αλλά ήμουν σίγουρος για τη δουλειά μου, οπότε ήξερα ότι θα προσαρμοζόμουν γρήγορα στο νέο εργασιακό περιβάλλον. Παρ' όλα αυτά, είχα αγχωθεί για το τι ακριβώς θα μου ζητούσαν να κάνω.

Στην Ακρόπολη, δουλεύεις με καθαρές, ίσες επιφάνειες—αυτό το συνειδητοποίησα αμέσως μόλις άρχισα να δουλεύω εκεί. Η διαφορά είναι ότι όταν φτιάχνεις ένα άγαλμα, μια μορφή, απαιτείται τεράστια προσοχή, αλλά [στην Ακρόπολη] είσαι σε επαφή με επιφάνειες που πρέπει να είναι τέλειες. Εννοώ, ίσες επιφάνειες. Η επιφάνεια του ενός μαρμάρου πρέπει να εφαρμόζει τέλεια με την επιφάνεια του άλλου.

Πέρα από τις ίσες επιφάνειες, όσο η δουλειά προχωρούσε, άρχισαν να γίνονται και πονταρίσματα, με τη χρήση *ποντιαδόρου*, δηλαδή κάναμε τη συναρμογή του αρχαίου μαρμάρου με το νέο συμπλήρωμα.[2] Όταν βρίσκαμε ένα σπασμένο μάρμαρο, κάναμε εκμαγείο [του κομματιού] και μετά φτιάχναμε ένα νέο συμπληρωματικό κομμάτι που θα αγκάλιαζε το αρχαίο. Με άλλα λόγια, εφαρμόζαμε πάνω στις αρχαίες επιφάνειες τα νέα συμπληρωματικά κομμάτια. Στην ουσία, σε κάποιο βαθμό έκανα την ίδια δουλειά όπως όταν ήμουν γλύπτης στο μαρμαρογλυφείο.

Η δουλειά εκεί έχει τη λάξευση, το *ποντάρισμα*, πολύπλοκα προβλήματα. Ένα παράδειγμα: οι ραβδώσεις όταν δουλεύαμε στη βόρεια κιονοστοιχία. ... Αυτό απαιτούσε γεωμετρική ακρίβεια. Πρέπει να έχεις την εμπειρία να διαιρείς τους σπόνδυλους της κολόνας σε είκοσι ίσα μέρη. Πρέπει να βγάλεις φόρμες, να προετοιμάσεις το βάθος των ραβδώσεων. Επίσης, όταν έχεις να κάνεις σταγόνες στα γείσα ή όπου χρειαστεί στα επιστύλια, πάλι θέλεις

2 *Ποντιαδόρος*: ειδικό μετρικό όργανο, το οποίο μεταφέρει σημεία ενός γύψινου, πήλινου ή κέρινου προπλάσματος στο ακατέργαστο μάρμαρο που θα χρησιμοποιήσει ο γλύπτης για να φτιάξει ένα αντίγραφο.

την ανάλογη γεωμετρία για να χωρίσεις, να διαιρέσεις, να κάνεις σωστά τις σταγόνες με φόρμες.

Γενικά, δεν είναι κάτι που θα μπορούσες να το πεις εύκολο· είναι δύσκολη δουλειά. Θέλει τεράστια προσοχή. Είτε φτιάχνεις γλυπτό πρόσωπο, είτε ίσια επιφάνεια, είτε έχεις να φτιάξεις σταγόνες, είτε δωρικό κιονόκρανο—το οποίο επίσης απαιτεί τη δική του τεχνική—ή ό,τι άλλο χρειάζεται να γίνει στον ναό, τα πάντα απαιτούν υπευθυνότητα και γνώση. Πρέπει να έχεις μεγάλη εμπειρία πώς να ξεκινήσεις το κάθε τι. Νομίζω ότι η δουλειά πάνω σ' ένα άγαλμα δεν είναι τόσο περίπλοκη όσο αυτό που κάνουμε στον Παρθενώνα.

Οι παλιοί τεχνίτες—πριν αποκτήσουμε την τεχνολογία, τώρα έχουμε όλων των ειδών τα ηλεκτρικά εργαλεία—είχαν την εμπειρία, όπως κι εγώ, να φτιάχνουν τέλειες επιφάνειες με το χέρι, στις μεγάλες διαστάσεις—σε οποιεσδήποτε διαστάσεις—που απαιτούνται στον Παρθενώνα. Όταν πήγα να δουλέψω στον Παρθενώνα το '87, δεν υπήρχαν *σβουράκια, γωνιακοί τροχοί, ρούτερ,* δεν υπήρχαν ηλεκτρικά εργαλεία.[3] Ήμασταν αναγκασμένοι να κάνουμε όλες τις επιφάνειες—τις μαρμάρινες επιφάνειες, τις ορατές επιφάνειες—τέλειες, με το χέρι. Έπαιρνε πολύ περισσότερο χρόνο, τότε. Ενώ τώρα μπορείς να κάνεις τις επιφάνειες σε πολύ μικρό χρονικό διάστημα, χρησιμοποιώντας ηλεκτρικά εργαλεία. Αλλά και πάλι πρέπει να κάνεις το ενενήντα τοις εκατό της δουλειάς με το χέρι, πριν χρησιμοποιήσεις τα μηχανήματα. Παρά το γεγονός ότι χρησιμοποιούμε ηλεκτρικά εργαλεία, η τελευταία πενιά είναι το χέρι. Να φαίνεται όμορφη η δουλειά, χειροποίητη. Έτσι του δίνεις ομορφιά.

Εκείνα τα χρόνια, τότε που όλα τα μάρμαρα προέρχονταν από το λατομείο του Διονύσου, τα κομμάτια ήταν ακανόνιστα. Με άλλα λόγια, εσύ παράγγελνες συγκεκριμένες διαστάσεις, αλλά το κομμάτι δεν ερχόταν τετραγωνισμένο. Ερχόταν ένας όγκος ακανόνιστος, ένας βράχος. Το πρώτο πράγμα που κάνεις είναι να διαλέξεις ποιαν από τις τέσσερις πλευρές θα στρώσεις πρώτη. Ξεκινάς με μία πλευρά, τη φτιάχνεις, και αυτή η πλευρά που έχεις τελειοποιήσει και τελειώσει είναι το μέτρο σου· από αυτήν μπορείς να μετρήσεις [τις υπόλοιπες].

Ξεκινάς από τη μεγαλύτερη πλευρά γιατί δεν γίνεται να ξεκινήσεις από τη μικρότερη και να μετρήσεις τις υπόλοιπες με βάση αυτήν. Στη συνέχεια, χρησιμοποιείς τα εργαλεία σου με βάση τις διαστάσεις που θέλεις. Έχεις τη γωνία, έχεις το μέτρο, έχεις την *πήχη* σου.[4] Σημαδεύεις το ύψος, το πλάτος, ή οτιδήποτε είναι χρήσιμο, και ξεκινάς [να δουλεύεις] την επάνω επιφάνεια από αυτήν που έχεις ήδη στρώσει. Γωνιάζεις με τη γωνία σου σε όσο μήκος χρειάζεσαι, σημαδεύεις με το μολύβι και ξεκινάς. Κάνεις την πρώτη σου κίνηση με το *ντισιλίδικο* πάνω στη χάραξη που έχεις κάνει.[5] Βάζεις τριγύρω οδηγούς και μετά αρχίζεις από εκεί που έχεις βάλει τα σημάδια σου να δουλεύεις με το ντισιλίδικο. Μετά την πρώτη ντισιλιδιά, δουλεύεις με *βελόνι* για να κάνεις το αρχικό *ξεχόντρισμα*.[6] Μετά το βελόνι, χρησιμοποιείς τη *φαγάνα*.[7] Πλησιάζεις πιο κοντά στο σημείο που πρέπει να φτάσεις. Στην τελική φάση, μετά τη φαγάνα, χρησιμοποιείς τη *λάμα*, η οποία σου δίνει και το τελικό αποτέλεσμα.[8] Αλλά πριν απ' όλα αυτά—μετά το βελόνι και πριν πιάσεις τη φαγάνα—υπάρχει

3 *Σβουράκι*: τριβείο χειρός· γωνιακός τροχός: ηλεκτρικό εργαλείο χειρός με περιστρεφόμενο λειαντικό δίσκο ή λεπίδα με διαμάντι που χρησιμοποιείται για λείανση ή κοπή· ρούτερ (router): πολλαπλών χρήσεων ηλεκτρικό εργαλείο χειρός.

4 *Πήχη* (πληθ. *πήχες*): λεπτή, ίσια και επιμήκης ράβδος.

5 *Ντισιλίδικο*: οδοντωτό καλέμι.

6 *Βελόνι*: μυτερό καλέμι.

7 *Φαγάνα*: μεγάλο οδοντωτό καλέμι.

8 *Λάμα*: επίπεδο καλέμι.

αυτό που λέμε *πέκι*.[9] Χρησιμοποιείς δύο πήχες, τη μία απέναντι από την άλλη—έτσι ώστε να μπορείς να δεις αν είσαι ακριβής στα γωνιάσματα ή στην κλίση του μαρμάρου. Αυτό, λοιπόν, είναι ο καλύτερος οδηγός: να ελέγξεις το πέκι, χρησιμοποιώντας δύο πήχες, για να είσαι εκατό τοις εκατό σίγουρος ότι βαδίζεις σωστά.

Παρέλειψα όμως ένα εργαλείο. Όταν έχεις ένα κομμάτι μάρμαρο από το οποίο πρέπει να αφαιρέσεις πολύ *άπεργο* για να το φέρεις σε λογαριασμό—ξέχασα να το πω αυτό πριν το βελόνι—χρησιμοποιείς το *κοπίδι*, εντάξει;[10] Γιατί έτσι είναι πιο εύκολο να το φέρεις στα ίσια του, εννοώ να το ισιώσεις, για να το φέρεις σε μια κατάσταση που θα σου επιτρέψει από κει και πέρα να δουλέψεις με το βελόνι.

Όταν έρθεις, θα σου δείξω όλα αυτά τα εργαλεία που μόλις ανέφερα έτσι ώστε να καταλάβεις τι εννοώ. Και ίσως να σου κάνω κι ένα δείγμα γι' αυτά που σου λέω, για να δεις πώς δουλεύουμε, πώς αρχίζουμε τα μετρήματα. Έτσι θα σε κάνω τζιμάνι! Γιατί είσαι γλύπτρια, είσαι δικιά μου εσύ!

Υπάρχουν δύο είδη ηλεκτρικών εργαλείων. Είναι τα βαριά και τα ελαφριά, όπως είναι το σβουράκι και το *κοφτάκι*—αυτά τα δύο είναι τα βασικά.[11] Τα ηλεκτρικά εργαλεία μπορεί πραγματικά να σε διευκολύνουν όταν έχεις την εμπειρία και ξέρεις πώς να δουλέψεις το μάρμαρο με αυτά. Μπορείς να δουλέψεις πιο γρήγορα και με μεγαλύτερη ευκολία, ειδικά όταν έχεις ένα μεγάλο κομμάτι και χρειάζεται να ξεχοντρίσεις και να αφαιρέσεις πολύ μάρμαρο, είναι μεγάλη διευκόλυνση. Αλλά μόνο μέχρι σ' ένα σημείο.

Στο πρώτο στάδιο [του τετραγωνισμού του μαρμάρου], όταν επιλέγω ποια θα είναι η πρώτη μου επιφάνεια—λίγο πολύ με το μάτι—πρέπει να σημαδέψω πού θα βάλω το κοφτάκι. Κόβεις πολύ κοντά στους οδηγούς και βλέπεις τι μένει στο κέντρο του μαρμάρου. Αφού έχεις δει τα βάθη, πόσο άπεργο υπάρχει, πιάνεις το κοφτάκι και κάνεις μια σειρά κοψιές [στο μάρμαρο]. Στη συνέχεια, μπορείς να αφαιρέσεις [ό,τι έκοψες] με το κοπίδι. Από κει και πέρα μπορείς να δουλέψεις πιο γρήγορα και με μεγαλύτερη ευκολία.

Πέρα από τα εργαλεία που έχει ένας μαρματοτεχνίτης, επειδή ανέφερα τα βαριά—όλα με *πατέντες*, βέβαια—υπάρχουν και οι *κόφτες*, οι οποίοι είναι πολύ αποδοτικοί.[12] Ο κλασικός κόφτης έχει μόνο μία κίνηση. Αλλά από τη στιγμή που στον Παρθενώνα είχαμε ανάγκη από εργαλεία τα οποία απαιτούσαν ιδιαίτερο τρόπο χειρισμού, χρειαζόμασταν μια πατέντα από έναν ειδικό, από μηχανουργό, ο οποίος δημιούργησε για λογαριασμό μας έναν κόφτη που κάνει διάφορες κινήσεις. Όταν έχεις βάλει τα σημάδια που θέλεις στο μάρμαρο, είτε είναι σπόνδυλος κολόνας, είτε επιστύλιο, είτε κάτι άλλο, και έχεις άπεργο που πρέπει να αφαιρεθεί, χρησιμοποιείς το μηχάνημα και αφαιρείς ό,τι περισσεύει πολύ πιο γρήγορα και πολύ πιο εύκολα. Μετά από το μηχάνημα, μπαίνει το χέρι. Η τελευταία κατεργασία γίνεται με το χέρι.

Πρόσφατα κάναμε την αναστήλωση της βόρειας πλευράς, από τον τέταρτο κίονα μέχρι τον ενδέκατο. Επειδή έπρεπε να βρίσκονται στη σωστή θέση και να είναι σωστά διαιρεμένοι σε είκοσι ίσα μέρη, αφήσαμε τους σπονδύλους άτριφτους όταν τους βάλαμε στη θέση τους. Μόλις φτάσαμε στα κιονόκρανα, χρησιμοποίησα το ράμμα από τον τελευταίο σπόνδυλο μέχρι τον πρώτο,

9 *Πέκι*: ευθυγράμμιση, επίπεδο, τετράγωνο ή κλίση.

10 *Άπεργο*: τραχύτητα, ανωμαλία ή περίσσεια· κοπίδι: καλέμι με φαρδιά, χοντρή άκρη.

11 *Κοφτάκι*: μικρός κόφτης χειρός με τροχό ή πριόνι.

12 *Πατέντα*: εξατομικευμένη λύση για ένα ξεχωριστό πρόβλημα· καινοτομία· εφεύρεση. Αναφέρεται είτε σε ένα εργαλείο, είτε σε μια μέθοδο, είτε και στα δύο μαζί. Η έννοια της λέξης στα ελληνικά δεν ταυτίζεται απαραίτητα με την έννοια της αντίστοιχης λέξης στα αγγλικά· κόφτης: πολύ μεγάλο στατικό εργαλείο υγρής κοπής με τροχό.

γιατί έπρεπε να φέρουμε όλες τις ευθείες σε είκοσι ίσα μέρη, για να φτιάξουμε τις ακμές.[13]

Όταν σχεδιάστηκαν οι ακμές, πήραμε εκμαγεία [των ραβδώσεων] από τα γερά τμήματα της αρχαίας κολόνας από πάνω μέχρι κάτω. Χρειαστήκαμε περίπου έξι ή εφτά μικρά γύψινα εκμαγεία, από τον πρώτο έως τον ενδέκατο σπόνδυλο, γιατί ο κίονας στενεύει. Έτσι, από τον πρώτο έως τον ενδέκατο σπόνδυλο, τα βάθη—οι διαστάσεις—των ραβδώσεων μικραίνουν. Πρέπει να πάρεις το αντίστοιχο εκμαγείο κομμάτι κομμάτι, να βρεις τα βάθη και την *ένταση* που υπάρχει σε κάθε κίονα.[14] Πρέπει να κάνεις γύψινα εκμαγεία των υγειών αρχαίων ραβδώσεων έτσι ώστε, με τις γνώσεις σου και με τη μελέτη που σου δίνει ο πολιτικός μηχανικός ή ο αρχιτέκτονας, να ξέρεις τις διαστάσεις που χρειάζεσαι για να φτιάξεις το πάχος της κάθε ράβδωσης αντικριστά. Καταλαβαίνεις;

Φτιάχνουμε τα εκμαγεία και αριθμούμε το καθένα από αυτά ανάλογα σε ποιο σπόνδυλο κολόνας αντιστοιχεί, ξεκινώντας από τη βάση. Αφού φτιάξουμε τις ακμές, μετά αρχίζουμε ανά ύψος και βγάζουμε οδηγούς. Με τα εκμαγεία που έχουμε, βγάζουμε κατά μήκος οδηγούς [για τις αυλακώσεις]. Στη συνέχεια, με τα κοφτάκια ενώνουμε κατά μήκος τους οδηγούς και μ' αυτόν τον τρόπο, από τη βάση ως την κορυφή, ευθυγραμμίζουμε όλες τις επιφάνειες με τα βάθη.

Αφού τελειώσουμε τα σημάδια στις ακμές και προετοιμάσουμε τα εκμαγεία σε όλο το ύψος, όπως είπα, οι γλύπτες—σε ομάδες των δύο ή των τριών, εξαρτάται—ανεβαίνουν στη σκαλωσιά. Με το εκμαγείο, ο γλύπτης βρίσκει σε ποιο βάθος πρέπει να φτάσει. Όταν είναι έτοιμοι όλοι οι οδηγοί, ο γλύπτης κατεβαίνει από την κορυφή προς τη βάση. Μετά ενώνει τους οδηγούς—είναι σαν ασανσέρ—και στη συνέχεια, αφού αφαιρέσει τους οδηγούς, ανεβαίνει πάλι στην κορυφή και αρχίζουν να δουλεύει τις λεπτομέρειες, έτσι ώστε να ολοκληρώσει τη δουλειά συνολικά στον κάθε σπόνδυλο. Δουλεύουμε από την κορυφή προς τα κάτω, για να μην τρώμε όλη τη σκόνη και να μην μας έρχονται τα *λατύπια* (τα θραύσματα) στο κεφάλι.

Μαζί με το κοφτάκι, το ηλεκτρικό εργαλείο, χρησιμοποιούμε και εργαλεία χειρός. Το ηλεκτρικό εργαλείο βοηθάει, σε ξεκουράζει λίγο, γιατί αφαιρεί πάρα πολύ πλεονάζον μάρμαρο, κι έτσι μετά είναι πιο εύκολο να χρησιμοποιήσεις εργαλεία χειρός για να σπάσεις ό,τι δεν χρειάζεται. Πώς να το περιγράψω; Με το κοφτάκι κάνεις κοψιές ανά πόντο. Πηγαίνεις σταδιακά, λίγο λίγο. Κάνεις κοψιές, μετά σπας ό,τι έχει μείνει με τον μαντρακά και το κοπίδι ή το βελόνι, γιατί το μάρμαρο τώρα έχει αδυνατίσει, είναι λεπτότερο. Άλλο πράγμα να έχεις συμπαγές μάρμαρο και να το βαράς, και τελείως διαφορετικό όταν το έχεις αδυνατίσει. Απαιτείται λιγότερη δύναμη και προχωράς πιο γρήγορα, δουλεύεις πιο ξεκούραστα.

Ασφαλώς, ξέρεις το βάθος εμπειρικά. Πρέπει να ξέρεις πού να κόψεις, εντάξει; Είναι εμπειρικό πράγμα, καταλαβαίνεις. Οι οδηγοί αυτομάτως σου δίνουν το βάθος. Για παράδειγμα, όταν πρέπει να φτάσεις στα τρία εκατοστά, παρακολουθείς το κοφτάκι. Κάποιος που δεν εμπιστεύεται τον εαυτό του χρησιμοποιεί μαρκαδόρο στον δίσκο κοπής και βάζει ένα σημαδάκι, σαν οπτικό οδηγό. Βλέπει το κόκκινο σημάδι και σκέφτεται, «Όπα! Δεν πάω πιο βαθιά εδώ», σταματάει και προχωράει στο επόμενο.

Αυτό το χρησιμοποιώ όταν έχω μεγάλες αποστάσεις και δεν θέλω να κουραστώ γρήγορα, στρώνοντας την επιφάνεια με το χέρι. Το χρησιμοποιώ όταν πρέπει να κάνω πολλές κοψιές. Τώρα, αν έχω μόνο

13 Ο «τελευταίος» σπόνδυλος είναι ο κορυφαίος σπόνδυλος ο «πρώτος» σπόνδυλος είναι ο σπόνδυλος της βάσης. Οι σπόνδυλοι αριθμούνται από το 1 έως το 11, σε αντιστοιχία με το πώς κατασκευάστηκε ο κίονας, από τα κάτω προς τα πάνω.

14 *Έντασις*: η ελαφρώς κυρτή καμπύλη στον άξονα του κίονα.

τρεις, δεν το κάνω. Εκεί χρησιμοποιώ στα μάτια μου. ... Με το που πιάνω τον μαντρακά και το βελόνι, ποιος με είδε και δεν με φοβήθηκε! [*γέλια*]

Χρησιμοποιώ μαρκαδόρο για να κάνω παράλληλες κοψιές ίδιου βάθους. Μετά σπας ό,τι περισσεύει και ραφινάρεις το αποτέλεσμα. Αλλά όταν πας να κάνεις την τελική επιφάνεια, δεν μπορείς να χρησιμοποιήσεις το τριβείο ή το κοφτάκι· το φινίρισμα γίνεται με το χέρι, και πρέπει να ξέρεις να χρησιμοποιείς τα εργαλεία σου. Χρησιμοποιούμε τη λάμα και χτυπάμε πολύ μαλακά με τον μαντρακά, ίσα για να αγριέψουμε την επιφάνεια. Είναι επιλογή σου το πώς θέλεις να φαίνεται η ράβδωση. Παλιά χρησιμοποιούσαμε τη λάμα και χτυπούσαμε ελαφρά με τη ματσόλα, και το αποτέλεσμα ήταν πραγματικά όμορφο. Ακόμα το κάνουμε αυτό, αλλά τώρα χρησιμοποιούμε επίσης γυαλόχαρτο στο τελικό στάδιο της ράβδωσης, τοποθετώντας το γυαλόχαρτο πάνω σ' ένα εργαλείο. Όπου υπάρχουν *w* (σημεία που δεν υποχωρούν), ξαναπιάνουμε τη λάμα.

Αλλά υπάρχει ένας μάρτυρας για κάθε ράβδωση που κάνουμε: ο ήλιος. Όταν φτάνουμε στο φινίρισμα κάθε ράβδωσης, ο ήλιος είναι σύμμαχός μας. Βοηθάει πολύ. Η σκιά κάθε ράβδωσης γίνεται ορατή αμέσως, επιτόπου. Όπου υπάρχει μια λεπτομέρεια που δεν σου αρέσει, τη διορθώνεις με το γυαλόχαρτο ή με τη λάμα, υπό την προϋπόθεση ότι έχεις υπομονή. Βασικά η λάμα είναι το τελικό στάδιο όταν κάνεις ραβδώσεις—μια λάμα των τρεισήμισι εκατοστών.

Πραγματικά δεν ξέρουμε τι χρησιμοποιούσαν οι αρχαίοι για την επιφάνεια, γιατί το μάρμαρο είναι πολύ παλιό. Υπάρχουν κάποια σημάδια από λάμα, αλλά ο ναός ήταν βαμμένος. Έτσι, τώρα, με την πάροδο του χρόνου, όλα αυτά έχουν... Η επιφάνεια έχει γίνει σαγρέ, οπότε δεν μπορείς να πεις με σιγουριά. Υπάρχουν κάποια αρχαία ίχνη, αλλά εμείς πρέπει να πάρουμε την απόφαση: τι είναι πιο ωραίο, πόσο όμορφο δείχνει. Αλλά νομίζω ότι η λάμα είναι το τελικό εργαλείο.

Συνήθως ανεβαίνω στον Βράχο πολύ νωρίς το πρωί, αρκετά πριν αρχίσει η δουλειά. Φτάνω εκεί στις εξίμισι, πίνω τον καφέ μου, καμιά φορά το καλοκαίρι βγαίνω έξω και κοιτάζω τη θάλασσα. Είναι εκπληκτικό να βρίσκεσαι εκεί πάνω το πρωί, να βλέπεις την ανατολή. Πολλές μέρες ο αέρας είναι φριχτός, αλλά τις καλές μέρες είναι υπέροχα: καθαρή ατμόσφαιρα· χαίρεσαι την ανατολή, πίνεις τον καφέ σου, συγκεντρώνεις τις σκέψεις σου πριν έρθει όλο το προσωπικό για να πιάσει δουλειά. Υπάρχουν, φυσικά, πράγματα από την προηγούμενη μέρα, ή από πριν πιάσω δουλειά, τα οποία σκέφτομαι όσο πίνω τον καφέ μου. Σκέφτομαι αυτά που πρέπει να γίνουν εκείνη τη μέρα, με το τι πρέπει να ασχοληθεί ο κάθε εργάτης, και γνωρίζω το πρόγραμμα πάρα πολύ καλά, κάθε πράγμα που πρέπει να γίνει. Όταν έρχονται οι εργάτες, στέλνω τον καθένα στο πόστο του: πού θα δουλέψει, τι πρέπει να κάνει.

Ο χώρος με συνεπαίρνει κάθε φορά που ανεβαίνω στον Βράχο να δουλέψω. Ξέρω ότι θα το ευχαριστηθώ και ο χώρος όπου δουλεύω θα μου δώσει χαρά—αυτό και η καλή συνεργασία με τους εργάτες που έχω εκεί στη δούλεψή μου. Όποτε πάω για δουλειά, έχω την αίσθηση πως ό,τι και να γίνει με τους εργαζόμενους, τους εργάτες, όταν θα φύγουμε στο τέλος της μέρας, θα έχουμε κάτι να δείξουμε ως αποτέλεσμα της δουλειάς μας. Ώσπου να πιάσω δουλειά, έχω καταρτίσει το ημερήσιο πρόγραμμα και όλα πάνε καλά. Με άλλα λόγια, κάθε μέρα μού είναι ευχάριστη. Δεν έχω δύσκολες μέρες.

Όλα αυτά τα χρόνια που είμαι εκεί—έχω τώρα τριάντα χρόνια στην Ακρόπολη—υπάρχουν μέρες που, ξέρεις, ξεκινούν πολύ καλά. Δηλαδή, όλοι οι εργάτες έχουν κέφι και ξεκινάμε γεμάτοι ενέργεια. Η ικανοποίησή μου είναι όταν τελειώνω το μεσημέρι, όταν το ημερήσιο πρόγραμμα που έχω καταρτίσει υλοποιείται, όταν όλοι οι εργάτες ήταν πολύ παραγωγικοί. Αλλά εκείνο που έχει σημασία είναι ότι τις περισσότερες φορές υπάρχει πρόγραμμα, υπάρχει μια σταθερή απόδοση από τους εργάτες και λειτουργούμε πολύ καλά.

Υπάρχουν όμως και οι μέρες που οι μισοί από αυτούς δεν έχουν κέφι· βλέπεις, χρειάζεται καλή ψυχολογική διάθεση για να δουλέψεις. Μερικές φορές νευριάζω όταν κάτι δεν πηγαίνει καλά. Βλέπω ποιος απ' αυτούς κάνει κάτι επίτηδες και το ζήτημα περιπλέκεται. Αλλά έχω τον τρόπο μου να κάνω την κάθε μέρα ευχάριστη! Δηλαδή, ακόμα κι αν κάποιος είναι κάπως στεναχωρημένος ή έχει ένα προσωπικό πρόβλημα, με το χιούμορ μου και με καλαμπούρια μπορώ να του αλλάξω τη διάθεση και τότε μπαίνει στο πνεύμα της δουλειάς, και [η δουλειά] γίνεται. Αλλά δεν υπάρχει μέρα που να μην είναι καλή η γενική διάθεση. Αστειευόμαστε, πειράζουμε ο ένας τον άλλον. Βέβαια, όχι όλη την ώρα, ίσα ίσα για να αλλάξει λίγο η διάθεση!

Πριν γίνω εργοδηγός, είχα μόνο μία ευθύνη: έπαιρνα το αντικείμενο που μου έδινε ο εργοδηγός και έπρεπε να δουλέψω σ' αυτό. Είναι ευχάριστη δουλειά να περνάς τη μέρα σου δουλεύοντας πάνω σ' ένα αντικείμενο, όταν αγαπάς αυτό που κάνεις.

Ο εργοδηγός έχει τεράστια ευθύνη, γιατί όταν έχω πενήντα ανθρώπους, και πρέπει να δώσω και στους πενήντα ένα αντικείμενο να δουλέψουν, πρέπει να προσέχω τον καθένα και να βλέπω πώς τα πηγαίνει, έτσι ώστε να μην γίνονται λάθη. Έχω ευθύνη και αγωνία για τη δουλειά [του καθενός]. Είναι τεράστια η διαφορά όταν έχεις τέτοιου είδους ευθύνη. Αλλά όταν αισθάνεσαι σίγουρος, όταν έχει μεγάλη εμπειρία στο αντικείμενο σου, παίρνεις θάρρος, ξέρεις τη δουλειά, μπορείς αμέσως να δώσεις εντολές και κάθε εργάτης καταλαβαίνει τι του ζητάς να κάνει, τι πρέπει να γίνει. Έτσι, λοιπόν, στην καθημερινότητα βγαίνουν τα πράγματα που πρέπει να βγουν. Αλλά υπάρχει μια μεγάλη διαφορά. Καμιά φορά λένε ότι η θέση του εργοδηγού είναι ξεκούραστη επειδή δεν ασχολείται με χειρονακτική εργασία. Εντούτοις, ο εργοδηγός συμμετέχει σε όλα. Με άλλα λόγια, έχει ενεργό ρόλο σε κάθε δύσκολη φάση. Αν δεν αγαπάς αυτό που κάνεις, τότε είναι κουραστικό. Καλύτερα να μην έχεις τέτοιον τίτλο, αν αισθάνεσαι ότι δεν έχεις τις δυνάμεις και τα κότσια να τα βγάλεις πέρα.

Δόξα τω Θεώ, όλα αυτά τα χρόνια που βρίσκομαι εκεί, δεν έχει ανοίξει ρουθούνι. Εννοώ, δεν έχει συμβεί κάτι κακό, κανένας εργάτης δεν έχει τραυματιστεί, κανένα μάρμαρο δεν έχει πέσει να χτυπήσει κάποιον, κανένα σοβαρό ατύχημα ή ηλεκτροπληξία δεν έχει συμβεί—γιατί έχουμε ρεύμα παντού. Όλα αυτά τα χρόνια, δεν έχω ζήσει κάτι τόσο άσχημο που να μας χαλάσει τη διάθεση. Παρ' όλα αυτά, μερικές φορές πραγματικά ανησυχώ. Όπως όταν έχουν προγραμματιστεί δύσκολες επεμβάσεις για την επόμενη μέρα, και ειδικά όταν υπάρχουν δημοσιογράφοι ή τηλεοπτικές κάμερες, πρέπει να είσαι εξαιρετικά προσεκτικός. Αλλά όταν αυτό που έχεις να κάνεις πάει τέλεια, αισθάνεσαι τόση ικανοποίηση που ξεχνάς τις δυσκολίες του πρωινού.

Να σου δώσω ένα παράδειγμα—τώρα το θυμήθηκα—μιας μέρας που το περίμενα ότι θα ήταν δύσκολη. Στη νότια πλευρά, στον πέμπτο κίονα, ο σπόνδυλος της βάσης είχε σοβαρό πρόβλημα, κι αν γινόταν σεισμός, θα γκρεμιζόταν. Έτσι, φτιάξαμε μια πατέντα, μια αρπάγη, και σηκώσαμε εβδομήντα τόνους βάρος μισό πόντο πάνω. Αποκολλήσαμε ολόκληρο τον κίονα, εκτός από το επιστύλιο στην κορυφή. Ο κίονας ήταν μόνος του, μέχρι το κιονόκρανο. Έτσι, με τη μία σηκώσαμε εβδομήντα τόνους και μετακινήσαμε ολόκληρο τον κίονα δύο μέτρα προς τον βορρά. Για να ελευθερωθεί ο πρώτος σπόνδυλος και να μπορέσουμε να κάνουμε το συμπλήρωμά του. Σχεδόν ο μισός ήταν αρχαίος και έπρεπε να συμπληρώσουμε τον υπόλοιπο.

Λοιπόν, εκείνη τη μέρα ήταν η τηλεόραση εκεί, η ΕΡΤ, δημοσιογράφοι, φωτογράφοι. Και επειδή ήξεραν τι πρόκειται να συμβεί, ήταν όλοι τους δίπλα μας, κυριολεκτικά πάνω από το κεφάλι μας. Τότε, σε κάποια φάση, καθώς τραβάγαμε και ο πρώτος σπόνδυλος είχε σηκωθεί μισό εκατοστό από την επιφάνεια, ταλαντεύτηκε και νόμιζε κανείς ότι γινόταν σεισμός. Να, εσύ μόνο που το ακούς τρομάζεις! Και όπως σήκωσα το κεφάλι μου, είδα ότι είχε μείνει μόνο ένας φωτογράφος. Δηλαδή, είχαν εξαφανιστεί όλοι!

Αλλά όλα πήγαν καλά. Μετακινήσαμε πάλι τούς εβδομήντα τόνους—ολόκληρο τον κίονα—όταν συμπληρώσαμε το κενό. Ολόκληρος ο κίονας ήρθε ξανά στη θέση του και ακούμπησε στη βάση του.

Ήμουν ένας από τους δύο ανθρώπους που κάναμε συγχρονισμό με την ειδική πατέντα και τον μετακινήσαμε δύο μέτρα πίσω. Θα έλεγα πως αυτή ήταν μία από τις πιο δύσκολες μέρες μου, γιατί για να γίνει όλο αυτό... Γι' αυτό είπα ότι, όταν τελειώσαμε, αισθάνθηκα μετά τόσο καλά. Γιατί αν κάτι είχε γλιστρήσει ή κάτι δεν είχε πάει καλά, είναι σίγουρο ότι θα είχαμε γίνει παγκοσμίως... ε, δεν μπορώ να σου το περιγράψω. Και πέρα απ' αυτό, ίσως να χάνονταν ζωές.

Να σου πω άλλο ένα περιστατικό. Ήταν λίγο ευκολότερο, με μικρότερο κίνδυνο να πάει κάτι στραβά. Η *καταφραή* του τελευταίου επιστύλιου της βόρειας πλευράς.[15] Μιλάμε για εννιά με δέκα τόνους βάρος, έτσι; Και όταν λέμε καταφραή, εννοούμε το τελευταίο κομμάτι μαρμάρου που μπαίνει. Πρέπει να δουλευτεί μέχρι το δέκατο του χιλιοστού. Πρέπει να επιτύχεις την απόλυτη τελειότητα για να το κατεβάσεις και να μπει μέσα σωστά, χωρίς να κουνηθεί. Γιατί με την παραμικρή κίνηση, θα το χάναμε, το μάρμαρο θα έσπαγε.

Το όρθιο, το επιστύλιο, στη βόρεια πλευρά—αναφέρομαι τώρα στο τέλος. Αυτό το επιστύλιο έχει πολλές ιδιαιτερότητες. Ήταν μια δουλειά που την είχα αναλάβει εγώ προσωπικά. Μέσα σε τέσσερα μέτρα [σ' ένα κομμάτι νέο μάρμαρο] έπρεπε να τοποθετήσουμε ένα—εγώ το έλεγα «βότσαλο», έτσι το είχαμε βαφτίσει!—ένα μικροσκοπικό αρχαίο κομμάτι με μικρές επιφάνειες. Ενσωματώσαμε το αρχαίο «βότσαλο»· αυτό ήταν η βάση μιας ολόκληρης επιφάνειας τεσσάρων μέτρων. Για να το ταιριάξουμε εκεί χρειαστήκαμε μία άλλη πατέντα, έτσι ώστε αυτό το μεγάλο κομμάτι να έρθει και να ακουμπήσει σωστά και να μη φαίνεται τίποτα.

Κάτι που πραγματικά με εντυπωσιάζει πολύ είναι όταν υψώνουμε ένα μεγάλο κομμάτι μαρμάρου, οι τουρίστες ξαφνικά σταματούν και καρφώνουν τα μάτια τους στο σημείο όπου δουλεύουμε με τους γερανούς για να τοποθετήσουμε τον μεγάλο μαρμάρινο όγκο στη θέση του. Και όλες οι φωτογραφικές μηχανές, τα πάντα, είναι εστιασμένα πάνω μας. Αυτό πραγματικά—με τι να το συγκρίνω; Είναι σαν να είσαι σ' ένα γήπεδο, στον αγωνιστικό χώρο, και να παρακολουθείς τους ποδοσφαιριστές σ' έναν σημαντικό αγώνα. Λοιπόν, έτσι αισθανόμαστε όταν μας παρακολουθούν οι άνθρωποι. Βελτιώνεται η νοοτροπία μας. Προσέχουμε να κάνουμε πολύ καλή δουλειά, πάντα προσέχουμε τι κάνουμε, έτσι ώστε να δίνουμε καλή εντύπωση. Η στάση του εργάτη, το πώς μιλάει, τι λέει... Γενικά, το ανακάτεμά μας με τους τουρίστες είναι καλό!

Πάντα προσέχω—αυτό το λέω συνέχεια και το τονίζω—γιατί όταν ήμαστε πολύ κοντά σε τουρίστες και κάνουμε τη δουλειά μας, λέω σε όλους τους εργάτες να προσέχουν τι λένε, πώς μιλάνε. Γιατί μερικοί [τουρίστες] μπορεί να ξέρουν ελληνικά, κι εμείς πρέπει να δίνουμε την καλύτερη εντύπωση που μπορούμε.

Μόνο λίγοι μήνες μάς προκαλούν προβλήματα: οι χειμερινοί και ο Αύγουστος. Τον Αύγουστο παίρνουμε άδεια, αλλά οι άλλοι δύο μήνες του καλοκαιριού είναι κάπως δύσκολοι. Κάποιες μέρες οι συνθήκες είναι πραγματικά κακές· ο ήλιος καίει πολύ ή κάνει πολύ κρύο. Όταν βρισκόμαστε σε υπαίθριο χώρο όπου κάνει πολλή

15 *Καταφραή*: ναυτικός όρος που αναφέρεται στο τελευταίο, κεντρικό κομμάτι ξύλου το οποίο ολοκληρώνει τα ύφαλα ενός σκάφους· εδώ αναφέρεται στο τελευταίο κομμάτι μαρμάρου που τοποθετείται και συνδέει όλα τα υπόλοιπα.

ζέστη, οι εντολές του Υπουργείου είναι να σχολάμε λίγες ώρες νωρίτερα ή να πηγαίνουμε σε δροσερό, σκιασμένο μέρος. Επειδή δεν μπορούμε να δουλεύουμε πάνω σε σκαλωσιά δεκαπέντε μέτρων όταν η θερμοκρασία είναι σαράντα βαθμοί Κελσίου. Έχουν λάβει κάποια μέτρα: τέντες, κλιματιστικά, ανεμιστήρες σε κλειστούς χώρους ή ομπρέλες θαλάσσης, έτσι ώστε να δουλεύουμε υπό σκιάν. Ή όταν κάνει πολύ κρύο, σίγουρα δεν μπορούμε να είμαστε παραγωγικοί· έτσι, για μερικές ώρες κάνουμε τη δουλειά που μας έχει ανατεθεί, η οποία είναι σε εξωτερικό χώρο, και μετά πάμε σε κλειστό χώρο να ζεσταθούμε. Αλλά φροντίζουμε ώστε το χειμώνα να έχουμε δουλειά που μπορεί να γίνει μέσα στα εργαστήρια. Οπότε, όταν βρέχει ή κάνει κρύο, οι εργάτες απασχολούνται μέσα στα εργαστήρια. Φυσικά, η απόδοσή μας μπορεί να μην είναι τέλεια όταν κάνει πολλή ζέστη ή κρύο. Παρ' όλα αυτά, το σώμα μας σε γενικές γραμμές μαθαίνει να προσαρμόζεται στις συνθήκες και όλοι έχουμε μάθει πώς να τα βγάζουμε πέρα.

Βεβαίως να σας πω [για την κρίση]. Μέχρι το 2009, όλοι ήταν ικανοποιημένοι οικονομικά. Το 2009 έγινε μεγάλη περικοπή [μισθών]. Ως το τέλος του 2010, μειώσεις και πάλι μειώσεις και ξανά μειώσεις. Οι μισθοί μειώθηκαν, και μετά κόπηκαν εντελώς ο δέκατος τρίτος και ο δέκατος τέταρτος μισθός. Οι πιο σημαντικές περικοπές έγιναν, θα έλεγα, το 2010 και το 2011. Ξεπέρασαν το τριάντα τοις εκατό—έφτασαν το τριάντα πέντε τοις εκατό. Επηρέασαν όλους τους δημόσιους υπάλληλους, ανάλογα με το τι μισθό έπαιρνε ο καθένας. Μετά το 2012, η κατάσταση σταθεροποιήθηκε.

Το Υπουργείο έδωσε μεγάλη έμφαση στο έργο του Παρθενώνα, γιατί είναι ένα από τα μεγαλύτερα μνημεία, και ασφαλώς θέλουν—ήθελαν...—η αναστήλωση να συνεχιστεί. Πολλά πράγματα έπρεπε να γίνουν, και έχουν γίνει, και θα αντέξει για πολλά χρόνια, επειδή υπάρχει συνέχεια. Όταν ήρθε η κρίση, σοκαριστήκαμε όλοι, αλλά αυτό κράτησε για ένα πολύ μικρό χρονικό διάστημα. Προσωπικά είχα μεγάλη μείωση μισθού, γιατί εκεί πέρα ο καθένας από εμάς πληρωνόταν σύμφωνα με το ποιος ήταν, τι απόδοση είχε, τι είδους μάστορας ήταν· πληρωνόταν αναλογικά. Όλοι μας είχαμε μεγάλη μείωση μισθού, η οποία μας επηρέασε εκείνη την εποχή. Αλλά, για να μιλήσω προσωπικά, παρ' όλο το σοκ, σταδιακά το ξεπεράσαμε, και μπορώ να πω ότι ο ρυθμός της δουλειάς είναι ο ίδιος όπως πριν το 2009. Μερικοί όντως αντιμετώπισαν προβλήματα, γιατί ο καθένας είχε προγραμματίσει κάποια έξοδα, έτσι η κατάσταση μας ταρακούνησε όλους. Παρ' όλα αυτά, εντάξει, φαντάζομαι ότι το έχουμε ξεπεράσει.

Κάθε επικεφαλής προγράμματος, όπως εγώ, παίζει σημαντικό ρόλο στο πώς θα κρατήσει ενωμένη μια ομάδα εργασίας, από ψυχολογική άποψη. Θέλω να πω, προσπάθησα να αποτρέψω τους συνεργάτες μου από τον πανικό και να κάνω τα πράγματα κάπως ευχάριστα· δηλαδή, να τους δώσω να καταλάβουν ότι η δουλειά μας ήταν κάτι το οποίο χαιρόμασταν όλοι μαζί. Έτσι, καταφέρναμε να ξεχνάμε τα διάφορα πράγματα που μας συνέβαιναν. Και στα παιδιά, τους συμβασιούχους εργάτες, πριν φύγουν, προσπάθησα να περάσω αυτό το πνεύμα. Ότι κάτι θετικό θα προέκυπτε από τη δουλειά μας. Γιατί αν αδιαφορούσα και έλεγα «δε βαριέσαι» και πήγαινα κόντρα σε αυτό που συνέβαινε, ίσως τα πράγματα να ήταν πολύ χειρότερα. Θέλω να πω, ούτε η δουλειά θα είχε πάει καλά, έτσι όλα θα ήταν χειρότερα. Και με αυτό τον τρόπο, προσπάθησα να μας κρατήσω όρθιους.

Για μας, στην πραγματικότητα δεν άλλαξε τίποτα, γιατί ο τομέας μας είναι υπό την επίβλεψη του Υπουργείου Πολιτισμού. Με άλλα λόγια, στην ουσία είμαστε σαν ιδιώτες. Υπάρχει ένα τετραετές πρόγραμμα, το λεγόμενο ΕΣΠΑ.[16] Τα λεφτά προέρχονται από

16 ΕΣΠΑ: Εθνικό Στρατηγικό Πλαίσιο Αναφοράς· πρόγραμμα επιχορηγήσεων της Ευρωπαϊκής Ένωσης για την εκτέλεση έργων.

το ΕΣΠΑ και την Ευρωπαϊκή Ένωση, τρόπον τινά. Προσωπικά πρέπει να συνεχίσω το έργο σε αυτό το πλαίσιο· έχουμε να ολοκληρώσουμε συγκεκριμένα προγράμματα. Και πραγματικά, μπορώ να πω ότι η απόδοσή μας ήταν πολύ μεγαλύτερη και έτσι μπορέσαμε να ολοκληρώσουμε το πρόγραμμα [του ΕΣΠΑ], να τους δείξουμε ότι είμαστε αξιόπιστοι. Αυτή τη στιγμή, μπορώ να πω ότι είναι ήδη προγραμματισμένο ότι θα είμαστε από τους πρώτους που θα πάρουμε νέα επιχορήγηση. Επειδή όταν τα πράγματα είναι άσχημα και δεν είσαι εντάξει στη δουλειά σου, μπορεί ανά πάσα στιγμή να σε στείλουν σπίτι σου· το έργο μπορεί να σταματήσει. Αλλά όταν είσαι εντάξει, έχεις μέλλον. Οπότε, επιλέγεις να πεις, «Μπορεί να μου μείωσαν τον μισθό, να έχασα ένα μέρος του μισθού μου, αλλά έχω ακόμα τη δουλειά μου και θα συνεχίσω». Γιατί, όπως βλέπεις, η κατάσταση είναι εξαιρετικά δύσκολη.

[Όταν το τελευταίο επιδοτούμενο πρόγραμμα ΕΣΠΑ τελείωσε και οι συμβασιούχοι έπρεπε να φύγουν,] έφυγε ένα μεγάλο μέρος του εργοταξίου—σχεδόν οι μισοί εργάτες. Ακόμα κι εγώ επηρεάστηκα, γιατί υπήρχε δουλειά που έπρεπε να προχωρήσει με το προσωπικό που είχε απομείνει. Με τον καιρό, επανέφερα τα πράγματα στον κανονικό ρυθμό, αλλά σίγουρα υπήρξε ένα μεγάλο κενό. Τα παιδιά που έφυγαν τα χρειαζόμουν. Αναγκαστήκαμε να κάνουμε σκληρές προσπάθειες για να ολοκληρώσουμε το πρόγραμμα, το οποίο έχει τελειώσει, έτσι σκέφτομαι πάλι μήπως γυρίσουν οι συμβασιούχοι στη δουλειά. Ψάχνω πάλι προσωπικό. Θέλω να πω, τα ίδια παιδιά πρέπει να επιστρέψουν για να συνεχίσουν στο επόμενο πρόγραμμα. Τώρα που μιλάμε, ετοιμάζουμε τη νέα μελέτη, οι πολιτικοί μηχανικοί και οι αρχιτέκτονες. Όταν έρθει η ώρα μου, θα μπω στη συζήτηση.

Θα πάρω μέρος με την εμπειρία μου από το προηγούμενο πρόγραμμα, έτσι ώστε να τους δείξω ποια είναι τα προβλήματα και πώς θα μπορέσουμε να τα βγάλουμε πέρα τα επόμενα τέσσερα χρόνια, ή όσο κρατήσουν τα λεφτά που θα μας δώσουν. Αυτό θα κάνω. Εκεί είναι που θα τους πω ότι, για να προχωρήσει αυτό το έργο, χρειάζομαι άλλους δέκα μαρμαροτεχνίτες, και θέλω πέντεδέκα εξειδικευμένους εργατοτεχνίτες βοηθητικούς ή [εργάτες] διαφόρων ειδικοτήτων, οι οποίοι είναι από άλλον τομέα, πολιτικοί μηχανικοί. Αλλά στο τμήμα μου θα ζητήσω τους ανθρώπους που απαιτούνται για να ολοκληρωθεί το επόμενο τετραετές πρόγραμμα.

Ακόμα και αυτή τη στιγμή, θα μπορούσα να βγω σε σύνταξη γιατί δουλεύω από μικρό παιδί, από τα δεκαέξι μου χρόνια, και συνεπώς έχω αρκετά ένσημα για να φύγω. Αλλά θα μείνω κι άλλο. Θέλω να συνεχίσω για άλλα έξι χρόνια. Είμαι πολύ νέος, πενήντα τριών.

Να σου πω κάτι ακόμα για το κατά πόσο μας έχει επηρεάσει η κρίση: αυτή τη στιγμή ψάχνω κάποιον για να συνεχίσει όταν εγώ φύγω. Ουδείς αναντικατάστατος. Ωστόσο πρέπει να το πω κι ας ακουστεί άσχημα: δεν υπάρχει κανείς να με αντικαταστήσει. Προσπαθώ, από τα παιδιά που είναι εδώ, να ξεχωρίσω κάποιον που να νιώθει [τη δουλειά], έτσι ώστε να του δώσω τις βάσεις για να κάνει αυτό που κάνω εγώ. Λοιπόν, για να είμαι ειλικρινής, δεν έχω βρει το κατάλληλο πρόσωπο να πάρει τη θέση μου. Αλλά ακόμα κι αν υπήρχε κάποιος, δεν ξέρω αν θα τον ενθάρρυνα, γιατί δεν υπάρχουν οικονομικά κίνητρα. Όταν πήρα αυτή τη δουλειά και έγινα εργοδηγός—το ίδιο ισχύει για οποιονδήποτε αναλαμβάνει τέτοιες δουλειές—υπήρχε διαφορά στον μισθό, και γι' αυτό υπήρχε ανταγωνισμός. Ήταν κι άλλοι που εποφθαλμιούσαν τη θέση μου. Αλλά αυτό δεν συμβαίνει τώρα· δεν υπάρχει ανταγωνισμός. Επειδή σκέφτεται ο άλλος, «Γιατί να αναλάβω τέτοια ευθύνη χωρίς κίνητρο;» Ποια η διαφορά; Αυτό ήταν το κίνητρο, η μισθολογική διαφορά.

Ωστόσο, μπορώ να πω το εξής: οι παλιοί μαστόροι, οι άνθρωποι μιας άλλης εποχής όπως εγώ...

Προηγουμένως, ανέφερα την αυστηρότητα του μάστορα που είναι απαραίτητη για να πετύχεις. Για να γίνεις επιτυχημένος μάστορας, πρέπει να πάρει το βάπτισμα, να περάσεις πολλά. Για τους νέους σήμερα δεν υπάρχουν μαρμαρογλυφεία ή άνθρωποι με την υπομονή να τους μάθουν τη δουλειά—τη μαρμαρογλυπτική—εκτός από τη Σχολή Καλών Τεχνών [στην Τήνο]. Στη Σχολή, κάποια παιδιά παίρνουν τις βάσεις. Αλλά ο άνθρωπος πρέπει να το έχει μέσα του, πρέπει να θέλει να προχωρήσει—αυτός είναι ο μόνος τρόπος για να πετύχει. Με τη δική του θέληση. Πρέπει λίγο να το νιώθει, να έχει ταλέντο σε αυτό, και να το αγαπάει, για να μπει σε μια ομάδα εργασίας με πολλούς ανθρώπους και να αναλάβει την ευθύνη της δουλειάς. Αυτό δύσκολα συμβαίνει σήμερα.

ΔΗΜΗΤΡΗΣ ΦΩΣΚΟΛΟΣ

Σε υπαίθριο καφενείο, στον Πάνορμο της Τήνου

Οι περισσότεροι που έχουν δουλέψει στην Ακρόπολη είναι Τηνιακοί, μαστόροι μαρμαρογλύπτες που ξεκίνησαν από εδώ, έμαθαν την τέχνη εδώ, όπως εγώ. Αγαπήσαμε το μάρμαρο—ή, εγώ τουλάχιστον το αγάπησα—και αυτή την ιδιαίτερη τέχνη. Και ήταν πάντα το όνειρό μου να πάω να δουλέψω στα αναστηλωτικά έργα της Ακρόπολης.

Γεννήθηκα εδώ, το 1957. Στην Τήνο μεγάλωσα και τελείωσα το δημοτικό σχολείο. Άρχισα [με το μάρμαρο] όταν ήμουν μικρό παιδί. Κάναμε ό,τι μπορούσαμε, αυτά τα χαρακτά που βλέπεις πάνω στο μάρμαρο με εργαλεία σιδερένια. Παίζαμε! Το βλέπαμε σαν παιχνίδι. Παίρναμε ένα κομμάτι μάρμαρο και πρώτα χαράζαμε πάνω του το όνομά μας, έτσι, *τάκα-τάκα-τάκα*, σε ό,τι μάρμαρο βρίσκαμε, στα πεζούλια που έχουν οι αυλές. Δεν καταλαβαίναμε τότε τι χαλάγαμε. Η Σχολή είχε εργαλεία, και πριν τη Σχολή τα αγοράζαμε. Αλλά και στα σπίτια μας είχαμε [εργαλεία]. Δηλαδή, οι παλιοί, ο παππούς μου, είχε ένα *βελόνι*. Υπήρχε ένας παλιός *μαντρακάς*. Τα έβρισκα σε συρτάρια, σε μπαούλα. Έτσι, όταν έβρισκα ένα εργαλείο και έβλεπα πως έκανε γι' αυτό που ήθελα να φτιάξω, το χρησιμοποιούσα.

Από κει και πέρα, τα χέρια μου με τον καιρό άρχισαν να λύνονται. Και σταδιακά είδα, και άλλοι το είδαν επίσης, ότι είχα κλίση στο μάρμαρο και ότι μπορούσα να συνεχίσω. Μια θεία μου μού έλεγε από τότε που ήμουν μικρός ότι έπρεπε να πάω στη Σχολή και μάθω την τέχνη της μαρμαρογλυπτικής. Αλλά με έβλεπαν και οι ντόπιοι μαστόροι, όταν ήμουν μικρό παιδί. Με παρότρυναν να συνεχίσω σ' αυτή τη δουλειά.

Πήγα στη Σχολή του μαρμάρου, αυτή που υπάρχει στον Πύργο.[17] Ο πρώτος μου δάσκαλος στη γλυπτική λεγόταν Παράσχος. Βασίλης Παράσχος. Είχα επίσης [δάσκαλο] τον Γιάννη Μανιατάκο.[18] Ήμουν στο τελευταίος έτος [των σπουδών μου] όταν ο Μανιατάκος άρχισε να διδάσκει εκεί. Τελείωσα τη Σχολή στον Πύργο, και ήμουν δεύτερος στην τάξη μου, έτσι πήρα υποτροφία για το Πολυτεχνείο της Αθήνας. Κατάλαβα ότι ο Γιάννης φρόντισε να με στείλει στο Πολυτεχνείο γιατί ήμουν ώριμο παιδί. Μου είπε, «Δημήτρη, πρέπει να πας, κι ας είναι οι καιροί δύσκολοι· εσύ να πας».

Άλλο το επίπεδο της μόρφωσης εκεί [στην Αθήνα] κι άλλο εδώ [στην Τήνο]. Εδώ, ήμασταν παιδιά.[19] Δεν έρχονταν σπουδαστές μεγαλύτερης ηλικίας τότε. Σχεδόν όλοι ήμασταν Τηνιακοί. Δεν

17 Το Προπαρασκευαστικό και Επαγγελματικό Σχολείο Καλών Τεχνών Πανόρμου (επίσης γνωστό και ως Σχολή Καλών Τεχνών Πύργου) εκπαιδεύει μαρμαρογλύπτες στην Τήνο από το 1955.

18 Γιάννης Μανιατάκος (1935-2017): διακεκριμένος γλύπτης και ζωγράφος· διευθυντής της Σχολής στην Τήνο για τριάντα χρόνια (1971-2001).

19 Μεταξύ δεκατριών και δεκαέξι χρονών.

υπήρχαν ξένοι εκείνη την εποχή.[20] Και ήμασταν όλοι παιδιά. Οι σπουδαστές ήταν διαφορετικοί στην Αθήνα. Εκεί τα πράγματα σοβάρεψαν. Είχαμε να κάνουμε με διαφορετικούς ανθρώπους από διαφορετικές σχολές. Ήταν καταπληκτικά. Οι καθηγητές ήταν πολύ καλοί. Εκεί, δάσκαλος στο μάρμαρο ήταν ο μπάρμπα-Γιώργης ο Κουσκουρής.[21] Αλλά οι συνθήκες δεν ήταν καλές τότε.

Έφτασα στην Αθήνα τη χειρότερη εποχή. Ήταν τα χρόνια της χούντας, της δικτατορίας. Τα πράγματα ήταν δύσκολα. Έπεφτε ξύλο, γίνονταν απεργίες. Δεν μπορούσαμε να κάνουμε μάθημα. Υπήρχε μεγάλη αναστάτωση στην Αθήνα. Τι να σου λέω τώρα...

Βλέπεις, το Πολυτεχνείο ήταν χώρος συγκέντρωσης. Και οι δικτάτορες δεν ήθελαν οι άνθρωποι να συγκεντρώνονται πουθενά. Αλλά εμείς, όλα τα παιδιά, συμμετείχαμε στις διαδηλώσεις. Εγώ ήμουν στην πύλη [του Πολυτεχνείου] λίγο πριν μπει το τανκς. Δεν ήμουν εκεί το τελευταίο βράδυ.[22] Είχαμε φύγει μια μέρα πριν την εισβολή. Κι έγινε αυτό που έγινε. Δεν ήθελαν [οι δικτάτορες] τις διαδηλώσεις καθόλου. Η αστυνομία έμπαινε στα εργαστήρια και τα έκανε όλα γυαλιά καρφιά. Ο φοιτητές από τη μία μεριά, η αστυνομία και τα ΜΑΤ από την άλλη. Δεν μας άφηναν να συγκεντρωθούμε [στις σπουδές μας]. Πώς να σπουδάσεις έτσι; Ήταν δύσκολη εποχή, να τα βλέπεις όλα αυτά και συγχρόνως να έχεις και οικονομικά προβλήματα. Άλλοι άντεξαν, άλλοι αυτοκτόνησαν, άλλοι χάθηκαν. ... Άλλοι, δεν ξέρω. ... Έχασα πολλούς συμφοιτητές μου. Κάποιοι σκοτώθηκαν στις διαδηλώσεις, άλλους τους πέταξαν από τα παράθυρα. Έναν γνωστό μου φοιτητή τον πέταξαν από τον πέμπτο όροφο...

Όλη η Αθήνα ήταν άνω κάτω. Δεν μπορούσες να κυκλοφορήσεις ελεύθερα. Μόνο ένα χρόνο έκανα εκεί, εξαιτίας όλων αυτών που γίνονταν, συν τους οικονομικούς λόγους. Οι γονείς μου δεν είχαν τη δυνατότητα να με σπουδάσουν στην Αθήνα. Ήμουν από φτωχή οικογένεια. Και δεν γινόταν να δουλεύω παράλληλα γιατί είχαμε μαθήματα πρωί και απόγευμα. Τα μαθήματα ζωγραφικής και γλυπτικής με γυμνά μοντέλα γίνονταν το απόγευμα, το βράδυ. Δεν είχα χρόνο. Έπρεπε να διαλέξω: να μείνω—αλλά πώς θα τα έβγαζα πέρα οικονομικά;—ή να φύγω για να δουλέψω, πράγμα που έκανα τελικά.

Βρήκα δουλειά σ' ένα εργαστήριο (μαρμαρογλυφείο). Εκεί έμαθα την τέχνη πραγματικά καλά. Ήμουν δεκαεφτά, δεκαοχτώ χρονών. Μετά, φυσικά, με κάλεσαν στον στρατό, όπως όλα τα παιδιά. Όταν απολύθηκα, συνέχισα σ' ένα εργαστήριο για άλλη μια δεκαετία. Φτιάχναμε πολλά εκκλησιαστικά έργα. Όταν λέμε εκκλησιαστικά, εννοούμε κυρίως τα βυζαντινά. Φτιάχναμε τέμπλα, δεσποτικά, άμβωνες, καμπαναριά. Το *δεσποτικό* είναι εκεί που ανεβαίνει ο ιερέας και ψέλνει. Μετά πήγα στην Ακρόπολη, που ήταν το όνειρό μου. Το επιδίωξα. Πρέπει να ήμουν είκοσι εννέα ή τριάντα χρονών.

Αλλά η μία δουλειά είναι εντελώς διαφορετική από την άλλη. Στην Ακρόπολη, κάποιος που δεν έχει δουλέψει εκεί, όσο επιδέξιος καλλιτέχνης κι αν είναι, όσο κι αν λέει ότι ξέρει την τέχνη... Αυτό που συμβαίνει στην Ακρόπολη δεν συμβαίνει πουθενά αλλού. Δεν συμβαίνει σε κανένα μαρμαρογλυφείο. Είναι διαφορετικό. Και η διαφορά αυτή είναι που μας τραβάει όλους. ... Ό,τι κι αν κάνεις έξω, δηλαδή στο ελεύθερο επάγγελμα, δεν έχει απολύτως καμία αξία μπροστά στα κομμάτια που φτιάξαμε για να μπούνε δίπλα στα κομμάτια που σκάλισαν οι αρχαίοι.

Ας το πιάσουμε από την αρχή. Βάζεις τα χέρια σου [στα μάρμαρα]

20 Εδώ ως «ξένοι» εννοούνται όσοι δεν είναι Τηνιακοί.

21 Εδώ «μπάρμπας» δεν σημαίνει «θείος». Πρόκειται για λαϊκή προσφώνηση αγάπης και σεβασμού προς τους ηλικιωμένους.

22 Αναφέρεται στο βράδυ της 17ης Νοεμβρίου 1973, όταν ένα άρμα μάχης έριξε την πύλη του Πολυτεχνείου της Αθήνας και εισέβαλε στον προαύλιο χώρο. Πολλοί φοιτητές σκοτώθηκαν.

και δουλεύεις πάνω σε αυτά που είχαν φτιάξει οι αρχαίοι Έλληνες. Είναι φοβερό, ασύλληπτο! Προσπαθούσαμε να βρούμε κάποιο λάθος που είχαν κάνει. Και δεν μπορέσαμε να βρούμε τίποτα! Ήταν όλα τέλεια. Κι αυτό ήταν συναρπαστικό.

Πριν πάω να δουλέψω στην Ακρόπολη, δεν είχα ιδέα τι σημαίνει αναστήλωση. Στην αρχή, κι εγώ και όλοι, ήμασταν φοβισμένοι. Αλλά στην πορεία τα χέρια μας λύθηκαν. Πέσαμε με τα μούτρα στη δουλειά, αυτή τη συγκεκριμένη δουλειά. Είπαμε, «αυτό είναι κάτι τελείως ξεχωριστό». Η αναστήλωση δεν μπορεί να γίνει από τον οποιονδήποτε. Αυτού του είδους η αναστήλωση. Δηλαδή, ένα εργαστήριο της αγοράς, ένα μαρμαρογλυφείο, δεν μπορεί να κάνει αυτή τη δουλειά. Πρέπει να δουλέψεις [στην Ακρόπολη] λίγο καιρό, για να καταλάβεις τι γίνεται εκεί πέρα.

Ο πρώτος φίλος που συνάντησα εκεί—που τον ήξερα από πριν, δηλαδή—ήταν ο Φραντζέσκος Αλεξόπουλος. Είναι πάνω απ' όλα καλός φίλος—θέλω να το τονίσω αυτό—και καταπληκτικός μάστορας. Έμαθα πάρα πολλά από τον Φραντζέσκο. Όχι από τον εργοδηγό. Γιατί ο Φραντζέσκος είναι άνθρωπος που σου μιλάει ήρεμα, μπορεί να σου εξηγήσει πράγματα. Έμαθα πολλά [από αυτόν] κι αυτός ήταν ο λόγος που, στη συνέχεια, με επέλεξαν να γίνω εργοδηγός. Έκανα τα πρώτα μου βήματα στον ναό με τη βοήθεια του Φραντζέσκου Αλεξόπουλου. Είναι σημαντικό να έχεις κάποιον σαν αυτόν στο πλάι σου. Είναι καλός φίλος, κολλητός. Έφυγε από την Ακρόπολη λίγο πριν από μένα γιατί είναι πιο μεγάλος. Κάναμε παρέα κάθε μέρα. Κάθε μέρα! Όταν ήθελα κάτι, πήγαινα σ' εκείνον κρυφά και τον ρωτούσα, «Ρε συ, τι να κάνω εδώ τώρα;» Ή, όταν μου πρότειναν να γίνω εργοδηγός, ζήτησα τη γνώμη του, «Με θεωρείς ότι μπορώ [να γίνω εργοδηγός], ρε Φραντζέσκο;» Αδερφός. Αδερφός! Ο Φραντζέσκος ήταν υπεύθυνος του συνεργείου, αλλά δεν ήταν εργοδηγός. Ήταν πάρα πολύ υπεύθυνο άτομο. Κάναμε δύσκολες δουλειές. Τουμπάραμε τα κιονόκρανα, τουμπάραμε τα πρώτα γείσα—αυτές ήταν δύσκολες δουλειές. Κανένας μας δεν είχε ιδέα απ' αυτά μέχρι που μάθαμε από τον Φραντζέσκο και μετά τα κάναμε για πλάκα, έγινε παιχνιδάκι! Ήταν αξιοθαύμαστος.

Δούλεψα πολύ με τον Γιώργο Αγγελόπουλο, που είναι αξιόλογο άτομο, πολύ καλός μάστορας. Έχω πολλά να πω για τον Γιώργο. Και για τον Μιχάλη επίσης! Καταπληκτικό παιδί. Ήταν μαζί μας, τον πήραμε υπό την προστασία μας. Διαλέγαμε καλά παιδιά. Το κυριότερο, θέλαμε ανθρώπους με καλό χαρακτήρα. Δεν πείραζε αν δεν ήσουν πολύ καλός μάστορας. Δεν είχε σημασία. Αν ήσουν καλός άνθρωπος, αυτό ήταν! Περνούσαν οι μέρες μας ευχάριστα. Γιατί δουλεύαμε μαζί, κατάλαβες; Πολλή δουλειά! Ιδρώναμε, κουραζόμασταν.

Και θυμάμαι—αυτό είναι πολύ σημαντικό—δούλεψα στην ανατολική γωνία όταν πρωτοπήγα, και βάλαμε ένα... τι ήταν; γείσο ήταν; Είχα δουλέψει σ' αυτό, το ίδιο και ο Γιώργος Αγγελόπουλος. Ανέβηκε το δημοτικό της κόρης μου στην Ακρόπολη, και όταν είπε στον δάσκαλό της και εξήγησε στα παιδιά ότι εμείς είχαμε φτιάξει το μάρμαρο που ήταν εκεί πάνω, αισθάνθηκα πολύ περήφανος. Μαζί με τους αρχαίους, είχα κι εγώ συνεισφέρει με το λίγο που ήξερα. Γιατί, πρέπει να το παραδεχτώ, δεν μπορούμε να τους φτάσουμε. Ήταν άφθαστοι! Θεοί ήταν; Δεν ξέρουμε...

Μια απίστευτη επέμβαση στην οποία συμμετείχα ήταν όταν σηκώσαμε έναν ολόκληρο κίονα με κείνη την *πατέντα*—πώς να την πω;—που είχαν κάνει ο Μανόλης Κορρές και ο Κώστας Ζάμπας.[23] Σηκώσαμε έναν ολόκληρο

23 Μανόλης Κορρές (γεν. 1948): αρχιτέκτονας και καθηγητής στο Εθνικό Μετσόβιο Πολυτεχνείο της Αθήνας· θεωρείται ο κορυφαίος αρχαιολόγος σε ζητήματα που άπτονται της Ακρόπολης των Αθηνών· ήταν ο προϊστάμενος αρχιτέκτονας του Έργου Αναστήλωσης της Ακρόπολης για πάνω από είκοσι χρόνια και ο επικεφαλής στη μελέτη της κατασκευαστικών τεχνικών και των υλικών

κίονα και αλλάξαμε τον σπόνδυλο της βάσης. Ο σπόνδυλος είχε μείνει ο μισός. Δεν ξέρω αν έχεις δει φωτογραφία. Μετά ταιριάξαμε το κομμάτι, το συμπληρώσαμε και το βάλαμε πάλι στη θέση του. Κάτω από έναν ολόκληρο κίονα! Δεν θυμάμαι πόσους τόνους ζύγιζε. Ήταν πολύ εντυπωσιακό! Ήταν... πώς να το πω; Αισθανόσουν σαν να έχεις υπερδυνάμεις! Αφού σήκωσες τον Παρθενώνα!

Έμεινα εκεί είκοσι πέντε χρόνια. Ήμασταν όλοι καλά παιδιά στην ομάδα, καλοί μαστόροι, και πάνω απ' όλα φίλοι. Δουλεύαμε δίπλα δίπλα με ενθουσιασμό, με όρεξη, και πληρωνόμασταν καλά... όχι από την αρχή, αλλά μετά διορθώθηκαν τα πράγματα. Μπήκαμε για τα καλά στη δουλειά. Στην αρχή δουλεύαμε στην ανατολική πλευρά. Ξηλώσαμε μία γωνία για να φτιάξουμε ένα κιονόκρανο και την άλλη γωνία γιατί θέλανε να κατεβάσουν το λιοντάρι που ήταν στην αριστερή ανατολική γωνία, προς το Ερέχθειο. Κατεβάζαμε ό,τι μάρμαρα έπρεπε να κατέβουν, τα διορθώναμε κάτω—όπως κάνουμε τώρα—και τα τοποθετούσαμε ξανά. Τα ξαναδουλεύαμε. Τα δουλεύαμε με τον μαντρακά και το βελόνι. Κανονικά!

Κάναμε συμπληρώματα, μπαλώματα, πονταρίσματα. ... Πώς γίνεται το μπάλωμα; Ας πούμε ότι έχουμε ένα αρχαίο κομμάτι που είναι σπασμένο. Η πρώτη δουλειά είναι να κάνεις ένα αντίγραφο [του μπαλώματος]. Παίρνουμε λοιπόν ένα μάρμαρο σπασμένο, και πρέπει να αντιγράψουμε καθαρά το σπάσιμό του. Χρησιμοποιούμε γύψο και τζίβα, και φτιάχνουμε ένα εκμαγείο του σπασίματος. Μετά αφαιρούμε τον γύψο από το μάρμαρο και παίρνουμε ένα κομμάτι καινούριο μάρμαρο, στα μέτρα πάντα του κομματιού που μας λείπει, και προσπαθούμε να το ταιριάξουμε. Το ταιριάζουμε λαξεύοντάς το πόντο πόντο (αυτό είναι το *ποντάρισμα*) με ένα εργαλείο που λέγεται *πονταδόρος*. Πάμε και το συγκολλάμε μετά, αφού το ταιριάξουμε. Όταν λέω ταίριασμα, εννοώ την επεξεργασία του μαρμάρου εξωτερικά, με τις διάφορες πτυχές που έχει απάνω. Το ταιριάζουμε σύμφωνα με την δουλειά των αρχαίων. Και αφού το δουλέψουμε από όλες τις πλευρές, είναι πλέον τελειωμένο για να μπει στην θέση του. Έτσι γίνεται η αντιγραφή του σπασμένου κομματιού.

Τα ηλεκτρικά εργαλεία βοηθούν στο *ξεχόντρισμα* του μαρμάρου. Όταν υπάρχει μια επιφάνεια με πολύ μάρμαρο που πρέπει να φύγει, τα ηλεκτρικά εργαλεία βοηθούν πολύ. Όλα τους. Το *κοφτάκι*, το *σβουράκι*, το *τρυπάνι* ... αλλά δεν μπορείς να τα χρησιμοποιήσεις για τις λεπτομέρειες. Εκεί μπαίνει μόνο το χέρι. ... Εντάξει, όταν είσαι μάστορας [στο μάρμαρο], χρησιμοποιείς το ηλεκτρικό εργαλείο μαστόρικα. Δηλαδή, όλα τα εργαλεία σίγουρα βοηθάνε, αλλά κι αυτός που τα χειρίζεται πρέπει να τα χειρίζεται ανάλογα. Σε άλλα σημεία χρειάζεται ο μαντρακάς και σε άλλα το *καλέμι πεπιεσμένου αέρα*. Ο μαντρακάς και το βελόνι είναι για τις χοντρές δουλειές, για να αφαιρεθεί το πολύ μάρμαρο. Χρησιμοποιούμε τα *εργαλεία πεπιεσμένου αέρα* μέχρι να φτάσουμε εκεί όπου χρειάζεται λεπτομέρεια. Βέβαια, υπάρχουν εργαλεία πεπιεσμένου αέρα για τα χοντρά ξεχοντρίσματα, ας πούμε, για να φεύγει το πολύ μάρμαρο. Και υπάρχουν εργαλεία πεπιεσμένου αέρα που είναι για τις λεπτομέρειες, αυτά τα μικρά εργαλεία πεπιεσμένου αέρα που έχουμε. Αυτά μπορείς να τα χρησιμοποιήσεις [και για λεπτοδουλειές]. Αλλά η τελική λεπτομέρεια γίνεται με το χέρι.

Όταν, λοιπόν, δουλέψουμε όλο το μάρμαρο και γίνει τέλειο αντίγραφο του εκμαγείου από το σπασμένο μάρμαρο—σύμφωνα πάντα με τα μέτρα που μας λείπουνε για να ταιριαχτεί—τότε

που χρησιμοποιήθηκαν στα ιστορικά κτίρια του χώρου· Κώστας Ζάμπας (γεν. 1952): πολιτικός μηχανικός· πρώην επιβλέπων μηχανικός στο Έργο Αναστήλωσης της Ακρόπολης· ήταν υπεύθυνος για πολλές αποξηλώσεις υψηλού κινδύνου στα αρχαία μνημεία της Ακρόπολης, συμπεριλαμβανομένης και της αφαίρεσης των Καρυάτιδων από το Ερέχθειο το 2007, για να μεταφερθούν στο Μουσείο της Ακρόπολης.

εφαρμόζουμε το νέο μάρμαρο στο παλιό μάρμαρο, το συγκολλάμε. Η συγκόλληση γίνεται με λευκό τσιμέντο, ένα πολύ ψιλό υλικό, και σπειρωτές ράβδους τιτανίου. Ανάλογα με το βάρος που πρέπει να σηκώσουν, βάζουμε τιτάνιο με την κατάλληλη διάμετρο. Έτσι το συγκολλάμε, το ταιριάζουμε. Και δένει πολύ καλά—βέβαια, πρέπει να μείνει είκοσι-τριάντα μέρες μέχρι να τραβήξει, έτσι λένε τα στατιστικά. Δεν υπάρχει πρόβλημα με αυτή τη διαδικασία [της συγκόλλησης], είτε είναι καινούριο μάρμαρο μόνο του είτε αρχαίο με ένα καινούριο κομμάτι. Μπορείς να τα δουλέψεις άφοβα.

Μετά γίνεται η εξωτερική λάξευση του μαρμάρου, με τα διάφορα σχέδια που έχει στην επιφάνεια· μπορεί να είναι σταγόνες ή να έχει ραβδώσεις, όπως οι κίονες. Αυτό θέλει ιδιαίτερη προσοχή επειδή είναι λεπτοδουλειά, για να μη σου σπάσει. Φυσικά, εδώ μπαίνει η τέχνη! Μπορεί, βέβαια, να είναι και ίσιες επιφάνειες. Όταν είναι τελειωμένο, ταιριάζει απολύτως με τη δουλειά των αρχαίων. Και άπαξ και το δουλέψεις απ' όλες τις πλευρές, είναι τελειωμένο και έτοιμο να μπει στη θέση του.

Α, οι σταγόνες! Στην αρχή ήμασταν επιφυλακτικοί και φοβισμένοι. Όχι, όχι φοβισμένοι. Επιφυλακτικοί. Πολλά εργαλεία, πολλές πτυχές, πολλά λούκια, πολλά, πολλά! Είναι πολλά... σκαμπανεβάσματα—πώς να το πω;— γωνίες πάνω και κάτω. Στην αρχή θέλαμε να μην κάνουμε κανένα λάθος, ούτε εγώ ούτε ο Γιώργος. Ήμασταν μαγκωμένοι. Μετά, όταν πήραμε τον αέρα της δουλειάς, τα χέρια μας λύθηκαν και έγινε σαν παιχνίδι. Το θεωρούσαμε παιχνίδι.

Ο Κώστας Ζάμπας, ο μηχανικός, με έβαλε να κάνω μερικά από τα πρώτα λούκια που δουλέψαμε. Στη συνέχεια έκαναν λούκια όλα τα παιδιά. Ακόμα και ο γιος μου έκανε. ... Ήταν καταπληκτικά—αισθάνομαι σαν έχω αφήσει κάποια κληρονομιά πίσω μου. Ήταν στον πρόναο, όπως μπαίνουμε, δεξιά. Και μάλιστα, έχω κάνει τη βάση, κάτω κάτω. Το δούλεψα επιτόπου—αυτό ήταν το δύσκολο—και δεν μπορούσα να το τελειώσω γιατί ήταν πολύ χαμηλά εκεί κάτω. Έχω αφήσει ένα κομμάτι έτσι ώστε, αν κάποτε το ξηλώσουν, να μπορούν να το τελειώσουν εύκολα μετά. Αυτά ήταν τα πρώτα λούκια. Δούλευα μόνος μου εκεί γιατί δεν χωρούσαν δύο άνθρωποι. Πραγματικά μου άρεσε αυτή η δουλειά!

Παντού δούλεψα! Δηλαδή, όπου ήθελε μεγάλη υπευθυνότητα, όπου υπήρχε η μεγαλύτερη δυσκολία, δούλευα εγώ. Φυσικά, πάντα μαζί με κάποιον συνάδελφο. Εκεί πάνω ποτέ δεν κάνεις κάτι μόνος σου. Και νομίζω ότι έτσι είναι το σωστό. Αν συμβεί κάτι, κάποιο λάθος, εκείνος που δουλεύει δίπλα σου μπορεί να σε διορθώσει. Πάντα δουλεύαμε δύο-δύο. Πάντα επιλέγαμε τους πιο εξειδικευμένους για να κάνουν τη δύσκολη δουλειά. Ό,τι απαιτεί μεγάλη προσοχή είναι δύσκολο, οτιδήποτε δεν αφήνει περιθώριο για λάθος. Πώς να το εξηγήσω; Αισθανόσουν ότι σου έχουν αναθέσει ένα έργο που θέλει μεγάλη υπευθυνότητα, κάτι που δεν το κάνει ο καθένας, κι αυτό είναι που το κάνει ενδιαφέρον. Αυτό σου ανοίγει την όρεξη.

Η αλήθεια είναι πως όταν ήρθε η ώρα να φύγω, έφυγα με βαριά καρδιά! Είχα συγκινηθεί πολύ. Όταν μάζευα τα ρούχα και τα εργαλεία μου, τα δικά μου εργαλεία εννοώ, δεν ήθελα να το πιστέψω. Έφυγα υποχρεωτικά, επειδή είχε έρθει η ώρα να βγω στη σύνταξη. Μου έστειλαν ένα χαρτί, να τα μαζεύω. ... Μπαίνεις σε άλλη φάση. Κοίτα, με δεδομένα τα χρόνια που είχα δουλέψει και τα ένσημά μου, είπαν, «Μπορεί να συνταξιοδοτηθεί. Μπορεί να φύγει. Συνεπώς, ας τον αντικαταστήσουμε». Τώρα, πώς το έκαναν αυτό; Δεν ξέρω πού βασίστηκαν. ... Θα μπορούσα να έχω μείνει περισσότερο. Έφυγα πενήντα πέντε χρονών. Πενήντα πέντε χρονών και έξι μηνών. Και ήθελα να μείνω!

Παλιά μπορεί και να χαιρόμασταν πολύ, να ήμασταν ενθουσιασμένοι. Που θα σταματούσαμε τη δουλειά και θα παίρναμε σύνταξη, θα ζούσαμε με αξιοπρέπεια. Αλλά μετά τα πράγματα άλλαξαν. Τώρα έχουμε φτάσει σε σημείο που μας έχουν περικόψει ένα μεγάλο μέρος της σύνταξης. Και καταλήγεις να σκέφτεσαι, «Όλη αυτή η δουλειά πήγε χαμένη; Όλη αυτή η προσπάθεια που έκανα!» Παίρναμε καλές συντάξεις και είχαμε καλές παροχές. Τώρα τα πράγματα έχουν αλλάξει πολύ και έχουν γίνει δύσκολα για όλους μας.

Έτσι, στην αρχή έκανα ό,τι μου είχε λείψει. Δηλαδή, επειδή είχα αφήσει το νησί που τόσο αγαπούσα, ήθελα κάποια μέρα να γυρίσω και να ασχοληθώ με ό,τι δεν μπορούσα να κάνω τότε που δούλευα. Έχω μια βαρκούλα. [*δείχνει τη βάρκα του*] Η πρώτη μου αγάπη ήταν η θάλασσα, το ψάρεμα. Δεν το κάνω για λόγους οικονομίας... Εντάξει, μπορεί να βγάζω ένα πιάτο φαΐ, αλλά πάνω απ' όλα είναι η διασκέδαση που μου είχε λείψει όλη μου τη ζωή. Για μένα, να βγω έξω με τη βαρκούλα μου και να πιάσω πέντε ψάρια. Αυτό είναι το πρώτο. Το δεύτερο είναι ότι έφτιαξα ένα πολύ ωραίο περιβόλι με όλα τα ζαρζαβατικά. Είναι εδώ κοντά. Μέσα στο κτήμα ενός ξαδέρφου μου. Μου αρέσει αυτή η ασχολία. Κι αυτό επίσης το έμαθα από τον πατέρα μου όταν ήμουν μικρός. Το τρίτο—οι μέρες μου είναι γεμάτες, δεν κάθομαι–, έχω δύο υπέροχα σκυλιά. Ξέρω, μπορεί να ακούγεται λίγο βάρβαρο, αλλά πηγαίνω για κυνήγι.

Μου είχαν λείψει όλα αυτά, και όταν γύρισα στο νησί, στον τόπο που αγαπάω, σκέφτηκα να ασχοληθώ με αυτά τα πράγματα. Δεν υπάρχουν δουλειές έξω. Δεν υπάρχουν δουλειές για μαρμαράδες. Αφού δεν έχουν κίνηση ούτε αυτοί που κρατάνε ακόμα το εργαστήρι τους. Θα σου πω κάτι που θέλω να μαθευτεί. Εμείς οι ντόπιοι μαρμαρογλύπτες και οι καλλιτέχνες έχουμε κάνει πολλά έργα στο χωριό μας, αφιλοκερδώς. Σκοπεύω να στήσω ένα εργαστήρι στο σπίτι μου, αποκλειστικά για μένα. Όχι για να πουλάω, για να χαρίζω. Θέλω να φτιάχνω διακοσμητικά και να τα δίνω σε φίλους.

Δυστυχώς... Θα το πω, και δεν με πειράζει, γράψε ό,τι θέλεις: όλα αυτά τα μνημόνια και οι κυβερνήσεις τα έχουν βάλει με τον κόσμο. Μας κόβουν τα δώρα. Κόβουν τα πάντα. Και μένει μια σύνταξη που δεν φτάνει ούτε για το πρώτο δεκαπενθήμερο του μήνα. Μας έχουν φορτώσει φόρους και χαράτσια. Όλα αυτά! Δεν υπάρχουν λεφτά! Ο κόσμος κοιτάζει πώς θα ζήσει. Πώς θα βγάλει το καθημερινό του. Δεν του μένει χρήμα για να κάνει δουλειές. Ειδικά καλλιτεχνικές δουλειές.

Η χρηματοδότηση του έργου ήταν δύσκολη και εξακολουθεί να είναι. Ένα πραγματικά μεγάλο λάθος των Ελλήνων κυβερνόντων ήταν που έκοψαν τους συμβασιούχους. Έδιωξαν παιδιά που είχαν πέντε χρόνια στο έργο του Παρθενώνα. Υπάρχει δουλειά που πρέπει να γίνει. Δεν ξέρω τι θα κάνουν για να βρουν λεφτά να το χρηματοδοτήσουν, γιατί η Ακρόπολη είναι μοναδική. Υπάρχει ένας μόνο Παρθενώνας στον κόσμο. Το να συνεχίζεις τη δουλειά χωρίς όλους εκείνους τους άξιους ανθρώπους, είναι μεγάλο λάθος. Αυτά τα έφερε η κρίση. Όλα αυτά είναι της κρίσης. Δεν παίζεις μ' αυτά τα πράγματα. Έδιωξαν αυτούς που ήξεραν τη δουλειά και πήραν τους άσχετους...

Αλλά, όπως είπα, ρίχνω το φταίξιμο στους κυβερνώντες. Πρώτα ήταν οι άλλοι, τώρα είναι ο Τσίπρας. Ο Τσίπρας ξεκίνησε καλά, με μεγάλα όνειρα και μεγάλες υποσχέσεις. Αλλά δυστυχώς, στην πορεία, η Ευρωπαϊκή Ένωση και το Διεθνές Νομισματικό Ταμείο τον έφεραν στην ίδια θέση, δεν τον άφησαν να κάνει αυτά που πίστευε, σαν αριστερή κυβέρνηση, να κάνει αυτά που θεωρούσε σωστά για την Ελλάδα. Ξεκίνησε με καλές προθέσεις και στην πορεία πρόδωσε τον κόσμο. Και μαζί τους κι εμένα, χα! Εμένα που τον ψήφισα. Κι εμένα!

Εγώ θα προτιμούσα να είχαμε μείνει στη δραχμή· για ένα, δύο, τρία χρόνια θα ζοριζόμασταν, αλλά σταδιακά τώρα όλα θα ήταν καλύτερα. Το ευρώ μάς χρεοκόπησε. Οι μισθοί και οι συντάξεις δεν συμβαδίζουν με τις τιμές των πραγμάτων. Τα πάντα: βενζίνη, πετρέλαιο, ρεύμα, τηλέφωνο, όλα διαρκώς ανεβαίνουν, και το ευρώ... Συνεχίζουν να μας κόβουν τα εισοδήματά μας. Νομίζω ότι η Ελλάδα δεν ήταν έτοιμη να μπει στην Ευρώπη. Ο καφές και το ψωμί—με το ευρώ πήγαν στις 340 δραχμές! Με άλλα λόγια, η διαφορά είναι η μέρα με τη νύχτα. Και οι μισθοί έμειναν οι ίδιοι! Άρα, περνάγαμε πολύ καλύτερα όταν πληρωνόμασταν σε δραχμές. Σίγουρα! Το ευρώ μάς έκοψε τα πόδια. Μας κατέστρεψε.

Κοίτα, η τέχνη δεν θα χαθεί, γιατί είναι κάτι που το έχεις μέσα σου και θα το έχεις για πάντα. Αλλά μέσα στην κρίση, κάποιος που θέλει να φτιάξει κάτι, δεν θα δαπανήσει όσα λεφτά χρειάζονται για να γίνει η δουλειά. Ακόμα και στην Ελλάδα, δεν γίνονται πια προτομές. Μέχρι και τα εκκλησιαστικά έργα έχουν σταματήσει!

Τα πράγματα γίνονται όλο και πιο δύσκολα. [Στην Ακρόπολη] τους είπαν ότι την «προσωπική διαφορά» που παίρνουν εκεί πάνω, θα την παίρνουν μέχρι το 2018.[24] Σταδιακά θα περικοπεί. Και τότε οι μισθοί θα πέσουν κατακόρυφα. Αν κάποιος, για παράδειγμα, παίρνει τώρα 1.000-1.200 ευρώ το μήνα, αυτά θα πέσουν στα 700 [ευρώ]. Και ναι, φυσικά, δεν υπάρχουν δουλειές έξω.

Η Σχολή [στην Τήνο] βγάζει ακόμα ανθρώπους που θα μπορούσαν άνετα να δουλέψουν στην Ακρόπολη. Δεν ξέρω πώς θα είναι το μέλλον αυτών των παιδιών. Αλλά η Σχολή κάνει εξαιρετική δουλειά. Η εκπαίδευση είναι άριστη! Έχουμε παράδοση στην Τήνο. Το νησί πάντα έβγαζε καλλιτέχνες, μαρμαρογλύπτες και καπετάνιους. Επειδή έχουμε λατομεία και βγάζουμε μάρμαρο, υπάρχει παράδοση. Πολλοί σπουδαίοι καλλιτέχνες κατάγονται από δω. Ο Χαλεπάς, ο Γύζης, ο Λύτρας, ο Σώχος, οι αδελφοί Βιτάλη, οι Φιλιππότηδες. Έχουν γίνει παγκοσμίως γνωστοί. Όλος ο κόσμος ξέρει την Τήνο για την τέχνη της. Τι να πω; Δεν μπορώ να το εξηγήσω. Εμείς οι Τηνιακοί έχουμε το χάρισμα να βγάζουμε καλλιτέχνες.

Μπορείς να δεις εκεί πέρα [*δείχνει τους λόφους γύρω από το λιμάνι*] πώς είναι φτιαγμένα όλα τα χτισίματα που έχουν καταρρεύσει, αυτά τα *ντουβάρια*, όπως τα λέμε εδώ.[25] Και γιατί τα έφτιαχναν έτσι. Αυτό που θαυμάζουμε στην Τήνο—το βλέπεις σε πολύ λίγα νησιά αυτό, μετριούνται στα δάχτυλα του ενός χεριού—είναι οι *μάντρες* που βλέπεις παντού στην ύπαιθρο.[26] Όλα αυτά τα έχουν φτιάξει άνθρωποι, έτσι; Είναι αληθινό αριστούργημα. Τις μάντρες τις έχτιζαν έτσι ώστε ο καθένας να ξέρει την περιουσία που ορίζει, να προστατεύει τα χωράφια του, και το χώμα να μην το παρασύρει η βροχή. Όλη αυτή η γη ήταν καλλιεργήσιμη. Ό,τι βλέπεις χτισμένο γύρω γύρω. Λένε ότι πάνω στην κορυφή του λόφου υπήρχε μέχρι και αλώνι. Αυτή τη γη κάποτε τη δούλευαν. Και μιλάω για την πιο άγονη, την πιο σκληρή γη. Και τα περισσότερα απ' τα χωράφια που ορίζουν οι μάντρες έχουν εντός τους υπέροχα κτίρια. Υπέροχα! Φτιαγμένα με κόπο, τέχνη και μεράκι. Εκεί έφτιαχναν κρασί· εκεί έφτιαχναν ρακί, ελαιόλαδο, κριθάρι. Από εκεί ζούσαν, απ' αυτά τα χωράφια και τα κτίσματα έτρεφαν την οικογένεια.

Έχουν σχέση [με τη γλυπτική] [αυτές οι μάντρες] γιατί δεν τις συναντάς εύκολα αλλού και γιατί είναι χτισμένες με μεράκι. Έχουν φτιαχτεί πριν από αιώνες! Γιατί δεν πέφτουν; Είναι φτιαγμένες πολύ καλά από τεχνική άποψη, με πολλή τέχνη. Για να φτιάξεις έναν τοίχο, αν βάλεις να σ' τον φτιάξει όποιος να 'ναι, με την πρώτη βροχή θα πέσει. Άρα, κι αυτό τέχνη είναι. Από κάπου πηγάζει.

Θέλω να πω ότι, μετά τη συνταξιοδότηση, περνάω καλά. Δεν

24 Αναφέρεται σε μεταβατικές ρυθμίσεις για τις μισθολογικές διαφορές στον δημόσιο τομέα.

25 *Ντουβάρια*: οι λεγόμενες ξερολιθιές: πέτρινοι τοίχοι χωρίς συνδετικό κονίαμα.

26 *Μάντρες*: χαμηλά τοιχία για τον περιορισμό των ζώων, για τη συντήρηση της γης, για τη σηματοδότηση της έγγειας ιδιοκτησίας κ.λπ.

μπορώ να πω ότι έχω λεφτά. Αλλά έχω το ψάρεμα, το περιβόλι, λίγο από δω, λίγο από κει· τα βγάζω πέρα. Οι Έλληνες έχουν μάθει [να επιβιώνουν] σε δύσκολους καιρούς. Εμείς οι Έλληνες έχουμε περάσει μεγάλες δυσκολίες. Περάσαμε πολέμους, είχαμε γερμανική κατοχή. Μετά, είχαμε τον εμφύλιο. Η Ελλάδα έχει περάσει πολλά! Αυτό που θέλω να τονίσω είναι πως ό,τι κι αν κάνουν—η Ευρώπη, το Διεθνές Νομισματικό Ταμείο—δεν θα καταφέρουν να κάνουν αυτό που θέλουν στους Έλληνες. Οι Έλληνες—δεν ξέρω, θα το πω απλοϊκά—δεν μπαίνουν σε καλούπι. Με άλλα λόγια, αυτό που έχουμε, θα το έχουμε. Κανείς δεν μπορεί να μας πάρει τη θάλασσα.

ΜΙΧΑΛΗΣ ΤΖΑΝΟΥΛΙΝΟΣ

Σε καφέ, στον Άλιμο

Γεννήθηκα στην Τήνο, στο Φαλατάδο. Ο παππούς μου ήταν μαρμαράς. Απ' αυτόν πήρα την έμπνευση να γίνω κι εγώ μαρμαράς. Εκείνος δούλευε στις τοποθετήσεις μαρμάρων. Ήθελε να δουλέψει στην Ακρόπολη, αλλά δεν μπόρεσε να το κάνει. Τον πρόλαβα πολύ λίγο. Ήμουν μικρό παιδί κι εκείνος στα τελειώματα της δουλειάς. Για να είμαι ειλικρινής, δεν θυμάμαι πολλά πράγματα. Δεν είχε δικό του μαρμαράδικο. Δούλευε για κάποιον άλλο. Κι εγώ τον πρόλαβα στα τελειώματά του. Τον θυμάμαι που μου έδειχνε τα εργαλεία του στο κασελάκι, τα σιδερένια εργαλεία.

Ο παππούς μου ήθελε πάρα πολύ να πάει [να δουλέψει] στην Ακρόπολη. Και αυτή η επιθυμία του σαν να πέρασε σε μένα. Και αυτός μου το έλεγε όλη την ώρα, κι εγώ όμως το καταλάβαινα. Δεν ήξερα πολλά τότε ... για τον Βράχο, για τους ναούς. Δεν ήξερα, αλλά άκουγα. Δεν είχα πάει ποτέ [στην Αθήνα]· άκουγα γι' αυτήν στο νησί. Ο παππούς μου μού είχε διηγηθεί ότι είχε επιχειρήσει μια-δυο φορές να πάει στην Ακρόπολη, επί Ορλάνδου[27], αλλά δεν τα κατάφερε. Και αυτό με συνεπήρε πολύ, ο σκοπός μου όταν θα τέλειωνα τη Σχολή [στον Πύργο] ήταν να δουλέψω στην Ακρόπολη. Αυτή την επιθυμία είχα από τη στιγμή που μπήκα στη Σχολή.

Η πρώτη φορά που έκανα κάτι πάνω σε μάρμαρο ήταν στη Σχολή. Μετά το δημοτικό, ήμουν δώδεκα-δεκατριών χρόνων. Η πρώτη μου εντύπωση; Νομίζω ότι σκέφτηκα, «Μας περιμένει σκληρή δουλειά από δω και πέρα, με αυτό το πράγμα». Ναι, ήταν πολύ σκληρή δουλειά. Μην ξεχνάς ότι ήμουν παιδάκι τότε και ο *μαντρακάς* ζύγιζε πάνω από ένα κιλό. ... «Πώς θα τα βγάλω πέρα μ' αυτό το δύσκολο και σκληρό υλικό;» Έφτιαχνες κάτι εσύ ο ίδιος, δηλαδή *εσύ* δημιουργούσες κάτι, όχι κάποιος άλλος. Όταν το έκανε κάποιος άλλος, νόμιζες ότι είναι πολύ εύκολο, αλλά όταν το έπιανες και το έκανες *εσύ* ήταν κάτι διαφορετικό. Σου πρόσφερε μεγάλη ικανοποίηση.

Έφυγα από την Τήνο επειδή δεν υπήρχε μαρμαροτεχνία, δεν υπήρχε δουλειά στα μαρμαρογλυφεία, γύρω στο 1984-1985. Έφυγα με σκοπό να έρθω στην Αθήνα και να δουλέψω. Όταν το είπα στη μάνα μου, εκείνη δεν είπε τίποτα. Σταδιακά το πήρε απόφαση και φύγαμε (ήρθα μαζί με τον αδερφό μου—εκείνος ήταν μικρότερος). Βρήκα ένα εργαστήριο, ένα μαρμαράδικο εδώ λίγο πιο πέρα, στον Άλιμο. Τότε δούλευα μαρμαράς στις οικοδομές, έκανα τοποθετήσεις μαρμάρων.

Στην αρχή τα πράγματα ήταν και δύσκολα και καλά. Το καλό ήταν ότι είχαμε ελευθερία από τους γονείς μας! [*γέλια*] Ήμουν πολύ μικρός: δεκαέξι, δεκαεφτά. Και από το χωριό βρεθήκαμε σε μια τεράστια πόλη, που δεν την ξέραμε κιόλας. Μέναμε σ' ένα σπιτάκι μικρό. Εμείς μαγειρεύαμε. Εμείς πλέναμε τα πάντα. Περνάγαμε ωραία!

27 Αναστάσιος Ορλάνδος (1888-1979): διευθυντής της Υπηρεσίας Αναστήλωσης Αρχαίων και Ιστορικών Μνημείων από το 1939 έως το 1958.

Πρώτα απ' όλα, ήταν η οικονομική διαφορά, γιατί και στην Τήνο είχα δουλέψει σαν μαρμαράς. Κάτσε να σου εξηγήσω. ... Όταν ήμουν στην Τήνο, δούλευα σε μαρμαράδικο, αλλά δεν ήταν και σπουδαία τα πράγματα. Για να φανταστείς, εκεί έβγαζα, ας πούμε, 400 δραχμές τη μέρα, και όταν ήρθα εδώ έπαιρνα 1.500 δραχμές τη μέρα! Κατάλαβες;

Αφού έμαθα τη δουλειά στην οικοδομή, ο σκοπός μου, όπως είπα στην αρχή, ήταν ν' ανέβω πάνω [στην Ακρόπολη]. Πάντα κοίταγα εκεί ψηλά—δηλαδή, ο σκοπός μου ήταν να δουλέψω εκεί. Πήγα το '91 ή το '92, αν θυμάμαι καλά, και έδωσα εξετάσεις. Δεν πέρασα. Μετά, το '98, ξαναέδωσα εξετάσεις και με πήραν.

Ρωτάς τι εξετάσεις έδωσα; Στο μάρμαρο—*βελόνι, φαγάνα, ντισιλίδικο,* δηλαδή το στρώσιμο μιας επιφάνειας. Να βάζεις την *πήχη* επάνω και να είναι λίγο πολύ ίσιο. Πώς δουλεύεις το *σαμπάνι.*[28] Με άλλα λόγια, πώς σηκώνεις ένα μάρμαρο και το τουμπάρεις. Και μετά ήταν και τα γραπτά. Πού να ξέρω εγώ τα επιστύλια, τα κιονόκρανα και τα διαζώματα; Πώς είναι ο ναός; Δηλαδή, πώς ξεκινάει το χτίσιμο ενός ναού; Με κίονες, κιονόκρανα, επιστύλια, διαζώματα, γείσα! Πού να τα θυμάμαι όλα αυτά; Τα τρίγλυφα. ... Στην αναστήλωση τα έμαθα όλα αυτά. Πριν πιάσω δουλειά, πού να τα ξέρω;

Στα τριάντα τρία πέρασα τις εξετάσεις. Όταν πρωτοπήγα, υπήρχαν ελάχιστα *κοφτάκια* και *σβουράκια.* Ελάχιστα. Όλα γίνονταν με το χέρι: μαντρακάς, βελόνι, φαγάνα, ντισιλίδικο. Γενικά, δεν υπήρχαν πολλά εργαλεία. Υπήρχε μόνο ένας γερανός. Τώρα η δουλειά γίνεται γρηγορότερα, αλλά δεν ξέρω αν γίνεται καλύτερα. [*γέλια*] Νομίζω πως τότε έκαναν τα πράγματα πιο πολύ όπως τα έφτιαχναν οι αρχαίοι. Τώρα, επειδή θέλουν τα πάντα να γίνονται γρηγορότερα, έχουμε φτάσει σε άλλο επίπεδο. Αλλά δεν ξέρω αν αυτό το επίπεδο είναι τεχνικά τόσο καλό όσο των αρχαίων.

Μόλις διορίστηκα στην Ακρόπολη, με έπιασε μεγάλο άγχος. Όταν πήγα εκεί για πρώτη φορά, ήμουν πραγματικά αγχωμένος. Γιατί, από τη μία, θα δούλευα με ένα υλικό που το ήξερα. Αλλά, από την άλλη, η δουλειά αυτή ήταν η εκπλήρωση ενός ονείρου, μιας ανάγκης που υπήρχε μέσα μου για χρόνια, και κατά δεύτερον... Τώρα τι θα έκανα; [*γέλια*]

Ήμουν πολύ τυχερός γιατί βρέθηκα μ' έναν πολύ σπουδαίο μάστορα, τον Φραντζέσκο Αλεξόπουλο, που ήταν επίσης από την Τήνο. Κι αυτός είχε φύγει μικρός από την Τήνο· είχαμε την ίδια ιστορία, αλλά σε διαφορετικές εποχές. Με πήρε κοντά του και μου έδειξε πολλά πράγματα. Με άλλα λόγια, σε μεγάλο βαθμό σε κείνον χρωστάω το γεγονός ότι είμαι εκεί πάνω σήμερα. Ήταν πάντα ευδιάθετος. Δούλευε και τραγούδαγε. Έβρισκε λύσεις σε οποιοδήποτε πρόβλημα παρουσιαζόταν με μεγάλη ευκολία. Ήταν σαν να είχε έναν χάρτη και τον διάβαζε—σαν να υπήρχε ένα σχέδιο! Και σου έλεγε, «τώρα θα κάνουμε αυτό και μετά εκείνο». Ενώ στη δουλειά δεν είναι έτσι. Σου παρουσιάζεται ένα πρόβλημα από το πουθενά. Εκείνος όμως σου έλεγε, «θα κάνεις αυτό», «θα κάνεις εκείνο». Με άλλα λόγια, ήξερε τη δουλειά και την ήξερε πολύ καλά. Ήταν πολύ έμπειρος σε πολλούς τομείς της δουλειάς, όπως επίσης και στην οικοδομή. Και σε οικοδομές δουλέψαμε μαζί, αλλά κυρίως στην Ακρόπολη. Χαιρόταν να σου δείχνει πώς να κάνεις διάφορα πράγματα. Δεν κρατούσε τη γνώση για τον εαυτό του.

Όπως τότε που σηκώσαμε ένα ογκώδες μάρμαρο. Ήταν πολύ δύσκολο και ξαφνικά βρεθήκαμε μπροστά σε έναν *γόμφο* που ήταν κρυφός από πίσω.[29]

28 *Σαμπάνι*: σύστημα ανύψωσης και μεταφοράς αντικειμένων μεγάλου βάρους· ο γάντζος, το συρματόσχοινο και ο ιμάντας που κρατάει το συρματόσχοινο.

29 *Γόμφοι*: χάλκινες ή σιδερένιες σφήνες που χρησιμοποιούσαν οι αρχαίοι για να ταιριάξουν, να συνδέσουν και να σταθεροποιήσουν δύο κομμάτια μαρμάρου μεταξύ τους.

Λοιπόν, ήταν λες και ο Φραντζέσκος το ήξερε από πριν και ήξερε ακριβώς τι έπρεπε να κάνει. Το καταλαβαίνεις; Και μου έλεγε μόνο, «Φέρε να κάνουμε αυτό κι αυτό για να ξεμπερδεύουμε». Έδειχνε τα πάντα σε όλους με μεγάλη ευκολία. Ακόμα κι όταν αντιμετώπιζαν κάποιο πολύ σοβαρό πρόβλημα, ήταν λες και το ήξερε από πριν. Ήταν ήρεμος και μετέδιδε αυτή την ενέργεια σε όλους. Πολύ καλός άνθρωπος.

Έπιασα την *πόντα* μετά από πολλά χρόνια. Αρχίσαμε το *ποντάρισμα*, δηλαδή πώς να μεταφέρουμε το πρόπλασμα από το γύψινο στο μάρμαρο. Ναι, με έμαθε να μεταφέρω, ή μάλλον να τοποθετώ ένα μάρμαρο, και τον *ποντάδορο*. Μετά πιάσαμε την πόντα και το ποντάρισμα—εντάξει, αυτό ήξερα να το κάνω. Αλλά μου είπε κάποια πράγματα που πρέπει να ξέρουμε όταν δουλεύουμε με τα αρχαία. Να προσέχουμε τις ακμές γύρω γύρω· μέσα ας φαγωθεί, δεν πειράζει, γιατί ήταν το τσιμέντο. Να μην αφήνουμε πολύ *καμπά* πολύ μπροστά στην ακμή.[30] Να έχει «αέρα» για να βλέπουμε πιο εύκολα τη γραμμή.

Μετά, αφού μάθαμε το ποντάρισμα, πιάσαμε τη συγκόλληση. Η συγκόλληση εκείνη την εποχή—πριν από δεκαέξι, δεκαεπτά χρόνια—ήταν, σε σύγκριση με τη σημερινή, πιο δύσκολη. Δεν υπήρχαν πολλά βαγόνια, όπως υπάρχουν σήμερα. Υπήρχε μόνο ένας γερανός, και μπορεί να ήταν αλλού, οπότε δουλεύαμε με *παλάγκο*, ειδικά στις όρθιες συγκολλήσεις. Τα πράγματα ήταν γενικώς λίγο πιο δύσκολα.[31] Έπρεπε να χτίσεις το μάρμαρο, να δέσεις το μάρμαρο «γάτα», να ανεβοκατεβάζεις και να ταιριάζεις. Μάθαμε πώς να κάνουμε τις τρύπες που μας ζητούσαν οι μηχανικοί για τις ράβδους τιτανίου. Δηλαδή, έρχονταν οι μηχανικοί και σου έλεγαν, «Εδώ, εδώ κι εδώ». Πώς να μεταφέρουμε τα σημάδια από το ένα μάρμαρο στο άλλο μάρμαρο, με τα *κομπάσα*. Βάζαμε τις γωνίες απέναντι με το κομπάσο και βγάζαμε το χιαστό. Και πώς να κολλάμε το μάρμαρο. Να ταιριάζουμε πρώτα το μάρμαρο το αρχαίο με το νέο, ή το νέο με το νέο, ή το αρχαίο με το αρχαίο, όσο πιο καλά γίνεται. Ειδικά αρχαίο με αρχαίο ήθελε πιο πολλή προσοχή γιατί έπρεπε να κοιτάξουμε, πρώτα απ' όλα, να μην κάνει πολλή ζέστη και να μην κάνουμε τη συγκόλληση μέρα Παρασκευή, για να μη μείνει όλο το σαββατοκύριακο, γιατί μπορεί να έβγαζε τίποτα διαφορές. Και μετά τη συγκόλληση, τα τιτάνια και όλα αυτά, μάθαμε πώς να πελεκάμε το μάρμαρο—εντάξει, το πελέκημα ήταν εύκολο πια. Και να ισιώνουμε το νέο με το αρχαίο μάρμαρο. Αυτά!

Αφού δουλέψαμε στις συγκολλήσεις κ.λπ., το 2000 ξεκίνησε το πρόγραμμα του οπισθόναου. Ανάθεσαν στον Φραντζέσκο να βρει τρεις-τέσσερις ανθρώπους για να σχηματιστεί μια ομάδα που θα έφτιαχνε τον οπισθόναο. Κατεβάσαμε όλον τον οπισθόναο, εκτός από τις κολόνες. Μόνο οι κολόνες έμειναν. Κατεβάσαμε μέχρι και τα κιονόκρανα. Ξέρεις το ανάγλυφο που είναι εκεί, τη ζωοφόρο; Όλο αυτό. Δεν υπήρχε τίποτα τότε· το είχαμε κατεβάσει όλο. Ναι, και το εσωτερικό του. Κατεβάσαμε τα πάντα. Είχε καταστραφεί από πυρκαγιά και γενικότερα από το χρόνο. Έκαναν *ενέματα* και φτιάξανε τις κολόνες.

Ήταν απίστευτη η αίσθηση όταν αρχίσαμε να κατεβάζουμε τα αρχαία μάρμαρα, τα οποία δεν είχαν ξανακουνηθεί. Βρίσκαμε αρχαία αντικείμενα μέσα, αρχαία εργαλεία. Κάποια στιγμή ήταν πολύ άσχημη η κατάσταση, γιατί ο γερανός δεν έβλεπε [τα μάρμαρα], οπότε κάναμε όλη αυτή τη δουλειά με νοήματα. Ήταν πολύ δύσκολη η κατάσταση εκεί. Πολύ χάλια. Υπήρχαν σίδερα από κάτω για να τα πιάνουνε [τα μάρμαρα], και όταν πήγαμε να τα ξηλώσουμε, σύρανε δύο από τα σίδερα και έγειρε το ένα επιστύλιο. Είδαμε το

30 *Καμπάς*: το μάρμαρο που πρέπει να αφαιρεθεί από έναν όγκο μαρμάρου πριν αρχίσει η λεπτομερής λάξευση· μια άλλη λέξη για το άπεργο.

31 *Παλάγκο*: μικρό χειροκίνητο σύστημα ανύψωσης αντικειμένων.

επιστύλιο να κουνιέται. Βέβαια, το είχαμε προβλέψει αυτό, αλλά, επειδή τα βάρη ήταν πάρα πολύ μεγάλα, δεν ξέραμε τι θα αντιμετωπίζαμε. Δεν έγινε τίποτα. Απλώς, εντάξει, φοβηθήκαμε λίγο εμείς. Αυτό ήταν όλο. Δεν έγινε τίποτα.

Μετά απ' αυτό, κατεβάσαμε τα κιονόκρανα. ... Δεν είχαν σηκωθεί ποτέ πριν, κανείς δεν τα είχε ακουμπήσει ως τότε. Κάθε φορά που σηκώναμε ένα μάρμαρο, ήμουν πάντα ο πρώτος που έβαζα το χέρι μου από κάτω. Έφευγε το μάρμαρο κι εγώ έβαζα το χέρι μου εκεί για να μην ακουμπήσει κανείς άλλος. Οι μηχανικοί φώναζαν, «Μην ακουμπάτε!», για να το φωτογραφήσουν. Εγώ ήμουν ο πρώτος που τα ακουμπούσε. Πράγματα που κανείς δεν είχε ακουμπήσει ποτέ από... ναι, από την αρχαία εποχή! Και μια φορά σήκωσαν ένα...—στο επιστύλιο ήταν; Νομίζω σε σπόνδυλο. Αφού το σήκωσαν, φάνηκε—ήταν απίστευτο αυτό το πράγμα!—φάνηκε το ξύλινο *εμπόλιο* από κάτω![32] Το κεντρικό. Ήταν απίστευτο! Δεν μπορούσες να το ακουμπήσεις γιατί το φωτογράφιζαν από πάνω συνέχεια, και ήρθαν συντηρητές και το πήραν. Αλλά ήταν κυριολεκτικά εκπληκτικό!

Ζήτησα κάτι όταν ήμουν δώδεκα ή δεκατριών χρονών: να πάω στην Ακρόπολη. Και πήγα στα τριάντα τρία. Αλλά έγινε! Αυτό μου δίδαξε, βέβαια, ότι όταν θέλεις πάρα πολύ να πετύχεις κάτι και σου αρέσει αυτό που κάνεις, θα έρθει η ώρα που θα το πετύχεις.

Την Ακρόπολη δεν την έμαθα από τα βιβλία. Ο παππούς μου μού είχε δώσει μια ιδέα πώς ήταν εκεί πάνω, και άρχισα από κει. Βέβαια, όταν ήρθα στην Αθήνα, την είδα. Εντάξει, την είχα δει σε φωτογραφίες, αλλά στην πραγματικότητα ξεκίνησε όταν έκανα αίτηση για να δουλέψω εκεί. Στην αρχή δούλεψα ως φύλακας. Πολύ ωραία ήταν όταν ήμουν φύλακας, βέβαια, γιατί ήμουν εκεί πάνω, αλλά δεν ήταν κάτι σπουδαίο. Από τη στιγμή που ανέβηκα στην Ακρόπολη, άρχισα να εξοικειώνομαι πάνω εκεί. Τα συναισθήματα ήταν διαφορετικά. Καταρχάς, βρισκόμουν σ' ένα μέρος όπου πάνω από μένα δεν υπήρχε παρά μόνο ο ουρανός. Ανεβαίνεις εκεί πάνω και βρίσκεσαι στη φύση. Περπατάω από τον σταθμό του μετρό για να πάω στη δουλειά και ακούω τα πουλιά! Εκεί που οι άλλοι τρελαίνονται μέσα στα αυτοκίνητά τους για να πάνε στις δουλειές τους, εγώ είμαι εκεί, με τον ουρανό από πάνω μου! Κάθε πρωί, όταν φτάνω εκεί, κατά τις εξίμισι, λέω, «*Άγια Ακρόπολη!*» [*γέλια*] «*Saint Acropolis!*»

Εκείνο που μου αρέσει εμένα είναι η τοποθέτηση. Μου αρέσει να παίρνω το μάρμαρο όταν έρχεται νέο και είναι έτοιμο να τοποθετηθεί, και η στιγμή που το τοποθετούμε ή βάζουμε το τελευταίο κομμάτι με τον λοστό. Ναι, τότε νιώθω πλήρως ικανοποιημένος. Μου αρέσει πολύ τελειωμένο. Είναι σαν να βγήκε το μάρμαρο από το νοσοκομείο και τώρα είναι καλά, και το βάζουμε πίσω στη θέση του.

Ο πρώτος μου στόχος είναι να μην γίνει ζημιά. Μπορεί να είναι μια τοποθέτηση με βαριά μάρμαρα, ή μια τοποθέτηση πολύ δύσκολη, όπως η εγκατάσταση του λιονταριού στη νοτιοδυτική πλευρά. Αυτή ήταν πραγματικά δύσκολη δουλειά! Πρέπει λοιπόν να έχεις τον νου σου να μην γίνει ζημιά. Καταρχάς, για να μην χτυπήσει κανείς, και δεύτερον, να μην πάθει ζημιά το μάρμαρο. Δηλαδή, να μη γίνει ούτε γρατζουνιά. Το μυαλό σου πρέπει να είναι εκεί, γιατί είναι πολύ δύσκολο και το βάρος μεγάλο, και δεν πρέπει να σκέφτεσαι τίποτα άλλο.

Από την εμπειρία μου στην οικοδομή, το ήξερα το υλικό· ήξερα πώς είναι τα νερά του, τι θα σπάσει. Ήξερα πώς να το δουλέψω. Ήξερα πώς αντιδρά το τσιμέντο με το μάρμαρο. Ήξερα πώς να το κόψω. Σε γενικές γραμμές, το ήξερα σαν υλικό. Αλλά δεν υπάρχει σχέση. Οι δύο δουλειές δεν είναι ίδιες. Η οικοδομή έχει να κάνει με τοποθέτηση. Αλλά η οικοδομή δεν έχει καμία σχέση

32 *Εμπόλιο*: τετράγωνο κομμάτι ξύλου σφηνωμένο στο κέντρο σπονδύλων κιόνων που βρίσκονται ο ένας πάνω στον άλλον· σύνδεσμος σπονδύλων. Στο κέντρο του εμπολίου βρίσκεται ο πόλος: μια συνδετική σφήνα από σκληρότερο ξύλο.

με την Ακρόπολη. Η δουλειά εκεί είναι διαφορετική. Το μάρμαρο, σαν υλικό, το ήξερα. Δεν το φοβόμουν. Είναι άλλο να φέρεις έναν άνθρωπο που δεν το ξέρει καθόλου, και βλέπει όγκους μαρμάρου... σαν κάποιους μηχανικούς που έρχονται, βλέπουν το μάρμαρο και λένε, «Τι είναι αυτό;» Είναι διαφορετικό.

Το μάρμαρο είναι ζωντανό υλικό. Αν του ρίξεις κάτι επάνω, θα το πιει. Θα λεκιάσει. Τα μάρμαρα της Ακρόπολης μπορεί να είναι μάρμαρα, αλλά είναι πολύ μαλακά. Πλάθονται εύκολα. Είναι σαν πλαστελίνη, μπορώ να πω. Μπορείς να το πλάσεις πολύ εύκολα, κι ας είναι σκληρό. Αυτή την ωραία αίσθηση σου δίνει η δουλειά εκεί πάνω. Εμένα δεν μου φαίνονται πολύ σκληρά ή πολύ βαριά. Καταρχάς, έχουμε την εμπειρία τώρα, μετά από τόνους μαρμάρου, να το κάνουμε αυτό. Και τίποτα δεν παθαίνει, ούτε γρατζουνιά. Είναι σαν να έχουμε ένα φελιζόλ και να το γυρίζουμε γύρω γύρω. Αυτό φαίνεται και από την εμπειρία που έχουμε, αλλά κι επειδή το αγαπάμε το μάρμαρο. Το προσέχουμε πολύ, το βάζουμε σε μοκέτες για να μην γρατζουνιστεί. Για να μην σπάσουν οι κόγχες. Ένα μάρμαρο δέκα τόνους εμένα μου φαίνεται πολύ εύκολο να το παλέψω.

Όλα τα μάρμαρα της Ακρόπολης είναι από την Πεντέλη, τα αρχαία μάρμαρα. Οι ποικιλίες του μαρμάρου έχουν να κάνουν με το χρώμα. Το πράσινο μάρμαρο είναι από την Τήνο. Το μάρμαρο από τον Διόνυσο είναι πιο λευκό από άλλα μάρμαρα. Είναι εύκολο στο σκάλισμα· χρησιμοποιείται πολύ για προτομές. Δεν έχει πολύ γυαλί μέσα του, ούτε πολύ σίδερο. Δεν μπορείς να σκαλίσεις προτομή στο πράσινο μάρμαρο της Τήνου. Είναι πολύ δύσκολο μάρμαρο. Το μάρμαρο του Διονύσου έχει πολύ όμορφο χρώμα. Κι έχει υπέροχα νερά. Νομίζω ότι το αρχαίο μάρμαρο και το μάρμαρο του Διονύσου είναι σχεδόν ίδια. Δεν υπάρχει διαφορά. Αλλά εξαρτάται από το τι κομμάτια διάλεγαν οι αρχαίοι και τι διαλέγουν οι σημερινοί μαστόροι.

Ο εργοδηγός και ο προϊστάμενος του έργου μηχανικός, αλλά κυρίως ο εργοδηγός, πηγαίνουν με έναν μάστορα [στο λατομείο] για να δούνε αν [το νέο μάρμαρο] έχει κάποιον *κομμό*, αν το μέγεθος τους κάνει, το χρώμα, αν τα νερά είναι ίδια με τα αρχαία κομμάτια που [θα] έχει δίπλα.[33] Μπορεί να βρίσκεται στο βουνό ή να έχει εξορυχτεί—δηλαδή, στο λατομείο έχουν βγάλει ένα κομμάτι και μας λένε, «έχουμε ένα μάρμαρο που μπορεί να σας ενδιαφέρει». Και το μετράνε για να δουν αν τους κάνει το μέγεθος, αν τα νερά είναι εντάξει. Πρέπει να ταιριάζουν με τα νερά [του κομματιού] δίπλα του ή, αν είναι να συγκολληθεί με αρχαίο, [να ταιριάζουν] με τα νερά του αρχαίου κομματιού. Τα νερά του αρχαίου κομματιού δεν πρέπει να πηγαίνουν από τη μία και τα νερά του νέου κομματιού από την άλλη. Κατάλαβες;

Όταν πήγα στην Ακρόπολη το 1998, αν και εκπληρώθηκε ένα όνειρο, η πιάτσα έξω είχε πάρα πολλή δουλειά με πολλά λεφτά. Γινότανε χαμός! Η αλήθεια είναι ότι μου πέρασαν σκέψεις από το μυαλό, ότι έξω η πιάτσα έχει πολύ χρήμα και τι κάνουμε εμείς εδώ, με έναν μισθό... Αλλά σταμάτησα να το σκέφτομαι, και πέρασε ο καιρός. Αποδείχτηκε ότι εκείνο το πρωινό που ο παππούς μου μού μίλησε για την Ακρόπολη ήταν καθοριστικό για όλη μου τη ζωή. Διότι είμαι αυτή τη στιγμή ένας από τους ευλογημένους που βρίσκονται εκεί πάνω. Είμαι ευλογημένος επειδή είμαι εκεί πάνω και απολαμβάνω τον ναό, κι έχω και μια καλή οικογενειακή ζωή. Γιατί η σταθερότητα της οικογένειας παίζει μεγάλο ρόλο. Όπως και η σταθερότητα της δουλειάς.

Θέλω να δουλέψω μέχρι που να μην μπορώ πια. Δεν ξέρω για πόσο καιρό θα μπορώ να δουλεύω. Μέχρι να βγω στη σύνταξη; Μου φαίνεται πολύ μακρινό αυτό. Δεν το βλέπω να συμβαίνει, έτσι κι αλλιώς, με τα οικονομικά δεδομένα, έτσι όπως είναι τα πράγματα στη χώρα μας. ... Δεν ανησυχώ για το πότε θα

33 *Κομμός*: μικρό ψεγάδι ή ράγισμα στο μάρμαρο.

σταματήσω να δουλεύω γιατί δεν θέλω να σταματήσω να δουλεύω εκεί πάνω.

Είμαι πολύ απαισιόδοξος γιατί δεν βλέπω φως στην άκρη [του τούνελ]. Δεν ξέρω… αλλά δεν βλέπω τίποτα αισιόδοξο. Γενικά, έχω σταματήσει να ασχολούμαι με τα πολιτικά, με τα κομματικά, με το τι γίνεται. Δεν βλέπω ειδήσεις. Είμαι πιο ήρεμος έτσι. Βοηθάω όπου μπορώ και όπου νομίζω ότι μπορώ να βοηθήσω. Δεν μπορώ να κάνω κάτι άλλο πέρα απ' αυτό. Δεν ξέρω αν είναι καλό ή κακό αυτό που νιώθω, αλλά έτσι το νιώθω. Έχω δύο παιδιά· το κορίτσι είναι δεκατριών και το αγόρι εννιά. Δεν είναι ωραίο που το λέω, αλλά εγώ θα ήθελα να φύγουν στο εξωτερικό. Είναι πολύ δύσκολο αυτό, βέβαια, αλλά δεν βλέπω μέλλον εδώ, δεν βλέπω φως.

Πιστεύω όμως ότι ο Παρθενώνας σού δίνει ευεξία. Σου δίνει… δεν ξέρω αν ισχύει… αυτό που λένε για την ενέργεια. Δεν ξέρω. … Είναι εκπληκτικό πόσο κόσμο βλέπουμε [εκεί πάνω] κάθε μέρα. Τους πάντες! Ναι, κάθε λογής ανθρώπους: λευκούς, μαύρους, Κινέζους, μουσουλμάνους, στρέιτ, γκέι, τα πάντα, τα πάντα. Και νέους, και γέρους, τους πάντες! Θέλω να πω, δεν υπήρχε περίπτωση να το δω αυτό ποτέ στη ζωή μου. Το σκέφτομαι αυτό πολλές φορές και λέω, δεν είναι δυνατό, πόσο κόσμο έχουν δει τα μάτια μου. Εκατομμύρια κόσμο!

Βλέπεις ανθρώπους που σταματούν και σε κοιτάζουν την ώρα που δουλεύεις. Υπάρχουν άλλοι που ούτε καν κοιτάζουν το μνημείο. Δηλαδή, μπορεί να βγάλουν μια σέλφι και το μνημείο να μην φαίνεται καν. Ούτε που το βλέπουν. Στέκονται ανάποδα. Νομίζω ότι αυτοί οι άνθρωποι είναι άσχετοι. Δεν έχουν ιδέα. Πάνε μόνο και μόνο για λένε ότι πήγαν στην Ακρόπολη, κι αυτό είναι όλο. Αλλά υπάρχουν άλλοι άνθρωποι που κοιτάζουν προσεκτικά και σταματούν για να δουν ένα μάρμαρο που ανυψώνουμε ή τουμπάρουμε. Βλέπεις ότι ο κόσμος ενδιαφέρεται πώς το κάνουμε αυτό.

Νομίζω ότι μόνο οι ξένοι και όχι εμείς που ζούμε εδώ [οι Έλληνες] καταλαβαίνουν τι σημαίνει Ελλάδα. Εγώ το καταλαβαίνω αυτό. Θέλω να πω, πριν πάω στην Ακρόπολη, δεν τα καταλάβαινα, όλα αυτά που λέμε για τους αρχαίους. Δεν μπορείς να το καταλάβεις τόσο έντονα, αν δεν πας εκεί για να δεις το βάθος του χρόνου, το πέρασμα του χρόνου. Γιατί οι αρχαίοι, παρόλο που έζησαν τόσους αιώνες πριν, ήταν πολύ πιο μπροστά από εκεί που είμαστε εμείς τώρα. Παρότι έχει περάσει τόσο πολύς καιρός, εξακολουθούν να είναι μπροστά από εμάς.

ΦΡΑΝΤΖΕΣΚΟΣ ΑΛΕΞΟΠΟΥΛΟΣ

Στην αυλή του σπιτιού του, στην Τήνο

Όπως και για όλους οι άλλους που σας έδωσαν πληροφορίες και συνεντεύξεις, τα ίδια ισχύουν και για μένα: όλοι από δω ξεκινήσαμε, ένα μεγάλο ποσοστό τελειώσαμε τη Σχολή της Τήνου, και για την Ελλάδα αυτό είναι σπουδαίο εφόδιο. Τώρα υπάρχει ένα προεδρικό διάταγμα που ορίζει να δίνεται προτεραιότητα στους νέους που βγαίνουν από τη Σχολή. Αυτό είναι πολύ καλό. Πριν από τη Σχολή, υπήρχαν παλιότεροι, μεγαλύτεροι σε ηλικία γλύπτες που δεν είχαν βγάλει τη Σχολή και οι οποίοι ήταν επίσης εξαιρετικοί τεχνίτες. Ίσως καλύτεροι από εμάς. Όχι ίσως… Υπήρχαν πολλοί που ήταν πολύ καλύτεροι απ' ό,τι είμαστε εμείς. Μιλάμε τώρα για Τηνιακούς, έτσι; Έχουν πεθάνει πια όλοι τους. Ήταν μεγάλοι. Και πρέπει να τους αναφέρουμε κι αυτούς. Υπήρχαν, φυσικά, και άλλοι καλοί τεχνίτες από άλλα μέρη. Δεν ήταν μόνο από την Τήνο. Υπήρχαν τεχνίτες που δεν είχαν σχέση με την Τήνο. Αλλά, κοίτα, δεν θέλω να αναφέρω ονόματα για να μην αδικήσω εκείνους που θα ξεχάσω. Αν είχες χρόνο, θα σε πήγαινα να δεις τον γεροντότερο, είναι ενενήντα δύο χρονών. Ζει εδώ, στη Χώρα. Είναι γαμπρός μου, ο Μάρκος Σκαρής. Δούλεψαν πολλοί Σκαρήδες στην Ακρόπολη.

Λοιπόν, λέγαμε για τους Τηνιακούς γλύπτες. Κάποια εποχή, στα τρία βασικά συνεργεία—στον Παρθενώνα, στο Ερέχθειο και στα Προπύλαια—ήμασταν κάπου εβδομήντα πέντε άνθρωποι, αν θυμάμαι καλά. Γνήσιοι Τηνιακοί, που είχαμε γεννηθεί στην Τήνο, εννοώ· περίπου εβδομήντα πέντε άτομα. Ήταν ένα διάστημα από τα τέλη της δεκαετίας του '80 μέχρι τις αρχές της δεκαετίας του '90. Μετά, άρχισαν σιγά σιγά να αραιώνουν.

Εδώ υπήρχε μια παράδοση, ειδικά στα χωριά τα δικά μας. Ανέκαθεν, από μωρά παιδιά, το πρώτο μας παιχνίδι ήταν μια πρόκα—δεν είχαμε άλλο εργαλείο—και αράζαμε καθισμένοι στις μαρμάρινες πλάκες. Αυτός είναι ο λόγος που σ' όλα τα χωριά έξω από τη Χώρα βρίσκεις παντού χαραγμένα ονόματα. Ακόμα και οι μεγάλοι χάραζαν τα ονόματά τους, πάντα μαζί με τη χρονολογία. Μέχρι και στον δρόμο. Στα παλιά μονοπάτια, ανάμεσα στον Πύργο και στον Μαρλά, ας πούμε, ή ανάμεσα στον Πύργο και στα Υστέρνια, όταν πας με τα πόδια, βλέπεις εκατοντάδες ονόματα γραμμένα.

Όσοι από εμάς είχαν πάει σχολείο και ήξεραν γράμματα, γράφαμε τα ονόματά μας, καλλικατζούρες, αναλόγως με τον χαρακτήρα του καθενός. Αυτή ήταν η πρώτης μας επαφή. Με μια πρόκα και οτιδήποτε έπεφτε στα χέρια μας. Μιλάμε για παιδάκια εφτά, οχτώ χρονών, άντε δέκα. Μετά, σιγά σιγά βλέπαμε τι έκαναν οι μεγάλοι. Βρίσκαμε κάποιο εργαλείο και κάναμε ότι δουλεύουμε, ότι σκαλίζουμε. Εγώ ήμουν στον Μαρλά. Ήταν δύσκολο για μας τότε να πάμε στα σχολεία, στα γυμνάσια. Δεν υπήρχε πρόσβαση. Πολλά παιδιά αδικήθηκαν. Πάρα πολλά. Κι εγώ είχα διακριθεί στα γράμματα, αλλά... δυστυχώς ήταν μια εποχή που τα χέρια μας ήταν δεμένα.

Είχα θείους, ξαδέρφια που ήταν μαρμαράδες. Σχεδόν όλοι τους έχουν πεθάνει πια. Μερικοί απ' αυτούς ζουν ακόμα. Κάνα-δυο νομίζω ότι δούλεψαν στην Ακρόπολη. Πολύ παλιά. Αλλά για μικρό διάστημα, και σαν ιδιώτες. Δεν είχαμε μαρμαράδικα στον Μαρλά. Όποτε κατέβαινα στον Πύργο, πήγαινα στα μαρμαράδικα. Όταν ήμουν με τον πατέρα μου—θα ήμουν τότε δέκα, δώδεκα χρονών–, ξέφευγα λιγάκι και πήγαινα εκεί και χάζευα.

Στη Σχολή είχα έναν σπουδαίο δάσκαλο, τον μπάρμπα-Γιάννη τον Φιλιππότη. Ήξερε πώς να μάθει τη δουλειά στον μαθητή. Ήταν λίγο αυστηρός—ή μάλλον πολύ αυστηρός–, αλλά προσπαθούσε να κάνει τους μαθητές να αγαπήσουν τη δουλειά, να τους δώσει σωστές αρχές. Και γι' αυτό οι μαθητές του, ακόμα και όσοι στη συνέχεια δεν ακολούθησαν τη μαρμαρογλυπτική—δηλαδή, εκείνοι που πήγαν σε οικοδομή, όπως κι εγώ για μεγάλο διάστημα—ξεχώρισαν, διακρίθηκαν. Είχαν πάρει καλές αρχές.

Θα σου πω μια ιστορία. Ήταν άνοιξη και οι καθηγητές μάς είχαν πει ότι θα πηγαίναμε εκδρομή την επομένη. Όσοι ερχόμασταν από τα γύρω χωριά, φέρναμε κάθε μέρα μαζί μας φαγητό—το κολατσιό μας. Όχι όσοι ήταν από τον Πύργο· εκείνοι έτρωγαν στα σπίτια τους. Οι καθηγητές τούς είπαν, «Να φέρετε κι εσείς φαγητό μαζί σας γιατί θα πάμε εκδρομή». Ξέραμε πως όταν πηγαίναμε εκδρομή, έρχονταν μαζί μας όλοι οι καθηγητές, εκτός από τον Φιλιππότη. Εκείνο το πρωινό, λοιπόν, είδαμε τον δάσκαλο της γλυπτικής να έρχεται μόνος. Υπήρχαν τρεις τάξεις τότε. Μαζευτήκαμε στα γρήγορα και είπαμε μεταξύ μας, «Παιδιά, κανείς να μην μπει για μάθημα. Μας έταξαν εκδρομή και τώρα έρχεται μόνος του, πράγμα που σημαίνει ότι δεν θα πάμε εκδρομή». Ο καθηγητής, ο διάσημος Παράσχος, ανέβηκε τα σκαλιά. Είχε τη συνήθεια όταν οι καμπάνες του Άι-Δημήτρη χτυπούσαν οχτώ να ανεβαίνει τα σκαλιά και να κάνει αυτό [*χτυπάει παλαμάκια*], σήμα για να μπούμε στις τάξεις. Εμείς στεκόμασταν ακίνητοι κάτω από το πεύκο. Κανείς δεν μπήκε μέσα.

Ο καθηγητής βγήκε δεύτερη φορά. Την τρίτη φορά, δύο παιδιά μπήκαν μέσα—ένα κορίτσι που είχαμε στην τάξη και ένα από τα ξαδέρφια μου. Ο καθηγητής έκανε μάθημα μόνο με αυτούς και τελείωσε. Μετά, ήρθε ο φιλόλογος, ο Καίσαρης (επίσης πολύ καλός καθηγητής) και έκανε το ίδιο. Έτσι, τελείωσε το μάθημα στις δώδεκα, με μόνο δύο μαθητές στην τάξη, και έφυγε κι αυτός. Εμείς καθόμασταν εκεί πέρα, παιδιά από τον Πύργο και τα γύρω χωριά. (Μικρά παιδιά! Εγώ πρέπει να ήμουν δεκαπέντε χρονών τότε.) Φάγαμε το μεσημεριανό μας και παίζαμε. Και είπαμε μεταξύ μας, «Παιδιά, δεν θα μπούμε μέσα ούτε για τον Φιλιππότη! Ακόμα κι αν έρθει, εμείς δεν θα μπούμε μέσα. Δεν θα μπούμε!»

Αμέσως μετά είχαμε μάρμαρο. Το μάθημα του Φιλιππότη άρχιζε στη μία η ώρα. Στη μία ακριβώς βλέπουμε τον Φιλιππότη να έρχεται. Δεν είχε μαλλιά καθόλου και γυάλιζε η κεφαλή του. Τον είδαμε εκεί κάτω, στο νεκροταφείο, να στρίβει τη γωνία. Με το που τον είδαμε, αυτομάτως, λες και μας είχε αρπάξει ένα αόρατο χέρι, σαν κουρδισμένοι, τρέξαμε μέσα... Μπήκαμε στην αίθουσα του μαρμάρου και αρχίσαμε *ντάγκα-ντούγκα, ντάγκα-ντούγκα*! [*μιμείται το σφυροκόπημα*]

Γιατί ήταν πολύ αυστηρός! Αρχίσαμε να βαράμε, πριν μπει μέσα. Και όταν μπήκε φώναξε, «Σκασμός!» [*μιμείται τη φωνή του Φιλιππότη*] Μερικά παιδιά συνέχισαν να βαράνε. «Είπα, σκασμός!» [*γέλια*] Σας τα λέω όπως έγιναν, δηλαδή σαν να τα βλέπω τώρα που μιλάμε.

Πού να σηκώσουμε κεφάλι μετά απ' αυτό! Δε σηκώσαμε κεφάλι· για δύο ώρες, μόνο το *ντάγκα-ντούγκα* ακουγόταν εκεί μέσα. Ούτε προς νερού μας δεν μπορούσαμε να πάμε! Θέλω να σου πω, τι αυστηρός που ήτανε!

Με τους καλούς μαθητές ήταν καλός, με τους δύσκολους ήτανε... ε, έπεφτε και λίγο ξύλο. Άλλοι καιροί τότε. Τα παιδιά ήταν δύσκολα, κακομαθημένα, σκληρά—πολλά απ' αυτά. Και έπρεπε με κάποιον τρόπο να τα τιθασεύσει. Δεν μπορούσε να κάνει αλλιώς.

Ο πρώτος όγκος [μαρμάρου] που μας έδωσε [ο Φιλιππότης] ήταν ένα κομμάτι περίπου τόσο [*δείχνει με τα χέρια του το μέγεθος*], μισό μέτρο επί μισό και σε πάχος τόσο περίπου. Στην αρχή χτυπάγαμε τα χέρια μας, τα πληγώναμε. Σχεδόν κανένα από εμάς τα παιδιά δεν ήξερε [τι του γινόταν]—όχι σχεδόν· κανένα. Στη συνέχεια, όσο περνούσε ο καιρός, άρχισε το χέρι μας και έστρωνε—σε έναν μήνα, σε λιγότερο από μήνα; Δεν θυμάμαι τώρα... ίσως περισσότερο από μήνα.

Μετά έλεγχε τη δουλειά μας με την πήχη. Έβαζε την *πήχη* πάνω [στο μάρμαρο που είχε ο καθένας μας] και έβλεπε ότι τα πηγαίναμε καλά. Ήμασταν σίγουροι ότι μετά απ' αυτό θα προχωρούσαμε σε κάτι δυσκολότερο. Και τότε ο Φιλιππότης έλεγε, «Ξανά! Άντε μία ακόμα. Θα στρώσουμε όλη την επιφάνεια». «Τι πράμα;!» Βαθιά μέσα μου, ένιωθα απογοήτευση. «Αφού είμαι καλός, γιατί με βάζει να το ξανακάνω;» Γιατί το έκανε; Αυτός παρατηρούσε το χέρι μας. Πώς πάει το χέρι. Δεν τον ενδιέφερε το αποτέλεσμα [της άσκησης]. Αν το χέρι δεν είχε πάρει ακόμα τον ρυθμό, μας έβαζε να το κάνουμε ξανά! Έλεγε, «Κι άλλο! Κι άλλο!» Μέχρι το χέρι να πάρει τον ρυθμό. Ήθελε τη σιγουριά. Και μόλις έβλεπε—αργότερα καταλάβαμε τον λόγο—ότι το χέρι είχε πάρει τον ρυθμό που έπρεπε, τότε μόνο προχωρούσαμε και μας έδινε να κάνουμε κάτι πιο δύσκολο.

Ποτέ δεν με τιμώρησε. Και αργότερα στο εργαστήριο που πήγαινα μαζί του, δεν είχα παράπονο. Ήταν πολύ καλός. Κι εκεί ήταν αυστηρός, αλλά με τον τρόπο του. Εκεί, όπου πλέον πληρωνόμασταν λίγα χρήματα, ένιωθα κάποια υποχρέωση να δουλεύω πιο γρήγορα. Δεν ήθελα να καθυστερώ καθόλου. Όχι ότι μας πίεζαν, απλώς εγώ το αισθανόμουν έτσι. Έπρεπε να είσαι παραγωγικός εκεί. Ενώ στη Σχολή ήμουν εντελώς ελεύθερος. Αλλά [το εργαστήριο] ήταν μία συνέχεια της Σχολής. Σίγουρα γινόσουν όλο και καλύτερος όσο περνούσε ο καιρός. Δηλαδή, αν κάποιος σου δίνει κάτι και το κάνεις καλά, μετά σου δίνει κάτι πιο δύσκολο. Στη δουλειά, ο Φιλιππότης ήταν αυστηρός. Αλλά σαν άνθρωπος, ήταν πολύ καλός. Αυτά για την περίοδο από το 1958 μέχρι το 1961 που ήμουν στη Σχολή, και από το 1961 μέχρι το 1964, περίπου τρία χρόνια, που ήμουν στο εργαστήριο.

Το 1964, πήγα στην Αθήνα. Οι δουλειές ήταν πεσμένες και όλοι πήγαιναν στην Αθήνα. Όχι μόνο από εδώ· απ' όλη την επαρχία πήγαιναν στην Αθήνα. Έτσι έγινε η Αθήνα τα χάλια της. Όλοι πήγαιναν εκεί. «Θα πάμε Αθήνα, θα πάμε Αθήνα!»—λες και ήταν η γη της επαγγελίας. Εντάξει, δεν χωρούσε πολλούς η επαρχία. Αυτή είναι η αλήθεια. Υπήρχε ανεργία, οι δουλειές ήταν περιορισμένες και οι άνθρωποι αναγκάζονταν να φύγουν.

Εγώ είχα κι ένα στήριγμα. Ήμουν από τους προνομιούχους γιατί ήταν η αδερφή μου στην Αθήνα και έμενα μαζί της. Πολλά παιδιά πήγαιναν στο άγνωστο με βάρκα την ελπίδα. Μόνα τους. Νοίκιαζαν όλοι μαζί κάτι δωματιάκια εκεί πέρα. Τρία, τέσσερα, πέντε άτομα μαζί.

Συνήθως πηγαίναμε συστημένοι, ή πρώτα βρίσκαμε δουλειά και μετά πηγαίναμε. Κάποιος συγγενής έπιανε έναν γνωστό του και του έλεγε, «Έχεις καμιά δουλειά για το ανιψάκι μου;» Πάντα έβρισκες δουλειά. Δεν υπήρχε περίπτωση να μη βρεις. Όλη η οικονομία της Ελλάδας είχε συγκεντρωθεί στην Αθήνα. Οικοδομές, εργοστάσια... Αργότερα, όλα αυτά σταμάτησαν, βέβαια.

Ήταν περίπου μία δεκαετία μετά τον πόλεμο. Γιατί ο πόλεμος ουσιαστικά τελείωσε το 1950—ο εμφύλιος. Δεν ήταν μόνο οι Γερμανοί. Ο εμφύλιος ήταν πολύ χειρότερος πόλεμος. Ε, μετά από κάθε πόλεμο αρχίζει μια κάποια ανάπτυξη. Το κακό ήταν ότι η ανάπτυξη έγινε σε λάθος κατεύθυνση. Χάλασαν όλη την Αθήνα, την ωραία Αθήνα, που ήταν μια πανέμορφη πόλη. Εγώ την πρόλαβα λίγο. Θυμάμαι αρκετά πράγματα, βέβαια. Έχω ακούσει και από άλλους, και έχω διαβάσει πώς ήταν η Αθήνα και πώς την κατάντησαν. Όλα τα νεοκλασικά τα έκαναν πολυκατοικίες. Τα έκαναν κουτιά. Η βιομηχανία άρπαζε ό,τι μπορούσε. Ήταν η πρώτη περίοδος του Καραμανλή. Ο Καραμανλής είχε δύο περιόδους. Η δεύτερη ήταν μετά τη μεταπολίτευση [το 1974], και τότε ήταν πολύ διαφορετικός απ' ό,τι ήταν στην πρώτη. Κατά την πρώτη περίοδο υπήρχαν συνέχεια πολιτικές αναταραχές, πολιτικές ανακατατάξεις. Εκείνη την εποχή, το παλάτι ανακατευόταν σε όλα. Η Ελλάδα ήταν μπάχαλο. Κυβερνήσεις έπεφταν, κυβερνήσεις ανέβαιναν· πάντα οι ίδιες, βέβαια.

Και συνεχίστηκε έτσι. Οι κυβερνήσεις έβρισκαν λεφτά και έδιναν για την Ακρόπολη. Αλλά τα έδιναν ασύστολα, άσκοπα, χωρίς πρόγραμμα.

Στην Ακρόπολη ήταν να πάω το 1970-1971, κάπου εκεί, δεν θυμάμαι ακριβώς. Όμως κάτι έγινε με τον μισθό μου τότε [και δεν τα βρήκαμε]. Ήταν διαφορετικά εκείνα τα χρόνια. Ο μισθός ήταν λίγος και την τελευταία στιγμή δεν πήγα. Αλλά το '84 πήγα πιο πολύ για την ασφάλεια, για την κοινωνική ασφάλιση.

Και ήθελα να πάω. Δηλαδή, αυτή ήταν η επιθυμία μου. Πέρα από την ασφάλιση που χρειαζόμουν, είχα και—πώς να το πω;—μεγάλη λαχτάρα να δουλέψω στην Ακρόπολη. Γιατί είναι ένα μνημείο ιστορικό. Όχι απλώς ιστορικό· ιστορικότατο! Ήθελα να αποκτήσω κάποιες εμπειρίες από κει. Επειδή αποδείχθηκε ότι ήταν σχολείο η Ακρόπολη. Μεγάλο σχολείο. Εγώ, παρότι είχα τις εμπειρίες που είχα, όταν πήγα εκεί ήμουν σαν τυφλός. Κι όχι μόνο εγώ, όλοι το ίδιο λέγαμε αργότερα. Μάθαμε πάρα πολλά εκεί πέρα.

Τότε που πήγα εκεί, το έργο ήταν στις προεργασίες. Στον Παρθενώνα [τα κομμάτια] ήταν ακόμα κάτω, στο δάπεδο. Εμείς ρίξαμε τα μπετά, στήσαμε τον γερανό και μετά άρχισε το πρόγραμμα της αναστήλωσης. Οι προεργασίες κράτησαν δυο-τρία χρόνια. Έπρεπε να συγκεντρώσουμε όλο το υλικό, τα μάρμαρα που ήταν διάσπαρτα, σκορπισμένα παντού, και να τα φέρουμε κοντά, να στήσουμε τους γερανούς—δύο ήταν οι γερανοί, ο εσωτερικός και η γέφυρα από κάτω. Ο άλλος γερανός, ο εξωτερικός, ήρθε αργότερα, λίγο πριν φύγω εγώ.

Βρίσκαμε κομμάτια που έπρεπε να τα

ταιριάξουμε μεταξύ τους, να δούμε πώς συμπίπτουν—ήταν όλα διασκορπισμένα. Έπρεπε να ψάχνεις για τα κομμάτια που έλλειπαν. Να καταλάβεις ποιο πήγαινε πού. Να θυμάσαι τα σπασίματα. Έβρισκες ένα κομμάτι και έπρεπε να θυμάσαι αν ταίριαζε με κείνο το άλλο που είχες βρει δυο μέρες πριν, δέκα μέρες πριν, τις προάλλες. Εμπειρία ήταν κι αυτό.

Η αναστήλωση ήταν πολύ σημαντικό μάθημα. Και η μεταφορά των μαρμάρων, όλα αυτά. Πώς θα σηκώσουμε ένα κομμάτι, πώς θα το μεταφέρουμε, πώς θα το στρίψουμε, πώς το ένα, πώς το άλλο, χιλιάδες πώς! Με ένα καινούριο κομμάτι μάρμαρο, όταν είναι ασύμμετρο, δεν σε νοιάζει. Μπορείς να το τουμπάρεις επιτόπου. Ενώ το αρχαίο θέλει χίλιες προφυλάξεις. Πώς θα το σηκώσεις, σε ποιο σημείο θα φτάσει το *σαμπάνι* για να αρχίσει να γέρνει, σιγά σιγά, για να μη φύγει μια φλοίδα τόση δα, να μη μαδήσει, για να μην συμβεί το ένα, να μη συμβεί το άλλο... Προστατευτικά μέτρα!

Το πού θα βάλεις το λουρί [για τη μεταφορά] στο μάρμαρο πρέπει να το δεις στην πράξη. Δεν μπορεί να εξηγηθεί με λόγια. Εξαρτάται από την ιδιοτροπία των μαρμάρων. Δεν είναι όλα τα μάρμαρα ίδια. Ένα μπορεί να είναι σπασμένο και να θέλει το σαμπάνι σε διαφορετικό σημείο. Ένα άλλο μπορεί να είναι ακέραιο. Συνήθως το σαμπάνι πηγαίνει στο κέντρο, έτσι ώστε, όταν το κομμάτι σηκωθεί, να μην μετακινηθεί το βάρος του απότομα. Με άλλα λόγια, πρέπει κάπως να το βοηθήσεις—και μιλάμε για όγκους τώρα, δεν μιλάμε για μαρμαράκια. Πάνω από δέκα τόνους. Έτσι ώστε, όταν το μάρμαρο σηκωθεί και είναι να πατήσει κάτω, να μην χτυπήσει δυνατά στο έδαφος. Γιατί μπορεί να πάθει ζημιά! Το σαμπάνι πρέπει να είναι λιγάκι πιο δω από το κέντρο, προς το σημείο όπου το μάρμαρο είναι να κάτσει, για να το φρενάρει κάπως. Και μετά πάλι, πρέπει να μετακινήσεις το σαμπάνι λίγο προς τα δω, για να το βοηθήσεις να σηκωθεί πιο εύκολα. Συνήθως το βοηθάμε με τα χέρια, για μεγαλύτερη ασφάλεια, έτσι ώστε να πάρει τη σωστή κλίση. Στη συνέχεια, το κρατάει ο γερανός, με σιγουριά. Μετά, θέλουν προσοχή οι κόγχες κάτω, εκεί που θα προσγειωθεί το μάρμαρο. Γιατί όλο αυτό το βάρος μπορεί να προκαλέσει φθορές.

Βέβαια, το ελέγχουμε καλά πριν το κατεβάσουμε. Θυμάμαι μια φορά κατεβάζαμε έναν σπόνδυλο από τον πρόναο. Είχαμε δει ότι είχε προβλήματα πολλά, σπασίματα αρκετά, και ήταν ψηλά επάνω. Και τον περιζώσαμε, τον σφίξαμε με εντατήρες και άλλα τέτοια, για να μην μείνει στον αέρα και πάθει καμιά ζημιά. Μόλις τον κατεβάσαμε κάτω και βγάλαμε τους εντατήρες, άνοιξε όλος! Αλλά το ξέραμε, ήμασταν σίγουροι ότι θα άνοιγε. Έτσι δεν έπεσε στο μπετό, είχαμε πάρει τα μέτρα μας, είχαμε βάλει γύρω γύρω χοντρά ξύλα και σφουγγάρια. Αυτός ο σπόνδυλος διαλύθηκε στα χέρια μας κι έγινε εκατόν ογδόντα πέντε κομμάτια! Και μετά απ' αυτό, έπρεπε να συναρμολογηθεί ξανά. ... Γι' αυτό βάζεις κωδικούς σε κάθε κομμάτι, και μετά, ξέρεις, οι κωδικοί σε καθοδηγούν.

Θυμάμαι ότι εκείνες τις μέρες είχε έρθει επίσκεψη ο τότε Πρόεδρος της Ελληνικής Δημοκρατίας, ο Στεφανόπουλος. Τον πήγαν στον Παρθενώνα και του έκαναν ξενάγηση. Σταμάτησε εκεί που δουλεύαμε και ρώτησε πόσα κομμάτια ήταν όλα αυτά. Όταν του είπα ότι ήταν εκατόν ογδόντα πέντε κομμάτια, έμεινε έκθαμβος.

Εγώ ήμουν συνήθως στις συγκολλήσεις. Εντάξει, ο καθένας είχε τον τομέα του. Την εποχή που έφυγα—χωρίς να υπερβάλω—τα μισά μάρμαρα είχαν περάσει από τα χέρια μου. Γιατί δούλευα μόνο εκεί, στην ομάδα των συγκολλήσεων. Για ένα μεγάλο διάστημα δούλεψα με τον Δημήτρη Φώσκολο—πολύ καλός συνεργάτης και καλός χαρακτήρας. Με τον Ιωσήφ Αρμάο—έχει ένα σπίτι που είναι σαν μουσείο στην Καλλονή. Με ποιον άλλο; Τον Μιχάλη Τζανουλίνο.

Υπήρχαν παλιοί μαστόροι—τώρα αλλάζω θέμα—αξιόλογοι σε μεγάλο βαθμό, που είχαν βρει κάποιους τρόπους δικούς τους για να φτιάχνουν κάτι και που τους πήραν [τους τρόπους] μαζί τους στον τάφο. Ήταν ένας στον Πύργο, πάρα πολύ καλός. Όταν εγώ πήγαινα στη Σχολή, αυτός ήταν γέρος. Δούλευε ακόμα. Είχε βρει έναν τρόπο να χρωματίζει το μάρμαρο. Δεν το έβαφε. Είχε τη δική του τεχνοτροπία. Σκάλιζε κάτι μήλα και τα χρωμάτιζε, και νόμιζες ότι ήταν αληθινά μήλα! Τόσο ωραία! Ο Κουσκουρής. Ο γέρος, όχι ο γιος του που ήταν αργότερα στη Σχολή. Πώς το χρωμάτιζε, δεν ξέρω. Πήρε το μυστικό μαζί του. Ήταν και πολλοί άλλοι που έκαναν κάτι [ξεχωριστό] και δεν έλεγαν τίποτα γι' αυτό, γιατί είχαν την εντύπωση ότι θα έχαναν δουλειά αν κάποιος άλλος μάθαινε πώς το έκαναν. Ενώ όταν μαθαίνεις κάτι, πρέπει να το μεταδίδεις στον άλλο. Για να υπάρχει αυτή η συνέχεια! Εγώ, αυτά που έμαθα… Πήγαμε στην Ακρόπολη, είχαμε πάρει όλοι σειρά, και οι επόμενοι και οι προηγούμενοι, ήμασταν—για το πω λαϊκά—κουτορνίθια, τυφλοί. Παρόλο που ήμασταν τεχνίτες. Μάθαμε πολλά εκεί, πάρα πολλά. Αυτά που έμαθα, προσπαθούσα να τα μεταδώσω στον άλλον. Γιατί να τα κρατήσω για τον εαυτό μου; Να τα κάνω τι; Στην Ακρόπολη και γενικά. Γιατί να τα κρατήσω για τον εαυτό μου; Γιατί να μην δείξω σε άλλους πώς να κάνουν το ένα και το άλλο; Είναι καλύτερα να τους αφήσω να κάνουν ζημιά;

Να σου φέρω ένα παράδειγμα. Δούλεψα και στα λατομεία για ενάμιση χρόνο, έχω κι από εκεί εμπειρία. Μια μέρα, στην Ακρόπολη, πήγε κάποιος να κόψει ένα μάρμαρο. Είχε κάνει κάτι τρύπες με ανορθόδοξο τρόπο, τέτοιες που το μάρμαρο θα έσπαγε. Με την εμπειρία που είχα από το λατομείο, ήξερα τι έπρεπε να γίνει. Του είπα [τι να κάνει] και το μάρμαρο άνοιξε σωστά! Δηλαδή, τι; Έπρεπε να τον αφήσω να σπάσει το μάρμαρο; Τι θα κέρδιζα με αυτό; Θα χαιρόμουν; Δεν είναι τίποτα· απλή εμπειρία είναι, τίποτα σπουδαίο. Αλλά αν δεν ήθελα να μεταδώσω τη γνώση μου σε κείνον, το μάρμαρο θα είχε σπάσει. Δεν είναι καλό να λες στον άλλον αυτό που γνωρίζεις;

Ας πούμε ότι έχουμε έναν όγκο—φαντάσου ότι αυτό εδώ είναι ένα μάρμαρο [*δείχνει το τραπέζι μπροστά του*]—και θέλουμε να το κόψουμε στα δύο. Ένα μέτρο πάχος, όσο είναι αυτό. Ανοίγουμε τρύπες κατά διαστήματα και υπάρχουν κάτι ειδικές σφήνες και ειδικά πέταλα. Τα πέταλα είναι αυτά που μπαίνουν στο πλάι για να βάλεις τη σφήνα μέσα, όχι σκέτη. Τι έκανε εκείνος; Έβαζε μέσα τη σφήνα σκέτη. Αυτό έκανε! Το μάρμαρο θα έσπαγε! Δεν θα άνοιγε. Με άλλα λόγια, εκεί που χτυπάς τη σφήνα με το σφυρί, το μάρμαρο θα σπάσει, δεν θ' ανοίξει, δεν θα κοπεί. Και υπάρχουν κάτι ειδικά σίδερα που μπαίνουν στο πλάι, στην τρύπα. Ένα πάει εδώ και το άλλο εκεί, και η σφήνα πάει στη μέση. Και όπως χώνεται η σφήνα, αυτά τα πέταλα είναι κωνικά, χοντρά κάτω και προς τα πάνω στενεύουν. Το αντίθετο από τη σφήνα, που είναι στενή κάτω. Και χτυπάς όλες τις σφήνες μαζί. Πέντε, έξι, όσες χρειάζεται να βάλεις, μέχρι δέκα, αναλόγως το μήκος. Μία-μία και το μάρμαρο ανοίγει. Μπορεί να πας και κόντρα στα νερά. Δεν υπάρχει πρόβλημα. Μόνο που αν είναι να πας κόντρα στα νερά, μπορεί να χρειαστούν περισσότερες σφήνες. Δηλαδή, ενώ σ' ένα σημείο κανονικά βάζεις τρεις, όταν είναι να πας κόντρα στα νερά, μπορεί να χρειαστείς πέντε.

Όλα είναι εύκολα και όλα είναι δύσκολα. Δεν ξέρω. Ας πούμε, πριν ξεκινήσουμε—για τον οπισθόναο μιλάω τώρα—όταν ανεβαίναμε καμιά φορά πάνω, από τον μιναρέ, και βλέπαμε τα καμένα κομμάτια που ήταν τελείως διαλυμένα, λέγαμε, «Ποιος θα 'ναι ο τυχερός που θα τα φτιάξει αυτά;» Το λέγαμε ειρωνικά, φυσικά. Και έδειχναν εμένα! Αυτό ήταν ένα… τι ήταν; Νομίζω πως ήταν επιστύλιο, ναι!

Η φωτιά το ασβεστοποιεί το μάρμαρο. Το κάνει ασβέστη. Το καίει όλο από την επιφάνεια και προχωράει προς τα μέσα. Όσο πιο δυνατή η φωτιά, τόσο πιο βαθιά εισχωρεί. Αφαιρεί όλα τα υγρά που έχει το μάρμαρο μέσα. Βέβαια, και ο ήλιος σταδιακά το ίδιο πράμα κάνει, μετά από πολλά χρόνια. Αλλά όχι τόσο πολύ όσο η φωτιά. Είναι αλλιώς.

Όταν κατεβάσαμε το καμένο κομμάτι κάτω, δεν είχε καθόλου *πρόσωπο*.[34] Δεν περνούσα από εκεί πέρα για να μην το βλέπω. [*γέλια*] Με στεναχωρούσε, πώς θα το φτιάχναμε; Ήταν εντελώς διαλυμένο, καμένο. Και μια μέρα πέρασε από κει ο Μανόλης Κορρές—ήταν ακόμα επικεφαλής του έργου τότε. Παίρνει έναν λοστό, κάνει μία έτσι [*δείχνει την κίνηση*] και το πετάει όλο το καμένο. Εκεί ανάσανα! Και λέει [ο Κορρές], «Δεν βοηθάει αυτό, τι να γίνει; Αυτό το πράγμα είναι διαλυμένο!» Επειδή είχαμε οικειότητα μεγάλη, του λέω, «Μανόλη, με αυτό που έκανες, έβγαλες ένα βάρος από πάνω μου. Είχα μεγαλύτερο βάρος στο στήθος μου από το βάρος αυτού του μαρμάρου!» Και μου λέει, «Γιατί;» «Γιατί το έβλεπα και άλλαζα δρόμο. Δεν ήξερα τι να κάνω». «Δεν είχαμε άλλη επιλογή», μου είπε. «Αυτό που θα κάνουμε, είναι να φτιάξουμε ένα καινούριο κομμάτι, μια προσθήκη». Το εξήγησε στην Επιτροπή, βέβαια.[35]

Νωρίτερα σας είπα ότι ένας λόγος που πήγα να δουλέψω στην Ακρόπολη ήταν η ασφάλεια και ο άλλος λόγος ήταν η επιθυμία μου να δουλέψω εκεί. Αλλά όσο δούλευα, έβλεπα ανθρώπους. Μιλάω για τους ανθρώπους που είχαν προβλήματα. Να βλέπεις ανάπηρους, παράλυτους, με αναπηρικά καροτσάκια πάνω στον Βράχο, να τους κουβαλάνε. Να πληρώνουν για να τους ανεβάσουν πάνω να δουν την Ακρόπολη! Όταν βλέπεις τυφλό να μπαίνει μέσα και να χαϊδεύει την κολόνα και να κλαίει! Όταν βλέπεις χίλια δυο τέτοια πράγματα, λες, «Εγώ έχω ανέβει [στην Ακρόπολη] τουλάχιστον πέντε χιλιάδες φορές». Έχω υπολογίσει πόσες φορές ανέβηκα—είκοσι δύο χρόνια επί διακόσιες πενήντα μέρες τον χρόνο, είναι πάνω από πέντε χιλιάδες φορές. Λέω, λοιπόν, ότι αισθάνομαι—τι να πω;—ευλογημένος, που ήμουν σ' αυτόν τον χώρο. Που έχω υπηρετήσει σ' αυτόν τον χώρο. Και όποτε λέω ότι ήμουν στην Ακρόπολη, ότι δούλεψα εκεί, πολλοί άνθρωποι που καταλαβαίνουν αισθάνονται το ίδιο.

ΔΗΜΗΤΡΗΣ ΖΕΡΒΑΣ

Στο ατελιέ του, στον Κολωνό

Ποτέ δεν ήταν το όνειρό μου να γίνω γλύπτης, ποτέ. Αλλά καταλάβαινα πως όταν έφτιαχνα κάτι με το ξύλο, με την πέτρα, με το χρώμα, αισθανόμουν πολύ καλά. Σε αυτά έβγαινε η καλύτερη πλευρά του εαυτού μου, και όταν άρχισα να μαθαίνω την πέτρα και να καταλαβαίνω λιγάκι το μάρμαρο, ένας καινούριος κόσμος ανοίχτηκε μπροστά στα μάτια μου. Το γεγονός ότι μπορώ να σκαλίσω, να δημιουργήσω, να φτιάξω ένα πράγμα· ότι μου έρχεται μια ιδέα και μπορώ να την περάσω πάνω σ' ένα αντικείμενο. Όταν το κατάλαβα αυτό, ήταν μια αποκάλυψη. Για όλους τους ανθρώπους νομίζω ότι είναι έτσι, αλλά σίγουρα είναι για μένα—να σκέφτομαι κάτι, να με επηρεάζει κάτι και να θέλω να το εκφράσω σ' ένα αντικείμενο. Είναι πάρα πολύ σημαντικό να συνειδητοποιείς ότι μπορεί να το κάνεις αυτό.

Το μάρμαρο είναι φυσικό υλικό. Οπότε, αν του δώσεις αγάπη και σημασία, το υλικό θα σου τα ανταποδώσει. Νομίζω ότι είναι αμοιβαία σχέση, καταλαβαίνεις; Αν δώσεις στο υλικό τον καλύτερό σου εαυτό, το υλικό θα σε ανταμείψει αργότερα. Έχω πολλή υπομονή και νομίζω ότι ο καθένας που ασχολείται με τη γλυπτική πρέπει να έχει πολλή υπομονή. Και πόνο και δάκρυα και αίμα! [*γέλια*]

34 *Πρόσωπο*: η «πρόσοψη» ενός όγκου μαρμάρου, παράλληλη με τα νερά του· η ευκολότερη επιφάνεια για λάξευση· χρησιμοποιείται για κατασκευές με λεπτομέρειες.

35 Επιτροπή Συντήρησης Μνημείων Ακρόπολης (ΕΣΜΑ)· υπάγεται στο Υπουργείο Πολιτισμού.

Ζω στην Αθήνα από τότε που γεννήθηκα. Πήγα στη Σχολή στην Τήνο όταν ήμουν δεκαοχτώ χρονών, πιτσιρικάς, σε ένα χωριό με διακόσιους κατοίκους. Ήταν πολύ σημαντικό για μένα να βρίσκομαι στη φύση και επίσης σ' εκείνα τα χωριά που είναι όλα στρωμένα με μάρμαρο. Ήταν σαν παραμύθι. Όλοι σ' εκείνα τα χωριά [της Τήνου] ασχολούνταν με την τέχνη [του μαρμάρου]. Ακόμα και οι απλοί κάτοικοι του χωριού είχαν καλλιτεχνική ευαισθησία.

Όταν έφυγα από την Τήνο, βρισκόμουν σε δίλημμα. Έπρεπε είτε να συνεχίσω τις σπουδές μου στη Σχολή Καλών Τεχνών [στην Αθήνα] είτε να πιάσω δουλειά για να βιοποριστώ. Ήμουν πανί με πανί, έτσι αποφάσισα να δουλέψω. Δούλεψα σ' ένα εργαστήριο, μαρμαράδικο—μάρμαρα, γρανίτες–, για τέσσερα χρόνια. Μπήκα στην παραγωγή. Αυτό με βοήθησε πολύ γιατί κατάλαβα πως ό,τι είχαμε μάθει στην Τήνο δεν ήταν παρά η αρχή. Είδα τον εαυτό μου να κάνει πράγματα που ποτέ δεν είχα φανταστεί. Είδα άλλες πλευρές του μαρμάρου. Το είδα στην παραγωγή, στην οικοδομή, στην επιπλοποιία, στη διακόσμηση. Εγώ στο μυαλό μου το μάρμαρο το είχα μόνο για αρχαία γλυπτική. Αλλά είδα και έμαθα ότι το μάρμαρο έχει πολλές δυνατότητες. Και αυτό με βοήθησε πολύ. Ήταν όμως πολύ σκληρή δουλειά και δεν μπορούσα να την κάνω για πολλά χρόνια.

Ο τρόπος που χρησιμοποιούν το υλικό [στην παραγωγή] είναι, νομίζω, πολύ διαφορετικός. Στην Τήνο σέβονται το μάρμαρο. Δεν βιάζονται. Αν θέλεις να κόψεις ένα μάρμαρο με το χέρι, με ένα σφυρί, δεν έχεις πρόβλημα χρόνου. Στην παραγωγή, τα πάντα γίνονταν με μηχανές, όλα γίνονταν για να ικανοποιήσεις τον πελάτη. Γυαλίζαμε το μάρμαρο να γίνει σαν καθρέφτης. Ήταν γραμμή παραγωγής. Ο χρόνος μετρούσε. Εντελώς διαφορετικές συνθήκες. Έμαθα πολλά γιατί κατάλαβα τα όρια του υλικού, καταλαβαίνεις; Στην Τήνο δουλεύουν το υλικό, το μάρμαρο, όπως το δούλευαν και πριν από 2.000 χρόνια. Είναι πολύ καλό να το ξέρεις αυτό, αλλά δεν είναι αρκετό. Στην παραγωγή μαθαίνεις όλη τη διαδικασία, από το πρώτο στάδιο μέχρι το τελευταίο.

Στην παραγωγή χρησιμοποιείς *μεγάλο κόφτη* υγρής κοπής, *τρυπάνι* υγρής διάτρησης και διαφόρων μεγεθών ηλεκτρικά εργαλεία χειρός. Αυτό είναι δύσκολο γιατί, αφού έχεις πρώτα μάθει τον παραδοσιακό τρόπο στην Τήνο, όταν χρησιμοποιείς ηλεκτρικά εργαλεία για να κόψεις το μάρμαρο, είναι σαν... είναι σκληρό για το υλικό. Είναι λίγο δύσκολο να κόβεις ένα κομμάτι μάρμαρο που είναι όμορφο, καθαρό, λευκό και τα λοιπά, να το κόβεις με τον κόφτη. Αισθάνεσαι κάπως άσχημα, δεν ξέρω αν με καταλαβαίνεις—σαν να το βιάζεις το υλικό. Αισθάνεσαι ενοχές. Δεν υπήρχαν προβλήματα, αλλά στο μυαλό μου αισθανόμουν ενοχές μερικές φορές, επειδή ήμουν αναγκασμένος να τελειώνω τη δουλειά πολύ γρήγορα.

Ίσως είναι λίγο τρελό, αλλά μερικές φορές η σχέση που έχεις με το υλικό μπορεί να διαρραγεί. Κάποτε μου ζήτησαν να φτιάξω έναν πάγκο κουζίνας, κι εγώ άρχισα να δουλεύω πολύ γρήγορα, και τον έσπασα. Μέσα σε λίγα λεπτά, τον έσπασα. Το μάρμαρο ήταν από τη Νάξο. Το μάρμαρο της Νάξου έχει μεγάλους κρυστάλλους μέσα. Άρχισα να κόβω το μάρμαρο με έναν μεγάλο βαρύ κόφτη. Άρχισα να το κόβω πολύ γρήγορα γιατί νόμιζα ότι το 'χα, αλλά το μάρμαρο άρχισε να πετάει κρυστάλλους γιατί δεν κόβονται πολύ καλά. Έτσι, σε ένα σημείο που δεν ήταν πολύ γερό, έσπασε. Επειδή δεν σεβάστηκα το κομμάτι. Το έπαιζα θεός.

Εκείνη τη δουλειά την παράτησα γιατί κουράστηκα. Όχι από τη δουλειά, την αγαπούσα τη δουλειά. Οι άνθρωποι με κούρασαν. Δεν με πλήρωναν, με έβαζαν να δουλεύω πολλές ώρες, τέτοια πράγματα. Τα αφεντικά δεν ήταν σωστά. Υπήρχαν και καλοί άνθρωποι, ασφαλώς, αλλά ήταν πολύ κουραστικό να πρέπει διαρκώς να ζητάς τα λεφτά σου. Έτσι, πήγα στην Ακρόπολη. Δούλεψα στον Παρθενώνα και στον Ναό της Αθηνάς

Νίκης. Αυτός ο ναός είναι πανέμορφος. Αλλά δεν ξέχασα την παραγωγή, την είχα στο πίσω μέρος του μυαλού μου.

Νομίζω ότι δεν ήταν μεγάλο το άλμα, γιατί στην Ακρόπολη δουλεύαμε με μάρμαρο, και οι περισσότεροι εκεί είχαν επίσης δουλέψει έξω, στην παραγωγή. Η δουλειά στην Ακρόπολη δεν έχει την πίεση της παραγωγής, βέβαια, αλλά είναι παρόμοια η κατάσταση. Θέλω να πω, η συζήτηση για το υλικό, η συζήτηση για το πώς θα γίνει η δουλειά, όλα αυτά, είναι τα ίδια, νομίζω. Γιατί, για να δουλέψεις στην Ακρόπολη, πρέπει να σε ενδιαφέρει το ίδιο το υλικό. Αν το μυαλό σου είναι να κάνεις τέχνη, δεν μπορείς να την κάνεις αυτή τη δουλειά. Νομίζω ότι πρέπει να αγαπάς το υλικό, το αντικείμενο, για να δουλέψεις εκεί. Και είναι δύσκολο, δεν είναι εύκολο. [Αλλά κατά κάποιον τρόπο] μοιάζει περισσότερο με την Τήνο, γιατί στην Τήνο μαθαίνεις το υλικό, το βλέπεις όπως είναι στην πραγματική του κατάσταση, χωρίς να κυνηγάς το κέρδος, χωρίς να σκέφτεσαι την αγορά.

Για μένα, όπως και για άλλους ανθρώπους που ασχολούνται με το μάρμαρο, ήταν όνειρο ζωής να δουλέψω στην Ακρόπολη. Και όταν πας εκεί να δουλέψεις, το καταλαβαίνεις: τη μοναδικότητα του χώρου, το πόσο σημαντικός είναι. Και επίσης το πόσο σημαντικό είναι που υπάρχει σήμερα, και το ότι δουλεύεις εκεί, και πόσο μπορεί να σε εμπνεύσει. Όχι μόνο ο χώρος και το μνημείο, αλλά το να δουλεύεις εκεί με αυτό το φως, με αυτά τα υλικά· σου δίνει μεγάλη έμπνευση.

Απογοητεύομαι όταν βλέπω πώς οι καθημερινοί άνθρωποι στην Ελλάδα αντιμετωπίζουν αυτό το μνημείο... είναι λίγο αλλόκοτη η στάση τους. Δεν γνωρίζουν την ιστορία τους, δεν γνωρίζουν για το μνημείο. Δεν ξέρουν τι είναι αυτό που βλέπουν, εντάξει; Και δεν ξέρουν πώς να μάθουν γι' αυτό. Μελετάω, μαθαίνω και θαυμάζω τον Παρθενώνα για την αρχιτεκτονική του, για τις αναλογίες, για τα μαθηματικά, για το μέγεθος, και πιστεύω ότι είναι ένα πολύ σημαντικό μνημείο. Γνωρίζω την άσχημη ιστορία του Παρθενώνα και την καλή ιστορία του Παρθενώνα. Τον Παρθενώνα τον έσπαγαν για να φτιάχνουν άλλα κτίρια. Έχει περάσει άσχημες στιγμές. Αυτά σε μεγάλο βαθμό σταμάτησαν μετά την Επανάσταση του 1821, όταν απελευθερωθήκαμε από τους Τούρκους. Κάποιοι συνέχισαν να πουλάνε [κομμάτια από την Ακρόπολη] ή να παίρνουν πέτρες και μετά την Επανάσταση, αλλά όχι σε τέτοιο βαθμό. Όταν αυτοί οι άνθρωποι έφυγαν από τον Βράχο, από τον ευρύτερο χώρο, ο αρχαιολογικός χώρος ήταν άδειος, εγκαταλελειμμένος. Και πολλά χρόνια αργότερα, περίπου το 1950, άρχισε η πραγματική αρχαιολογική έρευνα.

Ο κόσμος δεν το ξέρει αυτό. Βλέπουν τον Παρθενώνα, τραβούν μια φωτογραφία και φεύγουν. Έχουμε μεγάλη ιστορία. Δεν γνωρίζουν τι έχουν, τι βλέπουν, δεν μπορούν να το εκτιμήσουν. Ο κόσμος, οι τουρίστες από άλλες χώρες έρχονται και βλέπουν αυτό το μνημείο με θαυμασμό. Και ο κόσμος που ζει εδώ, που μιλάει τη γλώσσα και έχει την ιστορία, δεν γνωρίζει αυτό το μνημείο.

Δούλευα στο συνεργείο συγκολλήσεων. Ήμασταν μια ομάδα που παίρναμε τα θραύσματα από τον ναό—από τα αρχιτεκτονικά τμήματα του ναού που κατέβαιναν για αναστήλωση· τα καθαρίζαμε, εξετάζαμε τις επιφάνειες να δούμε τι επαφές είχαν, τα οπλίζαμε με τιτάνιο και τα συγκολλούσαμε, έτσι ώστε τα μέλη να πάρουν τις κανονικές τους διαστάσεις, αυτές που είχαν και πριν. Και μετά τα ανεβάζαμε πάλι στον ναό, τα τοποθετούσαμε στο σημείο όπου ήταν και πριν. Έτσι, πολύ απλά.

Το να ανοίγεις τρύπες είναι πολύ σημαντική δουλειά και τη λατρεύω. Ξεκινούσαμε με ένα μικρό τρυπάνι και μεγαλώναμε σταδιακά τις τρύπες. Όπου τρυπούσαμε, [συνήθως] φτάναμε στο ένα μέτρο. Έτσι, όταν ο μηχανολόγος μηχανικός μάς είπε κάποτε να τρυπήσουμε στα τέσσερα μέτρα, έπρεπε να επινοήσουμε έναν τρόπο για να τρυπήσουμε στα τέσσερα μέτρα! Μου άρεσε αυτό γιατί εμπλέκονταν τόσο πολλοί άνθρωποι, που όλοι προσπαθούσαν να κατεβάσουν μια καλή ιδέα. Είναι δύσκολο, ξέρεις.

Κατασκευάσαμε ένα τρυπάνι, ένα σταθερό τρυπάνι, το οποίο παίρνει μπροστά διάφορα εξαρτήματα, έχει υποδοχές. Είναι ένα μεγάλο επιτραπέζιο μηχάνημα, πακτωμένο στο έδαφος. Έχει ένα μεγάλο ηλεκτρικό μοτέρ. Νομίζω πως είναι Bosch. Μπορείς να βάλεις διαφορετικά εξαρτήματα μπροστά. Έτσι, τρυπάς στο ένα μέτρο, μετά βγαίνεις, βάζεις άλλο εξάρτημα στο τρυπάνι, και τρυπάς στο ενάμισι μέτρο. Από σίδερο είναι, αλλά στην άκρη έχει ένα διαμάντι για να κάνει αυτή τη δουλειά. Οπότε, κάνεις τη δουλειά με το δεύτερο και με το τρίτο εξάρτημα. Πρέπει να προχωράς πολύ προσεχτικά και πολύ αργά γιατί πρέπει να μείνεις στην ευθεία. Δεν πρέπει να χάσεις την ευθεία, γιατί τότε η τρύπα θα βγει στραβή.

Το τρύπημα πέρα από το ένα μέτρο είναι δύσκολο. Στα τέσσερα μέτρα πάντα θα έχεις κάποια απόκλιση. Στα τέσσερα μέτρα, θα σου φύγει μερικά χιλιοστά. Όταν βάζεις άλλο εξάρτημα στο τρυπάνι, πάντα ελέγχεις τη γωνία σου, την αλφαδιά σου. Πάντα ελέγχεις. Για να ξέρεις ακριβώς, εντάξει… δεν μπορείς να ξέρεις ακριβώς. Στο τέλος, παίρνουμε έναν πολύ μακρύ σωλήνα, με μεταλλική ενίσχυση, κι ένα σφουγγάρι, και μπαίνουμε στην τρύπα με νερό. Έτσι την καθαρίζουμε.

Όταν δουλεύεις αργά, υπάρχει μικρότερη πίεση. Σε αυτή τη δουλειά, το υλικό, το μάρμαρο, βοηθάει. Αν θέλεις να τρυπήσεις στα τέσσερα μέτρα σε άλλο υλικό, σε ξύλο, ας πούμε, ή σε κάτι άλλο, θα έχεις πολλά προβλήματα. Αλλά το μάρμαρο είναι πολύ σκληρό. Αν πας γρήγορα, μπορεί να σου ξεφύγει προς άλλη κατεύθυνση. Αλλά αν πας αργά, μένεις στην ευθεία. Αν το βιάσεις, όλα θα πάνε άσχημα, θα πάνε στραβά. Όταν πέφτεις σε ένα πολύ μαλακό κομμάτι μάρμαρο, το ακούς και μπορείς να το καταλάβεις. Ή μπορεί να χτυπήσεις γυαλί, ένα πολύ σκληρό κομμάτι, έναν κρύσταλλο· τότε δεν πρέπει να πιέσεις το τρυπάνι, πρέπει να προχωρήσεις αργά. Όταν συμβαίνει κάτι τέτοιο, το ακούς, την αισθάνεσαι την πίεση. Είναι εύκολο.

Ξεκινάμε με το μικρότερο εξάρτημα, περίπου πέντε ή οχτώ χιλιοστά [σε διάμετρο], έτσι ώστε να μην χάσουμε το κέντρο της τρύπας. Και αρχίζουμε να πηγαίνουμε βαθύτερα, δηλαδή, στους είκοσι πόντους, στους τριάντα· αυτός θα είναι ο οδηγός για να πάμε πιο μέσα και να διευρύνουμε την τρύπα. Και μετά συνεχίζουμε με ένα λίγο μεγαλύτερο [σε διάμετρο] εξάρτημα και μετά άλλο, λίγο ακόμα μεγαλύτερο. Πέντε χιλιοστά, μετά δέκα, δώδεκα, δεκατέσσερα. Ξεκινάμε με ένα [εξάρτημα] πέντε χιλιοστών σε βάθος περίπου είκοσι πόντους. Μετά, αλλάζουμε στα οχτώ χιλιοστά και πάμε μέχρι τους πενήντα πόντους. Εντάξει; Μετά ανεβαίνουμε στα δέκα χιλιοστά και πάμε στο ένα μέτρο βάθος. Είκοσι έξι χιλιοστά είναι το μεγαλύτερο [εξάρτημα] που διαθέτουμε. Αλλά προσπαθούμε να κάνουμε τη δουλειά με όσο το δυνατόν μικρότερο. Η πιο σημαντική δουλειά γίνεται με όσο το δυνατόν μικρότερο τρυπάνι. Έτσι έχουμε έναν οδηγό να μας βοηθήσει, για να μη μας ξεφύγει καθόλου η ευθεία. Αρχικά, με τα πέντε και τα οχτώ χιλιοστά, προσπαθούμε να κάνουμε ένα καλό ξεκίνημα, να φτιάξουμε ένα καλό μονοπάτι έτσι ώστε να συνεχίσουμε βαθύτερα. Αν ξέρεις τι κάνεις στην αρχή, μετά είναι αδύνατον να σου ξεφύγει από την ευθεία. Γιατί αυτή η δουλειά δεν συγχωρεί, πρέπει να βρίσκουμε τον καλύτερο δυνατό τρόπο για να γίνει το κάθε τι. Έτσι κάνουμε πολλές πατέντες, όπως αυτό το τρυπάνι. Όταν δεν υπάρχει τρόπος να κάνουμε κάτι, βρίσκουμε έναν δικό μας τρόπο για να το κάνουμε.

Ξεκινάμε δουλειά περίπου στις έξι, πίνουμε καφέ και παίρνουμε το πρωινό μας εκεί. Το φέρνουμε από τα σπίτια μας, τοστ και τα σχετικά. Πίνουμε καφέ, τα λέμε μεταξύ μας και ξεκινάμε τη μέρα μας. Είναι πολύ καλά. Είναι σαν τελετή, δεν είναι απλώς πρωινό.

Προετοιμαζόμαστε για μια καλή μέρα· βλέπουμε την ανατολή.

Η δουλειά γίνεται πάντα με τον καλύτερο τρόπο, αλλά όταν είσαι πεσμένος, όταν δεν έχεις διάθεση, είναι δύσκολο να δουλέψεις, είναι δύσκολο να κάνεις οτιδήποτε. Αυτό όμως συμβαίνει σπάνια. Τα τελευταία χρόνια είχαμε μια πολύ καλή ομάδα. Ήμασταν μια ομάδα νέων ανθρώπων. Αυτό είναι σημαντικό όχι μόνο επειδή ταιριάζαμε ηλικιακά, αλλά επειδή είχαμε την ίδια νοοτροπία πάνω στη δουλειά. Ταίριαζε ο τρόπος μας να συζητάμε για τα πράγματα, να μιλάμε για τέχνη. Είχαμε τα ίδια ενδιαφέροντα, τα ίδια προβλήματα στις ζωές μας. Γίναμε μια οικογένεια. Δούλεψα εκεί από το 2008 μέχρι τον Δεκέμβριο [του 2015].

Οι σχέσεις ανάμεσα σε μας, τους εργαζόμενους, είναι πολύ καλές. Βέβαια, δεν συζητάμε για τα λεφτά κάθε μέρα, για το πόσα παίρνει ο καθένας μας. Αλλά όσο περνάει ο καιρός, καταλαβαίνεις ότι [ως συμβασιούχος] είσαι εργαζόμενος δεύτερης κατηγορίας. Φυσικά είμαστε ευγνώμονες για τα λεφτά από την Ευρώπη [το ΕΣΠΑ] που έρχονται στην Ελλάδα για τους αρχαιολογικούς χώρους, και τα λοιπά, αλλά η ελληνική κυβέρνηση... είναι ανεπαρκής.

Στην κρίση—είναι μεγάλη η δουλειά στον Βράχο—δεν σταμάτησε η αναστήλωση. Δεν σταματάνε. Αλλά μετά από πολλά χρόνια κρίσης, έχουν χάσει ένα σωρό λεφτά για υλικά και προμηθευτές και εργαλεία· πράγματα που χρειάζονται. Όσο για τους μισθούς μας, πόσες φορές δεν αναγκαστήκαμε να ζητήσουμε να μας πληρώσουν τους δύο, τρεις μήνες που μας χρωστούσαν; Και το όλο έργο έχει καθυστερήσει. Όταν η Υπηρεσία χρωστάει στους προμηθευτές τόσες χιλιάδες ευρώ, η όλη κατάσταση πάει πίσω.[36] Πρέπει να επιδιορθώσουμε τα παλιά εργαλεία. Όταν δεν έχουμε υλικά, πρέπει να περιμένουμε.

Συγκεκριμένα, μια φορά περιμέναμε ένα πολύ μεγάλο κομμάτι μάρμαρο που είχε κοπεί σε ένα εργοστάσιο. Ήταν μεγάλο: δυόμιση μέτρα επί ένα και ογδόντα. Προοριζόταν για την κορυφή του Παρθενώνα, στο αέτωμα, για να συμπληρώσει ένα ήδη υπάρχον κομμάτι. Αλλά ήταν στο εργοστάσιο, και η Υπηρεσία δεν μπορούσε να πληρώσει για το μάρμαρο γιατί δεν είχαν τα λεφτά, έτσι αναγκαστήκαμε να περιμένουμε μέχρι η Υπηρεσία να πληρώσει και να πάρουμε το μάρμαρο για να μπορέσουμε να δουλέψουμε. Το πήραμε μερικούς μήνες αργότερα. Εντάξει, το πήραμε. Αλλά ήταν πολύ σημαντικό να το βάλουμε στη θέση του [γρήγορα], γιατί ήταν στατικό το θέμα, θέμα σταθερότητας. Τώρα έχει τελειώσει.

Πιστεύω ότι δεν θα τελειώσει καλά. Δεν θα υπάρξει αίσιο τέλος. Σου το λέω αυτό επειδή αυτός ο τόπος όπου ζω, η αρχαιολογία του, ο πολιτισμός του, αυτό το κράτος, αυτή η κυβέρνηση— δεν φτάνουν. Δεν αρκεί να έχεις αυτόν τον πολιτισμό, να έχεις αυτό το μνημείο, να έχεις τον Παρθενώνα. Δεν χρησιμοποιούμε τους σωστούς ανθρώπους στο Υπουργείο Πολιτισμού. Είναι πολύ μεγάλο το πρόβλημα. Έχουμε τους λάθος ανθρώπους στις λάθος θέσεις. Χρειαζόμαστε στους σωστούς ανθρώπους στις σωστές θέσεις. Έχουμε πολλούς σωστούς ανθρώπους, στον πολιτισμό, στις τέχνες, αλλά ζουν στην αφάνεια, στα ατελιέ τους, και ασχολούνται με την τέχνη τους.

Το Υπουργείο Πολιτισμού είναι ένα υπουργείο που ανέκαθεν, ανέκαθεν, όπως τα πάντα με όλες τις κυβερνήσεις σε τούτη τη χώρα, ανέκαθεν έχει έναν επικεφαλής που δεν έχει ιδέα από πολιτισμό. Πήρε τη δουλειά επειδή το Υπουργείο Πολιτισμού στην Ελλάδα είναι πολύ σημαντικό για τη χώρα. Θα έπρεπε να είναι ένα από τα σημαντικότερα υπουργεία στην Ελλάδα και να έχει υποστήριξη από άλλες υπηρεσίες, ακαδημίες, πανεπιστήμια που

36 Υπηρεσία Συντήρησης Μαρμάρων Ακρόπολης (ΥΣΜΑ)· υπάγεται στο Υπουργείο Πολιτισμού.

ασχολούνται με αυτόν τον τομέα, αλλά είναι ένα υπουργείο πολύ καιροσκοπικό. Οι άνθρωποι που μπαίνουν στο υπουργείο δεν έχουν σχέση με τον πολιτισμό της Ελλάδας. Δεν μπορούν να υποστηρίξουν ούτε τα προγράμματα ούτε τα έργα. Και συνήθως είναι «τουρίστες». Μπαίνουν έτσι [χωρίς σκεπτικό] στη θέση και κάθονται έξι-εφτά μήνες, και υπογράφουν δυο-τρεις αποφάσεις. Δεν έχουν καν ιδέα τι υπογράφουν. Παίρνουν τη θέση γιατί είναι βολική, χωρίς πολλές υποχρεώσεις· για να βολευτούν. Οι σημαντικοί άνθρωποι δεν πάνε στο υπουργείο. Υπάρχουν άνθρωποι που δεν έχουν οικονομική ανάγκη, οι οποίοι αναδεικνύουν τομείς του πολιτισμού, χωρίς να πληρώνονται, αλλά τώρα βράζουν από αγανάκτηση.

Όμως ελπίζω ότι θα επιστρέψω [στον Παρθενώνα], γιατί τη λατρεύω αυτή τη δουλειά, τον λατρεύω αυτόν τον χώρο. Ελπίζω ότι δεν θα σταματήσουν όλα τα αρχαιολογικά έργα που βρίσκονται σε εξέλιξη. Νομίζω ότι θα φύγω από την Αθήνα και θα πάω να δουλέψω σε άλλον αρχαιολογικό χώρο στην Ελλάδα. Θα το ήθελα πάρα πολύ. Να πάω στη Δήλο, στη Βραυρώνα, στην Επίδαυρο. Είμαι σίγουρος ότι η δουλειά στον Παρθενώνα θα συνεχιστεί, είμαι σίγουρος, αλλά δεν ξέρω πότε. Θα ήθελα να επιστρέψω.

Δουλεύω με το μάρμαρο από δεκαοχτώ χρονών· τώρα είμαι τριάντα έξι. Κοίτα, εγώ και η Πολυάννα, και οι νέοι καλλιτέχνες που δουλεύουμε με το μάρμαρο, προσπαθούμε να έχουμε μια ισορροπημένη σχέση με το υλικό, γιατί μάθαμε μια παλιά, μια αρχαία τέχνη. [Το μάρμαρο είναι] ένα πανέμορφο υλικό, ιδιαίτερα πολύτιμο, αλλά δεν θέλουμε να κάνουμε προτομές και κλασικά αγάλματα· θέλουμε να χρησιμοποιήσουμε αυτό το υλικό και το φέρουμε στον εικοστό πρώτο αιώνα. Προσπαθούμε να βρούμε μια ισορροπία. Είναι μια καλή οδός, ένας καλός αγώνας.

ΠΕΡΙΚΛΗΣ ΠΡΑΒΗΤΑΣ

Στο ατελιέ του, στην Αθήνα

Τα πράγματα έγιναν διαφορετικά στην περίπτωσή μου. Δηλαδή, η ενασχόλησή μου με το μάρμαρο προέκυψε από την επιθυμία μου να γίνω καλλιτέχνης. Δεν τα κατάφερα να περάσω στη Σχολή Καλών Τεχνών—την κανονική, που λένε–, ούτε στην Αθήνα ούτε στη Θεσσαλονίκη. Οπότε, μετά τη Σχολή Καλών Τεχνών, η επιλογή μου ήταν η Τήνος.

Είχα κοπεί τρεις φορές στις εξετάσεις για τη Σχολή Καλών Τεχνών. Με ενδιέφερε η γλυπτική γενικά, χωρίς να ξέρω καλά καλά τότε περί τίνος ακριβώς επρόκειτο, και η Τήνος εστίαζε στη γλυπτική. Στα βασικά μαθήματα, το κύριο υλικό ήταν το μάρμαρο. Ήμουν πολύ κακός στο μάρμαρο! Η αλήθεια είναι ότι δεν ήθελα καθόλου να πάω στην Τήνο, ήταν η τρίτη μου επιλογή και ήταν ένα πολύ μικρό νησί. Εγώ είμαι από τη Θεσσαλονίκη. Ήμουν είκοσι χρονών και σχεδόν είχα πάθει κατάθλιψη. Δεν έμενα στον Πύργο, αλλά στο διπλανό χωριό, τον Πάνορμο, που είναι πραγματικά απομονωμένο. Εκείνος ο χειμώνας ήταν πολύ δύσκολος για μένα. Αλλά ήταν μια καλή ευκαιρία να δουλέψω πολύ πάνω στην τέχνη.

Έτσι, συγκεντρώθηκα στα μαθήματα: σχέδιο, ζωγραφική, γλυπτική· είχα όμως τη χειρότερη δυνατή σχέση με το μάρμαρο. Νομίζω πώς δεν ήθελα να το μάθω, γιατί εγώ ήθελα να γίνω καλλιτέχνης. Παράλληλα, κάθε Σεπτέμβρη, έδινα και ξανάδινα εξετάσεις για τη Σχολή Καλών Τεχνών. Έξι φορές έδωσα. Δεν πίστευα ότι θα έμενα στην Τήνο. Πίστευα ότι θα έβγαιναν τα αποτελέσματα και θα έφευγα.

Ποια ήταν τα πρώτα μαθήματα; Ήταν κυρίως πρακτικά πράγματα, όπως το στρώσιμο (να κάνεις την επιφάνεια ενός όγκου επίπεδη). Εντελώς τεχνική δουλειά. Δύσκολη. Βαρετή. Θυμάμαι την αδεξιότητά μου όταν προσπαθούσα να το κάνω και δεν τα κατάφερνα. Έστρωνα το μάρμαρο, και το έστρωνα, και το έστρωνα, και το έστρωνα, μέχρι που έπαιρνα τα αποτελέσματα από τη Σχολή Καλών Τεχνών και [έλεγα] «δεν φεύγω τελικά... θα συνεχίσω». Αισθανόμουν λιγάκι σαν να έκανα καταναγκαστικά έργα στη φυλακή! Ήμουν σε φάση «γαμώ την τρέλα μου!» [*γέλια*] Το εργαστήριο μαρμάρου—εντάξει, ο καθηγητής το καταλάβαινε—ήταν εξαναγκασμός για μένα. Η επόμενη χρονιά ήταν καλύτερη. Αλλά οι πρώτες μου εμπειρίες ήταν σαν να με είχαν βάλει τιμωρία! «Κάν' το, κι αν δεν το κάνεις καλά, θα πρέπει να το στρώσεις ξανά, να το στρώσεις, να το στρώσεις». Σκέψου ότι το τέλειωσα με καθυστέρηση την πρώτη χρονιά. Οι φυσιολογικοί σπουδαστές τέλειωσαν ολόκληρο τον κύβο μέσα σε δυο μήνες. Εγώ τον τέλειωσα την επόμενη χρονιά. Ενώ ήμουν καλός σπουδαστής. Φαντάσου τώρα! Συνεπώς, αν πρέπει να πω κάτι για τις πρώτες εμπειρίες μου, εκείνο που θυμάμαι είναι ότι δεν ήταν μία «ανάλαφρη» περίοδος. [*γέλια*]

Στην αρχή δεν μπορούσα να καταλάβω πώς έπρεπε να χειριστώ το μάρμαρο για μην το σπάσω ή για μην κάνω κάτι λάθος. Αλλά επειδή κάναμε εξάσκηση τέσσερις ώρες κάθε μέρα, αρχίσαμε να καταλαβαίνουμε το υλικό, είτε μας άρεσε είτε όχι. Πολύ σύντομα. Το τρίτο έτος ήταν θετικό από κάθε άποψη. Μου άρεσαν οι σπουδές, τα πρακτικά μαθήματα. Κάθε μέρα είχαμε ένα σωρό εργαστήρια, απασχολούμασταν με διάφορα υλικά. Κάναμε γλυπτική σε πηλό και σχέδιο και ζωγραφική. Άρχισα να κάνω περισσότερα γλυπτικά έργα σε μάρμαρο. Έγινε περισσότερο ένα 3D πράγμα, πιο ελεύθερο. Το μάρμαρο ήταν δύσκολο γιατί ήταν σκληρό και το δούλευες αργά. Προτιμώ υλικά με τα οποία μπορείς να δεις το αποτέλεσμα πιο γρήγορα. Στην ουσία, η δουλειά στην Τήνο ήταν περισσότερο ένα τεχνικό εργαστήριο για μένα. Ήταν όλα πολύ ακαδημαϊκά.

Στη Σχολή της Τήνου, αν έρθεις πρώτος ή δεύτερος στο τέλος του τρίτου και τελευταίου έτους, περνάς αυτομάτως στη Σχολή Καλών Τεχνών της Αθήνας. Ερχόμουν πρώτος κάθε χρόνο, έτσι στο τέλος του δεύτερου έτους ήμουν σε πολύ καλή ψυχολογική κατάσταση, με την προοπτική της επόμενης χρονιάς. Ίσως γι' αυτό να πέρασα τις εξετάσεις και στη Θεσσαλονίκη και στην Αθήνα εκείνη τη χρονιά.

Όταν τελείωσα τη Σχολή Καλών Τεχνών, δούλεψα στο θέατρο ως βοηθός σκηνογράφου, φωτογράφος, βοηθός σκηνοθέτη. ... Δούλεψα πολύ στο θέατρο. Και ήθελα να ασχοληθώ γενικότερα με την τέχνη. Όπως ξέρεις, τα εργασιακά στην Ελλάδα είναι πάρα πολύ δύσκολα. Στο θέατρο και στην τέχνη είναι ακόμα πιο δύσκολα. Ο τρόπος δουλειάς ήταν πραγματικά χαοτικός. Θέλω να πω, δεν σε πληρώνουν καθόλου. Ή σχεδόν καθόλου. Έτσι, καθώς περνούσαν τα χρόνια, άκουσα για τη δουλειά στον Παρθενώνα.

Είχαν περάσει εφτά χρόνια που δεν είχα σκαλίσει μάρμαρο. Κάναμε αίτηση με μόνο προαπαιτούμενο τα πτυχία μας· δεν γίνονταν πια εξετάσεις, είχαν σταματήσει κάτι χρόνια πριν, έτσι είχα την ευκαιρία να πάρω τη δουλειά χωρίς εξετάσεις. Ήμουν πραγματικά αγχωμένος όταν άρχισα, αλλά ήταν καλό που ήδη γνώριζα μερικούς ανθρώπους εκεί. Το πρωινό ξύπνημα με δυσκόλευε. Τον πρώτο ενάμιση χρόνο, έφτανα στον Βράχο στις εξίμισι, μισή ώρα πριν πιάσουμε δουλειά, γιατί μου άρεσε να πίνω τον καφέ μου και να βλέπω την ανατολή του ήλιου. Αυτή είναι η καλύτερη τοποθεσία για να δουλεύει κανείς. Θέλω να πω, ακόμα και χωρίς τα μνημεία, είναι το ωραιότερο μέρος στην πόλη. Ειλικρινά μου άρεσε να πηγαίνω εκεί κάθε μέρα, να σκαρφαλώνω [στον Βράχο]. Μου άρεσε από την αρχή, για διάφορους λόγους.

Ποτέ δεν αισθάνθηκα ότι οποιοσδήποτε μου έκρυβε τεχνικές κατά τη διάρκεια των σπουδών μου ή όσο δούλευα στον Παρθενώνα. Αλλά έχω ακούσει ότι υπήρχε κάποτε μια τάση οι εργαζόμενοι—όχι μόνο οι μαρμαροτεχνίτες, οι μαστόροι—να κρύβουν μερικές φορές πράγματα από τους συνεργάτες τους. Ακούς τέτοιες ιστορίες που συνέβαιναν παλιότερα στην ομάδα του Παρθενώνα. Όταν ήμασταν εκεί, ήταν όλοι γενναιόδωροι, μας έδιναν σωστές οδηγίες και μας μιλούσαν για τις τεχνικές. Οι φήμες όμως έλεγαν ότι πριν δέκα χρόνια [οι παλιοί] δεν μάθαιναν τίποτα στους νέους συνάδελφους. Αυτό είναι κάτι που έχει αλλάξει. Μερικές φορές μπορεί να υπάρξει σιωπηρός ανταγωνισμός ανάμεσα σε ανθρώπους σε διαφορετικά πόστα. Οι άνθρωποι κρύβουν τα μυστικά της δουλειάς τους για να αισθάνονται πιο χρήσιμοι. Αυτό είναι κάτι που βγάζει νόημα, όταν ξέρεις αυτή τη γενιά [την προηγούμενη]. Θέλω να πω, σε ορισμένους τομείς, το να κρύβεις πράγματα το βλέπω ως φυσική συμπεριφορά. Διαφωνώ, αλλά το κατανοώ. Αυτό όμως έχει πια αλλάξει, σίγουρα.

Όταν πιάσαμε δουλειά στον Παρθενώνα, για τεσσεράμισι-πέντε χρόνια, πήγαμε εκεί χωρίς προσδοκίες. Ήμασταν με σύμβαση περιορισμένου χρόνου, ούτε που ξέραμε αν θα συνεχίζαμε σε αυτή τη δουλειά. Η πλειονότητα των συμβασιούχων, όπως ήμουν κι εγώ, είχαμε πτυχία στις καλές τέχνες, και γι' αυτό γενικά είχαμε διαφορετική αντίληψη των πραγμάτων. Δεν το βλέπαμε απλώς σαν ένα έργο αναστήλωσης· είχαμε ευρύτερα ενδιαφέροντα σε σχέση με το μνημείο και την όλη κατάσταση. Δουλεύαμε εκεί σε μια πραγματικά δύσκολη εποχή, όσον αφορά την ανεργία, έτσι δεν είχαμε τίποτα να αποδείξουμε σε κανέναν. Νομίζω ότι ο καθένας από μας βρισκόταν σ' ένα διάλειμμα της προσωπικής του πορείας. Οι περισσότεροι δεν ξέραμε τι θα κάναμε μετά. Και αυτά τα τελευταία χρόνια μάθαμε ότι δεν μπορείς να σχεδιάζεις το μέλλον. Έτσι, νομίζω ότι πραγματικά ζήσαμε την εμπειρία στον Παρθενώνα και παράλληλα διατηρούσαμε τα ενδιαφέροντά μας με διάφορους τρόπους· δεν υπήρχε λόγος να αποδείξεις οτιδήποτε ή να αισθάνεσαι ανταγωνιστικός προς οποιονδήποτε εκεί.

Όταν κάνεις αναστηλώσεις, αντιμετωπίζεις καινούρια προβλήματα όλη την ώρα, τα οποία δεν έχεις ξανασυναντήσει. Κάθε πρόβλημα είναι μοναδικό. Έτσι, πραγματικά σεβόμουν την εμπειρία των παλιότερων εργαζόμενων και ήταν συναρπαστικό το πώς εκείνοι, με λιγότερη προσπάθεια—ναι, *αυτό* σημαίνει εμπειρία!—έλυναν τα προβλήματα. Επιπλέον, αρχίσαμε να γνωρίζουμε ο ένας τον άλλον, έτσι αισθανόμασταν καλά στο εργασιακό μας περιβάλλον. Ήταν ενδιαφέρον γιατί εμείς, οι νέοι στη δουλειά, αρχίσαμε να βάζουμε καλύτερη μουσική στο ραδιόφωνο, να οργανώνουμε εκθέσεις—πράγματα που εκείνοι [οι παλιότεροι] είχαν σταματήσει να κάνουν προ πολλού, αν τα έκαναν ποτέ· οπότε, νομίζω ότι τους αναζωογονήσαμε.

Άρχισα να δουλεύω πάνω στα καινούρια μαρμάρινα κομμάτια με έναν παλιότερο εργαζόμενο, τον Σπύρο Αγγελόπουλο, και με τον Δημήτρη Κώστα, έναν άλλο συμβασιούχο, όπως ήμουν κι εγώ. Ήμασταν ομάδα. Φτιάχναμε γύψινα εκμαγεία των αρχαίων σπασμένων μαρμάρων έτσι ώστε να έχουμε τη φόρμα που θα έπρεπε να αναπαράγουμε. Στη συνέχεια διαλέγαμε ένα κομμάτι μάρμαρο που ταίριαζε στη συγκεκριμένη φόρμα. Αυτός που δούλευε τον *μεγάλο κόφτη* έκοβε πρώτα το μάρμαρο με το οποίο θα φτιάχναμε το αντίγραφο. Μετά, η δουλειά γίνεται ως εξής: βρίσκεις τρία σταθερά σημεία στο νέο μάρμαρο και τα ίδια τρία σημεία στο γύψινο εκμαγείο. Κατόπιν τοποθετείς μια μεταλλική κατασκευή με τρία πόδια κι έναν βραχίονα με βελόνα, τον *πονταδόρο*. Ο βραχίονας δείχνει σημεία στον χώρο. Έτσι, όταν αγγίζεις ένα συγκεκριμένο σημείο στο γύψινο εκμαγείο με τη μηχανική προέκταση της βελόνας, μπορείς να δεις το ίδιο σημείο στο νέο μάρμαρο και πόσο υλικό πρέπει να αφαιρέσεις σκαλίζοντας για να φτάσεις ως εκεί.

Οπότε, έχουμε από τη μία το μάρμαρο—το καινούριο κομμάτι—και από την άλλη το γύψινο εκμαγείο. Βάζουμε τη βελόνα του πονταδόρου στο γύψινο εκμαγείο.

Ο πονταδόρος έχει τη δυνατότητα να συντονίζει σημεία στο εκμαγείο και στο μάρμαρο. Κλειδώνοντας σε βάθος με μια μικρή βίδα—γιατί το καινούριο μάρμαρο έχει περίσσεια υλικού—αυτή η βελόνα γλιστράει πίσω τόσο ώστε η σφιγμένη βίδα να σου δείξει ακριβώς πόσο υλικό πρέπει να αφαιρέσεις [από το καινούριο μάρμαρο]. Αυτό λέγεται *καμπάς*. Επομένως, αρχίζεις μαρκάροντας τα εξώτερα σημεία στο καινούριο μάρμαρο, με βάση το γύψινο εκμαγείο. Για να αφαιρέσεις μάρμαρο από τα μαρκαρισμένα εξώτερα σημεία, χρησιμοποιείς το *βελόνι*, για να φέρεις τις επιφάνειες όσο πιο κοντά γίνεται στο αυθεντικό κομμάτι, χωρίς να ρισκάρεις να πας πολύ μέσα. Έχεις τώρα αφαιρέσει το υλικό μέχρι τα [μαρκαρισμένα] εξώτερα σημεία—τις αντίστοιχες προεξοχές του εκμαγείου. Μετά προχωράς στα ισαπέχοντα σημεία στην επιφάνεια, όπου και πάλι με το βελόνι τα φέρνεις ακόμα λίγο πιο μέσα, ας πούμε, ένα ή δύο εκατοστά.

Όταν τελειώσεις με το *ξεχόντρισμα*, προχωράς και φτιάχνεις τις εξωτερικές ακμές σε όλη την επιφάνεια, ως το τελικό περίγραμμα. Τότε, γυρνάς πάλι στο εσωτερικό και λαξεύεις σημεία ανάμεσα στα προηγούμενα σημεία, όλο και πιο πυκνά. Χρησιμοποιείς το βελόνι και το *ποντίλι* για να μαρκάρεις το σημείο—εκεί κάνεις μια μικροσκοπική τρύπα και την μαρκάρεις με μολύβι.[37] Και μετά, σημείο το σημείο, από τη μικρή τελεία [του μολυβιού] στην άλλη μικρή τελεία, τις ενώνεις και αφαιρείς υλικό με το *ντισιλίδικο*. Και τελικά, όταν έχεις φτάσει σε επίπεδα που, όταν ενωθούν, πιστεύεις ότι θα συνθέτουν την επιφάνεια που χρειάζεσαι, τα ενώνεις με το ντισιλίδικο και έχεις το τελικό αποτέλεσμα. Το κομμάτι έχει μια κάπως ριγωτή επιφάνεια στο τέλος.

Αυτά σε ό,τι αφορά την επιφάνεια που έρχεται σε επαφή με το αρχαίο κομμάτι. Όταν ετοιμαστεί το νέο κομμάτι, το δοκιμάζεις αν ταιριάζει πάνω στο αρχαίο κομμάτι. Τότε γίνονται οι απαραίτητες τρύπες για τις ράβδους τιτανίου, συνήθως, γιατί τα κομμάτια χρειάζονται ενίσχυση για να μείνουν κολλημένα. Υπάρχουν κατευθυντήριες γραμμές από τους πολιτικούς μηχανικούς για το πώς θα γίνουν οι τρύπες όπου θα μπει το τιτάνιο. Αφού πρώτα γίνουν δοκιμές με πηλό για να δεις μήπως χρειαστεί ένα τελευταίο σκάλισμα για να τελειοποιηθεί το ταίριασμα, χρησιμοποιείς λευκό τσιμέντο για να ενώσεις τα δύο κομμάτια. Και μετά από είκοσι μέρες—νομίζω ότι τόσο παίρνει στο τσιμέντο να δέσει–, δουλεύεις την εξωτερική επιφάνεια. Όταν φτιάχνουμε την καινούρια φόρμα, υπολογίζουμε επιπλέον χώρο γύρω από την ακμή για να δουλευτεί η εξωτερική επιφάνεια μαζί με το αρχαίο μάρμαρο στο τελικό στάδιο. Αφήνουμε περισσότερο υλικό για ασφάλεια, σε περίπτωση που έχουμε πρόβλημα ή κάνουμε κάποιο λάθος, έτσι ώστε να μπορούμε να το διορθώσουμε εκ των υστέρων. Συμβαίνει. Τότε ο χειριστής του μεγάλου κόφτη αφαιρεί τον καμπά—έτσι λέμε το μάρμαρο που περισσεύει.

Όταν φτιάχνεις τις καινούριες φόρμες, σπαταλάς πολύ μάρμαρο, γιατί πρέπει να κόψεις και να πετάξεις τον μισό όγκο. Οπότε, όταν βρίσκουμε έναν όγκο που ταιριάζει ακριβώς στη φόρμα του νέου μαρμάρου [που θέλουμε να φτιάξουμε], μερικές φορές δουλεύουμε χωρίς ασφάλεια. Εκεί πρέπει να είμαστε εξαιρετικά ακριβείς.

Καμιά φορά, στα αρχικά στάδια, εκεί που χρησιμοποιούμε πονταδόρο στο νέο μάρμαρο, πρέπει να κόψουμε και να πετάξουμε μεγάλη ποσότητα μαρμάρου. Για να κάνουμε πιο γρήγορα, επειδή συχνά το πρόγραμμα απαιτεί να τελειώσουμε σε σύντομο χρονικό διάστημα, χρησιμοποιούμε ηλεκτρικά εργαλεία, όπως έναν *γωνιακό τροχό*. Αλλά πρέπει να ακολουθείς τη διαδικασία του πονταδόρου από την αρχή. Ακόμα και όταν δουλεύεις με ηλεκτρικό εργαλείο, πρέπει να ακολουθείς τις εντολές του βραχίονα για

37 *Ποντίλι*: εργαλείο που μοιάζει με το βελόνι, αλλά με ίσια άκρη μικρού πλάτους.

να ξέρεις πώς να προσεγγίσεις τη φόρμα της αρχαίας επιφάνειας. Η λογική της δουλειάς είναι ότι αρχίζεις με τη γενική φόρμα και περνάς στις λεπτομέρειες σταδιακά. Τα πρώτα βήματα τα κάνεις με τα πιο χοντρά εργαλεία. Όταν πλησιάσεις αρκετά κοντά, χρησιμοποιείς εργαλεία χειρός.

Μου αρέσουν τα *εργαλεία πεπιεσμένου αέρα*. Κάποιοι λένε ότι κάνουν μεγαλύτερη ζημία απ' ό,τι αν χρησιμοποιήσεις *μαντρακά*, επειδή η δόνηση είναι πολύ έντονη. Μου αρέσουν γιατί έχεις αποτέλεσμα πολύ πιο γρήγορα. Μπορείς να καθαρίσεις την επιφάνεια πραγματικά γρήγορα και όμορφα. Τα χρησιμοποιούσα στο τελευταίο στάδιο των κομματιών μου. Στη δουλειά που έκανα [στην Ακρόπολη], η τελική επιφάνεια ήταν η εσωτερική, αυτή που εφαπτόταν με το αρχαίο μάρμαρο. Καμιά φορά, πιο σπάνια, για να στρώσω κάποια σημεία όταν πλησίαζα στο τέλος, χρησιμοποιούσα ρούτερ με μικρή σφαιρική άκρη. Αυτό είναι σαν *σβουράκι*. Δεν ξέρω γιατί το λέμε ρούτερ, αλλά είναι σβουράκι, σίγουρα.

Στην αρχή, για τέσσερις-πέντε μήνες από τότε που ξεκίνησα, είχα μεγάλα προβλήματα και στα δύο μου χέρια. Εξαιτίας της επαναλαμβανόμενης κίνησης. Όταν μετακινείς τον πονταδόρο μπρος πίσω, από το εκμαγείο στο μάρμαρο, συνειδητοποιείς ότι είναι βαρύς. Όχι εξαιρετικά βαρύς, αλλά πρέπει να το κάνεις κάπου τριακόσιες φορές. Έτσι, τους επόμενους έξι μήνες δεν αισθανόμουν τα χέρια μου. Αναγκάστηκα να σταματήσω το *ποντάρισμα* γιατί δεν μπορούσα να σηκώσω τίποτα. Όταν αισθάνθηκα καλά, ξανάρχισα. Αλλά ήμουν πιο προσεχτικός στο πώς δούλευα.

Μου άρεσαν ένα σωρό πράγματα στη δουλειά εκεί πάνω. Μου άρεσε που αυτός ο συγκεκριμένος χώρος είναι το πιο σταθερό και αμετάβλητο σημείο της πόλης. Εννοώ ότι ουσιαστικά δεν έχει αλλάξει. Τόσο πολλά πράγματα έχουν συμβεί εκεί, αλλά η βασική δομή και ο βασικός φυσικός χώρος είναι τα ίδια. Ήταν όντως συναρπαστικό να σκέφτομαι ότι όλη η πόλη κάτω από τον Βράχο έχει αλλάξει τόσο ριζικά, και συνεχίζει να αλλάζει, αλλά αυτό ήταν το μοναδικό σημείο που σεβάστηκε στο μεγαλύτερο βαθμό η ιστορίας μας, και παραμένει το ίδιο.

Μου άρεσε που ανέβαινα εκεί κάθε μέρα. Μου άρεσε η θέα. Πολύ. Μεγάλωσα στη Θεσσαλονίκη και έβλεπα πολύ συχνά τη θάλασσα, οπότε, όταν άρχισα στον Παρθενώνα, είχα την ευκαιρία να βλέπω τη θάλασσα κάθε μέρα. Από το κέντρο της Αθήνας μπορείς να δεις τη θάλασσα μόνο αν ανέβεις στην Ακρόπολη. Μου άρεσε αυτό, η θέα της θάλασσας.

Μου άρεσαν οι μικρές λεπτομέρειες που βλέπαμε. Μερικές φορές μπορούσες να δεις όχι μόνο τα σπουδαία επιτεύγματα των ανθρώπων, αλλά και μερικές σημειώσεις με μολύβι—με μολύβι, όχι με στυλό!—που είχαν κάνει οι εργάτες εκατό χρόνια πριν. Τα ονόματά τους. Είναι ένα μήνυμα που φτάνει σε σένα κατά τύχη εκατό χρόνια μετά. Αυτά τα μικρά πράγματα ειλικρινά με ενδιέφεραν. Είναι καταπληκτικά! Και όταν κατεβάζεις ένα συγκεκριμένο κομμάτι από το μνημείο για πρώτη φορά, μετακινείς αυτό το πράγμα που έχει φτιαχτεί πριν από 2.500 χρόνια, και είσαι *εκεί*, μπροστά σε κάτι που γίνεται για πρώτη φορά μετά από όλα αυτά τα χρόνια· είναι πραγματικά τρελό. Είναι συγκινητικό.

Κάτι που μόλις τώρα μου ήρθε στο μυαλό είναι ότι, κατά τη διάρκεια της κρίσης, πολλοί άνθρωποι αυτοκτόνησαν από την Ακρόπολη. Είναι κάτι που το βιώσαμε από κοντά. Συμβαίνει τα τελευταία χρόνια στην Ελλάδα. Συχνά. Πηδάνε από την πλευρά που βρίσκονται τα εργαστήριά μας, στην πλαγιά της Ακρόπολης. Και μερικές φορές από κει που είναι η σημαία. Συνήθως δεν έχουμε επαφή με τον κόσμο, [μαθαίνουμε] μόνο αυτά που μας λένε οι φύλακες. Υπάρχει μια γνωστή ερωτική ιστορία δύο ανθρώπων που ήταν ερωτευμένοι και έπεσαν από τον Βράχο, «ο Μιμίκος και η Μαίρη». Δεν ξέρω αν είναι αληθινή.

Αλλά, ξέρεις, παλιά λέγαμε, «θα πέσω από την Ακρόπολη» όταν θέλαμε να πεθάνουμε. Σοβαρά το λέω· είναι μια έκφραση: «θα πέσω από την Ακρόπολη».

Μου αρέσουν όλοι οι επισκέπτες. Έχουμε συνηθίσει να βλέπουμε τα πλήθη στον δρόμο όταν κατεβαίνουμε μετά τη δουλειά, τον ήχο των διαφορετικών γλωσσών που δεν καταλαβαίνουμε. Νιώθεις ότι όλοι αυτοί οι διαφορετικοί άνθρωποι έρχονται να επισκεφτούν [την Ακρόπολη] με σεβασμό. Όλοι αυτοί οι άνθρωποι φέρονται με σεβασμό, ακόμα κι αν δεν ξέρουν τι είναι αυτό που βλέπουν· αντιμετωπίζουν το μνημείο με σεβασμό.

Και αυτό που πραγματικά μου άρεσε ήταν ότι όλη η ιστορία της αναστήλωσης έχει χαρακτήρα θεραπευτικής αγωγής, είναι μια θεραπεία. Έχεις ένα άρρωστο μνημείο και προσπαθείς να το βοηθήσεις να γίνει καλά. Μου άρεσε αυτή η ιδέα, το ότι φροντίζεις, ότι περιθάλπεις κάτι.

Έχει επηρεάσει την τέχνη μου, ασφαλώς. Ίσως ο τρόπος που έβλεπα τον Παρθενώνα να ήταν ο τρόπος που έβλεπα τα πράγματα και πριν. Θέλω να πω, μου αρέσει το θέμα της φθοράς, το πώς τα πάντα σταδιακά φθείρονται. Είναι κάτι που με συναρπάζει ούτως ή άλλως, και το χρησιμοποίησα στη δουλειά μου. Υπήρχε αυτό το στοιχείο, με την προσθήκη της προσπάθειας να σταματήσεις [τη φθορά], τη διαδικασία και την πράξη της φροντίδας και της θεραπείας, να φροντίζεις, να περιθάλπεις κάτι—αυτό είναι κάτι που πήρα από τη δουλειά στον Παρθενώνα. Έκανα μερικά έργα που μου θυμίζουν πολύ τον Παρθενώνα. Έφτιαξα ένα έργο που το ονόμασα *Μετανάστες*. Είναι ένα αέτωμα με μικρά ζώα και πτηνά που δεν υπάρχουν στην Ελλάδα, φτιαγμένα από πορσελάνη και πλαστικό. Συνθέτουν ένα τρίγωνο, πάνω από το οποίο βρίσκεται ένα κουτί από πλεξιγκλάς. [Η έμπνευση] προέρχεται από τον Παρθενώνα όχι μόνο εξαιτίας του σχήματός του, αλλά και μιας ιστορίας που είχε πει ο Μανόλης Κορρές. Ξέρεις ποιος είναι ο Κορρές; ... Είχε πει ότι στην αρχαία Αθήνα συνήθιζαν να βάζουν ένα φίδι στα γλυπτά μνημεία ως σύμβολο των ανθρώπων που κατάγονται από δω, γιατί πίστευαν ότι το φίδι γεννιέται και πεθαίνει στο ίδιο μέρος. Βάζοντας το φίδι εκεί, ενίσχυαν την ιδέα της ιθαγένειας. Ήταν ένα κρυφό μήνυμα, αλλά ο σκοπός του ήταν να μεταδώσει αυτό το νόημα. Ήθελα να χρησιμοποιήσω το σχήμα που βρίσκεται στην κορυφή του Παρθενώνα, αντιστρέφοντας την ερώτηση: Τι θα γινόταν αν βάζαμε τους μετανάστες στην κορυφή, αντί για τους Έλληνες;

ΚΑΡΟΛΟΣ ΜΕΓΚΟΥΛΑΣ

Στα γραφεία της κοινότητας Τριπόταμου, στην Τήνο

Στα τελευταία δώδεκα χρόνια που ήμουν εκεί, γνώρισα πολλά νέα παιδιά—εγώ ήμουν μεγαλύτερος ηλικιακά–, αλλά τα νεαρότερα παιδιά, με τα ανοιχτά τους μυαλά, είχαν κάτι να δείξουν σε μας τους παλιούς! Δεν ήταν μόνο ότι μου έδειχναν πώς να δουλέψω. Περισσότερο απ' αυτό, ήταν αυτά που είχαν διαβάσει τα τελευταία χρόνια που ήταν πιο επίκαιρα επάνω στη δουλειά.

Το παν είναι η συμπεριφορά! Η τεχνική είναι ίδια. Ακολουθούσαμε, και ακόμα ακολουθούμε, τις τεχνικές των αρχαίων που έκαναν αυτή τη δουλειά. Δεν έχουμε αλλάξει. Η γραμμικότητα, ο σχεδιασμός είναι ίδιος. Εξάλλου, ο χώρος εκεί σε εμπνέει. Η καθημερινότητα δεν είναι «πάω να βγάλω το μεροκάματο και αυτό είναι όλο». Όταν έχεις κέφι γι' αυτή τη δουλειά και σου αρέσει, κάθε μέρα είναι μια καινούρια μέρα. Είναι το πάθος των νέων ανθρώπων. Το πάθος τους για τη δουλειά. Το πάθος τους να μάθουν.

Δηλαδή, δεν κάθονταν δίπλα σου μόνο για να δουλέψουν. Ρωτούσαν. Και για μένα, προσωπικά—πάντα μιλάω για μένα—αυτό ήταν καλό. Μου άρεσε. Και πάντα ήμουν δίπλα στους νέους μαρμαράδες. Για να το πω απλά, έβλεπα κάτι στους νεότερους, κάτι περισσότερο απ' αυτό που είχαμε εμείς, οι παλιοί. Αλλά κι εμείς είχαμε κάτι να προσφέρουμε στα νέα παιδιά. Τους προσφέραμε και θέλω να πιστεύω ότι πήραν κάτι από μας, τους παλιότερους [μαστόρους]. Έτσι νομίζω.

Νομίζω ότι ήταν κι από τις δύο πλευρές αυτό. Θυμάμαι τα παλιά τα χρόνια, όταν εγώ έβγαλα τη Σχολή και πήγα να δουλέψω, οι παλιοί μαστόροι—δεν λέω για την Ακρόπολη, λέω για αλλού—δεν σου λέγανε, δεν σε βοηθούσαν όλοι να μάθεις, δεν έδειχναν στον νέο. Αλλά εμείς δεν αδιαφορούσαμε για τους νέους. Αυτοί που ήμασταν εκεί πάνω [στον Βράχο], από τους προϊστάμενους μέχρι τους μαστόρους, βοηθούσαμε τα νέα παιδιά. Εξάλλου, θέλαμε να γίνεται και η δουλειά! Οπότε, έπρεπε να βοηθήσεις τον νέο που είχε μεράκι να συνεχίσει, να μάθει τη δουλειά για να συνεχίσει. Κι αυτό φάνηκε στο διάστημα του 2011 με 2012, όταν φύγαμε πεντέξι παλιοί μαστόροι—εγώ έφυγα στις 3 Ιουλίου του 2012—και οι νέοι δεν είχαν πρόβλημα. Μπορούσαν να συνεχίσουν εκείνοι τη δουλειά· εκείνοι που είχαν θέληση.

Ευτυχώς, η ιστορία ξεκινάει από δω [από την Τήνο]. Ο Ικτίνος και ο Καλλικράτης μπορεί να μην ήταν από δω, αλλά η συνέχεια [της ιστορίας] είναι στην Τήνο.[38] Λόγω της αφθονίας του μαρμάρου προς τα έξω μέρη [Εξωμεριά]—δηλαδή, προς τον Πύργο και τα Υστέρνια—οι άντρες σε εκείνες τις περιοχές είχαν δύο επιλογές: ή να γίνουν ναυτικοί ή να ασχοληθούν με το μάρμαρο. Υπήρχε πολύ μάρμαρο εκεί. Δεν υπήρχε η κτηνοτροφία που υπάρχει εδώ [στο χωριό μου]. Εδώ υπήρχε πολλή γεωργία, ενώ εκεί ήταν το μάρμαρο. Οπότε, εκεί επεξεργάζονταν το μάρμαρο. Ο Χαλεπάς ήταν εκεί, και πριν απ' αυτόν ήταν οι Σώχηδες, οι Λαμμέρηδες—υπήρχαν πάρα πολλοί.[39] Ήταν και οι Περάκηδες, πριν από εκατό, εκατόν πενήντα χρόνια. Και από όλους αυτούς βγήκαν συνεχιστές.

Πριν από δύο χρόνια, σε αυτό το πολύ μικρό χωριό, τον Τριπόταμο, κάναμε την πρώτη μας γιορτή [του κρασιού]. Αφιέρωσα τη γιορτή, την πρώτη μέρα, στους μαρμαράδες [με καταγωγή από το χωριό] που έχουν βγάλει τη Σχολή στον Πύργο. Και είχαμε και έκθεση με τους Κουσουνάδηδες, τον Βιδάλη, τη Μίση και τον Μόδενο. Μίλησα για τους μαρμαράδες που έχουν βγάλει τη Σχολή. Άρχισα καταγράφοντας τα ονόματά τους—αν βάλεις και τα παιδιά τους που δεν πήγαν στη Σχολή, έχεις πάνω από είκοσι πέντε άτομα. Ο Κρητικός, ο καθηγητής, από δω είναι. Και ο Νίκος Παρασκευάς, ο γλύπτης, από τον Τριπόταμο κρατάει. Και πάρα πολλοί άλλοι.

Τον παλιό καιρό, υπήρχαν μαστόροι πάνω στην Πεντέλη, αλλά νομίζω ότι εδώ—πώς να το πω τώρα;—ήταν η ανάγκη της δουλειάς που σε έσπρωχνε σε αυτό. Γιατί, όπως είπα, στα έξω μέρη [Εξωμεριά] ήταν όλοι είτε καπεταναίοι είτε μαρμαράδες. Το μόνο που είχαν ήταν το μάρμαρο και αναγκαστικά έπρεπε να δουλέψουν με αυτό. Οπότε, και οι επόμενες γενιές συνέχισαν να καταγίνονται με το μάρμαρο. Και νομίζω ότι μέρος της δεξιοτεχνίας τους οφείλεται στο μεράκι και τη θέλησή τους.

[Οι μαρμαράδες της Τήνου] από τα παλιά χρόνια δούλευαν συχνά στην Ακρόπολη. Αλλά η ιστορία λέει ότι υπήρχαν μαρμαράδες και στην Πάρο και στη Νάξο από την αρχαία εποχή. Έχει και λατομεία εκεί, και η Νάξος έχει το *σμυρίγλι*.[40] Αυτή η πέτρα μάς βοηθάει στην κατεργασία του μαρμάρου. Το σμυρίγλι έβγαινε από τη Νάξο και πήγαινε στο εξωτερικό, παντού. Χρησιμοποιείται στο τρίψιμο του μαρμάρου. Είναι πολύ σκληρό [υλικό].

Δεν το δούλεψα και δεν το ξέρω, αλλά τελευταία έχουν βγει οι [λειαντικές]

38 Ικτίνος και Καλλικράτης: οι αρχαίοι αρχιτέκτονες του Παρθενώνα.

39 Γιαννούλης Χαλεπάς (1851–1938): διακεκριμένος γλύπτης.

40 *Σμυρίγλι*: η σμύριδα Νάξου (ένα τραχύ πέτρωμα που χρησιμοποιείται ως λειαντικό) στην τοπική διάλεκτο.

καμπάνες οι *διαμαντέ*.[41] Πριν τις διαμαντέ, ήταν οι καμπάνες με το σμυρίγλι, τη μαύρη πέτρα. Με αυτές τρίβανε. Με το τριανταεξάρι. ... Η κλίμακα ήταν από το είκοσι τέσσερα μέχρι το τριακόσια. Από τα πιο τραχιά υλικά. Γι' αυτό το χρησιμοποιούσαν στο τρίψιμο. Τα παλαιότερα χρόνια υπήρχε η *καλύμπρα*.[42] Πάλι κι αυτή με ένα είδος σκόνης ή άμμου που προέρχεται κυρίως από τα νησιά, από τη Σαντορίνη. Ήταν ειδικά για τρίψιμο. Δεν μπορούσα να πάρω άμμο από τη δική μου τη θάλασσα και να τη χρησιμοποιήσω στο τρίψιμο, γιατί διαλύεται. Αλλά αυτή η άμμος είναι πιο σκληρή και έτριβε τις επιφάνειες, τις έκανε... Είναι ένα πέτρωμα που το επεξεργάζονται και γίνεται σαν γυαλόχαρτο.

Το τηνιακό μάρμαρο είναι λίγο πιο σκούρο, αλλά είναι μαλακό. Είναι γκρίζο, όπως το μάρμαρο από την Καβάλα. Αλλά το μάρμαρο της Καβάλας έχεις *σπαθιές* μέσα του.[43] Οι μαρμαρογλύπτες δούλευαν το τηνιακό μάρμαρο και έφτιαχναν πολλά τέμπλα, προσκυνητάρια. Το χρησιμοποιούσαν ακόμα και σε προτομές. Είναι πιο μαλακό, όχι σκληρό σαν το μάρμαρο του Διονύσου. Το μάρμαρο του Διονύσου είναι πιο σκληρό από το δικό μας.

Δεν υπάρχει μεγάλη διαφορά ανάμεσα στο αρχαίο μάρμαρο και στο μάρμαρο του Διονύσου. Είναι το ίδιο βουνό και η ίδια φλέβα. Από τη μπροστινή μεριά είναι η Πεντέλη· από την πίσω μεριά, ο Διόνυσος. Μόνο που το μάρμαρο στην πίσω μεριά, αν πρέπει να πω μια διαφορά, είναι λίγο πιο σκληρό. Και έχει λίγο παραπάνω γυαλί. Είναι ο ίδιος όγκος, το ίδιο βουνό. Νομίζω ότι είναι ίδια. Μικρή η διαφορά. Γιατί το μάρμαρο χάνεται, είναι δύσκολο να βρεις μάρμαρο. Είχαμε δυσκολία να βρούμε μεγάλους όγκους για τα επιστύλια που αναστηλώθηκαν με καινούριο μάρμαρο. Μεγάλη δυσκολία!

Πιο παλιά, όταν ήμουν ακόμα στη Σχολή, θυμάμαι ότι δεν υπήρχε δρόμος από πάνω, από τα Πλατιά. Ο μάστορας στο λατομείο έκοβε έναν όγκο, περίπου στο μέγεθος που θέλαμε. Έκοβε τον όγκο, αλλά δεν ήταν τελείως ακανόνιστος· είχε μια μορφή. Τον έφερναν με αυτοκίνητο μέχρι στο σημείο που μπορούσε να έρθει, και μετά τον κουβαλούσαμε με τη «γαϊδούρα», μια ξύλινη κατασκευή σαν σκάλα πλοίου, και με λίγο σπρώξιμο από δω κι από κει, κατεβάζαμε το μάρμαρο από την πλαγιά. Η «γαϊδούρα» ήταν κάτι σαν έλκηθρο—δεν την χρησιμοποιούσαμε για μεγάλους όγκους—και την μετακινούσαμε πάνω σε κυλινδρικά ξύλα στην κατηφόρα, μέχρι τη Σχολή. Ναι, εμείς, οι μαθητές. Εκεί που τελειώνουν τα Πλατιά, μέχρι τη στροφή που αρχίζει και φαίνεται το χωριό, έχει ένα μονοπάτι. Τα κομμάτια δεν ήταν πολύ μεγάλα, περίπου εβδομήντα με ογδόντα πόντους. Ήταν τα μάρμαρα που μαθαίναμε, εκεί πάνω εξασκούμασταν, οπότε δεν μας ενδιέφερε να είναι πολύ μεγάλα.

Τέλειωσα τη Σχολή στα δεκαπέντε. Μετά είχα τη χαρά να με πάρει ο μπάρμπα-Γιάννης ο Φιλιππότης στο μαγαζί του στον Πύργο, στην αρχή χωρίς λεφτά, για μια περίοδο ενός-δύο μηνών, περισσότερο για να μάθω, ν' αποκτήσω κάποια εμπειρία. Μετά, σιγά σιγά, σύμφωνα με την εξέλιξή μας, πληρωνόμασταν. Μας έδινε κάτι παραπάνω και μετά κάτι ακόμα παραπάνω.

Βέβαια, υπήρχαν πολλοί μαστόροι εκεί, αλλά ήταν ένα μάστορας, ο μπάρμπα-Γιάννης ο Βασιλάκης ο Βαραβάς, που κάθε μέρα στο διάλειμμα για κολατσιό μάς έλεγε, «Θέλετε να μάθετε τη δουλειά; Τότε να δουλέψετε και στο διάλειμμα! Πάρτε αυτό και φτιάξτε κάτι». Με τη δική του πίεση, μάθαμε

41 *Καμπάνες διαμαντέ*: εξαρτήματα σε σχήμα καμπάνας για γωνιακούς τροχούς.

42 *Καλύμπρα*: βαριά μεταλλική πλάκα με δύο λαβές η οποία χρησιμοποιείται για το ραφινάρισμα επίπεδων επιφανειών. Από μικρές χοάνες που προεξέχουν στη μια πλευρά της πλάκας προστίθεται άμμος, η οποία δημιουργεί μια λειαντική επιφάνεια κάτω από την πλάκα.

43 *Σπαθιές*: κοψίματα, ραγίσματα· ψεγάδια του μαρμάρου.

πολλά πάνω στη δουλειά. Μας έδινε ένα κομμάτι μάρμαρο και μαθαίναμε το βυζαντινό το σχέδιο, όχι το λαϊκό. Σ' εκείνα τα δέκα λεπτά που ξεκλέβαμε από το κολατσιό. ... Κάτι παραπάνω, για το δικό μας καλό, κάτι που δεν ξέραμε πριν. Δεν τα είχαμε κάνει αυτά στη Σχολή. Από έναν μάστορα που δεν είχε τίποτα να κερδίσει, που ήθελε μόνο να μας βοηθήσει. Ήταν πάντα δίπλα μας, μας βοηθούσε. Πάντα. Αυτά όταν ήμουν παιδί· τον θυμάμαι και δεν θα τον ξεχάσω. Έχει φύγει από τη ζωή. Δεν θα τον ξεχάσω ποτέ.

Ο μπάρμπα-Γιάννης ήθελε να τα κάνεις όλα τέλεια. Δεν ήθελε προχειροδουλειές. Μας μάλωνε πολλές φορές, μέχρι να το κάνουμε τέλεια. Και το είδα μετά, όταν κάναμε κάποια έργα σε διάφορες εκκλησίες, τα κοιτούσα και έλεγα στον εαυτό μου, «*Εσύ* το έκανες αυτό!» Όταν ακούω κάποιον να λέει, «Το τέμπλο είναι ωραίο, πάρα πολύ ωραίο», λέω από μέσα μου, «Με πίεσε και το έμαθα!»

Έμεινα εκεί πέντε χρόνια. Ήταν σαν δεύτερη σχολή. Μετά πήγα φαντάρος, στα είκοσί μου. Ήταν αμέσως μετά τη χούντα, το 1974, και η δημοκρατία—ας την πούμε έτσι—είχε αποκατασταθεί. Από το '74, που τελείωσε η δικτατορία, μέχρι το '77, υπηρετούσα τη θητεία μου, είκοσι οχτώ μήνες, γιατί έπεσα πάνω στην επιστράτευση. Μετά τον στρατό ασχολήθηκα με άλλη δουλειά. Παράτησα το μάρμαρο, παράτησα τα πάντα για είκοσι χρόνια, γιατί έμπλεξα με τον τουρισμό.

Εδώ στην Τήνο, εκείνα τα χρόνια, οι μαρμαράδες, αυτοί που είχαν τα μαγαζιά, δεν πλήρωναν. Ήταν πολύ λίγα τα χρήματα. Έπρεπε να φύγεις από την Τήνο και να πας στην Αθήνα. Εγώ είχα μία αγάπη για το νησί, για το χωριό μου, και δεν ήθελα να φύγω. Η ανάγκη με έκανε να βρω δουλειά κάπου αλλού. Γνώρισα έναν φίλο που είχε πιτσαρία-καφετέρια, ο οποίος μου έδωσε δουλειά. Πέρασα δέκα χρόνια δουλεύοντας μαζί του· μάγειρας. Όταν έφυγα από την Τήνο, είχα ήδη κάνει οικογένεια. Είχα δύο παιδιά. Οι ανάγκες ήταν περισσότερες, έτσι έφυγα για την Αθήνα και δούλεψα σε έναν συγγενή της γυναίκας μου, που είχε εστιατόριο στην Κηφισιά.

Κάποτε κουράστηκα με τη νύχτα—γιατί ήταν νυχτερινή η δουλειά. Βρέθηκε τότε ένας φίλος, ο Μιχάλης Τζανουλίνος, που είχε πάει στην Ακρόπολή έξι μήνες νωρίτερα. Στην αρχή ήταν φύλακας εκεί και μετά πήγε στην αναστήλωση. Όταν είδα φίλους στη Αθήνα που ήταν στην Ακρόπολη, οι περισσότεροι συμμαθητές στην ίδια σχολή, από την παιδική μου ηλικία, με συνεπήραν με τις κουβέντες τους, και με παρότρυναν να δώσω εξετάσεις. Και να φανταστείς, ήμουν στην Αθήνα είκοσι χρόνια και δεν είχα ανέβει στην Ακρόπολη. Πάρε ένα ξύλο και βάρα με!

Στο χωριό μου έχουν μια παροιμία—στα περισσότερα χωριά–, «μάθε τέχνη κι άστηνε κι άμα πεινάσεις πιάστηνε». Εγώ δεν πείναγα. Αλλά μετά από είκοσι χρόνια, την ξανάπιασα. Η αγάπη μου για το μάρμαρο με ξανάφερε σ' αυτό. Ξαναβρήκα τον εαυτό μου.

Έδωσα τις εξετάσεις τον Οκτώβριο του 2000. Έδιναν πενήντα άνθρωποι τότε. Πενήντα άνθρωποι για δέκα θέσεις. Είχαν ήδη πάρει τους εφτά και έψαχναν για άλλους τρεις. Στο τέλος πήραν μόνο έναν, εμένα, που από τους πενήντα είχα βγει πρώτος!

Όταν έδωσα τις εξετάσεις, ήταν ένα κομμάτι μάρμαρο εκεί, που το είχαν δουλέψει πενήντα άνθρωποι πριν από μένα. Κάποια στιγμή με φώναξαν να πάω κι εγώ. Όταν άρχισα να δουλεύω, κάποιος άκουσε τον ήχο του *μαντρακά* και είπε, «Αυτός την ξέρει τη δουλειά. Ποιος είναι;» Γιατί είχε ακούσει τον ήχο τον σωστό. Ήταν κάποιος από την επιτροπή που πήγε να μου βάλει τρικλοποδιά. Εκεί που δούλευα με το *βελόνι*, μου είπε, «Πάρε τη *λάμα* και συνέχισε». Τον κοίταξα. «Τη γνωρίζετε τη δουλειά;» τον ρώτησα. «Για να είμαι στην επιτροπή», μου απάντησε. Κι εγώ του είπα, «Φέρτε μου πρώτα μια *φαγάνα*, ένα *ντισιλίδικο* και μετά τη λάμα. Έχει μια σειρά, ξέρετε». Τότε εκείνος είπε στους άλλους, «Αυτός την ξέρει τη δουλειά, αφήστε τον. Προχωράμε». Αυτά έγιναν την πρώτη μέρα.

Εκείνη περίπου την εποχή ιδρύθηκε και η Υπηρεσία Συντήρησης Μνημείων Ακρόπολης. Ήταν κάποια έργα που έπρεπε να είναι έτοιμα για την Ολυμπιάδα του 2004, οπότε το Υπουργείο Πολιτισμού είχε δώσει πολλά λεφτά, από κάποιο κονδύλι και από την Ευρωπαϊκή Ένωση. Υπήρχαν κάποια πακέτα χρηματοδότησης ειδικά για την αναστήλωση της Ακρόπολης. Αν δεν τελείωνες μέσα στο χρονικό περιθώριο, δεν έπαιρνες τα λεφτά. Η περίοδος 2002-2008 ήταν η καλύτερη από οικονομικής άποψης. Υπήρχαν μπόνους· υπήρχαν υπερωρίες. Μπορούσες να δουλέψεις παραπάνω. Αν είχες όρεξη, μπορούσες.

Το μάρμαρο είναι πολύ εύκολο και πολύ δύσκολο. Αν το δουλέψεις στο *πρόσωπο*, στα νερά του, δουλεύεται. Αν δεν γνωρίζεις τα νερά του μαρμάρου και το πιάσεις ανάποδα, από το *κεφάλι*, δεν μπορείς να το δουλέψεις.[44] Και όλα αυτά φαίνονται· αν βρέξεις το μάρμαρο λίγο, βλέπεις τα νερά του· όταν είναι οριζόντια, η επάνω επιφάνεια είναι το πρόσωπο. Εκεί το δουλεύεις.

Όταν έχουμε έναν όγκο μαρμάρου και θέλουμε να κάνουμε μια επιφάνεια, πρώτα βρίσκουμε το πρόσωπο. Τι μάρμαρο είναι; Είναι ένα μπάλωμα που θα πάει σε έναν σπόνδυλο από τον οποίο λείπει ένα κομμάτι; Ή θα πάει σε ένα επιστύλιο; Πρέπει αυτό το μάρμαρο να το φέρεις σε μια μορφή για να μπορείς να το στρώσεις. Υπάρχει συγκεκριμένη σειρά. Πρώτα παίρνουμε το βελόνι και *ξεχοντρίζουμε* (αφαιρούμε την άγρια επιφάνεια)· το φέρνουμε σε μια επιφάνεια στον ενάμιση πόντο. Μετά παίρνουμε τη φαγάνα—ένα εργαλείο με χοντρά δόντια μπροστά· με τη φαγάνα από τη μία και με τον μαντρακά από τη άλλη, κάνουμε ευθείες γραμμές, το στρώνουμε ευθεία. Φτιάχνουμε μια λεία, ίσια επιφάνεια. Αλλά για να γίνει αυτό, το να πιάσεις και να κάνεις μία, δύο, τρεις, τέσσερις σειρές, αυτό δεν λέει τίποτα. Πρέπει να είναι ίσιο και να έχει και μια γραμμικότητα. Γραμμικότητα έχεις όταν πάρεις ένα *πέκι* και το περάσεις επάνω να δεις ότι και οι δύο *πήχες* στις τέσσερις άκρες στο κάτω μέρος είναι ευθυγραμμισμένες. Αν είναι, ενώνεις τις επόμενες γραμμές, δηλαδή κάνεις μία στη μία πλευρά, μία εδώ, βάζεις το πέκι, ελέγχεις να είναι εντάξει, ενώνεις, γίνεται το τετράγωνο και μετά κάνεις όλα τα ενδιάμεσα, μέσα. Μετά παίρνουμε τη λάμα. Παλιά, αφού δουλεύαμε με τη λάμα, πιάναμε μετά με την καλύμπρα και το τρίβαμε. Δεν βάζαμε ούτε *σβουράκια* ούτε τίποτα. Τελικά, με την εξέλιξη των χρόνων και την πίεση να τελειώσει το έργο, μπήκαν και τα ηλεκτρικά εργαλεία στην κατεργασία.

Η καλύμπρα χρησιμοποιείται στο τέλος. Όταν έχουμε τελειώσει το στρώσιμο της επιφάνειας, με τη λάμα, όσο προσεχτικός και να είσαι, αφήνεις κάποιες γραμμούλες. Εμείς θέλουμε η επιφάνεια να είναι τέλεια, να μην έχει καθόλου κενά. Οπότε πρέπει να το τρίψουμε. Βάζουμε σβουράκι και το τρίβουμε, αλλά πριν απ' αυτό [παλιά] βάζαμε την καλύμπρα. Χρησιμοποιούσαμε την άμμο τη χαλαζιακή που δεν έλιωνε—είχε κάτι σαν αγκάθι. Είχε μια σειρά αυτό, δεν μπορούσες να το πας γύρω γύρω. Μία φορά, ας πούμε. Έτριβες και λείαινες την επιφάνεια μέχρι που να πετύχεις την τέλεια επαφή μεταξύ του ενός κομματιού με το άλλο.

Ανάμεσα στις αυλακωτές ακμές [των σπονδύλων στους κίονες], ένα γύρω, πρέπει πάντα να υπάρχει ένα κενό περίπου ένα χιλιοστό, μισό από πάνω και μισό από κάτω. Γύρω από τις καμπύλες. Με αυτόν τον τρόπο, σε έναν κραδασμό από σεισμό, οι ακμές δεν εφάπτονται μεταξύ τους και δεν σπάνε. Υπάρχει και κάτι άλλο που πρέπει να προσέξεις [για την τέλεια επαφή μεταξύ των σπονδύλων]: ο σπόνδυλος έχει γύρω στους είκοσι πέντε με τριάντα πόντους

44 *Κεφάλι*: η «κορυφή» ενός όγκου μαρμάρου, κάθετη στα νερά του· η δυσκολότερη επιφάνεια για λάξευση.

επίπεδη επιφάνεια, αναλόγως. Γιατί εκεί που σήμερα βάζουμε τιτάνιο, την παλιά εποχή έβαζαν ξύλο, το *εμπόλιο*. Οπότε έπρεπε να μην περάσει μέσα ούτε αέρας, ούτε χώμα, ούτε υγρασία, γιατί έτσι αρχίζουν συστολές και διαστολές, και το ξύλο αρχίζει να σαπίζει και σπάει. Μετά, υπάρχει και το κενό που κάναμε με το *βελονάκι*, πριν από το τετράγωνο όπου μπαίνει το εμπόλιο, για να απορροφάει τους κραδασμούς, έτσι ώστε να μη σπάει.[45] Δηλαδή, σπόνδυλο με σπόνδυλο έχει τέτοια αρτιότητα η επαφή που ποτέ ο σπόνδυλος δεν θα πάθει κάτι. Αν μετακινηθεί, θα μετακινηθεί ολόκληρη η κολόνα. Το έχουμε δει αυτό να συμβαίνει στην Ακρόπολη.

Θυμάμαι όταν αναστηλώναμε την τελευταία κολόνα την εσωτερική του πρόναου—είχε μετακινηθεί—υπήρχαν δυο-τρία μπαλώματα τα οποία έπρεπε να μπουν. Και όταν κατεβάσαμε τους σπονδύλους—δεν θυμάμαι ακριβώς, μεταξύ του τέταρτου και του πέμπτου ή του τρίτου και του τέταρτου, δεν το θυμάμαι—υπήρχε ακόμα το ξύλινο εμπόλιο μέσα. Αυτό πραγματικά με εντυπωσίασε! Γιατί, κακά τα ψέματα, αυτό πρέπει να έγινε πολλά, πάρα πολλά χρόνια πίσω. Βέβαια, με τη φθορά, με τα ζαχαρώματα των καιρών, με όλα αυτά, δεν ήταν εντελώς υγιές. Είχε σαθροποιηθεί, αλλά φαινόταν ότι το ένα [ξύλο] ήταν διαφορετικό από το άλλο. Το ξύλο στο ένα μέρος του εμπολίου είναι πιο σκληρό, ενώ στο άλλο πιο μαλακό. Είχαν κάνει ανάλυση, αλλά δεν θυμάμαι τώρα τι ξύλα ήταν.

Σε πολλά αρχαία μάρμαρα [σε σημεία που δεν ήταν εμφανή], βλέπαμε ότι σ' ένα μάρμαρο δεν είχε δουλέψει ένας μάστορας αλλά δύο. Πώς το βλέπαμε; Γιατί εσύ έχεις μία [συγκεκριμένη] φορά που δουλεύεις, ενώ ο άλλος δουλεύει διαφορετικά. Οπότε, καταλαβαίναμε ότι είχαν δουλέψει δύο μαστόροι σ' αυτό το κομμάτι. Ένα είναι αυτό. Και ένα άλλο ήταν που είδαμε και ονόματα κάπου, κρυμμένα για να μην φαίνονται, γιατί δεν μπορείς, ας πούμε, να γράφεις το όνομά σου σε σημείο που είναι ορατό. Κι εμείς βάλαμε τα ονόματά μας! Όταν το 2004 ήταν η ολυμπιακή φλόγα στο Καλλιμάρμαρο, την ημέρα που έφτασε εκεί, εμείς τελειώναμε τον οπισθόναο.[46] Στο τέλειωμα του οπισθόναου, επάνω από τα επιστύλια είναι τα γείσα. Ενδιάμεσα υπάρχει ένα κενό. Εκεί τα βάλαμε: ο Φραντζέσκος, ο Φώσκολος, εγώ, ο Μιχάλης, αρκετά παιδιά. Πήραμε ένα κομμάτι μολύβι και εκεί απάνω χαράξαμε τα ονόματά μας και την ημερομηνία που η φλόγα έφτασε στο Στάδιο. Έτσι, μετά από εκατό, διακόσια χρόνια, σε μια άλλη αναστήλωση που θα γίνει για τον άλφα ή βήτα λόγο, θα πούνε ότι κάποιοι αρχαίοι ήταν εδώ και δούλευαν!

Κάποτε συζητούσαμε με τον Σπύρο Καρδάμη· δουλεύαμε μαζί ψηλά, πάνω στα γείσα. Και του είπα, «Ρε φίλε, εδώ πάνω γιατί υπάρχει αυτή η τελειότητα; Αφού εδώ πέρα δεν φαίνεται τίποτα. Μπορούμε να κάνουμε τα στραβά μάτια, ας πούμε». Κι εκείνος μου απάντησε, «Θα σου πω κάτι. Μπορεί να γελάσεις, αλλά για μένα είναι σοβαρό». «Τι;» τον ρώτησα. «Ο αρχαίοι Έλληνες, εκείνοι που δούλευαν εδώ, σέβονταν τον χώρο, τον αγαπούσαν, αλλά φοβόντουσαν τους θεούς! Οι θεοί τούς έβλεπαν από πάνω, γι' αυτό υπάρχει αυτή η τελειότητα».

45 *Βελονάκι*: μικρό βελόνι.

46 Καλλιμάρμαρο (κυριολεκτικά: «όμορφο μάρμαρο»). Το αρχαίο Παναθηναϊκό Στάδιο ήταν αρχικά ιππόδρομος από τον 6ο π.Χ. αιώνα. Περίπου το 330 π.Χ. κατασκευάστηκε εκεί ένα απλό στάδιο. Το 144 μ.Χ., επί Ρωμαϊκής κατοχής, ξαναχτίστηκε με μάρμαρο ένα στάδιο χωρητικότητας 50.000 θεατών. Η ανασκαφή του έγινε το 1869. Εκεί διεξήχθηκαν οι Ολυμπιακοί Αγώνες του Ζάππα στο 1870 και το 1875. Ανακαινίσθηκε πλήρως έως το 1896, οπότε και μετονομάστηκε σε «Καλλιμάρμαρο», και ήταν ο βασικός αγωνιστικός χώρος των πρώτων σύγχρονων Ολυμπιακών Αγώνων που διεξήχθηκαν το 1896. Χρησιμοποιήθηκε και πάλι για τη διεξαγωγή αθλημάτων κατά τη διάρκεια των Ολυμπιακών Αγώνων του 2004, ενώ εκεί τερματίζουν οι δρομείς του ετήσιου Κλασικού Μαραθωνίου της Αθήνας.

Η αναστήλωση της βόρειας πλευράς κράτησε... τέσσερα χρόνια; Πέντε; Πολλά χρόνια. Σε κάποια φάση, όταν βάζαμε τον δεύτερο ή τρίτο σπόνδυλο, ένας Ελληνοαμερικάνος μάς έβγαλε κάποιες φωτογραφίες. Δεν μας είπε τίποτα. Έφυγε. Πήγε στην Αμερική. Μετά από τέσσερα χρόνια επέστρεψε στην Ελλάδα. Και με είδε εκεί ψηλά, πάνω πάνω. Βάζαμε τα γείσα. «Έ, μπόι!» μου κάνει, «κατέβα κάτω». Κατέβηκα και τον ρώτησα, «Τι θέλετε;» Και τότε μου έδειξε τη φωτογραφία που είχε βγάλει πριν από τέσσερα χρόνια. Και μου είπε, «Βλέπεις πού ήσουνα; Σ' ευχαριστώ! Γιατί ήρθα μετά από τέσσερα χρόνια και το έργο αυτό έχει τελειώσει». Αυτό! Είναι κάτι στιγμές που δεν ακούς καλή κουβέντα από τους προϊσταμένους σου, αλλά την ακούς από έναν απλό άνθρωπο.

Η ζωή άρχισε να γίνεται δύσκολη με όλα αυτά τα πολιτικά προβλήματα. Ο μισθός άρχισε να μειώνεται. Θα μπορούσα να έχω φύγει την 1η Ιανουαρίου του 2012, αλλά έμεινα άλλους έξι μήνες να τελειώσει ένα έργο. Έβαζα βαρέα οικοδομικά [ένσημα]. Είχα συμπληρώσει τα συντάξιμα χρόνια σε ηλικία πενήντα οχτώ χρονών. Μετά έμεινα άλλον ένα χρόνο· αναγκάστηκα να βγω στη σύνταξη στα εξήντα. Στην αρχή μού έλειπε πάρα πολύ. Μπορώ να σου πω ότι και τώρα, μετά από τέσσερα χρόνια, όταν θυμάμαι τις καλές στιγμές—γιατί οι περισσότερες ήταν καλές στιγμές για μένα—συγκινούμαι.

Η μαρμαροτεχνία θα έχει συνέχεια. Η Ελλάδα, επειδή είναι αρχαίος πολιτισμός, έχει αρχαία να δείξει. Η Ελλάδα ζει από τον τουρισμό. Νομίζω ότι δεν θα το αφήσουν αυτό το κομμάτι. Αλλά λυπάμαι όταν ακούω ότι ο ένας μετά τον άλλο οι αρχαιολογικοί χώροι μειώνουν το προσωπικό τους. Ναι, τα πράγματα είναι δύσκολα στην Ελλάδα, αλλά αυτό το κομμάτι... Οι ξένοι δεν έρχονται να δουν εμένα! Έρχονται να δουν τον πολιτισμό για τον οποίο έχουν διαβάσει και έχουν ακούσει! Πρέπει να υπάρξει μία συνέχεια!

Η Ελλάδα ήταν δυνατή σε ακόμα πιο δύσκολους καιρούς. Υπήρξαν και χειρότερα. Τώρα έχουμε έναν οικονομικό πόλεμο. Πριν είχαμε άλλους πολέμους. Είχαμε την επταετία της δικτατορίας. Είχαμε την εισβολή στην Κύπρο. Περάσαμε πολλά! Τα ξεπεράσαμε όλα. Αλλά αυτό εδώ είναι δύσκολο. Ο μισός λαός υποφέρει. Είναι γεγονός αυτό. Ο άλλος μισός είναι λιγάκι... λίγοι είναι αυτοί που είναι καλά. Αλλά ο μισός λαός που υποφέρει, από αυτόν ζει η Ελλάδα. Εμείς οι Έλληνες έχουμε κάτι—δεν επικρίνω άλλες χώρες, άλλους λαούς, αλλά έχουμε κάτι παραπάνω. Τη βγάζουμε και με ψωμί κι ελιά. Και θα τα βγάλουμε πέρα. Μπορεί αυτή η κατάσταση να τραβήξει για λίγο, αλλά θα περάσει. Έτσι νομίζω. Εμείς οι νησιώτες είμαστε πάντα ανοιχτοί, ελεύθεροι, δεν δεχόμαστε την πίεση. Δεν είναι στη φύση μας [οι περιορισμοί]. Το είδαμε αυτό τώρα με το ναυτικό [και τους πρόσφυγες]. Αυτά που συμβαίνουν στη Χίο, στη Σάμο, στη Μυτιλήνη. Ένα εκατομμύριο κόσμος έχει περάσει από δω και όλοι οι άνθρωποι, όλοι οι νησιώτες βοηθάνε. Δεν αφήνουν τους ανθρώπους να πνιγούν· τους βοηθάνε! Αυτό είναι το μεγαλείο της Ελλάδας!

ΝΙΚΟΣ ΠΕΡΑΝΤΑΚΟΣ

Σε καφενείο, στον Πύργο της Τήνου

Είμαι ευτυχής που γεννήθηκα και μεγάλωσα στον Πύργο της Τήνου, σε αυτό το χωριό που έχει αναδείξει τόσους καλλιτέχνες. Κι εγώ από παιδί χάραζα το όνομά μου στα σκαλιά με ένα καρφί—εκείνες τις μέρες εμείς, οι πιτσιρικάδες, δεν είχαμε εργαλεία. Ήμασταν πολλά παιδιά και, για μην τσακωνόμαστε μεταξύ μας, οι γονείς ή οι γιαγιάδες και οι παππούδες μας μάς κρατούσαν κοντά στο σπίτι. Και η ασχολία μας αυτή ήταν, να χαράζουμε το όνομά μας. Το σπίτι μου είναι δίπλα στο εστιατόριο της Σχολής και, αν πας να δεις τα σκαλιά, έχω γράψει «Ν.Κ.Π.» παντού, από πάνω μέχρι κάτω. Ν.Κ.Π. και Ν.Κ.Π.!

Αν και πολλά από τα αρχικά μου τα έχουν σηκώσει λόγω των επισκευών που κάνανε, ορισμένα έχουν σωθεί.

Ο πατέρας μου ήταν ναυτικός· όλοι μου οι θείοι ήταν ναυτικοί. Ένας θείος μου από της μητέρας μου το σόι ήταν μαρμαράς—μαρμαράς-οικοδόμος στην Αθήνα—και ένας θείος μου από του πατέρα μου το σόι ήταν λατόμος. Και ο παππούς μου, ο πατέρας της μάνας μου, ήταν ένας από τους καλύτερους κτιστάδες της Τήνου. Αυτός, ο αδερφός του και ο πατέρας τους έχτισαν την εκκλησία του Αγίου Δημητρίου. Και τον τρούλο! Ο τρούλος του Αγίου Δημητρίου δεν είναι μπετό, είναι όλος κτιστός—μαρμαρόπετρα.

Πριν αποφασίσω να γίνω μαρμαράς, άλλαξα δυο-τρία επαγγέλματα. Ξεκίνησα μαραγκός. Μου άρεσε, αλλά τα λεφτά που έπαιρνε ένας μαθητευόμενος σε μαραγκούδικο ήταν λίγα. Δεν συγκρινόταν η αμοιβή του βοηθού στο ξύλο με κείνη του βοηθού στο μάρμαρο. Δεν ήταν μόνο αυτό [τα χρήματα]· υπήρχε η τάση στα παιδιά της ηλικίας μου τότε να μαθαίνουν μια τέχνη σαν το μάρμαρο ή να βγάζουν τη Σχολή στην Τήνο και να φεύγουν από το χωριό. Ξέφευγαν λίγο από τη μιζέρια. Πήγαιναν στην Αθήνα. Κατάλαβες; Γιατί υπήρχαν ήδη πολλοί εδώ που δούλευαν στο μάρμαρο. Οπότε, αναγκαστικά, μαθαίνοντας την τέχνη, έπρεπε να φύγεις γιατί δεν μπορούσες να βιοποριστείς εδώ. Εγώ πήγα στη Σχολή το 1969 και αποφοίτησα το 1971.

Βγάζοντας τη Σχολή, πήγα στην Αθήνα και δούλεψα σε ένα εργαστήριο μαρμαροτεχνίας, «Αδερφοί Θεοτικού», που ήταν από δω [από την Τήνο]. Αυτοί είχαν φτιάξει το δεύτερο καμπαναριό του Αγίου Δημητρίου. Αλλά έκατσα εκεί μόνο έναν χρόνο, καθαρά για βιοποριστικούς λόγους. Επειδή τα έξοδα της Αθήνας ήταν πολλά και το ημερομίσθιο του μαθητευόμενου μικρό, πήγα και δούλεψα αποκλειστικά στην οικοδομή. Στα δεκαοχτώ μου.

Έχει πάρα πολλά δύσκολα σημεία η τέχνη της τοποθέτησης των μαρμάρων. Μια δύσκολη και βαριά δουλειά είναι η τοποθέτηση κλίμακας—οι σκάλες. Μια άλλη δύσκολη δουλειά—όπου πρέπει να είσαι πάρα πολύ υπεύθυνος γι' αυτό που κάνεις—είναι οι *ορθομαρμαρώσεις*.[47] Ψηλά. Όχι μόνο τα μάρμαρα που ξεκινούσαν με έδρα το δάπεδο και φτάνανε μέχρι πάνω. Μιλάμε για μπαλκόνια επενδυμένα με μάρμαρο, και τα μάρμαρα στον αέρα, κρεμαστά. Δεν πατάγανε πουθενά. Επενδύεις το μπετό με μάρμαρο. Το πάχος του μπετού αυτού—πόσο είναι; δεκαοχτώ πόντους;—το επενδύεις με μάρμαρο.

Ανοίγεις με τον *κόφτη* μια *κοψιά* όσο μέσα πάει ο δίσκος. Μέσα στην κοψιά βάζεις μια μπρούτζινη *λάμα*.[48] Κάνεις κοψιές σε μετρημένες αποστάσεις, αφού πρώτα έχεις μετρήσει τις πλάκες του μαρμάρου που σου έχουν φέρει να τοποθετήσεις. Κάνεις κοψιές τέτοιες που να φτάνει το μάρμαρο, από μάρμαρο σε μάρμαρο, να καλύψει το μπετό που έχεις. Οι λάμες μπαίνουν και, αφού έχεις καρφώσει όλες τις λάμες και τα έχεις κάνει όλα, μετράς. Βάζεις το μάρμαρο από την πίσω πλευρά, για να το βλέπεις, και κάνεις μια παρόμοια κοψιά στο μάρμαρο—ένα δόντι. Και όπως είναι η λάμα, πάει το μάρμαρο και θηλυκώνει, πάει και κάθεται επάνω. Για να μη σου πέσει κάτω. Μετά, όπως είναι το μάρμαρο παραλληλόγραμμο, κάνεις δυο τρύπες στα κεφάλια, στο πάνω μέρος, και δυο τρύπες στο κάτω μέρος. Μετά, σε αυτές τις τρύπες βάζεις μπρούτζινο σύρμα, το οποίο το κάνεις γωνία. Το βάζεις και το καρφώνεις στο μπετό, πάνω και κάτω. Και έτσι οι λάμες κρατάνε το μάρμαρο να μην πέσει κάτω. Τα δύο πάνω το κρατάνε να μην ανοίξει από πάνω, και οι δύο κάτω το κρατάνε για να μην ανοίξει από κάτω. Και μετά βάζεις από κάτω μια τάβλα, γιατί το μπετό είναι εκεί και το μάρμαρο είναι εδώ. [*δείχνει με τα χέρια του την απόσταση*] Μετά γεμίζεις αυτό το κενό με αριάνι, ένα

47 *Ορθομαρμάρωση*: η τοποθέτηση μαρμάρων σε κάθετη επιφάνεια.

48 *Λάμα*: στενό και λεπτό μεταλλικό έλασμα.

νερουλό μείγμα από τσιμέντο και άμμο. Βάζεις, λοιπόν, μια τάβλα από κάτω, για να μη φύγει το αριάνι, και γεμίζεις το κενό. Το μπετό, το μάρμαρο και το υλικό που ρίχνεις για να γεμίσεις το κενό γίνονται ένα σώμα. Χωρίς εξωτερικές βίδες, χωρίς τίποτα, δεν φαίνεται τίποτα. Υπήρχαν και συνεργεία που τα κάνανε καρφωτά τα μάρμαρα, με βίδες οι οποίες φαινόντουσαν. Για *κούτελο* μιλάμε![49]

Τον παλιό καιρό, όταν γινόταν το σκίσιμο των μαρμάρων με λεπίδες παλαιάς κοπής, η υφή του μαρμάρου και από τις δύο πλευρές ήταν άγρια. Χρησιμοποιούσαν μεταλλικές λεπίδες, σαν πριόνια ας πούμε, αλλά μέσα στην κοψιά έριχναν κόκκους *σμύριδας* και άμμο θαλάσσης. Αυτά τα υλικά έτρωγαν το μάρμαρο και το έσκιζαν. Έτσι γινόταν άγρια η επιφάνεια. Το αποτέλεσμα ήταν μια πολύ καλή πρόσφυση για να κολλήσει το μάρμαρο με το τσιμέντο. Όταν σταμάτησαν να χρησιμοποιούν αυτά τα μηχανήματα και πέρασαν στα μηχανήματα με τα διαμάντια, το μάρμαρο έβγαινε πολύ λείο. Κι εμείς στην τοποθέτηση κάναμε από πίσω από το μάρμαρο κοψιές με το *κοφτάκι* για να δημιουργήσουμε μια άγρια επιφάνεια ώστε να κολλάει καλύτερα.

Το μάρμαρο της Τήνου έχει μια ιδιομορφία. Το μάρμαρο της Τήνου, το πράσινο, έχει πολύ αμίαντο μέσα. Τοποθετούσες μια πλάκα και πήγαινες την άλλη μέρα στην οικοδομή και την έβρισκες ξεκολλημένη. Μία στις τρεις ή δύο στις τρεις ξεκολλούσε! Δεν δημιουργούσαν πρόσφυση, έκαναν μια κρούστα πάνω στο τσιμέντο και δεν κολλούσαν. Τότε είχαν βρει μια πρωτότυπη λύση: έριχναν μια ρητίνη στο πίσω μέρος των μαρμάρων και σκόρπιζαν *γαρμπίλι* πάνω στη ρητίνη. Το γαρμπίλι είναι λεπτοί κόκκοι μαρμάρου ή χαλίκι. Άφηναν το γαρμπίλι να το τραβήξει η ρητίνη, και αυτό δημιουργούσε μια πολύ καλή πρόσφυση στο μάρμαρο και κόλλαγε.

Όλα αυτά είναι συνδεδεμένα μεταξύ τους. Τα πάντα συνδέονται. Για να φτιάξεις μια πιατέλα, για φτιάξεις κάτι, βρίσκεις το μάρμαρο. Αφού βρεις το μάρμαρο, αποφασίζεις πώς θα φτιάξεις την πιατέλα, σύμφωνα με τα νερά του μαρμάρου. Πρώτα, αναγνωρίζεις το υλικό σου. Λοιπόν, αν είναι μάρμαρο Διονύσου, είναι αρκετά σκληρό. Αν είναι μάρμαρο Νάξου, είναι πιο μαλακό. Αν είναι της Καβάλας, είναι ακόμα πιο μαλακό. Όταν έχεις εμπειρία πάνω στα μάρμαρα... Τι σημαίνει εμπειρία; Να μπορείς να ξεχωρίσεις ποιο είναι το *πρόσωπο*, ποιο είναι το *μουρέλο*, ποιο είναι το *κεφάλι*, τα νερά και τον τύπο, ας πούμε, του κάθε μαρμάρου.[50] Αυτό είναι η εμπειρία. Τι προελεύσεως είναι το κάθε μάρμαρο. Αυτό είναι η εμπειρία. Μετά, είναι η εμπειρία της τοποθέτησης στην οικοδομή, πώς να τοποθετήσεις ένα βαρύ αντικείμενο. Αυτή η εμπειρία συνδέεται με την αποξήλωση και, στη συνέχεια, με την επανατοποθέτηση μαρμάρων σε έναν ναό, όπως είναι ο Παρθενώνας. Τι να χρησιμοποιήσεις για τη μεταφορά των μαρμάρων, σε τι να δώσεις προσοχή.

Το καλλιτεχνικό εργαστήριο είναι καθαρά καλλιτεχνικό. Εκκλησιαστικά σκαλίσματα και τέτοια. Όταν δουλεύεις σε μαρμαράδικο, όπου αυτό που κάνεις είναι σκάλισμα—μόνο σκάλισμα–, έχεις μια ρουτίνα στην οποία μαθαίνεις καλά αυτό που σε έχουν βάλει να κάνεις. Και δουλεύεις πάντα μέσα στο εργαστήριο. Αν αυτό σου ταιριάζει, αν είναι αυτό που θέλεις, μένεις εκεί. Εκείνο που με βοήθησε περισσότερο ήταν το ότι είχα κάνει στην οικοδομή, όπου είχα κερδίσει εμπειρία σχετική με τις τοποθετήσεις, πράγμα που με βοήθησε στην τοποθέτηση ενός τέμπλου, ας πούμε, στο πώς να στήνεις μια βαριά βάση, στο πώς να κάνεις τέτοια πράγματα. Αυτή η εμπειρία μπορεί να σε βοηθήσει πάρα πολύ στο καλλιτεχνικό. Σίγουρα εμένα με βοήθησε πολύ και ξέρω πώς να κάνω κάμποσα

49 *Κούτελο*: χαμηλό τοιχίο γύρω από τη βάση μπαλκονιού ή ορόφου.

50 *Μουρέλο*: η πλαϊνή πλευρά ως προς τα νερά ενός όγκου μαρμάρου· οι άκρες, η περιφέρεια.

πράγματα μέσα στο εργαστήριο. Αλλά εκείνο που πραγματικά με βοήθησε ήταν η εμπειρία στις τοποθετήσεις. Και ξέρω μερικά πράγματα που ίσως οι συνάδελφοί μου, που δεν τα ήξεραν, δεν μπορούσαν να τα κάνουν καλά. Αν δεν είχα δουλέψεις και στις δύο φάσεις, ίσως να μην μπορούσα να ανταποκριθώ σε μια επανατοποθέτηση, για παράδειγμα, στον Παρθενώνα πάνω, ή σε μια αποξήλωση.

Πριν πούμε για τον Παρθενώνα, να σου πω ότι είχα την τύχη να προσληφθώ στο Υπουργείο Πολιτισμού το 1974-1975 και να πάω στην Αρχαία Ολυμπία την εποχή που έγινε η μετακόμιση από το παλιό μουσείο στο νέο. Εκεί συνεργάστηκα με τον αείμνηστο γλύπτη Στέλιο Τριάντη, ο οποίος ήταν επικεφαλής στο στήσιμο του νέου μουσείου.[51] Μεταφέραμε τα γλυπτά από το παλιό μουσείο στο νέο, υπό τις οδηγίες του Τριάντη. Φτιάξαμε νέα βάθρα και κάναμε τοποθετήσεις όπου μας έλεγε ο Τριάντης.

Μετά την Ολυμπία, πήγα στρατιώτης. Υπηρέτησα 32 μήνες στον στρατό, αμισθί. (Αυτό σ' το λέω, γιατί στην Αμερική οι στρατιώτες πληρώνονται.) Όταν απολύθηκα από στρατιώτης, γύρισα στην οικοδομή, από το 1979 μέχρι το 1983. Το '83 ζητάγανε προσωπικό στην Ακρόπολη. Πήγα τότε, με τη φουρνιά του Φραντζέσκου. Δεν υπήρχε συνεργείο στον Παρθενώνα μέχρι τότε. Υπήρχε μόνο ένα μικρό που δούλευε στο Ερέχθειο. Το 1983, σχηματίστηκε το συνεργείο του Παρθενώνα, από λίγα άτομα: οχτώ μαρμαροτεχνίτες και δύο εργάτες. Και το '85 βγήκε ένας νόμος που μας έκανε μόνιμους. Έτσι, έγινα μόνιμος το '85, μόνιμος δημόσιος υπάλληλος. Μούτζωσέ με!

Όταν στήθηκε το συνεργείο, αρχίσαμε, ως ομάδα υπό τη διεύθυνση του Μανόλη Κορρέ, να μαζεύουμε τα διάφορα κομμάτια που ήταν διάσπαρτα σε όλον τον Βράχο. Μαζεύαμε τα κομμάτια δίπλα στα υπόστεγα, εκεί που είναι τώρα η γερανογέφυρα, που είναι ο *μεγάλος κόφτης* και τα υπόλοιπα. Όλες αυτές τις ντάνες τις είχαμε κουβαλήσει εκεί από τότε, μέχρι το '85. Τα κομμάτια μαζεύτηκαν, λοιπόν, και καταγράφτηκαν με τις υποδείξεις του Κορρέ. «Αυτό το μάρμαρο ανήκει στον Παρθενώνα, πρέπει να πάει εκεί». Κάποιος αναγνώριζε ότι αυτό το κομμάτι ταίριαζε με εκείνο, και τα ενώναμε. «Αυτό είναι από τον νότιο τοίχο. Αυτό είναι από τον βόρειο τοίχο. Αυτός είναι τοιχοβάτης». Απλά μας έλεγαν ότι εκείνα τα μάρμαρα ανήκαν στον Παρθενώνα και έπρεπε να πάνε εκεί. Και τα κατέγραφαν. Τους έδιναν νούμερα· χτυπούσαν τα νούμερα πάνω στα κομμάτια και έγινε μια καταγραφή σε καρτέλες για να ξέρουμε ανά πάσα στιγμή πού βρίσκεται το κάθε μάρμαρο. Τώρα, αν έγινε κάποια καλύτερη ταξινόμηση αργότερα, δεν το ξέρω.

Έφεραν έναν *παντογράφο* στον Παρθενώνα.[52] Κι επειδή ήμουν ο μικρότερος σε ηλικία εργαζόμενος, μου πρότειναν να μάθω να τον χειρίζομαι, γιατί είχα μέλλον μπροστά μου. Ήμουν είκοσι εννέα χρονών. Δέχτηκα, λοιπόν, να μάθω να χειρίζομαι τον παντογράφο. Εγώ όμως ήμουν ανήσυχος τύπος. Δεν έμπαινα σε καλούπια και ψαχνόμουν. Ως μόνιμος υπάλληλος πια του Υπουργείου Πολιτισμού, προσπάθησα και κατάφερα να αλλάξω ειδικότητα, μαζί με κάποιους άλλους συνάδελφους. Αλλάξαμε τις ειδικότητές μας εξαιτίας της αναγνώρισης των πτυχίων μας από τη Σχολή της Τήνου. Όταν τελικά τα πτυχία μας αναγνωρίστηκαν, έδωσαν ειδικότητες σε εκείνους που είχαν δίπλωμα από τη Σχολή της Τήνου και είχαν προσληφθεί ως μόνιμοι. Μας έδωσαν την ειδικότητα του συντηρητή. Έτσι, το '87 έφυγα από τον Παρθενώνα και φτιάξαμε το εργαστήριο συντήρησης

51 Στέλιος Τριάντης (1931-1999): γνωστός γλύπτης με βαθιά γνώση της αρχαίας ελληνικής τέχνης· κατείχε την ασυνήθιστη θέση του καλλιτέχνη-γλύπτη εντός του δικτύου των ελληνικών αρχαιολογικών μουσείων· εργάστηκε πάνω στον επανασχεδιασμό και το στήσιμο δύσκολων και σημαντικών εκθέσεων σε αρχαιολογικά μουσεία όλης της Ελλάδας.

52 *Παντογράφος*: ηλεκτρικό μηχάνημα αντιγραφής.

στο Μουσείο της Ακρόπολης—το παλιό Μουσείο της Ακρόπολης.

Δεν υπήρχε παλιότερα αυτή η δουλειά. Όχι. Υπήρχε μια ομάδα που ασχολιόταν ευκαιριακά με το Μουσείο της Ακρόπολης. Αλλά όταν γίναμε συντηρητές—τέσσερις-πέντε από εμάς—το εργαστήριο συντήρησης του Μουσείου της Ακρόπολης έγινε μόνιμη κατάσταση. [Το εργαστήριό μας,] με την καθοδήγηση μιας συντηρήτριας, ήταν υπεύθυνο για οτιδήποτε χρειαζόταν να γίνει μέσα στο μουσείο ανά πάσα στιγμή. Ψάχναμε μέσα στις αποθήκες για να δούμε αν μπορούσαμε να ταυτοποιήσουμε κάποιο κομμάτι: γλυπτά, επιγραφές, ανάγλυφα και τέτοια. Η συγκόλληση γινόταν με τον τρόπο που ξέραμε: τρύπα-με-τρύπα, μπρούτζος, τσιμέντο και συγκόλληση. Αυτά ήταν μικρά κομμάτια. Το εργαστήριο συντήρησης ήταν στο πλάι του παλιού Μουσείου της Ακρόπολης, κάτω από τον γερανό τον έξω. Αργότερα το μεταφέραμε ακριβώς απέναντι από την είσοδο του μουσείου, σε μια αίθουσα που ήταν στον προαύλιο χώρο αποκάτω. Έμεινα εκεί μέχρι το 1991.

Ήμουν στο εργαστήριο συντήρησης του Μουσείου της Ακρόπολης και, έτσι ανήσυχος όπως ήμουν πάντα, έψαχνα κάτι καινούριο κάθε μέρα. Κάποια στιγμή, έπεσα πάνω σε μια επιγραφή. Η οποία επιγραφή βρισκόταν σ' ένα κομμάτι πάνω στον πάγκο δύο χρόνια—μία αρχαία μαρμάρινη επιγραφή. Ψάχνοντας στα ράφια, λοιπόν, βρήκα ένα κομμάτι μαρμάρου που θεώρησα ότι ταίριαζε με το μάρμαρο που ήταν πάνω στον πάγκο. Το πήρα, το παίδεψα λίγο και ταίριαξα την επιγραφή. Οι προϊστάμενοι ενθουσιάστηκαν. Δημοσίευσαν έναν τεράστιο τόμο ειδικά για εκείνη την επιγραφή. Το παράπονό μου και ο λόγος που έφυγα από την Ακρόπολη ήταν αυτός: ότι δεν αναφέρθηκε πουθενά, όχι το όνομά μου, αλλά ούτε το εργαστήριο συντήρησης του Μουσείου της Ακρόπολης. Δεν είπαν τίποτα. Τίποτα. Μόνο ότι έγινε η ταυτοποίηση μιας βυζαντινής επιγραφής, ή κάτι τέτοιο.

Είναι συνηθισμένο αυτό. Δεν σε εκτιμούν καθόλου ως εργαζόμενο, ούτε λαμβάνουν υπόψη τους τη γνώση που έχουμε εμείς οι μαρμαράδες, την οποία εκμεταλλεύονται. Ήμουν στεναχωρημένος, βέβαια, όταν έφυγα. Ήμουν στεναχωρημένος όχι επειδή έχασα τη δουλειά, αλλά επειδή έχασα το αντικείμενο, ένα αντικείμενο που είχε ενδιαφέρον και με γέμιζε. Αυτό που έκανα με γέμιζε. Αλλά δεν μπορούσα να κάνω αλλιώς.

Ξενέρωσα. Έξω υπήρχε πάρα πολλή δουλειά—όταν λέω έξω, εννοώ πέρα από τον χώρο της Ακρόπολης. Ήταν πολύ περισσότερα τα χρήματα. Ως τότε είχα παντρευτεί, είχα δημιουργήσει οικογένεια. Είχα πολλά έξοδα και έπρεπε να προχωρήσω. Οπότε, γύρισα το καπέλο ανάποδα, δήλωσα παραίτηση και έφυγα.

Από το 1991 μέχρι το 2011, δούλεψα στον ιδιωτικό τομέα. Εμπλούτισα τις γνώσεις μου λίγο περισσότερο στην τοποθέτηση μαρμάρων, στην ορθομαρμάρωση, με μια νέα τεχνική όπου δεν κόλλαγες μετά με τσιμέντο και τέτοια. Ήταν κάτι στηρίγματα από ανοξείδωτο ατσάλι, τα οποία είχαν μια κρυφή στήριξη που δεν την έβλεπες, αλλά μπορούσαν να στηρίξουν ολόκληρη μαρμάρινη πλάκα. Χωρίς βίδες, χωρίς τίποτα! Και μπορούσες να είσαι μέχρι και δεκαπέντε εκατοστά έξω από τον φέροντα οργανισμό, και να είναι κούφιο από μέσα. Αναλόγως την απόσταση—πόσο έξω θα βγεις—και αναλόγως το βάρος του μαρμάρου, το στήριγμα αλλάζει. Βέβαια, αυτές οι μαρμάρινες πλάκες έχουν όλες τρεις πόντους πάχος. Και δεν γεμίζουν [ανάμεσα στο μάρμαρο και τον τοίχο], έτσι [το ενδιάμεσο] είναι κούφιο. Τα μάρμαρα είναι στον αέρα, ας πούμε. Απλά το ένα ποτέ δεν στηρίζεται πάνω στο άλλο. Σου δίνει τη δυνατότητα, αν θέλεις, να βγεις μέχρι τα δεκαπέντε εκατοστά έξω. Αν θέλεις, μπορείς να το γεμίσεις [το ενδιάμεσο κενό] με φελιζόλ για μόνωση. Έμαθα κι αυτή την τεχνική. Δούλεψα αρκετά σκληρά. Έμεινα ευχαριστημένος με αυτά που έκανα· δεν μετάνιωσα που έφυγα από την Ακρόπολη.

Δεν το μετάνιωσα, αλλά τα πράγματα γυρίσανε ανάποδα, και το 2011, πάνω στην κάμψη που είχε πια η οικοδομή, έκαναν πάλι προσλήψεις στην Ακρόπολη. Προτιμήθηκα λόγω προϋπηρεσίας και λόγω του πτυχίου από τη Σχολή της Τήνου, και με πήραν πάλι, ως συμβασιούχο.

Στην αρχή με έβαλαν ξανά στον παντογράφο, επειδή το ήξερα το μηχάνημα, για να προχωρήσει η παραγωγή. Αλλά αυτό δεν ήταν εφικτό από τη στιγμή που δεν μπορούσα να είμαι στον παντογράφο και να κάθομαι. Οπότε, ζήτησα να βγω έξω. Άλλοτε δούλευα στις συγκολλήσεις μαρμάρων, άλλοτε σε συνταιριάσματα μαρμάρων. Και στην τελευταία φάση, δούλεψα στην επανατοποθέτηση της βορειοδυτικής γωνίας. Μέχρι να τελειώσει το στήσιμο, εκμεταλλεύτηκαν πάλι τις γνώσεις μου. Μόλις τελείωσε η γωνία και δεν με χρειάζονταν άλλο εκεί, με έδιωξαν και με έβαλαν πάλι στα μπαλώματα—δηλαδή, στα συνταιριάσματα και τις συγκολλήσεις—μέχρι που απολύθηκα.

Κάθε πλευρά της δουλειάς έχει το δικό της ενδιαφέρον. Το καθάρισμα και η συγκόλληση δύο μικρών κομματιών μπορείς να πεις ότι είναι ρουτίνα; Αλλά μία αποξήλωση αρχιτεκτονικού μέλους—και μάλιστα μεγάλου—για συντήρηση ή για συγκόλληση, αν είναι σπασμένο, και η επανατοποθέτησή του παρουσιάζει μεγαλύτερο ενδιαφέρον. Θέλει πολύ περισσότερη προσοχή και γενικά εμένα προσωπικά μού αρέσουν οι δύσκολες δουλειές.

Η τοποθέτηση των μαρμάρων στις δύο γωνίες έγινε με ανορθόδοξο τρόπο, κατά τη γνώμη μου. Κανονικά, τα μάρμαρα έπρεπε να πιάνονται από τη μέση του αετώματος και να απλώνονται αριστερά δεξιά. Αλλά εμείς δουλεύαμε ανάποδα. Και δουλεύαμε ανάποδα γιατί η απόφαση ήταν να φτιαχτούν μόνο οι δύο γωνίες. Είχαν μελετήσει τις δύο γωνίες και έκριναν ότι εκείνες έπρεπε να ξεκινήσουν άμεσα. Και ξεκίνησαν με αυτές, πράγμα που ήταν ανορθόδοξο. Γιατί όταν χτίζεις, ο λίθος πρέπει πάντα να μπαίνει με τέτοιο τρόπο που οι *γόμφοι* και οι σύνδεσμοι να μπαίνουν χωρίς να σου δημιουργούν προβλήματα. Έτσι όπως έγινε, έπρεπε το μάρμαρο να μείνει στον αέρα και να προγομφώσουμε για να ταιριάξουν [εκ των υστέρων] οι γόμφοι και οι σύνδεσμοι. Αυτό σημαίνει ότι δουλεύεις ανάποδα. Αλλά η μελέτη ήταν τέτοια και το πρόγραμμα ήταν τέτοιο που έπρεπε να γίνει με αυτόν τον τρόπο. Πάντα υπάρχουν έμπειροι άνθρωποι που μπορούν να βοηθήσουν για να βγει ένα σωστό αποτέλεσμα, αλλά ποτέ δεν τους ακούνε. Οι προϊστάμενοι κάνουν μονίμως το δικό τους. Σαν αποτέλεσμα, η δουλειά δεν γίνεται εκατό τοις εκατό όπως θα έπρεπε. Πάντα οι μεγάλοι κερδίζουν.

Ο Παρθενώνας είναι ένα μνημείο που δεν υπάρχει πουθενά αλλού. Και πάλι έχω προσωπικά παράπονο επειδή οι ιθύνοντες δεν δείχνουν τον κατάλληλο ζήλο που θα έπρεπε για μνημεία μοναδικά στον κόσμο, όπως ο Παρθενώνας, και είναι αυτά που έχουμε να δείξουμε προς τα έξω. Το κράτος δεν βοηθά τα έργα με τον απαιτούμενο ζήλο! Θα έπρεπε να υπάρχει περισσότερο προσωπικό, περισσότερα χρήματα για να αγοραστούν υλικά τα οποία χρειάζονται για τα έργα άμεσα, για να προχωράει η δουλειά. Γιατί η Ελλάδα έχει πεντέξι μνημεία που δεν υπάρχουν πουθενά αλλού, και αυτά είναι που έχουμε να δείξουμε στον κόσμο, στους ξένους.

Κοίταξε να δεις. Με το μνημείο του Παρθενώνα, όπου δούλεψα αρκετά χρόνια, δέθηκα περισσότερο απ᾽ ό,τι με οποιοδήποτε άλλο μνημείο που έχω πάει να το δω ως επισκέπτης. Σίγουρα επειδή έχω πονέσει και έχω κουραστεί για ό,τι έχω κάνει εκεί. Έχω ένα δέσιμο και δεν το κρύβω ότι στενοχωρήθηκα όταν μας απέλυσαν επειδή έληξε η σύμβαση. Ήταν όπως όταν έχεις ένα ζώο, ας πούμε, για πολλά χρόνια. Δένεσαι μαζί σου, το αγαπάς.

Τους τελευταίους μήνες, αποφάσισα να έρθω και να μείνω μόνιμα εδώ, στην Τήνο. Ο γιος μου είναι εδώ και ασχολείται με τα αγροτικά. Ήρθα, λοιπόν, να του δώσω ένα χέρι βοηθείας.

Άλλωστε, εγώ έχω μάθει να επιστρέφω στα μέρη απ' όπου έχω φύγει. Κι έτσι επέστρεψα στο χωριό μου. Και ασχολούμαι λίγο με το ψάρεμα, λίγο με το κυνήγι, αρκετά με τον κήπο και με τα ζώα. Έχω τριάντα πέντε γίδες και δέκα πρόβατα. Και καλλιεργώ αγγούρια, ντομάτες, κολοκυθάκια, μελιτζάνες, πατάτες, φασολάκια.

Τα παλιά σπίτια εδώ είναι κτισμένα με πέτρα, οποιαδήποτε πέτρα υπήρχε. Μπορεί να ήταν μαρμαρόπετρα, μπορεί να ήταν *σαπιόπετρα*.[53] Ανάμεσα στις πέτρες βάζανε χώμα. Βάζανε κι ένα χώμα άσπρο που είναι κάπως σαν άργιλος, σαν πηλός ας πούμε, για να κάθεται λίγο ομαλά η πέτρα. Ο σοβάς ήταν άχυρο, χώμα και σβουνιές. Άχυρο, σβουνιές και ποταμίσια άμμος. Για την επιφάνεια. Αυτό ήταν. Από πάνω το άσπριζαν με ασβέστη. Έβαζαν λίγο λουλάκι στον ασβέστη, γιατί έλεγαν ότι έτσι γινόταν πιο λευκός ο ασβέστης. Μέσα στα σπίτια, για τους εσωτερικούς τοίχους, έβαζαν ώχρα στον ασβέστη και κιτρίνιζε λίγο, γινόταν λίγο μπεζ. Και ουρανί, αν έβαζαν λίγο παραπάνω λουλάκι... τέτοια πράγματα.

Παρόλο που τα ντουβάρια ήταν πολύ χοντρά, το νερό της βροχής καμιά φορά έμπαινε, αν έβρισκε κάπου κενό εκεί ψηλά. Ας πούμε, αν υπήρχε ένα σκάσιμο στον σοβά, το νερό περνούσε από κει και κατέβαινε. Έβρισκε πέτρες όπου μπορούσε να περπατήσει και σου έβγαινε υγρασία. Δεν υπήρχε εκείνα τα χρόνια κάτι που να ήταν πιο αδιάβροχο. Εκείνη την εποχή, τι άλλο θα μπορούσαν να βάλουνε; Οι σοβάδες είναι ακόμα έτσι, οι πιο πολλοί. Αν δεν έχουν πρόβλημα, συνήθως δεν τους πειράζουν. Αλλά όπου υπήρξε πρόβλημα, ήταν αυτό που σου είπα. Και μιλάμε για πολύ χοντρά ντουβάρια.

Κοίταξε να δεις. Η Ελλάδα μια ζωή έσκυβε το κεφάλι. Δηλαδή, οι Έλληνες, γιατί αυτοί είναι η Ελλάδα, έτσι; Και μια ζωή σκύβανε το κεφάλι. Και έκαναν υπομονή, περιμένοντας να καλυτερέψουν τα πράγματα. Δυστυχώς, όμως, κάθε φορά που έρχεται ένας νέος κυβερνήτης να κυβερνήσει την Ελλάδα έχει εντολές από αλλού να κάνει τα χατίρια τους— του Κλίντον, του Ομπάμα, του τάδε και του δείνα. Και όχι μόνο η Αμερική, έτσι; Βγήκε, λοιπόν, η σημερινή κυβέρνηση με πολλές ψεύτικες υποσχέσεις, που ήταν κλεμμένες από αλλού. Αλλά νομίζω ότι οι Έλληνες πιστεύουν στον εαυτό τους και δεν θα κιοτέψουνε. Δεν θα μας γονατίσουν! Είμαι αριστερός, αλλά όχι με τον Τσίπρα. Γιατί ο Τσίπρας δεν είναι αριστερός. Αυτός είναι αριστερός με δεξιά τσέπη! [*γέλια*]

53 *Σαπιόπετρα*: τοπικό είδος σχιστόλιθου.

ΧΡΙΣΤΙΝΑ ΧΡΙΣΤΟΠΟΥΛΟΥ

Στο καφέ «Διόσκουροι», στην Αθήνα

Ήθελα να φύγω από το σπίτι—είμαι από την Πάτρα–, γι' αυτό έδωσα εξετάσεις στη Σχολή [του Πανόρμου] και βρέθηκα στην Τήνο. Στην Πάτρα είχα έναν φίλο ζωγράφο. Ήταν και γλύπτης. Ο Χαράλαμπος Θεμιστοκλέους. Είχε περάσει από τη Σχολή, και τέλος πάντων κάποια στιγμή μού είπε, «Τα καταφέρνεις στο σχέδιο, πρέπει να πας εκεί». Ήμουν είκοσι ενός. Αρχικά πήγα για ζωγραφική και σχέδιο, όχι για το μάρμαρο. Το μάρμαρο το βρήκα εκεί.

Η πρώτη μου επαφή [με το μάρμαρο] ήταν τα *υπέρθυρα*.[54] Είδα τι έκαναν με το μάρμαρο στα σπίτια, πολύ όμορφα υπέρθυρα και κολόνες για τις πόρτες. Τέλος πάντως, ήταν πραγματικά όμορφο όλο αυτό... ειδικά το γεγονός ότι οι άνθρωποι τα έκαναν αυτά απλώς για να ομορφύνουν την είσοδο των σπιτιών τους. Και το μάρμαρο υπήρχε παντού εκεί. Στα σιντριβάνια. Στα δάπεδα. Στην Πάτρα, το μάρμαρο χρησιμοποιείται μόνο για δάπεδα. Όταν πήγα στην Τήνο, αναγκάστηκα να έρθω

54 *Υπέρθυρο*: διακοσμητική τοξωτή (μαρμάρινη, εν προκειμένω) κατασκευή που κλείνει το επάνω μέρος μιας πόρτας ή ενός παράθυρου, με σκαλίσματα και ανοίγματα τα οποία αφήνουν το φως να περνάει.

σε προσωπική επαφή με το μάρμαρο, να το χρησιμοποιήσω. Αυτό που με τράβηξε στο μάρμαρο ήταν η χρήση του στα σπίτια της Τήνου, μαζί με την εμπειρία να αγγίζεις το ίδιο το υλικό και τα εργαλεία κατεργασίας του. Ήταν κάτι το καινούριο για μένα, κάτι εξωτικό. Είχαμε καλή επαφή, ας πούμε.

Στη Σχολή έφτιαξα ένα άγαλμα. Ήταν ο *Έφηβος του Μαραθώνα*, το γνωστό, με το αγόρι από τον Μαραθώνα. Δεν θυμάμαι πότε ακριβώς, νομίζω ήταν στο τρίτο έτος. Έπρεπε να φτιάξουμε ένα αντίγραφο, χρησιμοποιώντας ένα εργαλείο που λέγεται *πονταδόρος*. Πώς αισθανόμουν; Χριστούλη μου! Παρόλο που δεν ήταν παρά ένα αντίγραφο, ήταν σαν να δίνεις ζωή σε ένα κομμάτι μάρμαρο. Να βλέπεις το άγαλμα να εμφανίζεται σταδιακά.

Υπήρξε ένα μεγάλο κενό [μεταξύ Τήνου και Ακρόπολης]. Έκανα άλλες δουλειές. Δούλεψα ως φωτογράφος, έβαφα σπίτια, έκανα διακοσμητική ζωγραφική, τέτοια πράγματα. Ζωγράφιζα τοπία. Ασχολήθηκα με αγιογραφίες. Αλλά με το μάρμαρο, τίποτα.

Πολλά χρόνια αργότερα, δεκαοχτώ περίπου, σκέφτηκα, «Έχω βγάλει τη Σχολή, ας κάνω κάτι με το πτυχίο!» [*γέλια*] Έτσι, πήγα και έδωσα εξετάσεις στην Ακρόπολη. Δεν θυμόμουν ούτε πώς έπιαναν τα εργαλεία! Αργότερα θυμήθηκα, αλλά εκείνη τη στιγμή δεν θυμόμουν τίποτα. Μετά τις εξετάσεις, δούλεψα για οχτώ μήνες στη Βιβλιοθήκη του Αδριανού, στο Μοναστηράκι. Ήταν κάποιοι καλοί μαρμαράδες εκεί. Σιγά σιγά, άρχισα να θυμάμαι.

[Η Βιβλιοθήκη του Αδριανού] είναι ένα ρωμαϊκό κτίριο που είχε χτίσει ο Αδριανός. Φτιάξαμε την αρχική είσοδο της Βιβλιοθήκης. Δεν δουλεύαμε με πονταδόρο· δουλεύαμε πάνω σε πολύ μεγάλα κομμάτια μαρμάρου. Έπρεπε να χρησιμοποιούμε *βελόνι*—αυτό είναι για πολύ άγριες επιφάνειες—και να φτιάξουμε τις τρύπες για τους συνδέσμους. Όχι καμπύλες και τέτοια πράγματα. Καμιά φορά είναι σαν Ζεν, γιατί κάνεις το ίδιο πράγμα πάλι και πάλι. Και τα μεγάλα κομμάτια ακούγονται σαν καμπάνες. Μου άρεσε αυτό.

Αυτό ήταν το 2001, από τον Μάιο μέχρι τον Δεκέμβριο. Έτσι τα θυμήθηκα όλα και πήγα και έδωσα πάλι εξετάσεις στην Ακρόπολη, και αυτή τη φορά με πήραν. Τη δεύτερη φορά ήμουν αγχωμένη, αλλά τα κατάφερα.

Η δουλειά στα Προπύλαια ήταν διαφορετική λόγω των φατνωμάτων στην οροφή. Πρέπει να χρησιμοποιήσεις το μυαλό σου περισσότερο, να μετράς. Η άλλη δουλειά ήταν πιο μηχανική. Αυτή εδώ ήταν πιο κοντά στη γλυπτική. Έπρεπε να είσαι προσεκτικός, ειδικά όταν ήσουν κοντά στην τελική επιφάνεια, γιατί μπορούσες πολύ εύκολα να κόψεις το μάρμαρο ή να του κάνεις κάποια ζημιά. Ήταν συναρπαστικό στη διαχείρισή του. Καμιά φορά κάτι πήγαινε στραβά. Υπήρχαν επιφάνειες που δεν ήταν εντελώς επίπεδες, είχαν λαθάκια εδώ κι εκεί. Καμιά φορά τυχαίνει το μάρμαρο να είναι πιο μαλακό σε ένα σημείο, και αισθάνεσαι τον *αεροσυμπιεστή* ξαφνικά να μαλακώνει. Πρέπει να το έχεις συνέχεια στον νου σου αυτό.

Δεν μπορείς να κάνεις τίποτα όταν το μάρμαρο έχει πρόβλημα. Πάντως, δεν υπήρχαν μεγάλα προβλήματα. Ακόμα και στα αρχαία κομμάτια δεν βλέπαμε παρά μόνο ασήμαντα προβλήματα, όπως κάποιο να μην είναι εντελώς ίσιο, τέτοια. Κάποιες φορές τα φατνώματα δεν είχαν το ίδιο μήκος ή πλάτος, ή ήταν πιο φαρδιά εκεί απ' ό,τι εδώ. Μικροπράγματα, τίποτα το φοβερό. Εγώ δεν θα τα έλεγα καν προβλήματα. Καμιά φορά, η έλλειψη απόλυτης ακρίβειας φαίνεται καλύτερη στο μάτι, νομίζω, γιατί δείχνει την ανθρώπινη πινελιά και τον άνθρωπο από πίσω της.

Η επαφή μεταξύ των μαρμάρινων όγκων είναι εξαιρετική· δεν ξέρουμε πώς την έκαναν τόσο τέλεια, ή τι ακριβώς εργαλεία χρησιμοποιούσαν. Δεν το έχουν ανακαλύψει αυτό ακόμα. Ήταν συναρπαστικό όταν στις κολόνες, ανάμεσα στους σπονδύλους, βρήκαν μέσα το αρχαίο ξύλο. Ήταν σαν καινούριο! Ήταν συναρπαστικό· κάποιο χέρι το είχε βάλει εκεί 2.500 χρόνια πριν και υπήρχε ακόμα! Αυτή ήταν μια καλή στιγμή στη δουλειά.

Λένε ότι το μάρμαρο προέρχεται από τα αρχαία ποτάμια. Σταδιακά τα ποτάμια ξεράθηκαν και έγιναν ασβεστόλιθος. Ένα κομμάτι μάρμαρο έχει το *πρόσωπο*, το *μουρέλο* και το *κεφάλι*. Το κεφάλι είναι εκεί που τα στρώματα συγκλίνουν, εκεί που τελειώνουν. Και είναι το πιο σκληρό μέρος του μαρμάρου. Το κεφάλι πάντα δείχνει προς το βορρά, σαν πυξίδα ας πούμε. Εκεί που το βρίσκεις, μέσα στη γη. Και όταν σκαλίζεις ένα κομμάτι, σκαλίζεις πάντα το πρόσωπο και το κεφάλι δείχνει πάντα προς τα πάνω.

Χρησιμοποιείς το πρόσωπο για τα χαρακτηριστικά μιας φιγούρας, γιατί είναι το ευκολότερο μέρος του μαρμάρου στο σκάλισμα. Είναι εύκολο να κάνεις τις λεπτομέρειες· είναι το καλύτερο κομμάτι σε έναν μαρμάρινο όγκο για να σκαλίσεις. Τα άλλα μέρη μπορεί να έχουν και άλλα υλικά μέσα στο μάρμαρο, κι έτσι χάνεις κομμάτια.

Στην αρχή, δεν ήθελα να χρησιμοποιήσω αεροσυμπιεστή, ούτε άλλο ηλεκτρικό εργαλείο. Στην Τήνο δεν τα είχαμε. Μόνο με το χέρι. Δεν είμαι καλή στα ηλεκτρικά εργαλεία· τα φοβάμαι· δεν μου αρέσουν. Χρησιμοποιώ σπανίως ηλεκτρικά εργαλεία, μόνο όταν έχω να κόψω κάτι. Τα εργαλεία πεπιεσμένου αέρα τα χρησιμοποίησα τελικά. Συντομεύουν τη δουλειά, είναι χρήσιμα.

[Απ' αυτή τη δουλειά] παθαίνεις μόνιμη τενοντίτιδα. Νομίζω ότι μεγαλύτερη ζημιά σού κάνει ο αεροσυμπιεστής παρά το *σφυρί* και το *καλέμι*, γιατί ο αεροσυμπιεστής είναι πιο βίαιος και δονείται περισσότερο. Πολλές φορές αναγκάζομαι να βάζω επίδεσμο στο χέρι μου. Αυτός είναι ένας ακόμα λόγος που δεν μου αρέσουν τα νέα εργαλεία. Αλλά τώρα όλα είναι διαφορετικά. Όλα γίνονται πιο μηχανικά. Όμως καλά είναι κι έτσι. Θέλω να πω, είναι λίγο περίεργο, αλλά ουσιαστικά δεν αλλάζει κάτι.

Για περίπου τέσσερα ή πέντε χρόνια, δούλευα στη συντήρηση. Δεν ήταν τόσο σκληρή δουλειά, αλλά έπρεπε να είσαι έξω, εκτεθειμένη στις καιρικές συνθήκες. Όταν έχεις ένα μάρμαρο που θέλει επιδιόρθωση, αν ένα κομμάτι έχει ξεφλουδίσει εξαιτίας της χρόνιας έκθεσης στον αέρα κι όλα αυτά, πρέπει να το κατεβάσεις και να το καθαρίσεις, και μετά να το επανατοποθετήσεις, χρησιμοποιώντας άσπρο τσιμέντο για να κολλήσει. Αλλά το έργο της συντήρησης δεν σταματάει ποτέ. Πρέπει η διαδικασία να επαναληφθεί μετά από… δεν ξέρω μετά από πόσο καιρό, μετά από δέκα, είκοσι, τριάντα χρόνια, γιατί το υλικό γερνάει. Δεν επαναλαμβάνεται όλη η διαδικασία από την αρχή· η μετέπειτα συντήρηση γίνεται μόνο εξωτερικά. Τώρα δοκιμάζουν κάποια νέα υλικά. Χαλαζιακή άμμο, όχι άμμο θαλάσσης, τσιμέντο, κάποιο χρώμα. Μερικές φορές, ειδικά το καλοκαίρι, όταν κάνει πολλή ζέστη, τα υλικά δεν στεγνώνουν σωστά, οπότε πρέπει να κάνεις επιδιορθώσεις.

Το καλοκαίρι είναι δύσκολα τα πράγματα, γιατί, ειδικά επάνω στον Βράχο, κάνει πολλή ζέστη, περισσότερη απ' ό,τι κάνει κάτω, εξαιτίας της αντανάκλασης πάνω σε όλες αυτές τις άσπρες πέτρες. Τον χειμώνα δεν μπορείς να βγεις έξω όταν βρέχει, όταν κάνει πολύ κρύο ή όταν χιονίζει. Τότε μένεις μέσα. Αν έχεις κάτι να κάνεις μέσα, εντάξει. Αλλιώς περιμένεις να περάσει η ώρα να σχολάσεις, γιατί δεν μπορείς να κάνεις τίποτα.

Το συνηθίζεις [το να δουλεύεις σε δημόσιο χώρο]. Στην αρχή είναι δύσκολο να αισθάνεσαι όλα αυτά τα μάτια να σε κοιτάζουν. Σε ενοχλεί. Αλλά αυτό που κυρίως δεν μου αρέσει είναι όταν μας τραβάνε φωτογραφίες. Καμιά φορά αισθάνομαι σαν να είμαι έκθεμα. Σαν έκθεμα σε έκθεση. Αλλά μου αρέσει να βλέπουν τι δουλειά κάνουμε, οπότε ήταν μέρος της δουλειάς κι αυτό. Ήταν εντάξει. Αφού δεν μπορείς να κάνεις διαφορετικά, το συνηθίζεις. Για μένα, το δύσκολο είναι όταν τελειώνω τη δουλειά και πρέπει να φύγω—έχει τόσο πολύ κόσμο που μου παίρνει μισή ώρα να βγω έξω. Απλά να βγω έξω. Πολύς, πάρα πολύς ο κόσμος, και πρέπει να πηγαίνουμε βήμα σημειωτόν, μεγάλη αναμονή. Κι εγώ θέλω να πάω σπίτι μου. Είναι βασανιστήριο αυτό!

Δούλεψα στα Προπύλαια, αλλά τώρα είμαι στο γραφείο συντήρησης γιατί έχω πρόβλημα υγείας. Δεν μπορώ να κάνω βαριά δουλειά και τέτοια πράγματα. Οπότε, τώρα μένω μέσα μέχρι να συνταξιοδοτηθώ. Έχουμε σχέδια για όλες τις πέτρες του μνημείου. Πώς ήταν πριν από την αναστήλωση, αν έχουν ιστορικά σημάδια πάνω τους. Εκείνο που κάνω είναι να βάζω τα σχέδια στη σειρά, να τα αριθμώ, ένα, δύο, τρία, τέσσερα... και να τα καταγράφω σε ένα βιβλίο. Πολύ «ενδιαφέρουσα» δουλειά. Εντάξει, δεν είναι ενδιαφέρουσα, αλλά μπορώ και την κάνω. Είναι ένα είδος Ζεν: κάνεις συνέχεια το ίδιο πράγμα, γράφεις τα ίδια πράγματα. Υπάρχουν αποχρωματισμοί που δείχνουν τις συνέπειες της έκθεσης στις καιρικές συνθήκες, προβλήματα με τις πέτρες: «Αυτή είναι από τη βυζαντινή εποχή» ή «αυτή είναι από μεταγενέστερη αναστήλωση». Όλα αυτά έχουν διαφορετικό χρώμα. Κι εγώ τα οργανώνω και τα ταξινομώ. Είναι όλα καταγεγραμμένα, οπότε γράφω ό,τι βλέπω. Είναι όλα αριθμημένα. Ας πούμε ότι θέλεις αυτή τη συγκεκριμένη πέτρα. Βρίσκεις τον αριθμό της στο σχέδιο, πας στο βιβλίο όπου καταγράφω εγώ και βλέπεις όλο το ιστορικό της πέτρας. Τώρα βρίσκομαι στον αριθμό 16.716. Και δεν έχω τελειώσει ακόμα· μου μένουν κι άλλες. Τις καταγράφουν πλέον και ψηφιακά, αλλά εγώ συνεχίζω να συμπληρώνω και το βιβλίο. Ούτε που ξέρω αν θα το ανοίξει κανείς ποτέ! Ο Τανούλας, ο αρχιτέκτονας και πρώην διευθυντής μας, έχει μελετήσει τα Προπύλαια και όλα αυτά.[55] Σκοπεύει να γράψει ένα βιβλίο για τα γκράφιτι που έχουν βρεθεί στις πέτρες του μνημείου.

Τώρα που έχω πρόβλημα υγείας χρησιμοποιώ τον ανελκυστήρα για να ανέβω. Είναι για τους ανθρώπους που δεν μπορούν να ανέβουν με τα πόδια, για όσους είναι σε αναπηρικά αμαξίδια. Έχω επίσης προβλήματα στα γόνατα. Είμαστε κάπου έξι-εφτά που χρησιμοποιούμε τον ανελκυστήρα. Για μένα, είναι ανοησία όλο αυτό. Νομίζω ότι έπρεπε να το χρησιμοποιούμε όλοι. Γιατί είναι πολύ κουραστικό. Κουράζεσαι σε αυτή τη δουλειά. Αλλά δεν το λέω. Η νοοτροπία τους είναι κάπως δύσκαμπτη.

Επειδή πρόκειται για δύσκολη δουλειά, μπορούμε να βγούμε στη σύνταξη μετά από δεκαπέντε χρόνια. Όχι με τα ίδια λεφτά που θα έπαιρνες αν δούλευες πιο πολλά χρόνια, αλλά... Μπορείς επίσης να βγεις στη σύνταξη όταν φτάσεις στην ηλικία που δικαιούσαι να φύγεις. Για τις γυναίκες, ήταν στα πενήντα πέντε. Τώρα είναι στα εξήντα. Έχω κουραστεί γιατί είμαι πενήντα εννέα χρονών. Και θέλω να κάνω άλλα πράγματα στη ζωή μου. Εκείνο που λαχταράω κυρίως είναι να κάνω ό,τι θέλω με τον χρόνο μου. Να πιάσω πάλι τη ζωγραφική: τοπία, αλλά με διαφορετικό τρόπο από πριν. Έχω ένα σπιτάκι στην Αίγινα, σ' ένα άγριο τοπίο. Δεν έχει πολλά σπίτια εκεί, στο βουνό. Σκέφτομαι να πάω εκεί.

Σήμερα βλέπω ότι [το έργο στον Βράχο] δεν συνεχίζεται με τον τρόπο που προχωρούσε στα πρώτα χρόνια. Τα πάντα τριγύρω είναι τόσο απογοητευτικά και αυτό περνάει μέσα σου, όλα αυτά που συμβαίνουν. Οι εικόνες της κρίσης. Άστεγοι να κοιμούνται στους δρόμους, τα κτίρια εγκαταλελειμμένα και βρόμικα. Εκεί που μένω—όχι στο κέντρο της Αθήνας, κοντά στη Βικτώρια—έχουμε γεμίσει πρόσφυγες. Όλα αυτά τα πράγματα σε επηρεάζουν.

Αυτό που συμβαίνει τώρα στην Ευρώπη δεν εκφράζεται πλέον από αυτό το σύμβολο [την Ακρόπολη]. Λένε ότι συμβολίζει το ελεύθερο πνεύμα, το πνεύμα ενός ελεύθερου πολιτισμού. Έτσι

55 *Τάσος Τανούλας* (γεν. 1947): αρχιτέκτονας· πρώην επικεφαλής του Έργου Αποκατάστασης των Προπυλαίων.

λένε! Αλλά τώρα νομίζω ότι πρόκειται για πρόφαση. Μόνο λόγια. Αλλά ίσως αυτό να σημαίνει ότι ο κόσμος αλλάζει. Και γιατί όχι; Κάθε αλλαγή είναι δύσκολη στην αρχή. Και μετά, δεν ξέρουμε τι θα συμβεί. Είναι μία αισιόδοξη οπτική αυτή. Είναι δύσκολη περίοδος η τωρινή, αλλά δεν ξέρουμε τι θα συμβεί τελικά. Ελπίζω ότι το μέλλον θα είναι τελείως διαφορετικό. Ω, δεν ξέρω. Να αλλάξει η νοοτροπία των ανθρώπων. Παντού. Δεν έχω απάντηση σ' αυτό, αλλά βλέπεις τα πάντα να γίνονται όλο και χειρότερα, και έχεις αυτό το σύμβολο και δεν μπορείς να το ταιριάξεις μ' αυτό που συμβαίνει γύρω σου.

Εγώ προσωπικά αισθάνομαι ότι είναι ματαιοδοξία να συνεχίσουν [την αναστήλωση] σε αυτή τη συγκυρία. Νομίζω ότι συμφωνώ με κάποιους αρχαιολόγους που λένε ότι τα αρχαία πράγματα πρέπει με το πέρασμα του χρόνου να πεθάνουν. Θέλω να πω, αν μια πέτρα σωριαστεί όμορφα, βρίσκεται εκεί που έπεσε και συ τη βλέπεις και πας και κάθεσαι πάνω της. Ίσως αυτό να είναι ωραίο... Νομίζω ότι αυτό εννοούν. Εντάξει, ίσως όχι ακριβώς. Αλλά αυτή η ιδέα μού φαίνεται ενδιαφέρουσα. Δεν είμαι σίγουρη αν είναι καλύτερο να αναστηλώσουμε τα πάντα ή να τα αφήσουμε να καταρρεύσουν. Κοίτα, οι αναστηλώσεις είναι καλές για τη μνήμη. Αλλά, από την άλλη μεριά,... δεν ξέρω. Νομίζω ότι εδώ μπαίνει η ανθρώπινη ματαιοδοξία.

ΘΩΜΑΣ ΜΠΟΥΓΕΛΗΣ

Σε καφέ, στο Παγκράτι

Ο πατέρας μου έχει δουλέψει σε όλες τις αρχαιολογικές ανασκαφές στην Αθήνα. Στην Ακαδημία Πλάτωνος, στην πλατεία Κοτζιά, στον Κεραμεικό, στην Ακαδημία του Πλάτωνα, κάπου κάτω από την Ακρόπολη.... στο Θέατρο του Διονύσου... ή στη Στοά του Ευμένους—σε μία απ' αυτές. Στην Αθήνα πρέπει να είχε δουλέψει στους περισσότερους αρχαιολογικούς χώρους της Γ΄ Εφορείας Αρχαιοτήτων. Εκείνη την εποχή ήταν η μεγαλύτερη της Αθήνας. Εργάτης ήταν. Οι εργάτες στις ανασκαφές έσκαβαν, έκαναν τις τομές, έβρισκαν τις γεωλογικές περιόδους. Έτσι λοιπόν, όταν ήμουν παιδάκι έπαιζα μπάλα σε όλους εκείνους τους χώρους όσο ο πατέρας μου δούλευε. Το καλοκαίρι που δεν είχαμε σχολείο και ο πατέρας μου δεν ήξερε τι να με κάνει. Νομίζω ότι ήμουν το μοναδικό παιδί εκεί. Το καλομαθημένο των αρχαιολόγων. Ήμουν μικρός και χαριτωμένος. [*γέλια*] Βρέθηκα σε εκείνους τους χώρους πριν από οποιονδήποτε άλλον!

Μία αρχαιολόγος με είδε που καθόμουν εκεί και παρακολουθούσα τον πατέρα μου να δουλεύει—νομίζω ότι ήταν στην πλατεία Κοτζιά, μπροστά από το Δημαρχείο. Η αρχαιολόγος μού έδωσε ένα σκουπάκι να καθαρίσω ένα όστρακο που είχαν μόλις βρει. Το πήρα, το έβαλα σ' ένα καφάσι και μετά πήρα ένα άλλο όστρακο, το καθάρισα προσεκτικά με το σκουπάκι ή με μια οδοντόβουρτσα και το έβαλα πάλι πίσω. Αυτό ήταν. Μια άλλη φορά είχαν βρει ένα ψηφιδωτό. Μου έδωσαν συγκεκριμένες οδηγίες. Δηλαδή, «Κάτσε εκεί, με το σκουπάκι σου, και καθάρισε αυτό το μικρό κομμάτι». Αυτό όλο κι όλο! Αλλά μη φανταστείς ότι ήταν κανονική δουλειά. Καθόμουν εκεί δυο-τρεις ώρες, έκανα αυτή τη δουλίτσα και μετά πήγαινα με τον μπαμπά βολτούλα, ξενάγηση.

Όταν ήμουν μικρό παιδί, άκουγα απλώς αποσπασματικές πληροφορίες. Έπρεπε να μεγαλώσω για να καταλάβω ότι τα στρώματα στο χώμα έχουν να κάνουν με τα ιζήματα και τις επικαθιζήσεις από την αρχαία εποχή. Έτσι καταλαβαίνουν οι αρχαιολόγοι τι έχουν βρει. [Τώρα βλέπω ότι] η δουλειά αυτή είναι η συσσωρευμένη εμπειρία αιώνων, χιλιετιών, του ανθρώπινου πολιτισμού, της ανθρώπινης γνώσης. Όλο αυτό είναι πολύ ενδιαφέρον, να μαθαίνεις πώς από τους πώρινους ναούς περάσαμε στους μαρμάρινους ναούς, πώς ήρθαν επιδρομείς και κατάστρεψαν έναν ναό και έχτισαν στη θέση του κάτι άλλο.

Επειδή τα είχα δει όλα αυτά από κοντά, μου δημιουργήθηκε η επιθυμία να γίνω αρχαιολόγος. Αργότερα αυτό άλλαξε, αλλά ξέρεις, όλα αυτά είναι μέσα στο παιχνίδι της ζωής. Στο λύκειο ήμουν πάρα πολύ κακός στα αρχαία και στα λατινικά. Τα έβρισκα ενδιαφέροντα ως μαθήματα, αλλά δεν είχα την υπομονή να κάτσω και να τα διαβάσω, να τα μελετήσω. Εμένα μου άρεσε ό,τι δεν είχε να κάνει με διάβασμα. Η μελέτη, όχι. Τίποτα που να χρειάζεται να βάλεις το κεφάλι σου κάτω και να μελετήσεις. Οπότε, τα παράτησα εγώ, με παράτησαν κι αυτά, και παράτησα την αρχαιολογία. Επειδή όμως είχα χέρι από τότε, καθόμουν και ζωγράφιζα. Κάποια στιγμή έμαθα για τη Σχολή στην Τήνο από τον πατέρα μου, που δούλευε στο Υπουργείο Πολιτισμού. Πήρα, λοιπόν, τα σχέδιά μου και πήγα στην Τήνο.

Ήταν δύσκολη η Σχολή, ναι! Αλλά όλα τα πράγματα είναι σκληρά ή μαλακά, ωραία ή άσχημα, αναλόγως με τον τρόπο που τα χειρίζεσαι. Άμα δεν ξέρεις να τα χειρίζεσαι, όλα τα πράγματα είναι δύσκολα. Το μάρμαρο είναι ένα υλικό που έχει την ιδιαιτερότητά του. Πρέπει να το διαβάσεις, να το κοιτάξεις, να το μελετήσεις όταν το παραλάβεις. Δεν μπορείς να αρχίσεις να δουλεύεις ένα κομμάτι μάρμαρο για να κάνεις το οτιδήποτε με όποιον τρόπο σού κατέβει. Η διαδικασία είναι συγκεκριμένη. Έχει κανόνες. Άμα τους ακολουθήσεις, από κει και πέρα απελευθερώνεται και το χέρι σου. Και μπορείς πια να κάνεις πολλά πράγματα.

Να σου πω την αλήθεια, η επαφή μου με το μάρμαρο στην Τήνο ήταν ρηχή. Απόκτησε νόημα όταν ήρθα και δούλεψα στην αναστήλωση. Αναζωπυρώθηκε όλο αυτό το πράγμα, όταν κράτησα στα χέρια μου ένα αρχιτεκτονικό μέλος, όχι για να κάνω κάτι καινούριο, αλλά για να το συντηρήσω, να βοηθήσω το αρχαίο μέλος να επιβιώσει, να ξαναπάρει μορφή—τη μορφή που πρέπει να έχει–, να ξαναμπεί πάλι πάνω, όλο αυτό· στην αναστήλωση.

Την Κυριακή, 20 Μαρτίου του 2002, απολύθηκα από τον στρατό. Και την επόμενη μέρα, τη Δευτέρα, άρχισα να δουλεύω στην Ακρόπολη, όπου είχα δώσει εξετάσεις όσο ήμουν ακόμα στρατιώτης, δυο βδομάδες πριν. Μου είπαν, «Τη Δευτέρα να έρθεις για δουλειά!» «Ωραία, την Κυριακή παίρνω το απολυτήριο του στρατού». Πήρα το απολυτήριο και τη Δευτέρα πήγα για δουλειά. Από τότε, δεν έχω σταματήσει.

Καταρχήν, εντάξει, όσο και να μην θέλουμε να το παραδεχτούμε, είναι θέμα βιοπορισμού. Δηλαδή, είναι αναγκαίο να έχεις μια δουλειά. Θέλεις να ξεκινήσεις μια καινούρια ζωή. Έχεις τελειώσει με τον στρατό. Έχεις μια σχέση που προχωράει. Χρειάζεσαι λεφτά. Από την άλλη μεριά, έτυχε να βρεθώ στην Ακρόπολη, γιατί βγήκε μια προκήρυξη [για πρόσληψη προσωπικού], έμαθα γι' αυτήν, πήγα, έδωσα εξετάσεις και πέρασα. Συνωμότησε λίγο το σύμπαν σ' αυτή την περίπτωση.

Δεν έχω δουλέψει ποτέ σε μαρμαράδικο. Η πικρή αλήθεια είναι ότι το μαρμαράδικο είναι μόνο παραγωγή. Τέλος πάντων, δεν το είχα μέσα μου αυτό. Ποτέ δεν το έκανα και ποτέ δεν το σκέφτηκα. Αλλά σ' έναν αρχαιολογικό χώρο—και ειδικά στην Ακρόπολη, αφού μιλάμε γι' αυτήν–, πέρα από το γεγονός ότι μαθαίνεις, το εκπληκτικό είναι ότι δουλεύεις για να ολοκληρώσεις κάτι, διορθώνεις ένα κομμάτι για να ξαναμπεί στη θέση του και να μην μένει στο έδαφος σαν ερείπιο.

Ακόμα δεν έχουμε ανακαλύψει πώς έφτιαξαν την Ακρόπολη τόσο τέλεια. Εντάξει, ναι, ξέρουμε στο περίπου· έχουμε κάποια στοιχεία τα οποία μας βοηθάνε, βέβαια, για να προχωρήσει η δουλειά. Αλλά την τεχνική με την οποία χτίστηκε αυτό το μνημείο, εκεί που χτίστηκε, όπως χτίστηκε, δεν την έχουμε ανακαλύψει στην ολότητά της. Ξέρουμε κάποια πράγματα, αλλά μένουν ακόμα αρκετά που μας είναι άγνωστα. Και είναι πολύ ενδιαφέρον όλο αυτό το πράγμα.

Σκεφτόμασταν τέτοια πράγματα με τον Τογανίδη πριν από χρόνια.[56] Πώς μπόρεσε ένας αρχαίος αρχιτέκτονας του καιρού του να δημιουργήσει την κλίση του ναού—την *έντασή* του–, που είναι συγκεκριμένη και πηγαίνει σε κάθε κίονα; Πώς δημιούργησε αυτή την ολοκληρωμένη οντότητα; Από ποιο πρότυπο, με τι φόρμα φτιάχτηκε; Από κάτω μέχρι πάνω, η ένταση ακολουθείται σε όλη την κιονοστοιχία, αλλά δεν είναι ποτέ η ίδια· είναι μοναδική για κάθε κίονα. Δηλαδή, αυτό το οβάλ, που κάνει ο ναός, με ποια φόρμα το έφτιαξε ο αρχαίος τεχνίτης; Γιατί ο αρχιτέκτονας το είχε σχεδιάσει έτσι, αλλά το πρακτικό μέρος, το κτίσιμο του κάθε κίονα από κάτω μέχρι πάνω πώς το έκανε εκείνος που είχε αναλάβει να το ελέγχει; Γιατί δεν μπορεί να έγινε με ράμμα. Ακόμα και χαράγματα να είχες και να πέταγες από πάνω ένα ράμμα, σε τέτοιο ύψος, στο ψηλότερο σημείο θα ήταν λίγο μέσα, πιο κάτω ακόμα λίγο πιο μέσα. Εκτός κι αν είχαν φτιάξει μια τεράστια—ξέρω γω—ξύλινη κατασκευή, η οποία μπορεί ήταν ένα ξύλο που πήγαινε και κόλλαγε εκεί, και έτσι έβλεπαν πού πήγαιναν. Αλλά τότε θα έπρεπε να το κάνουν αυτό σε κάθε λούκι, γύρω γύρω. Αλλά αν είχε γίνει έτσι, και πάλι θα έχανε· ξύλο ήταν!... Δεν ξέρω. Είναι κι αυτό ένα από τα πράγματα που έχουνε χαθεί. Ψάχναμε κι εμείς να βρούμε τον τρόπο που είναι φτιαγμένο, αλλά δεν υπάρχουν σημάδια. Οι αρχαίοι πάντα άφηναν σημάδια για το πώς θα τοποθετούσαν τα μάρμαρα. Άφηναν γραμμές, άφηναν χαράγματα. Στον Παρθενώνα δεν υπάρχει κάποιο στοιχείο. Ο Τογανίδης δεν έχει βρει τίποτα τέτοιο. Έχουμε σκεφτεί διάφορα. Μόλις χθες το βράδυ καθόμουν και σκεφτόμουν ότι ίσως να φτιάχτηκε καθ' ύψος και με τον διπλανό κίονα. Δηλαδή, ίσως να έφτιαξαν τις τέσσερις γωνίες του ναού, ακόμα και ως μοντέλο, και ξεκινώντας με τον διπλανό κίονα έβαζαν... Αλλά αυτό θα χρειαζόταν δύο... Όχι, είναι δικά μου αυτά, δεν έχουν σχέση με αυτά που λέμε.

Το σκέφτομαι διαλεκτικά. Αυτός είναι μαρξιστικός όρος. Το παίρνεις το πράγμα από την αρχή. Δηλαδή, έχεις ένα υποκείμενο και έχεις και τις αντικειμενικές συνθήκες. Κι ας πούμε ότι το υποκείμενο αυτό είναι ο ναός, η ιδέα· πρέπει να το βάλεις κάτω με μία αντικειμενική συνθήκη, η οποία είναι, για παράδειγμα: το μέγεθος του μαρμάρου είναι τόσο και πρέπει να στηριχθούνε άλλα τόσα από πάνω. Ή πρέπει να σκεφτείς τι προκάλεσε μια συγκεκριμένη ζημιά. Έχεις, για παράδειγμα, τον τοίχο: αν κοιτάξεις τον νότιο τοίχο, βλέπεις ότι οι κίονες έχουν εκσφενδονιστεί, γιατί έγινε μία πολύ μεγάλη έκρηξη· έχουν μετατοπιστεί περίπου είκοσι πόντους. Και άμα δεις τους συνδέσμους, εκεί που είναι, όλοι τους έχουν ένα σπάσιμο, πάνω κάτω. Αυτό, για παράδειγμα, μπορεί να σε βοηθήσει στην τοποθέτηση αργότερα. Το παίρνεις το πράγμα από την αρχή. Λειτουργείς με τις αρχές των αρχαίων, αλλά λαμβάνεις υπόψη σου και τις συνθήκες που προκάλεσαν τη ζημιά.

Αυτό που έχει το μεγαλύτερο ενδιαφέρον είναι η αποξήλωση—δηλαδή, να κατεβάσεις ένα αρχαίο μέλος με τους αρχαίους συνδέσμους του, να το σηκώσεις ίσα ίσα για να περάσεις από κάτω έναν ιμάντα χωρίς να έχεις απώλειες στην επιφάνεια. Είναι μια δουλειά χρονοβόρα και πρέπει το μυαλό σου να το στύβεις συνέχεια. Η αποξήλωση του μέλους και το να το ξαναβάλεις στη θέση του μετά. Και όταν δουλεύεις σε αυτά τα δύο πεδία—δηλαδή, στην αποξήλωση και στην τοποθέτηση—συνήθως δεν υπάρχουν κανόνες. Το πώς θα μπει πίσω στη θέση του [το μέλος] είναι δικό μας θέμα. Πρέπει να βρούμε τον τρόπο. Και το πώς θα το κατεβάσουμε, επίσης. Και πρέπει να βρούμε έναν τρόπο, γιατί δεν υπάρχει κάτι στάνταρ. Κάθε φορά ο τρόπος είναι διαφορετικός. Γιατί τίποτα δεν είναι το ίδιο· κανένα μάρμαρο δεν είναι ίδιο με ένα άλλο. Όλα αυτά [οι συνθήκες, οι γωνίες, ο χώρος που έχεις να δουλέψεις] βάζουν το μυαλό σου σε κίνηση.

56 *Νίκος Τογανίδης*: αρχιτέκτονας και πολιτικός μηχανικός· πρώην επικεφαλής του Προγράμματος Αναστήλωσης του Παρθενώνα.

Καταρχήν, παίρνεις τη θέση του μαρμάρου, τις συνθήκες, τις γωνίες. Έπειτα, είναι το βάρος του μαρμάρου, ο χώρος που έχεις για να δουλέψεις—αν μπορείς να χρησιμοποιήσεις ένα μικρό *παλάγκο*, αν μπορείς να δουλέψεις με λοστό, αν μπορείς να βάλεις γρύλο— γιατί μπορεί να δουλεύεις σε γωνία. Και συνήθως οι γωνίες του ναού είναι οι πιο δύσκολες να βγούνε. Τα μάρμαρα πιάνουν κι από τη μία πλευρά κι από την άλλη. Πώς να πάρεις αυτό το πράγμα και να το σηκώσεις; Οι αρχαίοι είχαν προνοήσει: όπως τα βάζανε, έτσι και τα βγάζανε. Είχαν μάλλον βρει τρόπο να τα βάζουν χωρίς να χρησιμοποιούν ιμάντες από κάτω, με τις *καμπάνες*.[57] Αυτά που είναι μια σφήνα ανάποδη. Αυτός είναι ο τρόπος που βάζανε οι αρχαίοι συνήθως τα γωνιακά, τα πολύ μεγάλα και η *καταφραή*—δηλαδή, το τελευταίο κομμάτι που έμπαινε και είχε μάρμαρα αριστερά και δεξιά. Όταν έχεις ένα μάρμαρο το οποίο είναι διαλυμένο, δεν μπορείς να το σηκώσεις με καμπάνα γιατί... ποιος ξέρει τι μπορεί να συμβεί; Μπορεί να έχεις δύο καμπάνες σε ένα επιστύλιο και η γωνιακή καμπάνα να είναι σε μια γωνία η οποία έχει ένα κομμάτι που είναι έτοιμο να φύγει. Οπότε πρέπει να βρεις τρόπο να το πιάσεις από τη μία, να το πιάσεις κι από την άλλη, χωρίς να βάλεις από πάνω την καμπάνα. Εντάξει, δεν μπορώ τώρα να θυμηθώ πόσες φορές και τι προβλήματα έχω αντιμετωπίσει σε κάθε κομμάτι, αλλά το καθένα τους έχει αναπόφευκτα το πρόβλημά του!

[Ο χρόνος που χρειάζεται να κατεβεί] ένα γωνιακό κομμάτι, εξαρτάται από τη ζημιά που έχει, από το τι χρειάζεται. Για παράδειγμα, ένα γωνιακό κομμάτι μπορεί να είναι ακέραιο, να μην του λείπει κάτι, αλλά να είναι κομμένο στη μέση. Αυτή είναι εύκολη διαδικασία: θα βγει ο αρχαίος σύνδεσμος, θα μπούνε κάποια τιτάνια για να συγκολληθεί, θα μπει στη θέση του. Μπορεί να χρειάζονται, για παράδειγμα, τέσσερα-πέντε μπαλώματα σε κάποια συγκεκριμένα αρχιτεκτονικά μέλη. Αν είναι ένα γωνιακό επιστύλιο, πόσο χρόνο χρειάζεσαι για να το κατεβάσεις; Δεν ξέρεις. Μπορεί να είναι κομμένο στη μέση και να πρέπει να βγει κομμάτι κομμάτι. Απλώς δεν ξέρεις. Μπορούμε, για παράδειγμα, να το κατεβάσουμε μέσα σε μια μέρα. Αλλά μπορεί να μας πάρει δυο μέρες να κόψουμε ό,τι σύνδεσμο έχει και να βρούμε τρόπο να το κατεβάσουμε. Δηλαδή, δεν μας παίρνει πάνω από δυο μέρες να κατεβάσουμε ένα κομμάτι, όσο δύσκολο και να είναι. Αυτό είναι το μάξιμουμ.

Άμα κάνεις πολλές δουλειές, το πρόγραμμα αλλάζει. Όταν έχουμε αναλάβει να κάνουμε κάτι συγκεκριμένο—ας πούμε, ένα συγκεκριμένο κομμάτι που πρέπει να βγάλουμε το εκμαγείο του–, τότε ξέρουμε τι έχουμε να κάνουμε. Αλλά μπορεί να μην έχουμε να κάνουμε κάτι συγκεκριμένο· τότε πρέπει να ρωτήσουμε τον προϊστάμενο, τον Αγγελόπουλο, να μας πει. Αν υπάρχει πρόγραμμα, απλώς το τηρούμε, και για τις λεπτομέρειες συνεννοούμαστε μεταξύ μας. Πες ότι δουλεύω με τον Αλέκο σε μια τοποθέτηση. Θα πούμε, «Έχουμε τα εργαλεία μας, θέλουμε να κάνουμε αυτό». Πολύ ωραία! Χρειαζόμαστε τούτο και κείνο, πάμε στην αποθήκη. Μαζεύουμε ό,τι μας χρειάζεται και πάμε να κάνουμε τη δουλειά μας. Γιατί πρέπει να τα έχεις όλα δίπλα σου για να κάνεις αυτές τις δουλειές. Δεν γίνεται να τρέχεις πέρα δώθε.

Αν χρειάζεται ομάδα, αυτό σημαίνει ότι πρόκειται για μια δουλειά όπου πρέπει να συνεργαστούν δύο, τρεις ή τέσσερις άνθρωποι για να γίνει. Καταρχήν, πάντα κάποιος είναι επικεφαλής κι αυτός θα δώσει τις

57 *Καμπάνες* (ή λύκος) (λατιν. holivela): τρεις μεταλλικές ράβδοι—οι δύο κοίλες («καμπάνες»), η μία επίπεδη–, προσαρτημένες με πίρο σε μια λαβή με βρόγχο, οι οποίες χρησιμοποιούνται για την ανύψωση μεγάλων—σε όγκο και βάρος— όγκων μαρμάρου. Οι σφήνες προσαρμόζονται σφιχτά σε μια ορθάνοιχτη ορθογώνια τρύπα στο κομμάτι και όταν πιέζονται από το σκοινί, στο οποίο ασκείται δύναμη προς τα πάνω, ακινητοποιούν το μάρμαρο, το οποίο μπορεί έτσι να μεταφερθεί με ασφάλεια. Χρησιμοποιήθηκε μέχρι και την Αναγέννηση.

βασικές κατευθυντήριες: «Παιδιά, έχουμε να κάνουμε αυτό, πρέπει να προσέξουμε το άλλο». Έχει τον νου του ώστε να γίνουν όλα σωστά, κι από κει και πέρα ο καθένας ξεχωριστά πρέπει να ξέρει τι έχει να κάνει. Αν γίνουν όλα αυτά, τα πάντα πηγαίνουν μια χαρά. Και, φυσικά, πρέπει να υπάρχει συνεργασία, όχι μόνο να υπάρχει εκεί ένας επικεφαλής μάστορας που έχει την επίβλεψη. Πρέπει να ακούει κιόλας. Δηλαδή, έχω εγώ μια ιδέα για το πώς πρέπει να γίνει κάτι, έχεις κι εσύ μια άλλη ιδέα, το συζητάμε. Ή να μας ρωτήσει [ο επικεφαλής], «Παιδιά, έχουμε ένα πρόβλημα. Τι λέτε να κάνουμε;» Έτσι λειτουργεί μια ομάδα. Στην ομάδα δεν κάνει ο καθένας ό,τι θέλει, ανεξέλεγκτα. Υπάρχει ένας επικεφαλής και από κει και πέρα όλα δουλεύουν ρολόι. Υπάρχει ένα μεγάλο γρανάζι και υπάρχουν και τα μικρά.

Αναγκαστικά, αν κάποιος έχει δουλέψει καιρό σε μια δουλειά και έρθει ένας νέος, ο έμπειρος θα του δείξει μερικά πράγματα. Αλλά είναι ένα πράγμα να έχεις δουλέψει δεκαπέντε χρόνια—όπως εγώ—και τελείως άλλο πράγμα να έχεις δουλέψει τριάντα ή τριάντα πέντε χρόνια. Είναι άλλο το επίπεδο. Κι εγώ δείχνω, αλλά δεν είμαι στο ίδιο επίπεδο γνώσης με αυτούς τους ανθρώπους. Είναι πολύ δύσκολο να φτάσεις στο επίπεδο των μαστόρων που έχουν τέτοια εμπειρία. Κάποια μέρα θα γίνει κι αυτό.

Όταν πρωτόπιασα δουλειά, είχα δουλέψει ελάχιστα με *κοφτάκι*. Επίσης, το να τρίψω μια επιφάνεια ήταν κάτι άγνωστο για μένα. Για να τρίψεις μια επιφάνεια που συνδυάζει ένα αρχαίο με ένα νέο μάρμαρο είναι μια διαδικασία που πρέπει να πηγαίνεις σιγά σιγά, με μια *πήχη*. Πρέπει να ξέρεις τις ιδιαιτερότητες αυτού του μαρμάρου. Μπορεί να είναι ένα κομμάτι από τον τοίχο κι από τη μέση, και μετά, από το πενήντα οχτώ αριστερά και πενήντα οχτώ δεξιά, να έχει μια μικρή κλίση, δύο χιλιοστά. Δεν είναι απλά ότι τρίβεις μια ενιαία επιφάνεια. Δεν είναι εύκολο πράγμα. Πρέπει να δουλέψεις σύμφωνα με τις ανάγκες του αρχαίου μαρμάρου για να τρίψεις το νέο με *σβουράκι*.

Όταν γίνεται η συγκόλληση δύο μαρμάρων, ενός αρχαίου με ένα νέο, αφήνουμε στο νέο μάρμαρο ένα περιθώριο δύο-τρεις πόντους γύρω γύρω, περιμετρικά, για να έχουμε ασφάλεια στην τοποθέτηση, αλλά και για να έχουμε περιθώριο υλικού να δουλέψουμε. Σε αυτή η επιφάνεια, το νέο μάρμαρο πρέπει να έρθει ακριβώς στην ίδια ευθεία—την οποία ελέγχεις με μία μεταλλική πήχη—με το αρχαίο· σε όλες του τις διαστάσεις, και στο οριζόντιο επίπεδο και στο κάθετο. Δηλαδή, όπως το βλέπεις όλο αυτό, είναι ένα τετράγωνο, ένα ορθογώνιο. Κάθε αρχαίο μάρμαρο έχει, βέβαια, τις ιδιαιτερότητές του. Μπορεί να μην έχει τελική επιφάνεια επειδή είναι παντού φθαρμένο. Πρέπει να βρεις εσύ την αρχική τελική επιφάνεια, η οποία μπορεί να είναι ένα γυαλάκι. Τα γυαλάκια είναι αυτά που φθείρονται τελευταία σε μία επιφάνεια. Ή μπορεί το μάρμαρο—όπως λέγαμε πριν για τα κομμάτια του τοίχου, από τη μέση αριστερά και δεξιά—να έχει μια ελαφριά κλίση. Οπότε εσύ αυτό πρέπει να το προβλέψεις και να κάνεις το νέο μάρμαρο να έρθει ακριβώς όπως είναι και το αρχαίο. Κι αυτό γίνεται σιγά σιγά. Δηλαδή, το κατεβάζεις (το στρώνεις) σιγά σιγά. Κάνεις οδηγούς. Δηλαδή, φτιάχνεις ένα κανάλι στο αρχαίο μάρμαρο. Αν είναι, ας πούμε, δύο πόντους [που πρέπει να φας στο νέο], το φέρνεις μέχρι τη μέση και κολλάς ένα πλαστικό φυλλαράκι, ένα κομμάτι πλεξιγκλάς, στο αρχαίο κομμάτι, έτσι ώστε να ξέρεις ότι μέχρι εκεί έχεις να το φας [το νέο]. Τώρα μπορείς να αρχίσεις το πρώτο στάδιο της κατεργασίας.

Αφαιρείς το πολύ *χοντρό* από το νέο μάρμαρο, βγάζεις τον πολύ όγκο.[58] Το ίδιο κάνεις σε έναν παράλληλο οδηγό δίπλα. Μετά κάνεις και έναν κάθετο οδηγό. Όλα αυτά, λοιπόν, τα σταυρώνεις και καταβαίνεις (στρώνεις) σιγά σιγά, κάνεις

58 *Χοντρό*: το μάρμαρο που πρέπει να αφαιρεθεί από έναν όγκο μαρμάρου πριν αρχίσει η λεπτομερής λάξευση· μια άλλη λέξη για το άπεργο και τον καμπά.

τη διαδικασία μέχρι που να φτάσεις στο μισό χιλιοστό. Συνήθως αφήνουμε μισό χιλιοστό για την τοποθέτηση, έτσι ώστε να έχουμε περιθώριο όταν θα μπει το μάρμαρο. Οπότε, αν κάτι πρέπει να διορθωθεί, να έχουμε το περιθώριο να πάρουμε (να φάμε) το νέο μάρμαρο. Δεν το θέλουμε να είναι ακριβώς. Ποτέ δεν το αφήνουμε το νέο να είναι ακριβώς στο ίδιο επίπεδο με το αρχαίο, γιατί στην τοποθέτηση μπορεί για κάποιο λόγο (αντικειμενικά, επειδή είναι αναστήλωση) να χρειαστεί να φαγωθεί. Οπότε, πρέπει να είναι λιγάκι άνισο, μισό χιλιοστό, ένα χιλιοστό, όσο ένα χαρτάκι, πολύ λεπτό. Αυτό είναι το περιθώριο που χρειάζεσαι. Μπορεί η οδηγία να είναι και για δύο χιλιοστά, αναλόγως την ιδιαιτερότητα του μαρμάρου.

Αλλά τώρα δεν έχουμε ούτε μολύβια να σημαδεύουμε τα μάρμαρα. Εξαιτίας της κρίσης. Δεν έχουμε προσωπικό. Τα παιδιά που δούλευαν τεσσεράμισι χρόνια, που είχαν εκπαιδευτεί, έχουν φύγει. Δεν έχουμε ανταλλακτικά να συντηρήσουμε τους γερανούς. Είναι καθηλωμένοι γιατί δεν υπάρχουν λεφτά. Το επόμενο πρόγραμμα δεν έχει ακόμα ενταχθεί στο ΕΣΠΑ. Τι να σου πω; Είναι όπως όλα τα έργα σε όλη την επικράτεια. Τα πάντα έχουν επηρεαστεί από την κρίση. Αλλά αυτό που είναι σίγουρο είναι ότι από την κρίση θα βγουν κερδισμένοι εκείνοι που ήταν κερδισμένοι και πριν από την κρίση. Πριν από την κρίση υπήρχαν κάποιοι που έβγαζαν λεφτά. Μέσα στην κρίση, υπάρχουν κάποιοι που συνεχίζουν να βγάζουν λεφτά. Και μετά την κρίση θα υπάρχουν κάποιοι—οι ίδιοι ή κάποιοι καινούριοι, πιο νέοι—που θα βγάζουν λεφτά. Ο υπόλοιπος κόσμος—πριν, κατά τη διάρκεια και μετά την κρίση—θα περνάει το ίδιο άσχημα. Και θα παίρνει μερικά ψίχουλα πού και πού.

Επίσης, λόγω κρίσης, η ελληνική κυβέρνηση αποφάσισε ότι όλοι οι αρχαιολογικοί χώροι μπορούν να βγάλουν μεγάλο κέρδος για κάποιους ιδιώτες. Για το ιδιωτικό κεφάλαιο. Για κάποιους εργολάβους που θα αναλάβουν μια συγκεκριμένη δουλειά. Εν μέσω κρίσης όμως όλο αυτό είναι πάρα πολύ εύκολο να περάσει. Στην Κρήτη, συγκεκριμένα, ήταν μια ανασκαφή όπου το Υπουργείο Πολιτισμού είχε δώσει το αρχαιολογικό έργο στην Περιφέρεια, για να μπορεί να διαχειριστεί τα λεφτά τα ευρωπαϊκά «καλύτερα». Οπότε, η Περιφέρεια, γι' αυτό το έργο, πήγε στους αρχαιολόγους και τους είπε να δουλέψουν με μπλοκάκι παροχής υπηρεσιών. Ένας αρχαιολόγος, που τελειώνει το Ιστορικό-Αρχαιολογικό, για να έχει μπλοκάκι παροχής υπηρεσιών, πρέπει να κάνει έναρξη επιχείρησης. Δηλαδή, να πληρώνει 600 ευρώ [τη διμηνία] για τα ασφάλιστρά του.

Επειδή κανένας δεν μπορεί να το κάνει αυτό, ανοίγει η πόρτα για κάποια μεγάλη εταιρεία, η οποία μπορεί να ονομαστεί, για παράδειγμα, *Αναστήλωση Α.Ε.*, και να πάρει τη δουλειά—κάποιο συγκεκριμένο αρχαιολογικό έργο. Κι αυτό δεν σταματάει εκεί. Τώρα, έχουν μπει και ιδιωτικές εταιρείες ασφάλειας (σεκιούριτι), κυρίως σε μουσεία. Κάποια στιγμή θα φτάσουν και στους αρχαιολογικούς χώρους. Ιδιωτικά συνεργεία καθαρισμού… Αυτό το πράγμα όλο ανοίγει και εξαπλώνεται. Και φυσικά όλοι αυτοί οι εργαζόμενοι θα δουλεύουν σε συνθήκες απάνθρωπες. Δηλαδή, θα δουλεύεις οχτάωρο, ή μάλλον η σύμβασή σου θα λέει για οχτώ ώρες, αλλά εσύ θα δουλεύεις δώδεκα ώρες και θα παίρνεις 400 ευρώ τον μήνα, χωρίς ασφάλιση, γιατί θα δουλεύεις στο πλαίσιο κάποιου κοινωφελούς προγράμματος ή κάτι τέτοιο. Ε, αυτό το πράγμα είναι σκλαβιά!

Καπιταλισμός. Αυτός είναι ο καπιταλισμός. Η Ευρωπαϊκή Ένωση, ακόμα και όταν είχε δημιουργηθεί ως Ένωση Χάλυβα, που αργότερα μετονομάστηκε σε Ευρωπαϊκή Οικονομική Κοινότητα και πιο μετά σε Ευρωπαϊκή Ένωση, ήταν μία ένωση που δημιουργήθηκε με τις ευλογίες της Αμερικής για να καθυστερήσει τις ανατολικές χώρες να πάνε προς τα δεξιά και προς τη Δυτική Ευρώπη. Την έφτιαξαν για να υπάρχει μια μεγάλη οικονομική-εμπορική ένωση των Ευρωπαίων καπιταλιστών. Όλοι οι Ευρωπαίοι που είχαν τα φράγκα (βιομήχανοι, εφοπλιστές, τραπεζίτες) έφτιαξαν την Ευρωπαϊκή Ένωση για να προστατέψουν τα λεφτά τους. Για να θωρακίσουν ένα σύστημα που δεν θα περιλάμβανε μόνο μία αλλά πολλές χώρες. Κι έφτιαξαν μια ένωση που ήταν σάπια από την αρχή. Φτιάχτηκε μόνο και μόνο ώστε αυτοί που έχουν τα λεφτά να τα κάνουν περισσότερα· και όσοι δεν έχουν και είναι υπάλληλοι, εργαζόμενοι—ο λαός–, να συνεχίσουν να ζουν με τα λίγα ή με το τίποτα, ή με κάτι λίγο παραπάνω από το τίποτα, με ψίχουλα, με τα ελάχιστα. Αυτή είναι η Ευρωπαϊκή Ένωση για μένα!

Σε ό,τι αφορά το νόμισμα, το θέμα είναι ποιος *έχει* το νόμισμα. Αν εμείς, οι απλοί άνθρωποι, έχουμε λεφτά στις τσέπες μας, τότε δεν με ενδιαφέρει πώς λέγεται το νόμισμα, ευρώ, δραχμή, οτιδήποτε. Αν το χρήμα το έχουν οι λίγοι—αυτοί που το έχουν τώρα, δηλαδή—αδιαφορώ για το πώς θα λέγεται. Δηλαδή, δεν μπορώ να διαλέξω αν θα είμαι στη μία οικονομική ένωση ή θα είμαι σε μία άλλη, μόνος μου ως κράτος, με ένα εθνικό νόμισμα. Το χρήμα πάλι θα το έχει μια μειοψηφία, τα συγκεκριμένα παράσιτα, ένα πέντε τοις εκατό, λίγοι άνθρωποι. Ό,τι νόμισμα και να έχει αυτή η χώρα, το θέμα είναι ο πλούτος της να ανήκει στον λαό της και όχι σε μια μειοψηφία.

ΝΙΚΗΦΟΡΟΣ ΣΑΜΨΩΝ

Σε καφέ, στο Παγκράτι

Καταρχάς, ήταν η αποτυχία μου να περάσω στην Αρχιτεκτονική Σχολή, όταν ήμουν δεκαεφτά χρονών. [*γέλια*] Απέτυχα στις εξετάσεις, οπότε, όταν πάτησα τα δεκαοχτώ, δεν είχα τίποτα να κάνω για έναν ολόκληρο χειμώνα. Έπρεπε κάτι να κάνω. Έτσι, μια ξαδέρφη της μητέρας μου με σύστησε σε έναν μαρμαρογλύπτη. Εκείνος μου είπε, «Έχεις καλό χέρι. Ενδιαφέρεσαι;» Του απάντησα, «Ναι, ασφαλώς και ενδιαφέρομαι». Ήθελα να δοκιμάσω την τέχνη της μαρμαρογλυπτικής. Έμεινα κοντά του έναν χρόνο και αποφάσισα ότι μου άρεσε πάρα πολύ.

Στο εργαστήρι του έφτιαχνε προτομές, κεφάλια, πολλά εκκλησιαστικά. Εγώ έκανα μικρά πράγματα: λουλούδια, γράμματα, βάρκες, αυτά που κάνουν τα παιδιά για να μάθουν το μάρμαρο. Απλά πράγματα. Έφτιαχνα πολλά βυζαντινά μοτίβα και μου άρεσε αυτό. Η διακόσμηση. Εκείνος έκανε τα σχέδια. Με έμαθε πώς να κρατάω τα εργαλεία. Κατά πρώτον, σου δείχνουν πώς να χειρίζεσαι τα εργαλεία, και στη συνέχεια σε αφήνουν να δοκιμάσεις μόνος σου, για να αποκτήσεις την αίσθηση του υλικού, γιατί για σένα το υλικό είναι κάτι το καινούριο. Είναι μια πέτρα· δεν ξέρεις πώς αντιδρά αυτή η πέτρα, αυτό το υλικό. Είναι κάτι καινούριο για σένα. Οπότε, ξεκινάς με ατέλειωτες ώρες δοκιμών. Σταδιακά, γίνεσαι όλο και καλύτερος. Έχω στο σπίτι μου μερικά μικρά πράγματα που έφτιαξα τότε· γελάω όταν τα βλέπω, έχουν την πλάκα τους.

Μετά από εκείνη τη χρονιά, αποφάσισα να πάω στην Τήνο. Μου άρεσε η αρχιτεκτονική. Μου άρεσαν τα αρχαία μνημεία. Οπότε, σκέφτηκα ότι θα μπορούσα να συνδυάσω τη γλυπτική με την αρχιτεκτονική δουλεύοντας σε αρχαιολογικούς χώρους. Ποτέ δεν με φαντάστηκα γλύπτη, καλλιτέχνη, δημιουργό αγαλμάτων και τα σχετικά. Δεν είμαι καλός σε αυτά τα πράγματα. Εγώ ήθελα να είμαι σε ένα αρχαίο μνημείο. Αυτό είναι που μου αρέσει.

Ζούσα στην Αθήνα, σε μια μεγάλη πόλη, και πήγα να μείνω σ᾽ ένα χωριό με διακόσιους κατοίκους. Αυτό είναι το «μεγάλο» χωριό! Συνεπώς, το πρώτο μάθημα ήταν πώς να ζήσεις σ᾽ ένα διαφορετικό μέρος. Τους πρώτους μήνες, ήμουν σε φάση, «Θεέ μου, τι κάνω εδώ πέρα;» Αλλά στη συνέχεια, το λάτρεψα. Ήταν τέλεια. Το λάτρεψα γιατί μου αρέσουν οι Κυκλάδες και η αγριάδα του χειμώνα. Είναι κάτι διαφορετικό. Ο χειμώνας σε νησί είναι πολύ διαφορετικός από το καλοκαίρι. Άγρια κατάσταση. Η θάλασσα αγριεμένη· ο αέρας να λυσσομανάει αδιάκοπα.

Η Σχολή υπάρχει από τη δεκαετία του '50. Τα πρώτα χρόνια, στη Σχολή πήγαιναν μόνο Τηνιακοί. Σε ένα χωριό διακοσίων κατοίκων, υπήρχαν σαράντα μαθητές. Τριάντα αγόρια και δέκα κορίτσια. Ο παράδεισος των κοριτσιών! [*γέλια*] Αλλά οι ντόπιοι δεν δέχονται εύκολα τους ξένους. Για οτιδήποτε κακό συμβεί στο χωριό, εσύ φταις. Για οτιδήποτε! [*γέλια*] Είχα μακριά μαλλιά, ήμουν αδύνατος, άρα—κατά τη γνώμη τους—έπαιρνα ναρκωτικά, από ηρωίνη και πάνω· κι επειδή άκουγα ροκ μουσική, ήμουν σατανιστής. Άντε να τους εξηγήσεις τώρα ότι δεν είσαι! Όλες οι μικρές πόλεις του κόσμου έτσι είναι, νομίζω. Δεν δέχονται το διαφορετικό.

Ήταν δύσκολο για όσους προέρχονταν από μεγάλες πόλεις, όπως η Αθήνα και η Θεσσαλονίκη. Έχεις να διαλέξεις τους φίλους σου ανάμεσα σε μόλις σαράντα άτομα. Υπήρχε ένα καφενείο μόνο. Οπότε, αν τσακωνόσουν με κάποιον από τους φίλους σου, ήξερες ότι κάθε μέρα θα ήσασταν στον ίδιο χώρο, στο ίδιο τραπέζι. Οι σχέσεις ήταν περίπλοκες. Ανάμεσα στους πάντες. Για παράδειγμα, αν τα χαλούσα με κάποια, και μετά τα έφτιαχνα με κάποιαν άλλη, αλλά εκείνη η άλλη ήταν φίλη με την πρώην, έπαιρνε το μέρος της πρώην... Εντάξει, λοιπόν! Έπρεπε να μάθεις να ζεις με αυτό. Ήταν καλό μάθημα.

Υπάρχουν δύο ειδών μαρμαράδες. Υπάρχουν οι μαρμαράδες με οικογενειακή παράδοση: «Ο πατέρας μου ήταν μαρμαράς· ο παππούς μου ήταν μαρμαράς· άρχισα να δουλεύω απ' όταν ήμουν δέκα χρονών!» Τέτοια. Αυτοί είναι οι παραδοσιακοί μαρμαράδες. Εγώ δεν είμαι παραδοσιακός μαρμαράς! [*γέλια*] Έχουμε διαφορετική άποψη για το επάγγελμα. Ίσως να μην είμαστε καλύτεροι μαρμαράδες από εκείνους, αλλά έχουμε άλλη άποψη για τη δουλειά. Για παράδειγμα, όταν δούλευα στην Ακρόπολη, πιστεύω ότι είχα μια ολιστική αντίληψη για το μνημείο, δεν ήμουν εκεί πάνω απλά και μόνο για να κάνω μια δουλειά.

Οι μαρμαράδες που δουλεύουν σ' ένα αρχαίο μνημείο διαφέρουν από τους εκείνους που δουλεύουν στα μαρμαράδικα έξω. Πρόκειται για διαφορετικές καταστάσεις. Εμείς δουλεύουμε πολύ τις λεπτομέρειες. Πολλή λεπτομέρεια. Λεπτομέρεια του χιλιοστού. Αυτό δεν υπάρχει έξω. Το βρήκα πολύ δύσκολο—και πολύ διαφορετικό—όταν δούλευα στον Παρθενώνα, απ' ό,τι όταν δούλευα σε εργαστήριο. Είναι άλλη δουλειά, εντελώς άλλη δουλειά. Το υλικό είναι το ίδιο, αλλά η δουλειά διαφέρει. Στον Παρθενώνα, δεν υπάρχει περιθώριο για λάθη. Οπότε, προσπαθούσα να κάνω ό,τι καλύτερο μπορούσα, να βελτιώνομαι διαρκώς.

Το πρώτο μνημείο όπου δούλεψα [στην Ακρόπολη] ήταν ο Παρθενώνας, για τρεις μήνες, το καλοκαίρι μεταξύ του δεύτερου και του τρίτου έτους στη Σχολή της Τήνου. Μας πήραν εκεί. Εκείνοι οι τρεις μήνες ήταν σαν γιορτή! Φαντάσου, ήμουν είκοσι χρονών, είχα μόλις δύο χρόνια με τον *μαντρακά*. Και πήγα στην Ακρόπολη, στον Παρθενώνα, εκεί όπου βρίσκονταν οι καλύτεροι μαρμαράδες! Προσπάθησαν να μας στρώσουν στη δουλειά. Μας παρακολουθούσαν, βέβαια. Δεν μας έδιναν καθόλου αρχαία κομμάτια, μόνο νέα, έτσι ώστε και κάποιο λάθος να κάναμε να μην υπάρξει πρόβλημα. Μας πέρασαν από πολλά διαφορετικά πόστα, για να δουν πού ήμασταν καλοί. Πρώτα στα αντίγραφα, στα νέα μάρμαρα που θα συμπλήρωναν αρχαία μέλη. Εντάξει, πιάσαμε τον μαντρακά και το *καλέμι*. Η επόμενη δουλειά ήταν το μολύβι. Έπρεπε καθαρίσουμε το μολύβι από αρχαία κομμάτια για να μπει τιτάνιο. Όλοι οι νέοι περνούν από αυτό το πόστο. Η χειρότερη δοκιμασία ήταν να δουλεύεις πάνω στη σκαλωσιά μέσα στον Ιούλιο. Δουλεύαμε στους σπονδύλους. Και τι κάνει εκεί ο μικρός που βοηθάει; Ανεβοκατεβάζει τα εργαλεία. «Φέρε μου τούτο, φέρε μου κείνο!» [*γέλια*]

Όταν αποφοίτησα, άρχισα να δουλεύω σε διάφορα μνημεία, όπως

στη Βιβλιοθήκη του Αδριανού, στο Μοναστηράκι. Γενικά, είναι η ίδια δουλειά. Έχεις ένα αρχαίο μνημείο για οποίο πρέπει να φτιάξεις κάποια νέα κομμάτια. Τα αρχαία μάρμαρα έχουν υποστεί φθορές και ζημιές, οπότε πρέπει να φτιάξεις από νέο μάρμαρο τα κομμάτια που λείπουν και να τα τοποθετήσεις στο μνημείο. Η διαφορά βρίσκεται στο μνημείο. Για παράδειγμα, η Βιβλιοθήκη του Αδριανού είναι ένα ρωμαϊκό μνημείο, πράγμα που σημαίνει ότι δεν έχει τόσο πολλές λεπτομέρειες, άρα η δουλειά εκεί δεν είναι τόσο δύσκολη. Σε άλλα μνημεία [εκτός από την Ακρόπολη], οι εργαζόμενοι είναι λίγοι, πέντε-δέκα άνθρωποι. Στην Ακρόπολη είναι πάνω από εκατό. Και, ναι, πιστεύω ότι εκεί βρίσκονται οι καλύτεροι. Ο Παρθενώνας και τα μνημεία της Ακρόπολης είναι κτίσματα με πολλές λεπτομέρειες, πράγμα που σε αναγκάζει να είσαι κι εσύ λεπτομερής στη δουλειά σου. Δεν είναι το ίδιο στα άλλα μνημεία. Γιατί στη Βιβλιοθήκη του Αδριανού χτίζεις έναν απλό τοίχο, με επισκευασμένα και νέα κομμάτια. Αλλά στην Ακρόπολη δεν υπάρχουν απλοί τοίχοι. Εκεί έχεις να κάνεις με τη σταθερότητα του μνημείου, της δομής ολόκληρης.

Μετά πήγα στη Φυλακωπή, στη Μήλο. Η δουλειά στη Φυλακωπή ήταν διαφορετική. Ήταν μια αρχαιολογική ανασκαφή. Είχα μείνει άνεργος ένα καλοκαίρι· όταν έμαθα ότι ζητούσαν προσωπικό στη Μήλο, πήγα. Ήταν μια παλαιολιθική τοποθεσία. 1700 π.Χ. Εντελώς διαφορετικό πράγμα. Άλλος κόσμος. Κάποτε υπήρχε εκεί μία πόλη, αλλά δεν είχε μείνει τίποτα. Μόνο εργαλεία από οψιδιανό. Λίθινα εργαλεία, οψιδιανός. Μετά απ' αυτό, επέστρεψα στην Αθήνα και άρχισε η μεγάλη περίοδος της δουλειάς μου στην Ακρόπολη, τέσσερα χρόνια.

Ήθελα να δουλέψω σ' ένα αρχαίο μνημείο. Βέβαια, το να δουλεύεις στην Ακρόπολη, για το επάγγελμα που κάνεις, για την καριέρα σου, είναι ίσως το καλύτερο μέρος που μπορεί να σου τύχει, γιατί δουλεύεις με πολύ καλούς συνάδελφους. Είναι το μόνο μνημείο που πάντα παίρνει λεφτά από την Ευρωπαϊκή Ένωση, και πάντα υπάρχει δουλειά που πρέπει να γίνει. Για παράδειγμα, το έργο στη Βιβλιοθήκη του Αδριανού έχει τελειώσει. Η δουλειά εκεί έχει σταματήσει από το 2008. Καμιά φορά ακούγεται ότι σχεδιάζουν να ξαναρχίσουν το έργο, αλλά στις μέρες μας πρέπει κανείς να επιλέγει.

Στην Ακρόπολη, με έβαλαν στα Προπύλαια. Ήταν καλά εκεί. Ήμουν ευτυχισμένος. Με έβαλαν μ' έναν συνάδελφο, τον Αριστείδη Κλάδιο, έναν άριστο μαρμαρά. Ήταν μεγάλος σε ηλικία. Με βοήθησε πολύ, μου έμαθε πολλά πράγματα μέσα σ' αυτά τα χρόνια. Ήξερε τι να κάνει, του άρεσε να μου λέει τι έπρεπε να κάνω εγώ· συνεννοούμασταν μια χαρά, τα είχαμε βρει. Νομίζω ότι ήμασταν και οι δύο ευτυχισμένοι. Ήμασταν αχώριστοι. Με έμαθε να χειρίζομαι τον *μεγάλο κόφτη* για να κόβω το μάρμαρο.

Κάθε νέο κομμάτι μαρμάρου περνάει από αυτό το μηχάνημα. Ο χειριστής του είναι μέρος της αλυσίδας. Καταρχάς, παίρνω ένα κομμάτι μάρμαρο, το οποίο έχουν ήδη επεξεργαστεί οι μαρμαράδες, και το κόβω κοντά στην τελική επιφάνεια—περίπου στα δύο χιλιοστά. Η δυσκολία αυτού του μηχανήματος είναι να βάλεις το μάρμαρο με τέτοια ακρίβεια ώστε, όταν περνάει η λεπίδα, να το κόψεις με ακρίβεια χιλιοστού. Και να μην κόψεις το αρχαίο μάρμαρο που είναι κολλημένο στο νέο! Για δύο χρόνια, το χειριζόμουν μόνο μαζί με τον Αριστείδη. Τελικά, την τελευταία χρονιά, μπόρεσα και μόνος μου. Αλλά για τα πρώτα δυο-τρία χρόνια δεν έπαιρνα την ευθύνη. Φοβόμουν!

Η λεπίδα είναι περίπου σαράντα τέσσερα εκατοστά, δεν είναι πολύ μεγάλη. Είναι πάνω σε έναν βραχίονα. Το πλάτος της λεπίδας είναι εφτά χιλιοστά. Οπότε, μπορείς να κόψεις μια επιφάνεια εφτά χιλιοστών. Και στη συνέχεια, μετακινείς το μάρμαρο και κόβεις άλλα εφτά χιλιοστά, και μετά μετακινείς το μάρμαρο πάλι και κόβεις άλλα εφτά χιλιοστά. Μιλάμε για όγκους μαρμάρου των δύο, τριών τόνων, τέτοιου μεγέθους κομμάτια. Μεγάλα κομμάτια.

Η δύναμη της λεπίδας είναι τόσο μεγάλη που δεν νοιάζεσαι για ατέλειες στο μάρμαρο. Κόβει τα πάντα και τα κόβει ίδια. Το καταλαβαίνεις από τη δύναμη. Έχεις ένα αμπερόμετρο και μπορείς να δεις πότε η λεπίδα ζορίζεται. Πρέπει να προσέχεις, γιατί δεν θέλεις να σπάσει ο δίσκος. Αν σπάσει η λεπίδα, μπορεί και να σκοτώσει άνθρωπο.

Όταν χειρίζεσαι *κοφτάκι*, το αισθάνεσαι το μάρμαρο, πού είναι άγριο, πού είναι μαλακό, τα πάντα. Με τον μεγάλο κόφτη, δεν αισθάνεσαι τίποτα. Δεν μπορείς να νιώσεις το υλικό, χρησιμοποιείς τα χέρια σου μόνο για να πατάς κουμπιά και τέτοια. Μόνο κουμπιά. Έχεις μια κονσόλα με κουμπιά και είσαι μέσα σ' έναν θαλαμίσκο και τα κοιτάς· αλλά, με τα χρόνια, ούτε που την κοιτάς πια την κονσόλα. Ελέγχω το βαγονάκι· με τα κουμπιά, ελέγχω τη λεπίδα και τον βραχίονα, τη θέση, το νερό, την ταχύτητα. Μου αρέσει να χειρίζομαι μηχανήματα, όπως τον γερανό, οπότε δεν έχω πρόβλημα. Όταν δω ένα μηχάνημα, θέλω να το δουλέψω, να δω πώς λειτουργεί.

Όταν το κομμάτι είναι εύκολο, κάθομαι έτσι, άνετος. [*χαλαρώνει στο κάθισμά του*] Αλλά πάντα κάνω τον περισσότερο θόρυβο! Λένε ότι όταν δουλεύει ο μεγάλος κόφτης, είναι σαν να δουλεύουν όλοι. Γιατί όλοι ακούνε τη φασαρία που κάνεις και είναι σαν να συμμετέχουν.

Όταν έχεις κομμάτια με νέα και αρχαία μέρη μαζί, ήδη κολλημένα, τότε πρέπει να σταματήσεις την πορεία της λεπίδας στη μέση. Κόβεις το νέο κομμάτι και πρέπει να έχεις τα μάτια σου ανοιχτά και να σταματήσεις το μηχάνημα πριν κόψει το αρχαίο κομμάτι. Βέβαια, έχεις κι ένα μηχάνημα υγρής κοπής, οπότε δεν βλέπεις καθαρά. Αυτό τα δυσκολεύει κάπως τα πράγματα.

Για τη μετακίνηση των μαρμάρων έχεις τα ηλεκτρικά βαγονάκια, με κουμπιά. [*γέλια*] «Απλώς πάτα το κουμπί!» Το βαγονάκι πάει μπρος πίσω, αλλά η λεπίδα πάει αριστερά δεξιά. Μπορείς να στρέψεις τη λεπίδα σαράντα πέντε μοίρες. Ο αρχιτέκτονας μου δίνει το σχέδιο για το πώς πρέπει να είναι το κομμάτι, οπότε πρέπει να ακολουθήσω το σχέδιο και να το κόψω. Όταν έχεις απορίες, το καλύτερο που έχεις να κάνεις είναι να πας στο μνημείο και να δεις το σημείο που θα μπει το κομμάτι, γιατί μερικές φορές βρίσκουμε λάθη, και ένα λάθος του ενός εκατοστού μπορεί να αποδειχτεί καταστροφικό. Γιατί αν το κόψω [*χτυπάει το ένα χέρι με το άλλο*], τελείωσε, δεν μπορείς να κάνεις τίποτα μετά. Έτσι, πολλές φορές πάμε στο μνημείο για αυτοψία. Αν είναι όλα εντάξει, αρχίζουμε να κόβουμε.

Στους παλιούς καιρούς, για παράδειγμα, έπρεπε να *ξεχοντρίζεις* δέκα πόντους μαρμάρου με το χέρι. Τώρα, το πάω στο μηχάνημα και το τρώω μέχρι τα δύο-τρία χιλιοστά. Μετά γίνεται το φινίρισμα με τα εργαλεία χειρός. Και η τελική επιφάνεια πρέπει να είναι όπως η αρχαία. Οι διαφορές φαίνονται—το κάθε εργαλείο αφήνει στην επιφάνεια του μαρμάρου χαρακτηριστικά σημάδια. Μπορείς να δεις με τι είδους εργαλείο το έχουν δουλέψει. Οι επιφάνειες που έχουν γίνει με *λαμάκι*, οι πιο άγριες επιφάνειες που έχουν γίνει με *φαγάνα* ή με *ντισιλίδικο*.[59] Εξαρτάται από το τι αποτέλεσμα ήθελε να έχει ο αρχαίος αρχιτέκτονας. Και συμπεριφέρονται διαφορετικά στο φως. Όταν η επιφάνεια είναι λεία, αντανακλά το φως περισσότερο απ' ό,τι μια άγρια επιφάνεια.

Αλλά τώρα η σύμβασή μας έχει λήξει. Ήταν για τέσσερα χρόνια, και είμαστε ήδη πέντε μήνες χωρίς σύμβαση. Τώρα ο Αριστείδης εκπαιδεύει κάποιο άλλο παιδί. Ελπίζω να ξαναπάω εκεί πάνω, φυσικά. Το έργο στα Προπύλαια έχει τελειώσει, αλλά θα χρειαστούν κόσμο στον Παρθενώνα. Ναι, ασφαλώς ελπίζω ότι θα ξαναπάω εκεί. Θα δούμε. Περιμένουμε και ελπίζουμε ότι με τη νέα

59 *Λαμάκι*: μικρό καλέμι με ίσια άκρη.

χρονιά, το 2017, θα υπογράψουμε νέα σύμβαση. Υπάρχουν τα προγράμματα του ΕΣΠΑ από την Ευρωπαϊκή Ένωση—είναι κάτι σαν οικονομικό πακέτο. Η Ευρωπαϊκή Ένωση δίνει κάποια χρήματα για μερικά προγράμματα που πρέπει να γίνουν. Η αναλογία της χρηματοδότησης είναι εβδομήντα πέντε τοις εκατό από το ΕΣΠΑ και την Ευρωπαϊκή Ένωση και είκοσι πέντε τοις εκατό από την ελληνική κυβέρνηση. Τώρα μιλάνε για το πρόγραμμα όπου εντάσσεται το έργο στον Παρθενώνα, οπότε περιμένουμε τη νέα σύμβαση. Μπορεί να είναι σύμβαση τετραετούς ή πενταετούς διάρκειας. Πριν από χρόνια υπήρχαν πολλά προγράμματα που έτρεχαν σε όλη την Ελλάδα, έτσι είχες την ευκαιρία να διαλέξεις πού ήθελες να δουλέψεις. Για παράδειγμα, θυμάμαι το 2006 είχα να διαλέξω πού να δουλέψω. «Θέλουν τέσσερις μαρμαράδες εδώ! Έξι μαρμαράδες εκεί! Πού θέλω να δουλέψω;» Τώρα η δουλειά είναι όλο και λιγότερη. Λόγω της κρίσης, βέβαια.

Στην Ελλάδα το να είσαι μαρμαροτεχνίτης δεν είναι κάτι ιδιαίτερο, είμαστε πολλοί. Για παράδειγμα, είχαν έρθει στην Ακρόπολη κάποιοι Άγγλοι αρχιτέκτονες και μας είπαν, «Α, εμείς έχουν μόνο εκατό μαρμαράδες στην Αγγλία. Πρέπει να πληρωνόσαστε πολύ καλά εδώ!» Χμ, *όχι*! Είχα μάθει για μια πολύ καλή δουλειά στη Γαλλία, στην αναστήλωση ενός κάστρου, δεν θυμάμαι το όνομά του. Ακουγόταν καλή φάση. Δεν είχαν όμως μάρμαρα, είχαν γκρίζα πέτρα. Αλλά νομίζω ότι θα μπορούσα να το μάθω το υλικό. Θα χρειαζόμουν λίγο χρόνο μέχρι να μάθω πώς αντιδρά η πέτρα—όταν τη χτυπάς, το βρίσκεις αυτό.

Δεν ξέρω· είμαι τριάντα έξι χρονών, σχεδόν τριάντα εφτά. Εντάξει, δεν είμαι και γέρος, αλλά δεν θέλω να πάω σε άλλη χώρα. Έμεινα εδώ όσο τα πράγματα ήταν δύσκολα. Θα μου ήταν πιο εύκολο [να φύγω] αν ήμουν είκοσι έξι, είκοσι εφτά, ξέρεις, σε τέτοια ηλικία. Αλλά τώρα δεν θα διάλεγα να φύγω. Γιατί αν φύγω τώρα, θα είναι σαν να κατάφεραν να με διώξουν! Δεν θα ήταν δική μου επιλογή. Θα είναι σαν να παραδέχομαι ότι δεν γίνεται να μείνω εδώ. Είναι σαν να ζεις στη Νέα Υόρκη, για παράδειγμα. Αν θέλεις να πας και να ζήσεις σε άλλο μέρος, εντάξει, είναι επιλογή σου. Αλλά αν θέλεις να μείνεις στη Νέα Υόρκη και οι συνθήκες είναι τόσο άσχημες που *πρέπει* να μεταναστεύσεις, τότε αλλάζει το πράγμα. Δεν μου αρέσουν τα «πρέπει». Τα μισώ τα «πρέπει». Μόνο αν είχα παιδιά, θα έκανα αυτό που «πρέπει».

Το έργο συνεχίζεται. Η μόνη διαφορά είναι ότι έχουν μειώσει τις αμοιβές. Οι μισθοί πέφτουν. Είναι μια αντίδραση. Δεν είναι πραγματική η κρίση. Δηλαδή, υπάρχει σχέδιο. Για παράδειγμα, για τις μεγάλες εταιρείες, τις εταιρίες που έρχονται εδώ απέξω, οι μισθοί είναι 300 ευρώ το μήνα. Αν είχες εταιρεία, καλά θα σου έπεφτε να έχεις εργάτες για 300 ευρώ. Αυτή είναι η κρίση. Υπάρχει λόγος για την κρίση. Ναι, ήμασταν τυχεροί που παίρναμε περισσότερα στην Ακρόπολη. Αλλά δεν είμαι «τυχερός»—όλοι θα έπρεπε να παίρνουν μισθούς σαν τους δικούς μας!

Η λέξη-κλειδί είναι «ανάπτυξη». Ανάπτυξη της οικονομίας. Είναι η μαγική λέξη. Τι σημαίνει ανάπτυξη για σένα, τι σημαίνει για μένα. Η δική μου ανάπτυξη δεν είναι ανάπτυξη της εταιρείας. Όταν η εταιρεία κερδίζει, εγώ χάνω. Άρα, ανάπτυξη για ποιον;

Δουλεύω για το κράτος, και το κράτος τώρα κάνει περικοπές στους μισθούς, και μου λέει να δουλέψω μερικά χρόνια και μετά να σταματήσω, και εντάξει, «Μπορεί και να σε ξαναπάρουμε, ίσως... Ξέρω ότι δεν θα βρεις δουλειά έξω, κατά συνέπεια σου δίνω λιγότερα λεφτά, και σταμάτα να κλαίγεσαι. Γιατί δεν θα βρεις τίποτα άλλο».

Είναι πολύ παράξενο γιατί έχουμε για πρώτη φορά αριστερή κυβέρνηση. Είχαμε το κέντρο, τη δεξιά, το κέντρο ξανά. Αριστερή κυβέρνηση δεν είχαμε ποτέ. Είναι η πρώτη μας φορά. Και ο κόσμος άρχισε να περιμένει και να περιμένει και να περιμένει. Υπήρχαν μεγάλες προσδοκίες από τη νέα κυβέρνηση, την «αριστερή» κυβέρνηση, που δεν είναι τόσο αριστερή όσο την περιμέναμε. Μπορούμε να πούμε με βεβαιότητα ότι δεν είναι αριστερή. Εντάξει, μπορεί να μην είναι τόσο δεξιοί και τόσο φασίστες όσο οι άλλοι, αλλά η οικονομική πολιτική της είναι περίπου η ίδια.

Όταν έχεις ευρώ, όταν θέλεις να είσαι στην Ευρωπαϊκή Ένωση, πρέπει να ακολουθήσεις τους κανόνες. Οι κανόνες είναι κανόνες. «Θέλω να σπάσω τα δεσμά της Ευρώπης». Ό,τι να 'ναι. Είναι πολύ περίπλοκο το παιχνίδι γιατί είμαστε στην Ευρωπαϊκή Ένωση, έχουμε αυτή την οικονομική σχέση, αλλά υπάρχει πόλεμος στην περιοχή. Υπάρχει η Τουρκία... Είναι πολύ περίπλοκο να πεις, «Εντάξει, θέλω να πάρω τον δικό τον δρόμο, θα φύγω». Οπότε, αντιμετωπίζουμε την αλήθεια ότι είναι αναγκαίο να είμαστε στην Ευρωπαϊκή Ένωση γιατί πολλά πράγματα συμβαίνουν στη «γειτονιά» μας. Είμαστε μια μικρή χώρα. Δεν μπορούμε να τα βγάλουμε πέρα μόνοι μας. Φαίνεται πως είναι αναγκαίο να μείνουμε. Συνεπώς, «ακολουθείστε τους κανόνες».

Υπάρχουν πολλά πράγματα που πρέπει να αλλάξουν εδώ, στην Ελλάδα. Καταρχάς, πρέπει να αλλάξουμε *εμείς οι ίδιοι.* Να αλλάξει ο τρόπος που βλέπουμε ό,τι έχει σχέση με την πραγματικότητα, με τη δική μας πραγματικότητα. Η Ευρωπαϊκή Ένωση είναι αυτή που είναι, σύμφωνοι. Αλλά εδώ, υπάρχουν κάποιοι άνθρωποι που κάνουν βρόμικες δουλειές κάτω από το τραπέζι και μαζεύουν όλα τα λεφτά. Εμείς, οι απλοί άνθρωποι, θέλουμε να δούμε τους διεφθαρμένους στη φυλακή. Τους ανθρώπους των εταιρειών και τους δημόσιους λειτουργούς. Τους βιομήχανους, τους εφοπλιστές και πάει λέγοντας. Αλλά αυτοί έχουν την εξουσία, ακόμα και σήμερα. Παντού. Δεν υπάρχει καμία διαφορά. Όλες οι χώρες έχουν τα ίδια προβλήματα.

Η Ελλάδα πρέπει να σταματήσει να περιμένει την τουριστική περίοδο. Πρέπει να αρχίσουμε να παράγουμε ξανά. Όταν μπήκαμε στην Ευρωπαϊκή Ένωση, οι Ευρωπαίοι έδωσαν λεφτά στους παραγωγούς για να σταματήσουν να παράγουν. Ελαιόλαδο, πορτοκάλια... Επειδή υπήρχαν νόμοι που περιόριζαν τις εξαγωγές. Έβαζαν όριο στο πόσους τόνους πορτοκάλια μπορούσες να εξάγεις. Για παράδειγμα, αν παρήγες εκατό τόνους πορτοκάλια, τώρα μπορείς να παράγεις μόνο είκοσι. Έτσι, θα σου δώσουμε λεφτά να κόψεις τα δέντρα σου. Και οι αγρότες, ασφαλώς, τα πήραν τα λεφτά. Το έκαναν. Και πολλές εταιρείες πήγαν στη Βουλγαρία και στην Αλβανία γιατί εκεί η φορολογία είναι χαμηλή. Και οι μισθοί στο ένα τρίτο απ' ό,τι στην Ελλάδα. Ο νόμος της ελεύθερης αγοράς. Άρα, πρέπει να αρχίσουμε να παράγουμε ξανά.

Η φορολογία στην Ελλάδα είναι υπερβολικά υψηλή τώρα, και αυξάνεται συνεχώς χρόνο με τον χρόνο. Ένα τοις εκατό πάνω, ένα τοις εκατό ακόμα παραπάνω. Οι περισσότεροι έχουμε δικά μας σπίτια, δεν πληρώνουμε νοίκια. Και επιβιώνουμε. Αλλά πρέπει να κοιτάξουμε το μέλλον. Η στάση μας είναι λίγο διαφορετική τώρα απ' ό,τι δυο χρόνια πριν. Δεν έχεις άδικο. Απλώς το συνηθίσαμε τώρα! Είμαστε σε φάση, «Έτσι έχουν τα πράγματα. Τι να κάνουμε;»

Μου άρεσε ο Τσίπρας μέχρι τον Ιούλιο. Μέχρι που η ψήφος για «Όχι» έγινε «Ναι». Ασφαλώς και ψήφισα «Όχι». Ήταν σαν γιορτή. Ήταν η ελπίδα ότι κάτι καινούριο θα ανατείλει στην Ελλάδα. Βέβαια, στην τηλεόραση, όλα τα κανάλια είναι κατά της κυβέρνησης, γιατί είναι υπέρ της προηγούμενης κυβέρνησης. Όλα τα τηλεοπτικά κανάλια και οι ραδιοφωνικοί σταθμοί έσπρωχναν το «Ναι». Είχαν κηρύξει τον πόλεμο στον κόσμο, «Ψηφίστε "Ναι", αλλιώς αύριο όλα θα καταστραφούν!» Ο κόσμος ψήφισε «Όχι». Ήταν μια γιορτή για κάτι διαφορετικό, και κράτησε είκοσι τέσσερις ώρες. Και μετά, το «Όχι» έγινε «Ναι». Όλοι πάγωσαν. Ήταν μια στιγμή μεγάλης απογοήτευσης.

Μετά απ' αυτό, δεν υποστηρίζω τον Τσίπρα. Και ο Βαρουφάκης δεν είναι πολιτικός. Νομίζω ότι το μεγαλύτερο λάθος του Βαρουφάκη και όλων των πολιτικών είναι ότι δεν μπορούν να είναι δίκαιοι. Δεν μπορείς να είσαι δίκαιος όταν είσαι πολιτικός. Ο Βαρουφάκης κάθισε και είπε όλες τις απόρρητες λεπτομέρειες για το κρυφό σχέδιο εξόδου που είχαμε. Τα είπε στην τηλεόραση και στους δημοσιογράφους. Τα σχέδια για το «Grexit». Δεν τα λες αυτά τα πράγματα. Στην αρχή ήταν πολύ συμπαθής, πολύ άνετος. Στο τέλος δεν βοήθησε. Όχι. Λένε ότι είναι σπουδαίο μυαλό. Αλλά δεν είναι πολιτικός. Τον έδιωξαν τη νύχτα του δημοψηφίσματος. Όταν είδε ότι δεν ήθελαν να κερδίσουν, έφυγε. Γιατί ήξερε τι μας περίμενε.

ΣΠΥΡΟΣ ΚΑΡΔΑΜΗΣ

Σε καφέ, στο Παγκράτι

Ο προπάππος και ο παππούς μου είχαν νταμάρι στην Κέρκυρα, από το οποίο αποσπούσαν μάρμαρα και τα χρησιμοποιούσαν ως δομικά υλικά. Όλα τα σπίτια στο παλιό χωριό είναι χτισμένα με μάρμαρα από το νταμάρι του παππού μου. Ο προπάππος μου πέθανε όταν ήμουν ενός χρόνου, αλλά τον παππού μου τον γνώρισα πάρα πολύ καλά. Πέθανε το 2008. Τον έβλεπα—και τον πατέρα μου επίσης, ο οποίος φυσικά έκανε κι εκείνος την ίδια δουλειά–, τους έβλεπα όλους τους να δουλεύουν το μάρμαρο και την πέτρα. Το όνομα του προπάππου μου ήταν Θέμης και ήταν γιος του Σπύρου Καρδάμη· τον παππού μου τον έλεγαν Σπύρο και ήταν γιος του Θέμη Καρδάμη· τον πατέρα μου τον έλεγαν Θέμη και ήταν γιος του Σπύρου Καρδάμη· κι εγώ είμαι ο Σπύρος, γιος του Θέμη Καρδάμη!

Όταν ήμουν κοντά στα δεκατρία—ξέρεις, τότε που τα παιδιά αρχίζουν να διαμορφώνονται—ο πατέρας μου με έπαιρνε συχνά μαζί του στο εργαστήριο του Στέλιου Τριάντη στην οδό Θρασύλλου, στην Πλάκα. Ο Τριάντης ήταν γλύπτης στο Εθνικό Μουσείο. Ό,τι έχει γίνει στο Αρχαιολογικό Μουσείο, ο Στέλιος Τριάντης το έχει κάνει—μαρμάρινες βάσεις, τα πάντα.

Έτσι άρχισα να μπλέκω με τον Τριάντη. Τα απογεύματα, όταν ο πατέρας μου τέλειωνε από τη δουλειά κι εγώ από το σχολείο, με έπαιρνε κατά τις πέντε το απόγευμα και πηγαίναμε στου Τριάντη μέχρι τις οχτώ-εννιά το βράδυ. Ήμουν δεκατριών χρονών και ο Τριάντης με έκανε βοηθό του στο εργαστήριό του. Μου έλεγε, «Φτιάξε μου τζίβα» ή «Φέρε μου γύψο» ή «Κάνε μου τούτο και κείνο». Μ' έβαλε και ποζάρισα δυο-τρεις φορές. Μια φορά για ένα άγαλμα με τον Πλαστήρα έφιππο, βρίσκεται στη λίμνη Πλαστήρα, στην Καρδίτσα· μια άλλη για τον Κανάρη, που βρίσκεται στη Σχολή Ναυτικών Δοκίμων, στον Πειραιά. Ναι, εγώ ήμουν το μοντέλο για τον Κανάρη! [*γέλια*]

Ο Τριάντης ήταν επίσης πολύ φίλος με τον [τότε διευθυντή της Σχολής στην Τήνο] Γιάννη Μανιατάκο. Ήταν της ίδιας σχολής. Έτσι, όταν τελείωσα το γυμνάσιο, στα δεκάξι μου, ο Τριάντης τηλεφώνησε του Μανιατάκου. Πέρασα περίπου τρεις μήνες εκεί, στου Τριάντη, κάνοντας ελεύθερο και γραμμικό σχέδιο που ήθελε ο Μανιατάκος. Έφτιαξα επίσης έναν φάκελο με γλυπτά που είχα σχεδιάσει στο εργαστήριο και πήγα κι έδωσα εξετάσεις [για τη Σχολή της Τήνου].

Στην Τήνο, δούλευα από την πρώτη μέρα. Όταν τέλειωναν τα μαθήματα στις τέσσερις το απόγευμα, έπαιρνα το παπάκι μου (είχα ένα παπάκι τότε) και πήγαινα κατευθείαν στο μαρμαράδικο. Στην αρχή δούλεψα με τον Γιώργο Τσακίρη. Είχε το μαγαζί του στη Χώρα. Τώρα έχει εργαστήρι στην Αγία Μαρίνα. Μιλάμε για την κορυφή των μαρμαρογλυπτών.

Εκείνη την εποχή κάναμε πολλά βυζαντινά. Δηλαδή, εκκλησιαστικά μοτίβα. Κάναμε αετούς για δάπεδα και φτιάχναμε πολλές προτομές παπάδων. Ο Τσακίρης ειδικευόταν στους παπάδες. Ερχόντουσαν οι παπάδες ο ένας μετά τον άλλον. Κάναμε επίσης τέμπλα. Οπότε, η δουλειά είχε πολύ μεγάλη γκάμα.

Τις πιο δυνατές μου εμπειρίες, τις μεγαλύτερες προκλήσεις, ας πούμε, τις είχα στου Τσακίρη, όχι στη Σχολή. Μου άρεσε πολύ η Σχολή, αλλά εκεί τα πράγματα ήταν μάλλον χαλαρά για μένα. Δηλαδή, απλώς περνούσα εκεί τον απαιτούμενο χρόνο. Αλλά το απόγευμα, τότε ήταν που δυσκόλευαν τα πράγματα. Επειδή η δουλειά που ήθελε να του κάνω ο Τσακίρης ήταν πολύ πιο απαιτητική. Εκεί δεν σήκωνε αστεία. Εκεί έπρεπε να είσαι καλός και γρήγορος. Δεν υπήρχε περιθώριο λάθους και το αποτέλεσμα έπρεπε να είναι άριστο. Για μένα που ήμουν μικρό παιδί αυτό ήταν πολύ αγχωτικό. Έπρεπε να προσπαθώ πολύ σκληρά.

Βέβαια, έκανα και λάθη, αλλά ήταν από κείνα που μπορούσαν να διορθωθούν. Μέρος της δουλειάς μας είναι να μπορείς να «κλέβεις». Να μπορείς να πλάθεις κάτι έτσι που να μην φαίνεται στο μάτι, αλλά που μπορεί να είναι και λάθος. Δηλαδή, να μπορείς να ξεγελάσεις ακόμα κι έναν γλύπτη. Έχει συμβεί πολλές φορές. Αυτό ίσως χρειαστεί να το κάνεις και όταν το μάρμαρο έχει κάποιο πρόβλημα. Μπορεί να υπάρχει ένας *κομμός*, τον οποίο μπορείς να αφαιρέσεις με μια πολύ μικρή παραμόρφωση. Οπότε, την κάνεις, έτσι δεν είναι;

Μετά την Τήνο, πήγα στρατιώτης. Μόλις απολύθηκα από τον στρατό, είπα του Τριάντη, «Θα πάω διακοπές τώρα». Κι εκείνος μου είπε, «Δεν θα πας πουθενά. Θα πας στην Ακρόπολη!» [*γέλια*] Κατευθείαν! Απολύθηκα στις 21 Μαΐου του 1990 και στις 27 έδωσα εξετάσεις στην Ακρόπολη. Έξι μέρες μετά. Για μένα, ο Τριάντης ήταν θεός. Δεν τολμούσα να του πω «όχι». Δεν τολμούσα!

Καταρχήν, ο Τριάντης ενέπνεε σεβασμό. Ήταν πολύ καλός καλλιτέχνης. Και, για εκείνη την εποχή, είχε πολύ καλές γνωριμίες. Έκανε αρκετές εκθέσεις κι εμένα μου άρεσε αυτό γιατί τις προετοιμάζαμε παρέα. Ένα άλλο που μου άρεσε ήταν ότι είχε σπουδάσει την ανατομία του ανθρώπου, του σκύλου και του αλόγου. Εκτός από τις σπουδές του εδώ, είχε τελειώσει και την Beaux Arts [στη Γαλλία] .

Επίσης, ο Τριάντης ήταν πολύ καλός στη συμπεριφορά του γενικώς. Σε αντιμετώπιζε πολύ καλά σε σύγκριση, ξέρεις, με τις πρωτόγονες πρακτικές που επικρατούσαν τότε στα μαρμαράδικα. Δηλαδή, που σε είχαν του κλότσου και του μπάτσου. Δεν ξέρω αν σας τα είπε ο Αγγελόπουλος, αλλά στο μαρμαράδικο όπου δούλευε έπεφτε ξύλο, όχι αστεία. Αλλά ο Τριάντης είχε τελείως διαφορετική φιλοσοφία. Σε άφηνε να δημιουργήσεις, να εξελιχτείς. Αν δεν έκανες, δεν έκανες. Αν, όμως, έκανες...!

Τέλος πάντων, πέρασα τις εξετάσεις στην Ακρόπολη κανονικά. Είχα γραπτά, *μαντρακά, κοφτάκι* και μερικά *σηκώματα*.[60] Οι περισσότερες διαδικασίες είχαν να κάνουν με τα παραδοσιακά χειροκίνητα εργαλεία. Είχαν ένα κομμάτι μαρμάρου εκεί και σου έλεγαν, «Ρίξε μερικές *βελονιές*· ρίξε μια *φαγανιά*». Είχαν και μερικά εργαλεία αραδιασμένα, και σε ρωτούσαν, «Πού το χρησιμοποιούμε αυτό; Πού το χρησιμοποιούμε εκείνο;» Μετά, απέξω, είχαν ένα μάρμαρο και σου έλεγαν, «Κάνε μας μια *κοψιά* εκεί εφτά πόντους βάθος και ένα μέτρο μήκος. Για να δούμε, θα την κάνεις ίσια; Θα την κάνεις έτσι; Θα την κάνεις αλλιώς; Θα πάρεις τον *κόφτη* και θ' αρχίσεις να τρέμεις;» Και μετά ήταν η συνηθισμένη γραπτή εξέταση. Α, είχε και δυο σηκώματα. Ένα κλασικό σήκωμα και μία τούμπα. Και σου έκαναν κάποιες ερωτήσεις επί των σηκωμάτων, όπως: «Ποιος είναι ο πιο ασφαλής τρόπος;»

Τα έργα υποδομής έγιναν από το '87 μέχρι το '90. Μπήκαν οι γερανοί, όλα αυτά. Το 1990 άρχισε η αναστήλωση της ανατολικής πλευράς. Αυτός ακριβώς ήταν ο λόγος που με προσέλαβαν. Έπρεπε να κατέβει όλη η ανατολική πλευρά—και μετά να μπει πάλι στη θέση της. Προσέλαβαν τρεις

60 *Σήκωμα*: η διαδικασία ασφαλούς μετακίνησης ενός μεγάλου όγκου μαρμάρου.

ανθρώπους. Δύο χρόνια πριν από μένα είχαν προσλάβει τον Γιώργο Αγγελόπουλο. (Με τον Αγγελόπουλο τα πάμε πολύ καλά. Έχουμε δουλέψει πολλές φορές μαζί έξω. Έχουμε φτιάξει αγάλματα μαζί. Το τελευταίο ήταν του Αρχιεπισκόπου Μακαρίου στη Λευκωσία, στην Κύπρο. Έχει τρία μέτρα ύψος και είναι μαρμάρινο. Βρίσκεται στην Αρχιεπισκοπή της Λευκωσίας, ακριβώς έξω από το κτίριο.) Ήμασταν το πολύ είκοσι άτομα τότε [στην Ακρόπολη], γιατί το έργο στον ναό είχε μόλις ξεκινήσει, τα διαθέσιμα κεφάλαια για τα προγράμματα δεν ήταν πολύ μεγάλα και πολλά πράγματα δεν είχαν ακόμα περιληφθεί στο πρόγραμμα. Δεν μας πίεζε τόσο πολύ ο χρόνος. Τότε μας χρηματοδοτούσε η Αρχαιολογική Εταιρεία. Για τα πρώτα έξι χρόνια, ήμουν υπάλληλος της Αρχαιολογικής Εταιρείας.

Ήταν πολύ σημαντικό για μας να αρχίσει αυτή η διαδικασία. Βέβαια, εκείνη την εποχή είχαμε κάτι μαστόρους οι οποίοι, εντάξει, δεν ήταν πολύ συνεργάσιμοι. Ήταν από αυτούς που, όταν ερχόταν η ώρα να κάνουν κάτι δύσκολο, σου έλεγαν, «Άντε να πιεις νερό» ή κάτι παρόμοιο. Για να μη δούμε πώς το έκαναν. [*γέλια*] Δεν μας έδειχναν εύκολα. Ήθελαν να τα κρατάνε όλα για τον εαυτό τους. Ίσως να φοβόντουσαν ότι θα έχαναν τη δουλειά τους. Δεν ξέρω τι συνέβαινε. Αλλά, ακόμα κι έτσι, ήταν τέλεια! Όταν άρχισαν να κατεβαίνουν τα πρώτα μάρμαρα... Ο Κορρές ήταν νέος τότε. Δουλεύαμε με τον Κορρέ, με τον Ζάμπα, με όλους αυτούς. Ήταν όμορφα.

Ήμουν βοηθός στην ανατολική πλευρά. Οπότε, πήρα μέρος σε όλη τη διαδικασία, αλλά ως βοηθός. Υπήρχαν άλλοι μαστόροι, παλαιότεροι. Οι βοηθοί κάνουν τα πάντα. Ό,τι μπορείς να φανταστείς. [Μου ζητούσαν] να τους φτιάξω μολύβια, ας πούμε, για να τοποθετήσουμε, να τους κουβαλήσω τάκους, να δέσω τα μάρμαρα με τα *σαμπάνια*, να στοκάρω, να τους φτιάξω καφέ, να τους κουβαλήσω νερό, να φτιάξουμε τη σκαλωσιά... τα πάντα, τα πάντα. Μόλις τέλειωσε η ανατολική πλευρά, πήγαμε στον πρόναο και μετά τον πρόναο πήγαμε στη βόρεια πλευρά. Μετά τη βόρεια πλευρά πήγαμε στον οπισθόναο. Και μετά πήγαμε στη δυτική πλευρά.

Άρχισα να παίρνω πρωτοβουλίες, ας πούμε, και ανέλαβα κομμάτια όπου είχα εγώ την ευθύνη, αρχής γενομένης με τον πρόναο. Αρχικά έκανα περίπου έξι σπονδύλους και μετά έκανα το τέταρτο κιονόκρανο. Το κιονόκρανο αυτό ήταν μισό αρχαίο, μισό νέο—εγώ το έκανα αυτό, το νούμερο 4, το τέταρτο κιονόκρανο του πρόναου.

Πώς φτιάχνεις έναν νέο σπόνδυλο, μεγάλη κουβέντα αυτή... Το μάρμαρο έρχεται σε μας σε μορφή τετράγωνου όγκου. Το στήνουμε όρθιο. Σημαδεύουμε με το *κομπάσο* την κάτω και την πάνω έδρα—γιατί είναι διαφορετικές· η κάτω έδρα είναι μεγαλύτερη, η πάνω μικρότερη. Σημαδεύουμε την ακτίνα και τα είκοσι λούκια, και αρχίζουμε σιγά σιγά να το παίρνουμε... Ε, πώς να σου το εξηγήσω αυτό... Το κάνουμε πρώτα οχτάγωνο. Αφού το σημαδέψουμε, με τη βοήθεια του μηχανικού που ξέρει τις ακριβείς διαστάσεις του σπονδύλου, μετά αρχίζουμε την καθαρά μαρμαρογλυπτική εργασία. Αν έχεις πολύ άπεργο να πάρεις, ξεκινάς με τους μηχανικούς κόφτες. Αν το άπεργο είναι λίγο, το παίρνεις με το χέρι. Ακολουθείς το σημάδεμα γύρω γύρω, προσέχοντας πολύ να μη σου μαδήσει, και μετά, σιγά σιγά, το παίρνεις προς το κέντρο. Βέβαια, *μπορείς* να χρησιμοποιήσεις και σύγχρονα εργαλεία—δηλαδή, κοφτάκια και σβουράκια–, αλλά πιο μέσα, χρησιμοποιείς το *βελόνι* και τη *φαγάνα*, κανονικά. Μέχρι που να κάνεις την τελική επεξεργασία με τη *λάμα*, όπως έκαναν και οι αρχαίοι. Στο τέλος, παίρνουμε την *καλύμπρα* με την άμμο την ατσάλινη και το τρίβουμε να γίνει λείο. Η καλύμπρα είναι μια ίσια πλάκα. Έχει χωνιά πάνω, και από κει ρίχνουμε μέσα ατσάλινη άμμο. Έχει τρύπες, αλλά είναι λίγο βαριά, γι' αυτό χρειάζονται δύο άτομα. Οι αρχαίοι είχαν ακριβώς το ίδιο σύστημα.

Όσο κάνουμε το οχτάγωνο, ελέγχουμε συνεχώς τα πάντα· και όταν το τελειώσουμε, ελέγχουμε πάλι, έτσι; Γιατί μπορεί να βγουν ψεγάδια στο μάρμαρο και να ήμαστε υποχρεωμένοι να κάνουμε κάποια μικρή μετατροπή, όσο έχουμε περιθώριο. Αφού καταλήγουμε ότι το αρχικό σημάδεμα μας κάνει, είναι δηλαδή σωστό (αν όχι, το αλλάζουμε), συνεχίζουμε και το κάνουμε στρογγυλό. Αφού το κάνουμε τελείως στρογγυλό, τότε χρησιμοποιούμε ένα λεπτό εργαλείο, το . Βέβαια, αν είναι να συγκολληθεί ένθετο ένα αρχαίο κομμάτι—δηλαδή, αν το κομμάτι είναι ταυτοποιημένο—, το ποντάρουμε. Αφού έχουμε χαράξει τα λούκια στις πλευρές του νέου σπονδύλου και έχουμε κάνει τις λεπτομέρειες με το βελονάκι, προχωράμε στην τοποθέτηση. Αλλά εκεί, στην τοποθέτηση, είχαμε στρωμένη μόνο την κάτω έδρα. Τον τοποθετούμε και παίρνουμε υψόμετρα από το δάπεδο, και μετά στρώνουμε την πάνω έδρα (για να δούμε αν υπάρχουν τίποτα αποκλίσεις, αλλά και για να πάρουμε τις κλίσεις). Αυτή ήταν η διαδικασία.

Βέβαια, τώρα, όπως βλέπεις, αποδείχτηκε ότι είναι καλύτερα να γίνονται λούκια παρά να αφήνουμε τις επιφάνειες επίπεδες.[61] Εκείνη την εποχή, όμως, αυτοί που έπαιρναν τις αποφάσεις έλεγαν «όχι». Τώρα έχουν αποφασίσει ότι πρέπει να κάνουμε τα λούκια. Τα μισά έχουν γίνει, και τώρα αρχίζουμε να φτιάχνουμε τα άλλα μισά. Χωρίς αμφιβολία, τους προτιμώ με λούκια. Αν με άφηναν, θα είχα τελειώσει όλο τον Παρθενώνα!

61 Στα πρώιμα στάδια της αναστήλωσης των κιόνων δεν γίνονταν κοίλες ραβδώσεις στα νέα μάρμαρα· οι αντίστοιχες επιφάνειες έμεναν επίπεδες. Αυτή ήταν μια απόφαση η οποία είχε παρθεί τότε, αντανακλώντας την ηθική εκείνης της εποχής σε ζητήματα αισθητικής και συντήρησης. Σήμερα, στα συμπληρώματα γίνονται ραβδώσεις στο πνεύμα των πρωτότυπων. Εντούτοις, εξαιτίας της απόφασης κατά την πρώιμη φάση του έργου, κάποιοι αναστηλωμένοι κίονες του Παρθενώνα έχουν ακόμα επίπεδες πλευρικές επιφάνειες, χωρίς κοίλες ραβδώσεις.

Μετά τον πρόναο, ανέλαβα την πάνω στρώση της βόρειας πλευράς. Αυτό νομίζω έγινε περίπου το 2000. Τότε, πάλι με μια ομάδα, βάλαμε τρίγλυφα, λίθους πλήρωσης, διαζώματα, γείσα. Τότε ήταν που έγινα εργοδηγός. Πραγματικά δεν ξέρω γιατί. Σίγουρα υπάρχουν άλλοι καλύτεροι από μένα. Τέλος πάντων, ποτέ δεν ρώτησα γιατί. Απλώς το αποδέχτηκα. Μου άρεσε η πρόκληση, τόσο απλά. Γι' αυτό ανέλαβα.

Όλα τα μάρμαρα στη δυτική πλευρά ήταν διαλυμένα. Όλα τους. Ήθελε τεράστια προσοχή για να μην συμβεί ατύχημα στο μνημείο αλλά και σε εμάς τους ίδιους. Όλα τα μάρμαρα ήταν κομματιασμένα. Για να το καταλάβεις, πρέπει να δεις φωτογραφίες πριν και μετά. Υπήρχε επιστύλιο που ήταν σε έξι κομμάτια.

Καταρχήν, μαζευόμασταν όλη η ομάδα πριν ξεκινήσουμε να κάνουμε μια δουλειά. Το συζητούσαμε λεπτομερώς—ο καθένας έλεγε αυτό που είχε να πει. Και σιγά σιγά αρχίζαμε να τοποθετούμε τα στηρίγματα που θέλαμε. Δέναμε τα μάρμαρα με προσοχή και, καθώς δουλεύαμε, είχαμε τον νου μας για οτιδήποτε θα μπορούσε να δημιουργήσει πρόβλημα, και το λύναμε εκεί, επιτόπου. Ήταν ελάχιστες οι φορές που σταματήσαμε για μεγάλο χρονικό διάστημα—δηλαδή, για κάποιες ώρες—μέχρι να βρούμε λύση. Γιατί το δουλεύαμε, δεν το αφήναμε έτσι.

Από τα πιο δύσκολα κομμάτια—γιατί ήταν σχεδόν όλα οριακά—ήταν τα δύο γωνιακά επιστύλια. Όταν τα κατεβάσαμε, το καθένα τους ήταν σε δύο ή τρία κομμάτια, για τα οποία είχαμε δημιουργήσει ολόκληρη υποδομή από κάτω. Πώς να το περιγράψω αυτό; Είχαμε φτιάξει μια πολύ γερή πλατφόρμα για να μπορέσει να τα κρατήσει, γιατί αφαιρώντας το ένα κομμάτι, το άλλο θα μπορούσε πάρα πολύ εύκολα να πέσει. Αυτά τα σπασμένα μάρμαρα ήταν δέκα τόνους—το καθένα! Εκείνα τα δύο γωνιακά κομμάτια, στη νοτιοδυτική και στη βορειοδυτική γωνία. Ήταν οριακά και ο γερανός, επίσης. Χώρια που από τη νοτιοδυτική γωνία έλειπε το μισό κιονόκρανο. Έτσι; Δηλαδή, η πιθανότητα ανατροπής ήταν μεγάλη.

Αφού έγινε ό,τι χρειαζόταν για να κατέβουν τα σπασμένα κομμάτια, μετά οπλίστηκαν κανονικά, φτιάχτηκαν συμπληρώματα, όπου χρειαζόταν, και ξανάγιναν ακέραια. Συμπληρώθηκε και το νότιο κιονόκρανο—εκείνο που είχε το πρόβλημα—και όλα τα κομμάτια ξανανέβηκαν στις θέσεις τους. Στα αρχαία κομμάτια, όπου έλειπε κάτι, συγκολλήθηκαν συμπληρώματα από νέο μάρμαρο. Μπήκε οπλισμός τιτανίου με μια συγκεκριμένη μέθοδο—φυσικά, υπάρχει πρωτόκολλο γι' αυτή τη δουλειά, δεν γίνεται στην τύχη. Οπότε, με τοποθέτηση συνδέσμων τιτανίου για τη συγκόλληση των συμπληρωμάτων από νέο μάρμαρο, όπου χρειάζονταν, με *τσιμέντο Δανίας*, και ακολουθώντας το πρωτόκολλο—δηλαδή, το αφήναμε αδιατάραχτο για είκοσι οχτώ μέρες από την τελευταία κόλληση, μέχρι να δέσει.[62] Χρειάζεται ακριβώς είκοσι οχτώ μέρες για να δέσει από τη στιγμή που γίνεται η συγκόλληση. Και θέλει συνεχώς νερά.

Πριν κάνεις οτιδήποτε, ένα άγχος το αισθάνεσαι. Αλλά όταν το βάλεις το μυαλό σου να δουλέψει και βρεις τη λύση, εντάξει, μετά είναι απλώς θέμα υλοποίησης. Πιο πολύ με αγχώνουν οι ανόητες λύσεις που προτείνουν κάποιοι. Λύσεις που ξέρουμε ότι δεν μπορούν να υλοποιηθούν. Πρέπει να το κάνεις με τον σωστό τρόπο, δεν υπάρχει λόγος να καταφεύγεις σε ακραίες λύσεις. Είναι προτιμότερο να το κάνεις με τον παραδοσιακό τρόπο, που είναι ασφαλής, έστω κι αν έτσι καθυστερήσεις λίγο, έστω κι αν απαιτείται πιο γερή υποδομή, παρά να κάνεις κάτι εντελώς ακραίο απλά και μόνο για να το κάνεις.

Πρόσφατα, για το δεύτερο κιονόκρανο στη δυτική πλευρά, εμείς λέγαμε ότι θα μπορούσαμε, με έναν πολύ απλό τρόπο, στηρίζοντάς το σε δύο ράγες, να το αποκολλήσουμε, και με μια δεύτερη κατασκευή—επίσης πολύ απλή—να το κατεβάσουμε. Κάποιοι ισχυρίζονταν ότι όλο αυτό θα μπορούσε να γίνει με έναν ζυγό με αντίβαρα, κάτι σαν ακροβατικά, ας πούμε. Δηλαδή, να το πιάναμε από τη μία μεριά και από πίσω να είχε αντίβαρα, ζυγισμένα με ελατήρια. Πολύ επικίνδυνο!

Έγινε με τον τρόπο που λέγαμε εμείς. Ανοίξαμε το κιονόκρανο ελάχιστα, όσο χρειαζόταν. Τοποθετήθηκε τσιμέντο κανονικά, σφίχτηκε, βιδώθηκε—όλα μια χαρά. Το κάναμε εκεί πάνω. Δεν χρειάστηκε να το κατεβάσουμε. Ακόμα και το τρίτο επιστύλιο, στη νότια πλευρά, δεν ήθελαν να το κολλήσουμε επιτόπου. Αλλά στο τέλος αυτό ακριβώς κάναμε. Τους εξήγησα πώς θα μπορούσε να γίνει και νομίζω ότι κι εκείνοι κατάλαβαν ότι αυτός ήταν ο σωστός τρόπος.

Συνήθως, εφτά η ώρα το πρωί είμαστε στη δουλειά. Καφές μέχρι στις οχτώ περίπου. Πάντα υπάρχει κάτι να κάνουμε. Μέσα στη μέρα κάνουμε ένα διάλειμμα στις έντεκα και μετά το πρόγραμμα συνεχίζεται κανονικά μέχρι τις τρεις. Τις περισσότερες μέρες υπάρχουν ένα σωρό δουλειές για τον καθένα. Μπορεί να κάνουμε οτιδήποτε—να στήνουμε μάρμαρα για συγκόλληση, να κάνουμε τρύπες σε ένα μάρμαρο για συγκόλληση, να κολλήσουμε ένα μάρμαρο. Τώρα τελευταία στήνουμε *πόντες* για να πονταριστούν κάποια κομμάτια για τον τοίχο και μεταφέρουμε κάποια μάρμαρα στον *μεγάλο κόφτη* των Προπυλαίων. Επίσης, τοποθετούμε κάποια μάρμαρα που είναι έτοιμα. Αυτές τις μέρες κάνουμε τοποθετήσεις κυρίως στον βόρειο τοίχο. Αυτό το διάστημα γίνονται και πολλές μεταφορές για να καθαρίσει λίγο ο τόπος, να έρθουν τα μάρμαρα πιο κοντά, γιατί πλέον δεν θα έχουμε δύο γερανούς. Σε λίγο καιρό δεν θα υπάρχει ένας γερανός μέσα κι ένας άλλος έξω. Θα έχει μόνο μέσα γερανό. Και αν μείνουν εκεί πέρα έξω, δεν θα τα πιάνει πια ο γερανός. Με το κλαρκ [και τον έξω γερανό] φέρνουμε όσα είναι πολύ μακριά λίγο πιο κοντά [για να βρίσκονται στην εμβέλεια του μέσα

62 *Τσιμέντο Δανίας*: λευκό τσιμέντο από το Άλμποργκ της Δανίας.

γερανού]. Κάπως έτσι είναι μια τυπική μέρα στην Ακρόπολη.

Αποκτήθηκε μία τεράστια εμπειρία γιατί αυτό που γίνεται στην Ακρόπολη, και ειδικότερα στον Παρθενώνα, είναι μοναδικό. Έχουμε μάθει πώς να συμπεριφερόμαστε στα αρχαία μάρμαρα, γιατί υπάρχει μεγάλη διαφορά ανάμεσα σε αυτά και στα νεοκλασικά και σύγχρονα μνημεία. Και αυτό μας έχει βοηθήσει πολύ στις δουλειές που κάνουμε έξω. Γιατί το να χειριστείς ένα αρχαίο μάρμαρο και—το πιο σημαντικό—να μην του προξενήσεις κάποια ζημιά δεν είναι απλό πράγμα. Ξέρεις, ακόμα και στις τούμπες, πρέπει να βάλεις μαλακώματα.

Έχουμε μάθει πολλά από τα αρχαία γλυπτά του Παρθενώνα. Δηλαδή, βλέπεις, για πολλά χρόνια, κανείς δεν είχε φτάσει στις μετόπες που κατεβάσαμε πρόσφατα, δεν τις είχε δει, δεν τις είχε αγγίξει κανείς. Βλέπεις την τελειότητα, τον σεβασμό που είχε δείξει ο γλύπτης. Ο «Κένταυρος», για παράδειγμα, ή ο «Ευαγγελισμός» είναι καταπληκτικά έργα, έτσι;[63] Σου λένε ότι, τελικά, δεν ξέρεις να κάνεις τίποτα! Ότι έχεις πάρα πολλά να μάθεις ακόμα για να φτάσεις σε αυτό το επίπεδο. Ακόμα και οι εφαρμογές στους σπονδύλους, ας πούμε, είναι κάτι το απίστευτο. Λες, «Πώς μπορεί να είναι κάποιος τόσο τέλειος; Πώς μπορεί να κάνει δύο μάρμαρα να έχουν τέτοια επαφή;»

Κοίταξε, το να τετραγωνίσεις έναν μαρμάρινο όγκο είναι το παν. Από κει ξεκινάνε όλα. Ειδικά με το χέρι, χωρίς μηχανήματα. Να πάρεις έναν βράχο και να τον κάνεις τετράγωνο. Ίσιο. Αυτό είναι πάρα πολύ δύσκολο. Όσο απλό κι αν φαίνεται, έστω κι αν δεν κάνει καμία εντύπωση στο μάτι—λες, ας πούμε, «Σιγά το πράγμα, ένα τετράγωνο είναι». Για να το κάνει όμως αυτό ένας άνθρωπος πρέπει να έχει γνώσεις και ικανότητες. Δεν γίνεται έτσι, απλά. Έτσι δεν είναι;

Έχουμε όμως αναπτύξει και νέες τεχνικές. Καταρχάς, το τσιμέντο Δανίας χρησιμοποιήθηκε για πρώτη φορά στην Ακρόπολη. Το τιτάνιο χρησιμοποιήθηκε για πρώτη φορά στον Παρθενώνα και σε άλλα έργα αναστήλωσης στον Βράχο. Σε άλλα έργα χρησιμοποιούν, ακόμα και σήμερα, ανοξείδωτο ατσάλι και στο πρόσφατο παρελθόν χρησιμοποιούσαν αρκετά μπρούντζο. Εμείς χρησιμοποιούμε τιτάνιο από τη δεκαετία του '90. Τώρα χρησιμοποιείται παντού. Το ότι στη συγκόλληση πρέπει να χρησιμοποιείς λευκό τσιμέντο Δανίας είναι τώρα η στάνταρ πρακτική παντού. Το ότι πρέπει να το αφήσεις αδιατάραχτο για είκοσι οχτώ μέρες είναι κοινή πρακτική παντού. Οτιδήποτε γίνεται στην Ακρόπολη τώρα, και ειδικά στον Παρθενώνα, το ακολουθούν κατά γράμμα αλλού. Όλα τα πρωτόκολλα, όλες οι μέθοδοι, όλη η εμπειρία που έχει προκύψει από αυτές τις πρακτικές και την αντοχή τους στον χρόνο αυτομάτως εφαρμόζονται σε όλα τα υπόλοιπα μνημεία, σε όλη την Ελλάδα. Βέβαια, όλες αυτές οι μέθοδοι με το τιτάνιο και το τσιμέντο έχουν περάσει από πάρα πολλές δοκιμές στο Πολυτεχνείο της Αθήνας. Δηλαδή, τα πάντα έχουν μελετηθεί ως προς την ευκαμψία και την αντοχή τους, για να δουν πώς ακριβώς συμπεριφέρονται σε διάφορες συνθήκες. Όλες οι μέθοδοι που χρησιμοποιούνται είναι πιστοποιημένες. Δεν γίνεται τίποτα έτσι, από μόνο του.

Και όσον αφορά την επεξεργασία του μαρμάρου, πριν από την εποχή μου στον Βράχο δεν υπήρχαν πολλοί μαρμαράδες που είχαν βγάλει τη Σχολή στην Τήνο. Ούτε από το Πολυτεχνείο υπήρχε κανείς. Σιγά σιγά, με τα χρόνια, έγινε προαπαιτούμενο να έχεις τελειώσεις τη Σχολή στην Τήνο. Αυτό ανέβασε το μορφωτικό επίπεδο κάπως. Και υπάρχουν πια πολλά παιδιά από τη Σχολή Καλών Τεχνών της Αθήνας. Αυτό έχει βοηθήσει ακόμα περισσότερο.

63 *Η Μετόπη της Κενταυρομαχίας*: η πρώτη μετόπη από τη νότια πλευρά του Παρθενώνα· οι μετόπες αυτής της πλευράς απεικόνιζαν τη μυθική μάχη των Λαπίθων με τους Κενταύρους· *Η Μετόπη του Ευαγγελισμού*: η τριακοστή δεύτερη μετόπη από τη βόρεια πλευρά του Παρθενώνα· οι πρώτοι χριστιανοί θεωρούσαν ότι οι εκεί απεικονιζόμενες μορφές έμοιαζαν με την Παρθένο Μαρία και τον Αρχάγγελο Γαβριήλ.

Τώρα, όσον αφορά τις μεθόδους, με τα σύγχρονα μηχανήματα, τα *CNC* και όλα αυτά, η δουλειά έχει επιταχυνθεί.[64] Αυτή είναι η διαφορά. Αλλά, είτε έτσι είτε αλλιώς, η ποιότητα ήταν και παραμένει καλή.

Το λιοντάρι—το αντίγραφο που κάναμε στη νοτιοδυτική γωνία—δεν θα μπορούσε να έχει γίνει χωρίς τα παιδιά που ήρθαν τελευταία, την Πολυάννα, τον Βαγγέλη, τον Ακάκιο· χωρίς τις γνώμες που είπαν, για παράδειγμα, ο Περικλής, ο Δημήτρης, ο Κώστας. Συνεπώς, συγχαρητήρια σε όλους αυτούς, ανεξάρτητα από το αν οι λύσεις που πρότειναν εφαρμόστηκαν ή όχι. Έχουν κάνει πραγματικά καλή δουλειά.[65]

Ήταν απόφαση της Επιτροπής να μην χρησιμοποιηθεί. Στην αρχή είπαν ότι δεν ήθελαν να χαθούν εργατοώρες. Οι μαρμαροτεχνίτες είπαν ότι θα το έκαναν τα απογεύματα. Μετά η Επιτροπή είπε ότι το μάρμαρο ήταν ακριβό. Είπαμε θα το πληρώσουμε από την τσέπη μας. Έγινε και μία πρόταση να τοποθετηθεί με τις φόρμες του ημιτελείς, για να μην προκαλέσουμε το κοινό αίσθημα, ότι προσπαθούμε να αντιγράψουμε τους αρχαίους. Ούτε αυτό το δέχτηκαν. Στο τέλος είπαν, «Συγχαρητήρια, παιδιά, αλλά δεν πρόκειται να γίνει».

Μπορώ να βγω στη σύνταξη μετά από σαράντα χρόνια υπηρεσίας, άρα έχω τουλάχιστον άλλα δεκατέσσερα χρόνια μπροστά μου. Μπορώ να φύγω στα εξήντα μου. Αλλά, άμα θέλω, μπορώ να μείνω μέχρι να γίνω εξήντα εφτά χρονών. Και μετά, τελείωσε. Εξήντα εφτά. Στα εξήντα εφτά, τελειώνει. Μπορεί να τελειώσω την καριέρα μου στην Κέρκυρα. [*γέλια*]

Πολλά πράγματα συμβαίνουν στην Ελλάδα αυτή τη στιγμή! Άσχημα πράγματα. Εντάξει, εμείς—ή, για να μιλήσω για μένα, εγώ είμαι από τους τυχερούς γιατί μέσα σε όλη αυτή την κρίση έχω δουλειά. Αυτό με κάνει να αισθάνομαι τυχερός. Αλλά δεν γίνεται να μείνεις αμέτοχος. Δεν μπορείς να μην στεναχωριέσαι με αυτά που βλέπεις να γίνονται γύρω σου. Έχουμε φτάσει σε σημείο σχεδόν να ντρεπόμαστε να πούμε ότι δουλεύουμε, όταν τόσο πολλοί άνθρωποι είναι άνεργοι και δεν έχουν λεφτά ούτε για τα απολύτως απαραίτητα. Αλλά είμαι τυχερός γιατί δεν χρωστάω πουθενά. Στη σημερινή Ελλάδα, αν έχεις δουλειά και δεν χρωστάς, τα έχεις όλα στην ουσία.

Βέβαια, έχω έναν μισθό, αλλά η κατάσταση που κυριαρχεί στα νοσοκομεία, οι συνθήκες στην εκπαίδευση και όλα αυτά... Ε, δυστυχώς όλα αυτά τα πράγματα επηρεάζουν κι εμάς. Αυτό που με ανησυχεί είναι τι θα γίνουν τα παιδιά. Τι θα γίνει με τον γιο μου όταν σε τρία χρόνια από τώρα έρθει η ώρα του να βρει μια δουλειά;

Στη μαρμαρογλυπτική δεν θα αλλάξει τίποτα. Ίσως να βιομηχανοποιηθεί λίγο περισσότερο. Αλλά το χέρι του μάστορα πάντα θα χρειάζεται στη δουλειά μας. Αυτή είναι η γνώμη μου. Ακόμα και σήμερα, από τα μηχανήματα που βλέπω και γνωρίζω, δεν υπάρχει ένα αυτή τη στιγμή που να μπορεί να παράγει κάτι με χάι φιντέλιτι, με πραγματικά υψηλή ποιότητα, αν δεν πέσει χέρι. Αυτό είναι δεδομένο. Εκείνο που σίγουρα θα αλλάξει είναι το τοπίο στα αναστηλωτικά έργα. Θα δίνονται εργολαβικά πια. Έχει ήδη ξεκινήσει. Με στεναχωρεί το ότι αυτό μπορεί να γίνει και στην Ακρόπολη. Γίνεται ήδη σε άλλα μνημεία, εκτός Ακρόπολης. Αλλά δυστυχώς εκεί πάει το πράγμα. Δεν ξέρω αν θα γίνει και στην Ακρόπολη, γιατί η Ακρόπολη είναι

64 *CNC* (Computer Numerical Control): η λειτουργία μηχανικών εργαλείων μέσω ηλεκτρονικών υπολογιστών.

65 Στο σημείο αυτό, παρεμβαίνει η Πολυάννα Βλατή (διερμηνέας και συνομιλήτρια): «Τέλος πάντων, εκείνο το λιοντάρι είχε σπάσει. Υπήρχε μόνο το μισό. Δεν υπήρχε λύση. Δύο μαρμαροτεχνίτες είχαν την ιδέα να το κάνουν από την αρχή, σε πηλό, να κάνουν ένα αντίγραφο. Και ήταν υπέροχη δουλειά, σε όλους άρεσε, αλλά τελικά δεν το χρησιμοποίησαν. Αυτό ούτε που το είχαν σκεφτεί ποτέ μέχρι τότε, να δώσουν σε κάποιον αυτή τη δουλειά, να φτιάξει ένα γλυπτό σαν να ήταν αρχαίος γλύπτης!»

ένα φρούριο, ας πούμε, ένα οχυρό. Αλλά γύρω γύρω θα γίνει.

Θα ήθελα να πω ότι πιστεύω πως ήμουν από τους τυχερούς γιατί βρήκα αρκετά σύντομα μια τόσο καλή δουλειά. Είμαι πολύ ευχαριστημένος που έχω δουλέψει με τόσο ισχυρούς ανθρώπους—δηλαδή, ισχυρούς ως προσωπικότητες και ως επιστήμονες· όχι ισχυρούς λόγω διασυνδέσεων—όπως ο Μανόλης Κορρές, ο Πέτρος Κουφόπουλος, ο Κώστας Ζάμπας, ο Στέλιος Τριάντης.[66] Όλοι αυτοί είχαν σαν στόχο το καλό των μνημείων, χωρίς κανείς τους να αποβλέπει σε οικονομικό κέρδος. Αυτό δείχνει ότι και σήμερα υπάρχουν άνθρωποι που αγαπούν τα έργα και θέλουν να τα δουν κάποια στιγμή να τελειώνουν, και τα μνημεία της Ακρόπολης να μείνουν στη θέση τους για άλλες δυο χιλιάδες χρόνια. Το ότι βρίσκομαι στον Παρθενώνα από το 1990 είναι δική μου επιλογή. Σε όλο αυτό το διάστημα, θα μπορούσα να είχα φύγει. Μου πρόσφεραν θέση προϊσταμένου στην Κόρινθο και την απέρριψα. Και τα λεφτά ήταν πολύ περισσότερα! Θέλω να καταλήξω ότι, για μένα, το να δουλεύεις στον Παρθενώνα σήμερα δεν είναι μικρό πράγμα. Νομίζω ότι είναι κάτι σημαντικό.

ΠΟΛΥΑΝΝΑ ΒΛΑΤΗ

Στο διαμέρισμα της αδερφής της, στο Παγκράτι

Έμαθα για τη Σχολή της Τήνου από μία φίλη μου που σπούδαζε εκεί. Πήγα να την επισκεφτώ και είδα ότι ήταν ένα φανταστικό μέρος για να σπουδάσει κανείς. Ήμουν δεκαοχτώ χρονών, οπότε πραγματικά με τράβηξε η ιδέα να ξεφύγω από την οικογένειά μου! Να φύγω από την Αθήνα, από τη μεγάλη πόλη, για τρία χρόνια, και να ζήσω σε ένα νησί. Ήταν για μένα η κατάλληλη στιγμή να πάρω τη ζωή μου στα χέρια μου [*γέλια*] και να ζήσω εκεί. Τότε δεν ήξερα ότι θα μου ταίριαζε τόσο πολύ ή ότι στο μέλλον θα δούλευα με την πέτρα, αλλά τελικά αυτό ήταν που συνέβη.

Μετά την Τήνο, πήγα κατευθείαν στη Σχολή Καλών Τεχνών της Αθήνας και σπούδασα γλυπτική. Αλλά τα χρόνια στην Τήνο είναι, στο μυαλό μου, τα πιο ελεύθερα της ζωής μου. Φυσούσε πάρα πολύ εκεί, και η ελευθερία είναι πολύ κοντά σε αυτό. Ίσως να είναι το σκηνικό της Τήνου—δηλαδή, το ξερό τοπίο και ο δυνατός άνεμος—, αλλά τα χρώματα και τα στοιχεία της φύσης εκεί πραγματικά μιλούν στην καρδιά μου!

Δεν μπορώ να πω το ίδιο για το μάρμαρο—μου άρεσε, αλλά δεν ήταν αυτό το καλλιτεχνικό μου στυλ–, όταν όμως πήγα στη Σχολή της Τήνου, συνειδητοποίησα ότι μπορούσα να το δουλέψω, σαν να ήταν κάτι φυσικό για μένα. Το μάρμαρο είναι πολύ ζωντανό υλικό. Απορροφάει το νερό και χρωματίζεται εύκολα. Παρόλο που είναι ένα γερό υλικό, ώρες ώρες είναι πολύ ευαίσθητο. Και επειδή το μάρμαρο έχει μια υφή όπως το ξύλο, με νερά, αναλόγως από ποια πλευρά το δουλεύεις, μπορεί να είναι είτε μαλακό είτε σκληρό.

Η μητέρα και ο πατέρας μου ήταν πολύ ανοιχτοί στο να σπουδάσω το μάρμαρο. Είμαι τυχερή που έχω αυτούς τους γονείς· ποτέ δεν με πίεσαν να σπουδάσω κάτι άλλο. Πραγματικά τους άρεσε· το βρήκαν συναρπαστικό. Ήταν υπερήφανοι που μπορεί κάποια μέρα να γινόμουν κάτι σαν μαρμαρογλύπτρια. Επίσης, ενθουσιάστηκαν—όπως κι εγώ—όταν με δέχτηκαν στην Υπηρεσία Συντήρησης Μνημείων Ακρόπολης.

Δεν το περίμενα! Τη χρονιά που έκανα αίτηση, ζητούσαν δέκα μαρμαροτεχνίτες: έξι με προϋπηρεσία και τέσσερις χωρίς. Συνεπώς, ήμουν πολύ τυχερή που με δέχτηκαν σαν μία από τους τέσσερις, γιατί δεν είχα δουλέψει στη λάξευση μαρμάρου πριν, πέρα από τις σπουδές

66 Πέτρος Κουφόπουλος (γεν. 1961): αρχιτέκτονας και συντηρητής μνημείων· καθηγητής Αρχιτεκτονικού Σχεδιασμού και Συντήρησης Ιστορικών Κτιρίων και Χώρων στο Πανεπιστήμιο της Πάτρας, στην Ελλάδα· δούλεψε δέκα χρόνια στο Πρόγραμμα Αναστήλωσης του Παρθενώνα.

μου στη Σχολή. Ήταν έκπληξη για μένα! Επίσης, ήμουν γυναίκα και ίσως να μην τους ήμουν χρήσιμη. [*γέλια*] Συνήθως πρέπει να είσαι πιο σκληραγωγημένη [απ' ό,τι ήμουν εγώ] για να κάνεις κάποιες από τις δουλειές εκεί πάνω. Θυμάμαι ότι εκείνη την εποχή, ο αρχιτέκτονας που ήταν επικεφαλής του προγράμματος τσέκαρε τις νέες μαρμαροτεχνίτριες που πήγαιναν στη δουλειά για πρώτη φορά χαιρετώντας τις με μια χειραψία, για να δει αν ήταν αρκετά δυνατές για τη δουλειά. [*γέλια*] Ήταν πολύ αστείο. Πέρασα!

Ήμουν επίσης τυχερή γιατί πολλοί άντρες με πρόσεχαν. Όταν έπρεπε να αλλάξω κάτι σε κάποιο από τα ηλεκτρικά εργαλεία—συνήθως θέλει πολλή δύναμη αυτό—με βοηθούσαν, αν και είχα αρχίσει να μαθαίνω να το κάνω μόνη μου κι αυτό. Στο τέλος, συνειδητοποίησα ότι μπορούσα να κάνω πολλά πράγματα. Μου πήρε λίγο καιρό να πιστέψω στον εαυτό μου, αλλά και να κάνω τους συνάδελφους να πιστέψουν ότι μπορούσα να την κάνω αυτή τη δουλειά.

Πάντα υπάρχουν ένα σωρό πράγματα να γίνουν. Η δουλειά εκεί απαιτεί τη συνεργασία μεταξύ πολλών ανθρώπων—αρχιτεκτόνων, μηχανολόγων, μαρμαράδων· είναι σαν ένας μεγάλος τροχός, τον οποίο όλα τα μέλη της ομάδας πρέπει να τον σπρώχνουν μαζί για να γυρίζει. Κατά πρώτον, το γραφείο κάνει μια μελέτη και ο επικεφαλής του συνεργείου κανονίζει ποιος θα κάνει τι. Στη συνέχεια, η ομάδα των αρχιτεκτόνων ίσως δώσει κάποιες επιπλέον οδηγίες, ενώ οι εργάτες και οι μαρμαροτεχνίτες συνεχίζουν. Οι μαρμαροτεχνίτες παίζουν πολύ σημαντικό ρόλο στο γύρισμα του τροχού. Ίσως τον σημαντικότερο. Η τελευταία πινελιά γίνεται από την ομάδα συντήρησης.

Μία από τις πρώτες μου δουλειές όταν ήμουν στον ναό ήταν να κάνω μικρά, λευκά, τριγωνικά, γύψινα εκμαγεία από τα λούκια των αρχαίων σπονδύλων για τους μάστορες που λάξευαν τα νέα λούκια—δηλαδή, για μερικούς από τους πιο έμπειρους μαρμαρογλύπτες που υπάρχουν σ' αυτή τη δουλειά. Τα τρίγωνα αυτά ήταν πολύ μικρά, μικρότερα από την παλάμη μου. Ήμουν βοηθός ενός πολύ έμπειρου μαρμαρογλύπτη. Τα κάναμε μαζί. Έπρεπε να κάνω τα τρίγωνα έτσι ώστε οι γλύπτες να μπορούν να φτιάξουν τη σωστή μορφή για να συνεχίσουν τις γραμμές στα λούκια προς τα πάνω, στους κίονες, όταν λάξευαν τα νέα μάρμαρα.

Τα αρχαία μάρμαρα καταστρέφονται με την πάροδο του χρόνου. Από τη βροχή και τον καιρό, η επιφάνεια διαβρώνεται. Οπότε, πρώτα απλώναμε ένα υγρό στην επιφάνεια για να προστατέψουμε το μάρμαρο. Μετά, απλώναμε πάνω του ένα διάλυμα με γύψο—είναι σαν γιαούρτι. Το δουλεύαμε με ένα μικρό εργαλείο, αρχίζοντας από την ακμή στα λούκια. Μετά βάζαμε ένα άλλο υγρό από πάνω για να προστατέψουμε τον γύψο από τη βροχή. Τότε ήταν έτοιμο. Μετά απ' αυτό μπορούσαμε να το βγάλουμε εύκολα.

Οι άλλοι μαρμαροτεχνίτες χρησιμοποιούσαν τα τρίγωνα σαν βήματα πάνω σε μακριές, ίσιες, μεταλλικές μπάρες—είναι σαν μεγάλοι μεταλλικοί χάρακες, μήκους δύο ή τριών μέτρων, τοποθετημένοι κάθετα—για να πάρουν τη σωστή φόρμα των ραβδώσεων για τα συμπληρώματα από νέο μάρμαρο. Οι κίονες έχουν εκείνη την περίφημη *ένταση* σε κάποιο συγκεκριμένο ύψος, όπου γίνονται λεπτότεροι. Πριν κάνουμε τα τρίγωνα, έπρεπε να μελετήσουμε εκείνα τα σχήματα. Κι επειδή κάθε κίονας έχει τη δική του φόρμα, δεν μπορούσαμε απλώς να αντιγράψουμε τη φόρμα του ενός κίονα για τον επόμενο. Οπότε, είχα έναν μικρό ρόλο σε αυτή τη δύσκολη δουλειά. Μου άρεσε να είμαι πάνω στη σκαλωσιά. Ήμουν ψηλά και είχα ωραία θέα.

Έκανα και ενδιαφέρουσες και βαρετές δουλειές. Μια δουλειά που έβρισκα διασκεδαστική ήταν όταν κοσκίνιζα το αρχαίο χώμα που προερχόταν από το αέτωμα. Μια ομάδα κατέβαζε εκείνα τα κομμάτια μαρμάρου που δεν είχαν μετακινηθεί ποτέ πριν. Ανάμεσα στα μάρμαρα υπάρχουν κενά τριάντα-σαράντα εκατοστών. Οι αρχαίοι Έλληνες έβαζαν λίγο χώμα εκεί, επίτηδες, για να βοηθούν τη σταθερότητα του μνημείου. Κανείς δεν είχε δει ή αγγίξει αυτό το χώμα πριν. Τα παιδιά της ομάδας βρήκαν ένα πολύ όμορφο μπρούτζινο χρηστικό αντικείμενο που είχαν βάλει εκεί οι αρχαίοι εργάτες. Βρήκαν και κάποια νομίσματα. Επίσης, έξτρα θραύσματα μαρμάρου που είχαν χρησιμοποιηθεί για γέμισμα. Αυτά είναι πάνω, στην κορυφή, ανάμεσα στα κομμάτια των επιστυλίων. Δεν δούλευα εκεί πάνω γιατί, και πάλι, η ομάδα που είχε αναλάβει αυτή τη δουλειά ήταν πολύ έμπειρη. Αλλά στο τέλος, όταν κατέβασαν το χώμα, πήρα ένα κόσκινο και το πέρασα όλο από κει, ξεχωρίζοντας οτιδήποτε θεωρούσα ότι παρουσίαζε ενδιαφέρον. Τα πιο παράξενα πράγματα που βρήκα ήταν ίσως τα οστά πουλιών. Για κάποιο διάστημα νόμιζα ότι οι αρχαίοι εργάτες κυνηγούσαν και έτρωγαν πουλιά εκεί πάνω, ενόσω δούλευαν! Αλλά δεν ήταν έτσι. Απλώς τα πουλιά είχαν πεθάνει εκεί πάνω, ή τα οστά τα είχαν φέρει άλλα πουλιά και είχαν ίσως πέσει μέσα στα κενά. Άρα, δεν υπάρχει κάποιο μυστήριο σ' αυτή την ιστορία. [*γέλια*] Την πρώτη μου χρονιά στην Ακρόπολη, πίστευα οτιδήποτε μου έλεγαν! Ούτε που ήξερα αν με πείραζαν ή αν μιλούσαν σοβαρά. Αλλά με την πάροδο του χρόνου συνειδητοποιούσα ολοένα και περισσότερο τι παιζόταν. Ο Παρθενώνας έχει πολλά μυστήρια! Έτσι, μεταξύ μυστηρίου και πραγματικότητας [δούλευα εκεί πάνω].

Υπήρχαν μεγάλες χρονικές περίοδοι που έκανα τη δουλειά που ήθελα να κάνω περισσότερο απ' όλες εκεί πάνω, η οποία ήταν να αντιγράφω τα σπασμένα κομμάτια των αρχαίων μαρμάρων για να γίνουν τα νέα συμπληρώματα. Χρησιμοποιούσα ηλεκτρικό κοφτάκι για να παίρνω το *άπεργο* στα γρήγορα. Αλλά το πρώτο πράγμα που έπρεπε να γίνει για να κάνεις το αντίγραφο ενός μαρμάρου ήταν να φτιάξεις ένα εκμαγείο της επιφάνειας του σπασμένου μαρμάρου. Μπορεί να ήταν πολύ μεγάλο—δεκατρείς τόνους—ή πολύ μικρό—ίσαμε δύο πιθαμές. Είχαμε φτιάξει ένα εκμαγείο που είχε μέγεθος όσο δύο διπλά κρεβάτια μαζί! Παίρναμε τα εκμαγεία στο εργαστήριο, σε κλειστό χώρο, για να μην βρέχονται. Μετρούσαμε επακριβώς το μέγεθος του γύψινου εκμαγείου για να διαλέξουμε το σωστό μέρος να το στήσουμε, μαζί με το κομμάτι του νέου μαρμάρου που θα λαξεύαμε. Έπρεπε να είναι σε βολική απόσταση, στη σωστή απόσταση, για να μπορείς να μεταφέρεις τον *ποντadόρο* ανάμεσα στο μάρμαρο και στο γύψινο εκμαγείο.

Ο ποντadόρος είναι πολύ περίπλοκο πράγμα. Μπορεί να κινηθεί προς πάσα κατεύθυνση. Πρέπει να είναι πακτωμένος σε ένα μεγαλύτερο μεταλλικό κομμάτι, που το λένε *στέλα*, το οποίο συνήθως έχει σχήμα Τ ή Γ. Άρα, βήμα βήμα: ξεκινάμε παίρνοντας τα πρώτα σημεία με τον ποντadόρο από τα πιο έξω μέρη του γύψινου εκμαγείου. Μετά μεταφέρουμε τον ποντadόρο στο μάρμαρο και αυτός μας δείχνει πόσο βαθιά πρέπει να λαξεύσουμε για να φτάσουμε στο ίδιο σημείο. Είναι ένας πολύ ασφαλής τρόπος για να φτιάξεις αντίγραφο, ειδικά αν πρέπει να πας πολύ βαθιά μέσα στο μάρμαρο. Πας μπρος πίσω πολλές φορές. Παίρνεις όλα τα πιο έξω μέρη, μετά χαμηλότερα, μετά ακόμα χαμηλότερα. Στη συνέχεια, όταν το μάρμαρο είναι σχεδόν έτοιμο, παίρνουμε τα πιο βαθιά σημεία με τον ποντadόρο: τις «λίμνες», όχι τα «βουνά»! Μοιάζει με το ράψιμο. Πας από σημείο σε σημείο και μετά τα ενώνεις, και το σχήμα αναδύεται.

Μερικές φορές δουλεύαμε ως ομάδα και κάποιος απλώς μετακινούσε τον ποντadόρο, ενώ κάποιος άλλος λάξευε. Αλλά όλοι το κάναμε—όλοι κάναμε όλες τις δουλειές. Όταν είχαμε να κάνουμε βαριά δουλειά και να αφαιρέσουμε πολύ άπεργο, ο ένας ξεκουραζόταν και ο άλλος λάξευε. Συνήθως αυτό το κάναμε με τον *κόφτη*, αλλά όταν το κάνεις έτσι, μετά πρέπει να σπας τα κομμάτια που κόβεις, δουλειά η οποία είναι επίσης βαριά.

Η αγαπημένη μου δουλειά ήταν κάπως σαν δουλειά «γραφείου». Δούλευα με τη σχεδιάστρια της ομάδας του Παρθενώνα. Συνήθως εργαζόταν στο γραφείο, αλλά για τη συγκεκριμένη δουλειά είχαμε εγκατασταθεί μέσα στον ναό, σε ένα πολύ ωραίο σημείο. Για πάγκο εργασίας είχαμε μια τάβλα κι εκεί πάνω μετρούσαμε όλους τους αρχαίους σιδερένιους συνδέσμους από τα κομμάτια μαρμάρου που είχαν κατέβει. Δεν επρόκειτο να χρησιμοποιηθούν ξανά, συνεπώς απλώς τους μετρούσαμε και τους φωτογραφίζαμε. Τους καταγράψαμε και τώρα βρίσκονται κάπου αποθηκευμένοι. Μου άρεσε αυτή η δουλειά γιατί γινόταν σε ένα από τα αγαπημένα μου μέρη στον Παρθενώνα: στον οπισθόναο, στην πίσω είσοδο. Εκεί έχει δροσιά το καλοκαίρι και φυσάει ένα ωραίο αεράκι. Επίσης, ήταν πολύ ευχάριστο να δουλεύεις με γυναίκα. Ίσως να μου είχε λείψει αυτό! [*γέλια*]

Δεν δούλεψα πολύ στα τρυπήματα και στις συγκολλήσεις, αλλά όταν δούλεψα εκεί, πρόσεχα τις τρύπες για να είμαι σίγουρη ότι γίνονταν σωστά. Η διαδικασία λέγεται «παρακολουθώ το *πέκι*». Δύο άνθρωποι πρέπει να παρακολουθούν την ευθυγράμμιση του τρυπανιού που χειρίζεται ένας τρίτος. Αυτοί οι δύο λένε στον τρίτο, ο οποίος κάνει την τρύπα, πώς να κινηθεί, κάθετα ή οριζόντια. Πρέπει να κλείσεις το ένα μάτι και να σταθείς ακριβώς μπροστά από εκείνον που χειρίζεται το *τρυπάνι*. Πρέπει να ελέγχεις αν πηγαίνει λίγο αριστερά ή λίγο δεξιά και να τον κατευθύνεις με το χέρι σου, δείχνοντας την κατεύθυνση που πρέπει να πάρει για να διορθώσει την ευθυγράμμιση. Συνήθως δεν μιλάμε μεταξύ μας, γιατί ο θόρυβος είναι πολύς. Ο άλλος κάθεται ακριβώς δίπλα από εκείνον που χειρίζεται το τρυπάνι και του λέει αν πρέπει να πάει πιο πάνω ή πιο κάτω. Το να κάνεις σωστά τις τρύπες όπου θα μπουν οι ράβδοι τιτανίου είναι πολύ σημαντική δουλειά. Εξαρτάται από το τι είδους τρύπα χρειάζεται, αλλά μερικές φορές το τρυπάνι είναι πολύ μεγάλο γιατί υπάρχουν μερικά πολύ μεγάλα κομμάτια που πρέπει να τρυπηθούν σε μεγάλο βάθος. Οι μηχανολόγοι μελετούν τα κομμάτια και δίνουν οδηγίες σχετικά με το μέγεθος των ράβδων τιτανίου, με το πού πρέπει να γίνουν οι τρύπες, με το πόσο τσιμέντο θα χρησιμοποιηθεί και με πόσο νερό θα αναμιχθεί [το τσιμέντο]. Μερικές φορές, αναλόγως με τις ανάγκες της συγκόλλησης, έπρεπε να αναμίξουμε το τσιμέντο με άμμο. Η άμμος μπορεί να είναι είτε λεπτόκοκκη είτε χοντρόκοκκη. Αλλά δεν δούλεψα πολύ εκεί. Ένας συνάδελφος που δουλεύει στην ομάδα συγκόλλησης θα σου τα εξηγήσει καλύτερα.

Καμιά φορά μπορεί ξαφνικά να σου τύχει ένα σπάσιμο που δεν περίμενες να συμβεί σε μία σχεδόν τελειωμένη επιφάνεια! Για παράδειγμα, να έχεις ένα μάρμαρο έτοιμο για συγκόλληση και ξαφνικά ένα κομμάτι να σπάσει. Αυτό συμβαίνει γιατί ενίοτε το μάρμαρο έχει μέσα του κάποιο πρόβλημα που προκαλείται συνήθως από άλλου είδους υλικά. Όταν συνέβαινε κάτι τέτοιο, τότε που ήμουν ακόμα αρχάρια εκεί, αγχωνόμουν, «Και τώρα τι κάνω;» Αλλά οι πιο έμπειροι τεχνίτες μού έλεγαν, «Εντάξει, αυτό συμβαίνει. Δεν έχεις πρόβλημα γιατί έχει μάρμαρο που περισσεύει σε κείνη την πλευρά, οπότε μπορείς να το φας εκεί παραπάνω, ή από την άλλη πλευρά, κ.λπ. Ξέρω πού ακριβώς θα πάει αυτό το κομμάτι, οπότε όλα καλά». Ή, «Θα του βάλουμε μαρμαρόκολλα και θα το φτιάξουμε». Έτσι απλά. Γιατί είναι φυσικό υλικό και καμιά φορά δεν ξέρεις τι θα συμβεί.

Οι πιο έμπειροι συνάδελφοι που πάνε στο λατομείο του Διονύσου και διαλέγουν τα μάρμαρα για την αναστήλωση ξέρουν αν ένας μαρμάρινος όγκος είναι καθαρός ή αν έχει προβληματικά σημεία, όπως μια μαύρη γραμμή ή κάποιου άλλου είδους πρόβλημα. Υποθέτω πως όταν κάποιος θέλει να φτιάξει ένα μεγάλο άγαλμα ύψους δύο μέτρων και δεν θέλει ξαφνικά να του σπάσει ένα χέρι, πρέπει να ξέρει τι μάρμαρο να διαλέξει!

Το μάρμαρο του Διονύσου προέρχεται από το πίσω μέρος της Πεντέλης, του βουνού απ' όπου εξορύσσουν αυτό το λευκό μάρμαρο. Είναι πολύ καλό μάρμαρο. Τα αρχαία μάρμαρα είναι από την Πεντέλη. Νομίζω ότι τα μάρμαρα του Διονύσου έχουν την ίδια υφή με τα μάρμαρα της Πεντέλης.

Καμιά φορά βρίσκουμε γυαλί στο μάρμαρο. Μοιάζει με χαλαζία. Είναι το πιο κοινό πράγμα που μπορεί να βρεις [μέσα στο μάρμαρο]. Όταν δουλεύουμε ένα κομμάτι μάρμαρο και ξαφνικά το αισθανόμαστε πιο σκληρό, συνήθως αυτό είναι. Συνεχίζουμε να το δουλεύουμε, αλλά έχει πολύ διαφορετική αίσθηση. Πιο σκληρό, πολύ σκληρό. Κάποτε, εκεί που λάξευα ένα κομμάτι μάρμαρο από τον Διόνυσο στη δουλειά, έπεσα πάνω σε κάτι μαύρες γραμμές—δεν ήξερα τι ήταν—και όταν τις χτύπησα με τα μεταλλικά εργαλεία έβγαλαν μια σπίθα! Και μια μυρωδιά σαν μπαρούτι. Ήταν καταπληκτικό! Μεγάλη έκπληξη εκεί που δουλεύεις να γίνει ξαφνικά μια έκρηξη! Το μάρμαρο είναι εκπληκτικό—είναι ζωντανό!

Το να είσαι πάνω στον ναό είναι πολύ ωραίο γιατί δεν είσαι κάτω, στο λεκανοπέδιο της Αθήνας. Είσαι στην κορυφή, σαν θεός! [*γέλια*] Λέγαμε ότι δουλεύαμε στο καλύτερο ρετιρέ της Αθήνας! Από κει βλέπεις όλη την πόλη, ένα γύρο.

Θέλω να σου εκμυστηρευτώ κάτι, αλλά δεν ξέρω αν είναι η κατάλληλη στιγμή. Πρόκειται για μια εμπειρία που είχα. Είδα κάποιον να αυτοκτονεί από τον Βράχο. Είναι πολύ παράξενο που οι άνθρωποι διαλέγουν την Ακρόπολη για να αυτοκτονήσουν. Ήταν κατά τη διάρκεια της κρίσης· είναι πολύ παράξενο να βλέπεις αυτού του είδους την αντίθεση στον Βράχο—να έχεις όλους αυτούς τους χαρούμενους τουρίστες που έρχονται να δουν το μνημείο και ανάμεσα σε όλους αυτούς τους ανθρώπους, κάποιος πάει και πηδάει στο κενό. Συνέβη δύο ή τρεις φορές στα τέσσερα-πέντε χρόνια που ήμουν εκεί. Πραγματικά με έβαλε σε σκέψεις αργότερα.

Συνήθως οι φύλακες προσπαθούν να μεταπείσουν τους επίδοξους αυτόχειρες και να τους κατεβάσουν από τη μέσα μεριά του τείχους, σε ασφαλές σημείο. Όλοι οι εργαζόμενοι προσπαθούν να βοηθήσουν ή προσπαθούν να τους σώσουν. Είχα έναν συνάδελφο που βοήθησε ένα παιδί να αλλάξει γνώμη, του μιλούσε και τον απότρεψε από το να αυτοκτονήσει. Όλοι οι τουρίστες παρακολουθούσαν... Φαντάζομαι ότι αυτοί οι άνθρωποι διαλέγουν την Ακρόπολη, που είναι το σύμβολο της Ελλάδας, για να αυτοκτονήσουν, επειδή θέλουν να δείξουν ότι το κράτος είναι που τους έφερε σε αυτή την κατάσταση. Θα μπορούσαν να πάνε κάπου αλλού, αλλά διαλέγουν τον Ιερό Βράχο. Ίσως έχουν πληρώσει τα δώδεκα ευρώ για να πηδήσουν στο κενό—είναι τρομερό άμα το σκεφτείς, το ξέρω! Είναι σαν ακτινογραφία της ελληνικής κοινωνίας στην παρούσα φάση: από τη μία έχουμε τον τουρισμό—τη χαρούμενη, λαμπερή πλευρά—και από την άλλη έχουμε ανθρώπους σε βαριά κατάθλιψη. Τα παιδιά που δουλεύουν εκεί πολύ καιρό το έχουν δει αυτό να συμβαίνει πολλές φορές. Έλεγαν, «Ναι, αυτοί οι άνθρωποι έρχονται και βγάζουν τα παπούτσια τους πριν πηδήξουν».

Προσωπικά, δεν τα βλέπω όλα μαύρα. Αλλά ίσως να μην αισθάνομαι πραγματικά την κρίση. Δεν έχω παιδιά να μεγαλώσω, δεν έχω πολλά πράγματα να πληρώνω, όπως νοίκι ή δάνεια, αλλά και πάλι βλέπω τι γίνεται. Αισθάνομαι την κακή ενέργεια, την πανταχού παρούσα κατάθλιψη. Δεν νομίζω να έχω δει ανθρώπους σε χειρότερη κατάσταση. Ίσως τώρα να καταλαβαίνω κάποια πράγματα που δεν καταλάβαινα πριν. Δεν μπορώ να κάνω όνειρα [για το μέλλον μου] ή να κάνω μεταπτυχιακές σπουδές, πράγμα που πολύ θα το ήθελα. Δεν μπορώ να βρω δουλειά τώρα, συνεπώς δεν μπορώ να κάνω τίποτα! Απλώς ελπίζω ότι στο μέλλον όλα θα είναι καλύτερα.

Νομίζαμε ότι η σύμβασή μας θα έληγε τον Ιούνιο του 2015, αλλά έγινε μια εξάμηνη ανανέωση της σύμβασης. Ήμασταν τυχεροί που δουλέψαμε λίγο παραπάνω. Όλοι στην Υπηρεσία Συντήρησης Μνημείων Ακρόπολης ήθελαν εμείς—οι συμβασιούχοι—να συνεχίσουμε να δουλεύουμε, αλλά το κράτος δεν μπορεί να διαθέσει χρήματα για μας, δεν μπορεί να δώσει προτεραιότητα στην αναστήλωση της Ακρόπολης, και γενικά στο Υπουργείο Πολιτισμού. Όλες οι αναστηλώσεις, οι ανασκαφές, άλλα έργα σε εξέλιξη που έχουν να κάνουν με τις αρχαιότητες και τον τουρισμό σε όλη την Ελλάδα είχαν την ίδια μοίρα. Στο θέατρο του Διονύσου, κάτω από τον Βράχο, η ίδια ιστορία. Υπάρχει πολλή δουλειά που πρέπει να γίνει εκεί. Αλλά όταν το κράτος δεν έχει λεφτά και απολύει τους μισούς εργαζόμενους—τους συμβασιούχους–, τα προγράμματα σχεδόν σταματούν.

Συνήθως υπάρχει χρηματοδότηση από την Ευρωπαϊκή Ένωση για να προσληφθούν συμβασιούχοι και να ολοκληρωθεί ένα συγκεκριμένο έργο. Υπάρχει προθεσμία για το πρόγραμμα και, όταν αυτό τελειώσει, όλοι οι εργαζόμενοι που έχουν προσληφθεί με σύμβαση έργου απολύονται. Πολλά προγράμματα είχαν καταληκτική ημερομηνία την 31η Δεκεμβρίου του 2015. Ανάμεσα σε αυτά ήταν και η αναστήλωση της Ακρόπολης. Το πρόγραμμα ολοκληρώθηκε έγκαιρα και ξέραμε ότι θα έπρεπε υποχρεωτικά να φύγουμε. Κάθε χρηματοδότηση σταμάτησε μέχρι να καταρτιστεί το επόμενο πρόγραμμα. Η χρηματοδότηση από την Ευρωπαϊκή Ένωση ονομάζεται ΕΣΠΑ. Η δική μου δουλειά ξεκίνησε και συνεχίστηκε μόνο μέσω αυτής της χρηματοδότησης. Ήταν ειδικά για το πρόγραμμα που εμείς, οι συμβασιούχοι, έπρεπε να ολοκληρώσουμε. Μας είχαν πει από την αρχή ότι όλο αυτό θα διαρκούσε μέχρι το 2014 ή, το αργότερο, μέχρι το 2015. Ήμασταν και πολύ τυχεροί για τη διάρκεια της σύμβασης. Κάποιοι φίλοι μου, επίσης μαρμαροτεχνίτες, που δούλευαν στο Θέατρο του Διονύσου, είχαν σύμβαση μόνο για οχτώ μήνες. Μετά, αναγκάζονταν να διακόψουν για τέσσερις μήνες μέχρι τους προσλάβουν ξανά, για άλλους οχτώ μήνες. Αυτό δεν ήταν καλό. Στην Ακρόπολη είχαμε ανανεώσεις, χωρίς διακοπές, για τέσσερα και πέντε χρόνια, άρα ήμασταν πολύ τυχεροί. Για πολλούς εργαζόμενους σε αναστηλώσεις ή ανασκαφές οι συμβάσεις είναι συνήθως μόνο για τέσσερις ή έξι μήνες, και τον χειμώνα διακόπτονται.

Το κράτος βρίσκει τέτοιου είδους λύσεις: δημιουργεί πολλές θέσεις για συμβασιούχους για μικρά χρονικά διαστήματα έτσι ώστε να μην χρειάζεται να τους πληρώνει για πάντα. Το συντομότερο διάστημα είναι νομίζω για τρεις μέρες. Ναι, τρεις μέρες! Κοιτούσα για θέσεις εργασίας στο διαδίκτυο τον Νοέμβριο και είδα ότι σε ένα πρόγραμμα ζητούσαν έναν εργάτη για τρεις μέρες! Ήταν πολύ αστείο.

Μετά την 31η Δεκεμβρίου [του 2015], 3.000 συμβασιούχοι του Υπουργείου Πολιτισμού βρέθηκαν άνεργοι. Παρέμειναν μόνο οι μόνιμοι εργαζόμενοι του Υπουργείου Πολιτισμού. Αυτοί οι εργαζόμενοι είχαν πιθανότατα προσληφθεί πριν από το 2004. Εκείνη την εποχή υπήρχε ένας νόμος που έλεγε ότι, από τη στιγμή που είχες δουλέψει με σύμβαση για περισσότερα από τέσσερα χρόνια χωρίς διακοπή, γινόσουν αυτομάτως μόνιμος. Σήμερα αυτό δεν ισχύει, ειδικά στο Υπουργείο Πολιτισμού και στα προγράμματα συντήρησης και αναστήλωσης.

Συχνά σκέφτομαι τι θα γινόταν αν μπορούσα να επιστρέψω και να μονιμοποιηθώ. Δεν ξέρω. Νομίζω ότι θα ήταν ένα δώρο—θα έπρεπε να πετάω τη σκούφια μου! Θα ήμουν ευτυχισμένη και τυχερή... από τη μία μεριά. Αλλά από την άλλη μεριά, προσωπικά δεν μου αρέσουν πολύ οι μόνιμες καταστάσεις—μου αρέσουν οι αλλαγές! Ίσως εξαιτίας της ηλικίας μου. [*γέλια*] Αλλά τώρα που ξέρω τι σημαίνει να είσαι άνεργος, θα διάλεγα τη μόνιμη δουλειά, σίγουρα.

ΓΙΩΡΓΟΣ ΔΕΣΥΠΡΗΣ

Σε μια αποθήκη, στο εργοτάξιο της Ακρόπολης

Είμαι από την Τήνο, από ένα χωριό στην άλλη άκρη του νησιού από κει που βρίσκεται το μάρμαρο, τα Δυο Χωριά. Λοιπόν, όταν τελείωσα στο δημοτικό σχολείο, οι επιλογές μου ήταν να πάω ή στο γυμνάσιο ή στη Σχολή [στον Πύργο]. Και πέρασα στη Σχολή. Ήμουν μόλις δώδεκα χρονών. Ο νονός μου ήταν από εκείνα τα μέρη και με τράβηξε προς τα κει, για να μάθω τη δουλειά, την τέχνη αυτή. Πήγα στη Σχολή χωρίς να έχω ιδέα από μάρμαρο. Ούτε τι χρώμα είχε δεν ήξερα. Αλλά η Τήνος βγάζει μόνο τρεις ειδικότητες: μαρμαράδες, παπάδες και ναυτικούς. Οπότε, μαρμαράς!

Έμεινα στη Σχολή τρία χρόνια, και μετά κατευθείαν εδώ, στην Αθήνα. Ήμουν τότε δεκαέξι-δεκαεφτά χρονών. Ήρθε μαζί μου όλη η οικογένεια. Μπήκα στα μαρμαράδικα. Η πρώτη μου δουλειά ήταν προτομές για νεκροταφείο, στο εργαστήριο γλυπτικής του Σκλαβούνου, στο Δεύτερο Νεκροταφείο. Η δουλειά ξεκίναγε στις εφτά βάζοντας *πόντα*, μέχρι τις έντεκα, που κάναμε διάλειμμα για κολατσιό, και ξανά μέχρι τις τρεις, οπότε και σχολάγαμε. Ακατάπαυστα. Όταν είσαι μικρός, όταν μαθαίνεις, ουσιαστικά παίζεις. Τώρα, τέρμα τα παιχνίδια, και από τις εφτά μέχρι τις τρεις η ώρα, τα χέρια σου πονάνε, η μέση σου πονάει· είσαι αποκαμωμένος και πονάς παντού.

Ο μάστορας εκεί δεν είχε ιδέα από μάρμαρο, δεν ήξερε να ποντάρει, και περίμενε από μένα να βγάζω τη δουλειά. Βρήκε εμένα, που ήξερα ό,τι ήξερα από τη Σχολή, και με πήρε αναγκαστικά, για να κάνει τη δουλειά του. Καταλαβαίνεις. Δεν υπήρχε μάστορας. Ωραία ήταν, με συνέφερε κι εμένα έτσι. Εκεί έκατσα έναν χρόνο. Άλλαξα πολλές φορές μαγαζί, δούλεψα σε εφτά διαφορετικά. Άλλοτε σε γλύπτη, άλλοτε στην οικοδομή, μετά πάλι σε νεκροταφείο. Και σε *σχιστήριο*.[67]

Σε κανένα μαγαζί δεν έμαθα τα ίδια πράγματα, κι ας ασχολούνταν με το ίδιο αντικείμενο. Σε δυο μαγαζιά που έφτιαχναν προτομές, για παράδειγμα, και στα δύο χρησιμοποιούσαν *πονταδόρο*, αλλά η τεχνική στο ένα δεν ήταν ίδια με την τεχνική στο άλλο. Παρεμφερείς βέβαια, αλλά διαφορετικές· διαφορετικά πιασίματα, διαφορετικά σκαλίσματα, όλα διαφορετικά. Και όλα σχετικά. Σε κάθε μαγαζί μάθαινα διαφορετικά πράγματα, αλλά όλα είχαν να κάνουν με το ίδιο πράγμα, το μάρμαρο.

Η βιομηχανία, το σχιστήριο, αυτές οι δουλειές δεν έχουν σχέση με τη μαρμαρογλυπτική. Εκεί βγάζουν ένα τυποποιημένο προϊόν, βιομηχανοποιημένο. Αλλά κι εκεί πρέπει να ξέρεις πώς να κόψεις το μάρμαρο για να το σκαλίσεις. Είναι κι αυτό σημαντικό. Στο σχιστήριο, αν δεν ξέρεις πώς να κόψεις το μάρμαρο, πώς θα το σκαλίσεις μετά; Είναι αλυσίδα όλα αυτά. Από το βουνό στο σχιστήριο, κι από το σχιστήριο στον μάστορα να το σκαλίσει. Εγώ τον μόνο κρίκο της αλυσίδας που δεν έμαθα ήταν το βουνό. Απ' όλα τα υπόλοιπα πέρασα.

Πήγα μια φορά σε λατομείο. Όχι για να δω πώς γίνεται η εξόρυξη, αλλά για να παραγγείλω μάρμαρα. Οι όγκοι είναι κομμένοι και συ διαλέγεις. Γιατί δεν είναι όλοι οι όγκοι ίδιοι, κι ας είναι βγαλμένοι από την ίδια μεριά. Άλλοι είναι πιο σκούροι, άλλοι πιο ανοιχτοί. Και είναι βγαλμένοι από το ίδιο μέρος, αλλά τα νερά χρωματίζουν το μάρμαρο. Όταν έχεις εμπειρία, μπορείς να το δεις όλα αυτά, όπως και το αν ο όγκος είναι γερός. Αν το κομμάτι έχει *κομμούς*, *εγκάρσια*, κοκκινίλες, τους λεγόμενους *σπαθοκομμούς*.[68] Τέλος πάντων, τα νερά, τα σπασίματα ή τα ψεγάδια γενικά. Τις *σπαθιές* στα νερά. Τα μάρμαρα παθαίνουν ζημιές. Βρέχεις το μάρμαρο και τα βλέπεις όλα αυτά. Το νερό σού

67 Σχιστήριο: εργοστάσιο κοπής και λείανσης μαρμάρου.

68 *Εγκάρσια*: νερά κόντρα· σπαθοκομμοί: εγκάρσια ραγίσματα· ψεγάδια του μαρμάρου.

δείχνει πολλά. Είναι σαν να κάνεις μαγικά, κάπως έτσι: αμπρακατάμπρα! [*γέλια*]

Μετά από δέκα χρόνια δουλειά σε διάφορα μαρμαράδικα, όταν ήμουν είκοσι τεσσάρων, πριν από είκοσι οχτώ χρόνια, ήρθα στην Ακρόπολη γιατί ξεκινούσε το έργο στα Προπύλαια και χρειάζονταν προσωπικό. Καταρχάς, ήρθα για να πάρω μια ειδικότητα. Γιατί έξω, όπως είπα, έκανα σε εφτά μαρμαράδικα εφτά διαφορετικές δουλειές. Εδώ έχεις μια ειδικότητα. Αυτό ήταν το πρώτο. Μετά, αργότερα, ανακάλυψα ότι και τα λεφτά ήταν περισσότερα!

Όταν ξεκίνησα να δουλεύω εδώ, δεν υπήρχε τίποτα. Ήρθα και ήταν μόνο το μνημείο. Εδώ που καθόμαστε, το έδαφος ήταν μπαζωμένο με μάρμαρα και είχε μια παραγκούλα από πάνω. Για να στηθεί το εργοτάξιο, έπρεπε πρώτα να γίνουν διάφορες άλλες δουλειές. Κάναμε ανασκαφή εδώ. Υπήρχαν θραύσματα μαρμάρου που τα προστάτευε μια στρώση χώμα. Δεν ήταν όλα σε καλή κατάσταση, αλλά τα ξεδιαλέξαμε και τα καθαρίσαμε από το χώμα. Κάναμε τα πάντα γιατί ήμασταν ελάχιστοι, μόνο δέκα. Με τον αρχιτέκτονα, μετρήσαμε όλο το μνημείο με τον *χωροβάτη*.[69] Το κόψαμε σε φέτες με αυτό το όργανο (τον χωροβάτη) που χρησιμοποιείται στην οδοποιία για να παίρνουν τις υψομετρικές διαφορές και να χαράζουν τομές. Τοπογραφείς το μνημείο περιμετρικά. Στήνεις το όργανο και μέσα από τον φακό κάνεις τις μετρήσεις. Βάζεις γραμμές και σημάδια, και χωρίζεις το μνημείο σε τομές, για να γίνει το σχέδιο.

Στην αρχή μού φαινόταν σαν μία συνηθισμένη δουλειά. Άλλαξα γνώμη όταν κατεβάσαμε τα κομμάτια από τα Προπύλαια, όταν τα πιάσαμε αυτά τα κομμάτια στα χέρια μας και είδαμε τι δουλειά είχε γίνει πάνω τους—τότε συνειδητοποίησα την αξία τους· σαν δουλειά, όχι σαν λεφτά. Μέχρι τότε δεν είχα καταλάβει τίποτα! Είχαν την τέλεια λάξευση, το τέλειο φινίρισμα. Λες και ήταν κομμένα με λέιζερ. Πώς να το πω; Ήταν τόσο όμορφα κομμένα που ούτε με μηχάνημα να τα είχαν κόψει. Τώρα, μπορούμε κι εμείς να κόβουμε τόσο καλά—ως ένα βαθμό, τουλάχιστον. Όχι εκατό τοις εκατό. Είμαστε περίπου στο ενενήντα πέντε τοις εκατό.

Δεν μιλάμε για αγάλματα. Τα αγάλματα είναι εύκολα. Μιλάω για τους λίθους. Οι λίθοι είναι δύσκολοι. Σ' ένα άγαλμα, αν σου φύγει κάτι, το διορθώνεις. Στον λίθο δεν επιτρέπεται να σου φύγει η ακμή που κάνει ένωση με τον άλλο λίθο. Εκεί πρέπει να είσαι απόλυτος και τέλειος. Αυτή την τελειότητα, αυτή τη δουλειά θαυμάζουμε εδώ πάνω. Εγώ δεν μπορώ να το κάνω έτσι. Κανείς δεν μπορεί. Κανείς δεν μπορεί να κάνει τέτοιες επαφές. Η επαφή είναι εκπληκτικό πράγμα. Δεν πρέπει να περνάει ούτε τρίχα ανάμεσα. Η επαφή του λίθου είναι ουσιαστικά το μεγάλο στοίχημα.

Κάναμε περισσότερους από τους μισούς λίθους στήριξης των Προπυλαίων. Καινούριους και μπαλώματα στις αρχαίες πέτρες. Για να φτιάξουμε έναν [εντελώς] καινούριο [λίθο], παίρνουμε έναν όγκο από το σχιστήριο, όσο πιο κοντά γίνεται στις διαστάσεις που θέλουμε, και αρχίζουμε να προετοιμάζουμε τις επιφάνειες. Πρώτα το *πρόσωπο*, μετά το *μουρέλο* και το *κεφάλι*. Και για να στρώσουμε μια επιφάνεια, βάζουμε το *πέκι*. Το πέκι είναι όλα τα λεφτά! Αν δεν ξέρεις το πέκι, δεν μπορείς να ενώσεις λίθο με λίθο. Γιατί η μία πλευρά μπορεί να είναι γωνία και να είναι πιο έξω από την άλλη. Ή μπορεί να είναι επίπεδη από τη μία πλευρά, και από την άλλη πλευρά να είναι σε διαφορετικά πατήματα, να κάθεται διαφορετικά. Το πέκι είναι αυτό που θα τις κάνει ίσιες. Βάζεις δυο *πήχες* στις αντικριστές πλευρές και τις φέρνεις σε ευθεία. Κάνεις πίσω δύο μέτρα. Μετά χρησιμοποιείς το μάτι σου για να δεις

69 *Χωροβάτης*: τοπογραφικό όργανο που χρησιμοποιείται για τη μέτρηση υψομετρικών διαφορών.

τις άκρες από τις πήχες (οι πήχες πρέπει να είναι μεγαλύτερες από το μάρμαρο). Και κοιτάς τις άκρες. Οι άκρες θα σου δείξουν πόσο χάνει η μία με την άλλη.

Και μπορείς να γωνιάζεις άνετα από εδώ και άνετα από εκεί. Αυτό σε σχέση με κάθε επιφάνεια. Δεν έχει να κάνει αν είναι πρόσωπο, κεφάλι ή μουρέλο. Όλες οι επιφάνειες πρέπει να είναι ίσιες. Κάνουμε το ίδιο πράγμα και με το μάρμαρο που είναι κομμένο με το μηχάνημα, γιατί μπορεί να σου έρθει από τον *κόφτη* στραβό. Θα το ισιώσεις. Εντάξει, υπάρχει πιθανότητα να είναι ίσιο, αλλά εσύ πρέπει να κάνεις έλεγχο [με το πέκι]. Πρώτα το πρόσωπο, μετά το μουρέλο, μετά το κεφάλι. Τότε, όταν τα έχεις κάνει όλα αυτά, είσαι μάστορας! [*γέλια*]

Οι λίθοι των Προπυλαίων έχουν *αναθυρώσεις*, έχουν βαθουλώματα στα κεφάλια, έτσι ώστε να κάνουν επαφή μόνο περιμετρικά στις ακμές και όχι με όλη την εσωτερική επιφάνεια.[70] Σε όλα τα αρχαία αρχιτεκτονικά μέλη, μόνο οι ακμές ακουμπούν. Αυτό γίνεται για να ταιριάζουν πιο εύκολα μεταξύ τους, για να έχουν καλύτερη επαφή. Υπάρχει ένα κενό περίπου μισού εκατοστού [ανάμεσα στους λίθους]. Πόσα τετραγωνικά μέτρα πρέπει να στρώσεις για να ενώσεις μία και μόνη λωρίδα επιφάνειας; Και πόσα τετραγωνικά μέτρα απαιτεί η υπόλοιπη επιφάνεια; Κάνοντάς το κατ' αυτόν τον τρόπο, η δουλειά γίνεται πιο γρήγορα. Αρκεί να κάνεις μόνο τις εξωτερικές ακμές. Και αυτό βοηθάει να έχουν καλύτερη εφαρμογή οι επαφές. Ίσως έτσι να ήταν και πιο ανθεκτικά στους σεισμούς. Γιατί το μάρμαρο πρέπει να έχει λίγο χώρο για να «παίξει» σε περίπτωση κραδασμών. Αν είχε επαφή ολόκληρη η επιφάνεια, θα έσπαγε πιο γρήγορα. Είχε άλλο κόλπο. Όπως και οι επιφάνειες, οι εδράσεις δεν ήταν λείες, ήταν αγριεμένες με το *ντισιλίδικο* για να μη γλιστράνε.

Οι αρχαίοι μαρμαρογλύπτες λάξευαν σε μορφή ζιγκ-ζαγκ. Δεν υπάρχει αρχαία λάξευση που να είναι σε ευθεία, όπως αυτή που κάναμε στη Σχολή. Εκεί, παίρναμε τη *φαγάνα* και κάναμε ίσιες γραμμές, αυλάκια κάναμε. Το οργώναμε. Οργώναμε το μάρμαρο σαν να ήταν αγρός! Αλλά οι αρχαίοι ποτέ δεν έκαναν αυτό το πράγμα. Δεν υπάρχει αρχαία λάξευση που να είναι έτσι. Όλα τα σημάδια από *καλέμι* είναι σε ζιγκ-ζαγκ. Για να μη γλιστράνε.

Δεν θα το έκανα αυτό σε μια οικοδομή. Εδώ κάνουμε ό,τι απαιτεί το έργο. Όταν κάνεις συμπλήρωμα στο αρχαίο, αντιγράφεις ουσιαστικά τη δουλειά του αρχαίου στο νέο. Την αντιγράφεις. Δεν μπορείς να κάνεις κάτι άλλο. Κάνεις πιστή αντιγραφή. Ναι, ακόμα και με τα εργαλεία που χρησιμοποιούσαν εκείνοι. Εμείς εδώ είχαμε καμίνι και αντιγράφαμε τα δόντια [των εργαλείων] ακριβώς. Ένας συνάδελφος τα έκανε. Λεπτά, χοντρά, μικρά δόντια—ό,τι έδειχνε ο αρχαίος λίθος. Όχι με ό,τι εργαλείο είχαμε εμείς. Αυτές είναι ειδικές περιπτώσεις!

Έχουνε μείνει μερικά από εκείνα τα εργαλεία. Γιατί αυτά σπάνε—και όταν σπάνε, πεθαίνουν. Δεν έχουν μείνει τεχνίτες πια. Ένας μάστορας έχει μείνει που να κάνει αυτή τη δουλειά για μας: ο Βασίλης Τσιτσιμπάγκος, ένα παιδί που είναι πάνω, στην Ακρόπολη. Αλλά δεν είναι σιδεράς, μαρμαράς είναι. Ασχολείται όμως λίγο και με το σίδερο. Τώρα, όταν κάποιος φτιάχνει κάτι, αν τα χέρια σου πιάνουν, πας κοντά και μαθαίνεις κι εσύ. Παρακολουθείς και μετά θέλεις να το κάνεις κι εσύ. Όλα τα σφυριά, τους *μαντρακάδες*, τους έχουμε φτιάξει μόνοι μας, στο καμίνι, εδώ. Αν και είχαμε τον παραδοσιακό μαντρακά από τη Σχολή του Πύργου, φτιάξαμε διαφορετικά μεγέθη, μεγάλα, μικρά, ό,τι ζητούσε η δουλειά. Γιατί εδώ δουλεύαμε πολύ με το χέρι όταν ξεκινήσαμε. Τα

70 *Αναθύρωσις*: μία αρχαία τεχνική ένωσης χωρίς κονίαμα, όπου οι περίμετροι των λίθων που βρίσκονταν απέναντι από τις εσωτερικές επιφάνειες έχουν εξαιρετικά λεπτομερές φινίρισμα για επαφή με το ελάχιστο δυνατό κενό, ενώ το κέντρο των εσωτερικών επιφανειών είναι τραχύ, για την καλύτερη δυνατή επαφή των ακμών.

ηλεκτρικά εργαλεία ήρθαν την τελευταία δεκαετία. Αν σπάσει η γωνία ενός εργαλείου, μπορούμε να το φτιάξουμε— αλλά μέχρι εκεί. Αν πάθει πιο σοβαρή ζημιά, αποσύρεται. Δεν μπορούμε πια να το ξαναφτιάξουμε από την αρχή. Δεν μπορούμε να φτιάξουμε καινούρια.

Αλλά μετά τον Βασίλη, τέλος. Τελείωσε. Είναι κι ένας μάστορας που έχει μείνει στον Πύργο. Αλλά αυτός, στον Πύργο, ξέρεις τι κάνει; Φτιάχνει μια σειρά από τυποποιημένα εργαλεία. Τα έχει τυποποιήσει πια τα πράγματα. Εμείς τα φτιάχνουμε όπως τα θέλουμε.

Είναι παρόμοια τα εργαλεία που έχουμε στα Προπύλαια με αυτά που έχουν στον Παρθενώνα. Δεν θα καταλάβει διαφορά κανένας. Να είσαι σίγουρη. Καταλαβαίνεις τη διαφορά μόνο στο αποτύπωμα, από τα σημάδια που αφήνει το εργαλείο. Αν πελεκήσω με το ένα εργαλείο και μετά με άλλο, μόνο τότε θα το καταλάβεις. Έχει να κάνει με την απόσταση από το ένα δόντι στο άλλο και με την κόψη, πόσο στομωμένη είναι, καταλαβαίνεις; Έχει να κάνει με τη λεπίδα και την απόσταση ανάμεσα στα δόντια. [Τα εργαλεία] τα φροντίζουμε με το ακόνισμα. Υπάρχουν δύο τρόποι· ο ένας είναι με την πέτρα και το νερό—με το χέρι. Ο άλλος είναι με τριβείο. Αλλά μόνο με νερό· ποτέ δεν βάζουμε λάδι στο μάρμαρο.

Χωρίς αμφιβολία το αποκορύφωμα της δουλειάς μου εδώ [στα Προπύλαια] ήταν η λάξευση των ιωνικών κιονόκρανων. Δεν υπήρχε τίποτα πιο δύσκολο και πιο ολοκληρωμένο. Τα έκανα εντελώς από την αρχή. Έκανα αντίγραφα από όλη την κιονοστοιχία και μελέτησα όλα τα κομμάτια που είχαμε βρει. Γιατί το καθένα τους ήταν διαφορετικό, έστω κι αν ήταν όλα ιωνικά και από την ίδια σειρά. Είχαν μικροδιαφορές, διαφορές όχι μόνο στα εξωτερικά μέτρα. Υπήρχαν μικρές διαφορές και στα εσωτερικά μέτρα. Ήταν αντίγραφο εξ ολοκλήρου. Διάλεξα την πιο όμορφη φόρμα και την υιοθέτησα, όσο μπορούσα· με τον αρχιτέκτονα μαζί, γιατί κι εκείνος ήταν μαμούνι και ψόφαγε για λεπτομέρειες.

Δύο έχουμε φτιάξει, ένα δεξιά κι ένα αριστερά, για τη στήριξη της οροφής. Υπήρχε ένα που το είχαν φτιάξει από [κομμάτια που προέρχονταν από] τέσσερα διαφορετικά κιονόκρανα. Ο Μπαλάνος τα είχε ενώσει από τέσσερα διαφορετικά κιονόκρανα και είχε φτιάξει ένα.[71] Αλλά αυτό δεν στήριζε τίποτα. Το αποσυναρμολογήσαμε. Η μία πλευρά είναι κάτω, στο μουσείο. Η άλλη είναι κάπου εδώ, μέσα στο κιβώτιο, το άλλο κομμάτι... Να το—το γράφει πάνω![72] [*δείχνει ένα μεγάλο κιβώτιο δίπλα μας*]

Ένα κομμάτι είναι εδώ. Είναι μία από τις γωνίες [του κιονόκρανου]. Τα άλλα δύο είναι στο μουσείο. Από τα κομμάτια που ήταν εκεί, κρατήσαμε μόνο τα δύο που ανήκαν στο μνημείο. Αφαιρέσαμε τα άλλα δύο που ήταν από αλλού.

Καταρχάς, σαν σχέδιο δεν είναι απλό. Οι έλικες δεν είναι στρογγυλοί, όπως φαντάζεσαι ότι είναι δυο ρόδες. Έχουν έλλειψη. Έχουν εσωτερικά βαθιά σκαλίσματα. Έχουν απίστευτες λεπτομέρειες, που δεν τις βλέπεις από μακριά. Δεν είναι στρογγυλοί, όχι. Το μάρμαρο [που θα διαλέξεις να χρησιμοποιήσεις] πρέπει να είναι καθαρό, χωρίς σπασίματα. Αυτά προσέχεις όταν διαλέγεις μάρμαρο: να μην είναι σκούρο, να μην έχει σπασίματα μέσα του—αυτά που λέμε *κοψιές*—, να είναι στα νερά που θέλουμε, τα κεφάλια να είναι στα κεφάλια, και τα πρόσωπα να είναι πάνω κάτω, στις εδράσεις τους. Ίδιο βουνό, ίδιο νταμάρι, ίδια ποιότητα, όπως και όλα τα υπόλοιπα μάρμαρα για τα Προπύλαια.

[Σαν ομάδα] υπήρξαν πολλές περιπτώσεις που δουλέψαμε πολύ καλά μαζί, όχι μόνο με τα μεγάλα μάρμαρα που έπρεπε να σηκωθούν ψηλά. Έπρεπε να μεταφέρουμε και τους γερανούς.

71 Νικόλαος Μπαλάνος (1869-1943): προϊστάμενος της πρώτης αναστήλωσης του Παρθενώνα, η οποία ξεκίνησε στα τέλη του 19ου αιώνα. Ένα μεγάλο μέρος των εργασιών στην τρέχουσα αναστήλωση αφορά επιδιορθώσεις των ζημιών που προκάλεσε αθέλητα εκείνη η πρώτη προσπάθεια αναστήλωσης.

72 Η Πολυάννα Βλατή διαβάζει τη σχετική καρτέλα: «Γράφει: "Γωνία του κιονόκρανου της συνένωσης 5. Ιωνικό κιονόκρανο"».

Όλα αυτά τα σίδερα έχουν έρθει επάνω στον Βράχο με τον παραδοσιακό τρόπο: με μαδέρια και κατρακύλια. Σίδερα οχτώ μέτρα επί ένα μέτρο στο ύψος. Τι νόμιζες; Πώς ήρθαν εδώ, νομίζεις; Εδώ πέρα δεν υπήρχε δρόμος να τα φέρει το φορτηγό. Σπρώχνοντας! Σχοινιά, φρένο-σχοινί, φρένο-κατρακύλι, όλα αυτά. Σε κάποια σημεία τραβάγαμε, σε άλλα σημεία το ανάποδο. Σε όλο τον Βράχο, μαδέρια και κατρακύλια. Ανεβάσαμε και μάρμαρα που ήταν πεταμένα κάτω από τον Βράχο. Από τα σκαλιά, με μαδέρια και κατρακύλια. Το ίδιο πράγμα είναι, δεν αλλάζει τίποτα. Τα λιοντάρια που είναι στην είσοδο τα φέραμε εδώ για συντήρηση και τα ξαναπήγαμε κάτω. Πώς το κάναμε αυτό; Με τι; Με ελικόπτερο; Αυτή την τεχνική με τα κατρακύλια δεν την ήξερα. Δεν την είχαμε μάθει πουθενά έξω. Εδώ την μάθαμε. Αυτές οι μεταφορές ήταν κατόρθωμα για μας.

Στα Προπύλαια, τα είδα όλα, από την αρχή μέχρι το τέλος. Ενώ τώρα, στον Παρθενώνα, είμαι σαν επισκέπτης. Προς το τέλος ήμουν ο επικεφαλής του συνεργείου των Προπυλαίων. Η θέση του εργοδηγού πηγαίνει στον παλαιότερο. Στον πιο παλιό, στον πιο έμπειρο. Δεν υπήρχε άλλος πιο έμπειρος. Συνήθως σε προτείνει ο αρχιτέκτονας. Αν δεν δεχτείς, θα προσβάλεις εκείνον που σε πρότεινε, γιατί ο άλλος σε εμπιστεύεται. Τελικά, σταματάς να δουλεύεις το μάρμαρο και έχεις άλλη αντίληψη για τη δουλειά. Έχεις μια γενική εικόνα, από το κόψιμο του μαρμάρου και πέρα, είσαι μέσα σε όλα τα στάδια της δουλειάς. Πρέπει να παρακολουθείς όλα τα στάδια και να τα φέρεις σε μια σειρά.

Οι δουλειές δεν αλλάζουν με την πάροδο του χρόνου. Οι τεχνικές αλλάζουν. Η σύγχρονη εποχή έχει άλλες τεχνικές. Δεν δουλεύουμε τα μεγάλα κομμάτια μαρμάρου πια, τα πάμε στα μηχανήματα. Άρα, η δουλειά αλλάζει λιγάκι από μόνη της. Δεν την άλλαξα εγώ· ο χρόνος την αλλάζει, εκ των πραγμάτων. Ο παλιός μάστορας ήξερε όλες τις φάσεις της δουλειάς. Και μπορούσε να δουλέψει με οποιοδήποτε εργαλείο, από τα χειροκίνητα εργαλεία μέχρι τα σύγχρονα μηχανήματα. Τα σύγχρονα εργαλεία σε βοηθάνε, αλλά άμα δεν ξέρεις την παραδοσιακή τέχνη, τα σύγχρονα εργαλεία δεν θα σε βοηθήσουν καθόλου. Οπότε, με τη βοήθεια των σύγχρονων μηχανημάτων προχωράς τη δουλειά σου πιο εύκολα. Αλλά όχι καλύτερα. Απλώς πιο εύκολα. Οι μαρμαράδες θα περάσουν σε άλλη διάσταση. Θα ξεχάσουν τους παραδοσιακούς τρόπους, θα αναγκαστούν να εκμοντερνιστούν, θα βαδίσουν με την εποχή τους, αναγκαστικά. Δεν μπορείς να είσαι παραδοσιακός πλέον.

ΠΕΤΡΟΣ ΓΕΩΡΓΟΠΟΥΛΟΣ

Σε καφέ, κοντά στην Ακρόπολη

[*κοιτάζοντας ένα πρόγραμμα του 2013 για την αναβίωση των Αγώνων της Νεμέας*] Γνώρισα τον Στίβεν Μίλερ και θαύμασα τον τρόπο που μιλούσε για τους εργάτες που τον βοήθησαν όλα αυτά τα χρόνια.[73] Μας διηγήθηκε ιστορίες· μας έδειξε φωτογραφίες· μας είπε ανέκδοτα από την κοινή τους πορεία. Στο τελευταίο του βιβλίο αναγνώρισε στον ύψιστο βαθμό τη συνεισφορά του αρχιμάστορά του, του Θεοδόσιου, στις ανασκαφές. Εκείνος ήταν που χτυπώντας με το φτυάρι του την πέτρα κατάλαβε ότι από κάτω ήταν κούφιο, άρα κάτι υπήρχε εκεί. Με ενθουσίασε το ότι ο Μίλερ απέδωσε όλα τα εύσημα για την ανακάλυψη στον Θεοδόσιο, για να συμπληρώσει χαριτολογώντας, «Εγώ απλά έδωσα τα χρήματα». Είναι πολύ σημαντικό ένας

73 Stephen G. Miller (γεν. 1942): ομότιμος καθηγητής κλασικής αρχαιολογίας στο UC Berkeley· πρώην διευθυντής της Αμερικανικής Σχολής Κλασικών Σπουδών στην Αθήνα· Διευθυντής των Ανασκαφών στην αρχαία Νεμέα από το 1973. Πρωτοστάτησε στη σύγχρονη αναβίωση των Αγώνων της Νεμέας (των Νεμέων), οι οποίοι διεξάγονται κάθε τέσσερα χρόνια, αρχής γενομένης το 1996.

επιστήμονας του δικού του βεληνεκούς να λέει κάτι τέτοιο. Είναι συνηθισμένο οι επιστήμονες να παρουσιάζουν, σε κάποιο βαθμό, για δική τους τη δουλειά που έχουν κάνει άλλοι, και αυτό είναι άδικο. Γι' αυτό ήταν τόσο αγαπητός ο καθηγητής Μίλερ, επειδή δεν το έκανε αυτό. Αντίθετα, έφερε στο προσκήνιο όλους τους αφανείς ήρωες που δούλεψαν μαζί του.

Εξακολουθεί να υπάρχει σήμερα μια διάκριση ανάμεσα στα δικαιώματα που έχει ένας επιστήμονας (ένας αρχαιολόγος, ένας μηχανικός, ένας αρχιτέκτονας) και κάποιος που εργάζεται σε ένα τεχνικό κομμάτι της δουλειάς. Η διαφορά είναι μεγάλη. Η δουλειά που κάνουν οι μαρμαροτεχνίτες αναδεικνύεται από τους επιστήμονες. Εμείς από μόνοι μας δεν μπορούμε να γράψουμε βιβλία και να τεκμηριώσουμε την ίδια μας τη δουλειά. Κάποιες φορές, οι επιστήμονες καταλαβαίνουν και παρουσιάζουν το θέμα καλύτερα απ' ό,τι μπορούμε εμείς. Άλλες φορές πάλι, κάνουν τρανταχτά λάθη.

Καταρχάς, είναι δύσκολο για κάποιον που δεν ξέρει να σκαλίζει το μάρμαρο να ξεχωρίσει με τι είδους μάρμαρο έχει να κάνει. Αυτό μπορείς να το δεις ακόμα και σήμερα, και σε πολύ γνωστά μουσεία. Εκτός αυτού, είναι και ο τρόπος κατεργασίας, τα εργαλεία. Για κάποιον που δεν έχει δουλέψει το μάρμαρο, είναι δύσκολο να καταλάβει πώς ακριβώς πρέπει να δουλεύεται ένα αντικείμενο από μάρμαρο. Επειδή η γνώση της κατεργασίας του μαρμάρου είναι σήμερα σε πολύ χαμηλότερο επίπεδο απ' ό,τι παλιότερα και επειδή οι επιστήμονες που ασχολούνται με τις αρχαιότητες δεν έχουν εξειδικευμένες γνώσεις πάνω στο μάρμαρο, όταν προσπαθούν να αναλύσουν και να εξηγήσουν τον τρόπο της κατεργασίας του μαρμάρου πέφτουν σε λάθη.

Για παράδειγμα, όταν ένας αρχαιολόγος βρίσκει ένα κομμάτι αρχαίου λίθου με κάποια σκαλίσματα πάνω του, προσπαθεί να εξηγήσει γιατί ο γλύπτης επέλεξε να σκαλίσει αυτή τη συγκεκριμένη πλευρά του μαρμάρου. Αλλά ο μαρμαροτεχνίτης *γνωρίζει* τις στρώσεις του υλικού και *γνωρίζει* ότι μπορείς να δεις, απλώς κοιτώντας ένα κομμάτι μαρμάρου, πού πρέπει να του κάνεις τρύπες, πού είναι πιο γερό, πώς πάνε τα νερά του και πού μπορείς να το ανοίξεις χτυπώντας το. Με το που θα δω τα νερά του λίθου, γνωρίζω σε ποια πλευρά να κοιτάξω για σημάδια. Ο αρχαιολόγος βλέπει σημάδια παντού. Αλλά δεν βρίσκονται παντού.

Καμιά φορά οι μηχανικοί μού λένε να κάνω πράγματα που γνωρίζω ότι δεν γίνονται. Τεχνικά ζητήματα, όπως το πώς τοποθετούμε έναν πολύ βαρύ μαρμάρινο λίθο πάνω σε έναν άλλο. Με τα τεχνικά ζητήματα έχουμε προβλήματα, και αυτό γιατί δεν έχουμε γραπτές πηγές ή βιβλία που να αναφέρονται στις τεχνικές μας—ούτε εγχειρίδια με οδηγίες ή τεχνικά κείμενα—για αυτού του είδους τα πράγματα. Αν είσαι διάσημος επιστήμονας, η γνώμη σου μετράει πολύ. Ακόμα κι όταν κάνεις λάθος, όλοι οι φοιτητές σου και όλοι οι άλλοι παίρνουν τη λανθασμένη γνώμη σου ως γεγονός. Αυτό είναι πρόβλημα. Παίρνει πάρα πολύ χρόνο για τους άλλους να βρουν τις αποδείξεις που θα δείχνουν το λάθος σου.

Αλλά γενικά οι αρχαιολόγοι και οι μαρμαρογλύπτες συνεργάζονται καλά εδώ. Το πρόβλημα είναι ότι δεν έχουμε αρκετούς μαρμαρογλύπτες, ούτε καν εδώ, στην Ελλάδα. Νομίζεις ότι έχουμε πολλούς, αλλά αυτή τη στιγμή στο Υπουργείο Πολιτισμού νομίζω ότι είναι μόνο εξήντα άτομα, διασκορπισμένα σε όλη τη χώρα. Και έχουμε άλλους σαράντα πέντε προσωρινούς εργάτες που έρχονται και φεύγουν.

Το μάρμαρο είναι αρκετά δύσκολο υλικό. Στη Σχολή μας διδαχτήκαμε να το σεβόμαστε και να κοπιάζουμε μέχρι να μάθουμε την τεχνική του. Στην Τήνο, υπάρχει μια έντονη επιμονή στη χειρονακτική εργασία. Περνάμε τρία χρόνια δουλεύοντας μόνο με τα χέρια μας πριν δοκιμάσουμε τα σύγχρονα εργαλεία. Αφού αποκτήσεις μια εξαιρετική γνώση για το υλικό με αυτόν τον τρόπο, μπορείς μετά να δουλέψεις καλύτερα με ένα σύγχρονο εργαλείο. Από τη άλλη πλευρά, αν αρχίσεις να δουλεύεις χρησιμοποιώντας κατευθείαν σύγχρονα εργαλεία, υπάρχει κίνδυνος να καταστρέψεις το υλικό και μπορεί επίσης να πάθεις κάποιο ατύχημα.

Έτσι είναι και στην Ακρόπολη. Πρέπει πρώτα να μάθεις το υλικό σου πολύ καλά, να το δουλέψεις με το χέρι πολύ καλά, και μετά, αφού γίνεις καλός σε αυτό, μπορείς να χρησιμοποιήσεις ηλεκτρικά ή εργαλεία πεπιεσμένου αέρα για να κάνεις τη δουλειά σου πιο γρήγορα. Αν δεν ξέρεις το υλικό σου, μπορείς και πάλι να το κόψεις με έναν *γωνιακό τροχό* όπου θέλεις, αλλά θα το κόψεις σε λάθος μέρος και θα παρουσιαστούν στο κομμάτι μεγάλα προβλήματα σε μερικά χρόνια.

Εδώ στην Ελλάδα, το μάρμαρο είναι κάτι που το βρίσκεις σχεδόν παντού. Δεν είναι πολύ ακριβό, είναι ανθεκτικό και έχει πολύ καλές ιδιότητες ως δομικό υλικό, οπότε χρησιμοποιείται ευρέως. Αλλά επειδή υπάρχουν διαφορετικού είδους λίθοι σε διαφορετικές περιοχές, δεν γίνεται να τους μεταχειρίζεσαι όλους με τον ίδιο τρόπο. Αναλόγως την περιοχή, την ποιότητα του μαρμάρου και τις καιρικές συνθήκες, απαιτείται διαφορετική μεταχείριση. Έχουμε, νομίζω, πάνω από εκατό διαφορετικούς τύπους μαρμάρου: χρωματιστά μάρμαρα, λευκά μάρμαρα, λευκά που σηκώνουν σκάλισμα, λευκά που δεν σηκώνουν σκάλισμα, και άλλα πολλά. Θέλει μεγάλη εμπειρία να καταπιαστείς με πολλά διαφορετικά είδη μαρμάρου και να ξέρεις πώς να τα σκαλίζεις καλά. Ή να *μην* τα σκαλίζεις. Αν μου φέρεις δέκα διαφορετικά κομμάτια, θα πρέπει να διαλέξω το καλύτερο, ακόμα κι αν όλα προέρχονται από το ίδιο νταμάρι. Υπάρχουν διαφορετικά κριτήρια επιλογής ενός κομματιού για γλυπτική κι ενός κομματιού για δομική χρήση.

Για παράδειγμα, για τα ανώτερα μέρη των αρχαίων κτιρίων χρησιμοποιούσαν μάρμαρα που είχαν έναν βαθμό διαφάνειας, για να αφήνουν το φως του ήλιου να περνάει. Τώρα, πώς να το εξηγήσω αυτό; Το μάρμαρο αποτελείται από μικρά μόρια, από κόκκους, από κρυστάλλους. Αν οι κρύσταλλοι είναι μικροί, είναι πιο εύκολο να το σκαλίσεις με το χέρι. Όταν είναι μεγαλύτεροι, είναι πολύ δύσκολο να κάνεις κάτι ραφινάτο, μια φίνα γραμμή, ένα φίνο πρόσωπο, γιατί το μάρμαρο σπάει. Από την άλλη, οι μεγάλοι κόκκοι αφήνουν περισσότερο φως να περνάει. Οπότε, το μάρμαρο της Νάξου ήταν πολύ καλό για οροφές γιατί άφηνε το φως να περνάει. Αλλά για να σκαλίσεις το μάρμαρο της Νάξου, πρέπει να βρεις κομμάτια με τον λεπτότερο, τον μικρότερο κόκκο. Μοιάζει σαν να έχει μικρά κομμάτια χαλαζία μέσα του. Ο χαλαζίας είναι στο εφτά στην κλίμακα Μος, το διαμάντι στο δέκα, και το μάρμαρο στο τρία, τρία και μισό.[74] Άρα, είναι πολύ σκληρός [ο χαλαζίας]. Μπορεί να σου σπάσει τα εργαλεία. Και δεν μπορείς να σκαλίσεις στην κλασική γραμμή [πάνω σε τέτοιο μάρμαρο].

Για να βρεις ένα καλό κομμάτι, πρώτα πρέπει να δεις τις στρώσεις για να ξέρεις πού μπορείς να χτυπήσεις τον όγκο ή να τον κόψεις, και μόνο τότε πρέπει να προσπαθήσεις να κάνεις κάτι με το χέρι—να σκαλίσεις μια λεπτή ευθεία ή ένα όμορφο γράμμα. Αν σε αφήνει να το κάνεις με τον τρόπο που θέλεις, τότε είναι καλό κομμάτι. Αλλά μερικά είδη μαρμάρου απλώς δεν έχουν πολύ καλό προσδόκιμο ζωής. Κάποια άλλα είδη πρέπει να τα έχεις σε κλειστούς χώρους. Υπάρχουν επίσης και ορισμένα νέα κριτήρια που εφαρμόζουμε. Σήμερα ο κόσμος ψάχνει να βρει τα πιο λευκά μάρμαρα. Αυτός είναι μύθος: οι αρχαίοι δεν ενδιαφέρονταν για τη λευκότητα γιατί τα έβαφαν τα μάρμαρα. Αλλά σήμερα κάποιοι θέλουν τα λευκότερα μάρμαρα για μαρμαρογλυπτική.

74 *Κλίμακα Μος (Mohs scale)*: εμπειρική κλίμακα για τη μέτρηση της σκληρότητας των ορυκτών· στο 1 της κλίμακας βρίσκεται ο τάλκης (το μαλακότερο των ορυκτών) και στο 10 το διαμάντι (το σκληρότερο).

Τον ξέρεις τον Κούρο του Γκετί; Είναι πλαστός. Πολλοί αρχαιολόγοι διαφωνούν γι' αυτόν τον Κούρο, αλλά αν απλώς ρωτούσαν έναν μαρμαρογλύπτη, θα τους έλεγε ότι όχι μόνο δεν μπορεί να είναι αρχαίος γιατί είναι φτιαγμένος από μάρμαρο Θάσου, αλλά αν τον αφήσεις έξω στη βροχή, σε τρία χρόνια θα είναι γεμάτος τρύπες από τις οποίες θα βγαίνει άμμος. Το μάρμαρο της Θάσου είναι πολύ καλής ποιότητας για εσωτερική χρήση. Αλλά διαβρώνεται. Σήμερα, αυτό το μάρμαρο αρέσει σε πολύ κόσμο. Είναι πάρα πολύ ακριβό και δημοφιλές στα Εμιράτα. Αλλά του βάζουν εποξική ρητίνη για να το προστατέψουν. Ίσως ο πλαστογράφος να διάλεξε μάρμαρο Θάσου γιατί είναι πολύ εύκολο στο σκάλισμα. Είναι μαλακό. «Πάρ' το, πλήρωσέ το μου και αν σε δέκα χρόνια αποσυντεθεί, τι να κάνουμε!»

Νομίζω ότι ήταν θέμα τύχης το ότι έγινα μαρμαρογλύπτης. Μου άρεσε να φτιάχνω πράγματα με τα χέρια μου και επίσης μου άρεσε να παίζω με στρατιωτάκια. Έφτιαχνα μικρές φιγούρες ηρώων των κόμικς από γύψο και πηλό Fimo—από βελγικά, γαλλικά, ιταλικά, αμερικανικά κόμικς, πολλούς χαρακτήρες—και στην αρχή γελούσαν μαζί μου· μου έλεγαν, «Να πας στα στούντιο της Ντίσνεϊ και να τους φτιάχνεις διάφορα τέτοια». [*γέλια*] Ο νονός μου, που ήταν από τη Μάνη, είχε ένα εργαστήριο μαρμαρογλυπτικής. Αλλά έφτιαχνε κυρίως πράγματα οικιακής χρήσης, όχι αγάλματα: διακοσμητικά, τραπέζια, μάρμαρα για την κουζίνα, μαρμάρινες σκάλες, τέτοια πράγματα. Δεν πήγα να δω το μαγαζί του παρά μόνο πριν πάω στην Τήνο. Οπότε, το ότι έγινα μαρμαρογλύπτης ήταν θέμα τύχης.

Όταν πήγα στην Τήνο, μου άρεσαν όλα: οι άλλοι σπουδαστές, το ότι ήμουν σε νησί και η θάλασσα ήταν κοντά. Αγαπάω πολύ τη θάλασσα. Και επίσης μου άρεσε η ιδέα ότι μπορείς να πάρεις μια πέτρα από τη φύση και την μεταμορφώσεις σε κάτι όμορφο, εντελώς δικό σου, χωρίς να παρέμβει άλλος.

Στην Τήνο δεν έχεις καθόλου άγχος, έχεις άφθονο χρόνο για τα αγαπημένα σου πράγματα και τις ασχολίες σου. Δεν έχει πολύ κόσμο και χαίρεσαι μια ζωή εξαιρετικής ποιότητας, αρκεί να βρεις κάνα-δυο ανθρώπους που να μπορείς να συνεννοηθείς μαζί τους. Η ζωή εκεί δεν έχει καμία σχέση με το πώς ζούμε εδώ, στην πόλη. Έρχεσαι πιο κοντά στη φύση, κάνεις τις βόλτες σου στους λόφους. Σκαλίζαμε πέτρες που βρίσκαμε στα βουνά· πηγαίναμε για κολύμπι, για ψαροντούφεκο. Εκτός από έναν καφέ και μια μπύρα σε κάποια μαγαζιά, δεν υπήρχε τίποτα άλλο [για διασκέδαση].

Μετά το μάθημα—σχολούσαμε στις τέσσερις—μπορούσες να πας στο σιδεράδικο, να δεις τον μάστορα να φτιάχνει εργαλεία και να του ζητήσεις να κάνει κάποια εργαλεία ειδικά για σένα. Παίρναμε τα μονοπάτια στα βουνά και μελετούσαμε το πώς τοποθετούσαν τις πέτρες για να φτιάξουν τις *ξερολιθιές*. Και δεν είχαμε το άγχος και τη ρουτίνα της πόλης.

Την πρώτη βδομάδα που ήμουν στην Τήνο, είδα ένα παιδί, περίπου πέντε χρονών, με ένα πολύ μικρό σφυρί. Έβγαλε από την τσέπη του ένα μεγάλο καρφί και χτυπώντας το με το σφυράκι του χάραξε στο μάρμαρο του πεζοδρομίου, «Ν + Μ = καρδούλα». Το χάραξε! Για τη φιλεναδίτσα του. Οι περισσότεροι στην Τήνο έχουν κάποιον στην οικογένειά τους που είναι μαρμαράς, οπότε έχουν αυτή την ικανότητα.

Η Ελλάδα έχει ένα μεγάλο κενό στην ιστορία της μαρμαρογλυπτικής, με την εξαίρεση του νησιού της Τήνου, όπου η παράδοση διατηρήθηκε ζωντανή για πάνω από πέντε αιώνες. Τα περισσότερα μέρη στην Ελλάδα δεν έχουν μια συνεχιζόμενη παράδοση που να κρατάει από την αρχαιότητα μέχρι σήμερα.

Πιστεύω ότι σε μεγάλο βαθμό σχετίζεται με την ιστορία της Τήνου. Είναι ένα νησί με αρχαία θρησκευτική παράδοση και πολύ ισχυρή θρησκευτική κληρονομιά. Είναι κοντά στη Δήλο· οπότε, κατά την αρχαιότητα, οι προσκυνητές με προορισμό τη Δήλο έκαναν μια στάση στην Τήνο. Πιο μετά, κατά τους ρωμαϊκούς χρόνους, ήταν κάπως σαν ιερός τόπος. Αν ένας σκλάβος, που τραβούσε κουπί σε πλοίο, πηδούσε στη θάλασσα και κολυμπούσε μέχρι την Τήνο, κέρδιζε την ελευθερία του υπό τον όρο ότι θα παρέμενε στο νησί. Άρα, ακόμα και κατά τη ρωμαϊκή περίοδο, υπήρχε αυτό το θέμα της ιερότητας του χώρου. Αργότερα, η Τήνος δεν επηρεάστηκε από την τουρκοκρατία γιατί τελούσε υπό τη διοίκηση των Ενετών. Κι ακόμα καλύτερα, γιατί οι καθολικοί έκαναν αγάλματα, έτσι είχαν εργαστήρια κατεργασίας μαρμάρου. Σήμερα, αν πας στην Τήνο, θα δεις ότι πολλοί έχουν ενετικά ονόματα. Το νησί είναι μοιρασμένο: οι μισοί είναι καθολικοί, οι άλλοι μισοί ορθόδοξοι. Έφτιαχναν σκαλιστά οικόσημα για τα σπίτια τους, οικογενειακά σύμβολα, λιοντάρια, κατσίκες, φίδια. Υπήρχαν πολλά μεγάλα εργαστήρια που έκαναν εξαγωγές. Εκείνη την εποχή, ένας Τηνιακός είχε δύο επιλογές: είτε θα γινόταν ναυτικός είτε θα σκάλιζε το μάρμαρο. Οι οικογένειες που είχανε και ναυτικούς μετέφεραν τα έργα των μαρμαράδων και τα πούλαγαν σε όλη την ανατολική Ευρώπη εκείνη την περίοδο: Ρουμανία, Βουλγαρία, Αυστρία—μέχρι και στη Ρωσία. Τα εργαστήρια ανέπτυσσαν εμπορικές σχέσεις εκεί. Εξαιτίας αυτού του γεγονότος, κατά την τουρκοκρατία, οι μαρμαράδες είχαν λεφτά. Ήταν καλή δουλειά. Το πρόβλημα ήταν ότι έπρεπε να το κρατήσουν μυστικό. Η δουλειά περνούσε από τον πατέρα στον γιο για να κρατηθεί το μυστικό. Οπότε, αυτός είναι ένας λόγος που η μαρμαρογλυπτική επιβίωσε στην Τήνο. Ο άλλος λόγος είναι ότι η Τήνος είναι γεμάτη μάρμαρο!

Η πρώτη φορά που σκάλισα μάρμαρο ήταν στη Σχολή. Ήταν μια μέρα που φυσούσε πάρα πολύ. Δουλεύαμε έξω από το εργαστήριο γιατί εκείνη την ίδια μέρα ένα μεγάλο φορτηγό είχε φέρει ένα κομμάτι μαρμάρου που ζύγιζε πέντε τόνους. Φαντάσου έναν όγκο που ήταν δύο μέτρα στο πλάτος, πέντε μέτρα στο μήκος και περίπου σαράντα με εξήντα πόντους στο ύψος, χωρίς επίπεδες επιφάνειες. Υπόψη, ένα κυβικό μέτρο αυτού του μαρμάρου ζυγίζει περίπου 2,8 τόνους. Αφού το κατεβάσαμε από το φορτηγό, ο δάσκαλός μας τράβηξε γραμμές και το χώρισε σε μέρη. Έπρεπε να το κόψουμε για να πάρει ο κάθε πρωτοετής από ένα μεγάλο κομμάτι. Οπότε, ο δάσκαλός μας πήρε το μολύβι του, έκανε σημάδια και έδωσε από ένα πεντόκιλο σφυρί στους άρρενες τριτοετείς σπουδαστές να το χτυπήσουν στα σωστά σημεία. Έκαναν τρύπες σε μια ευθεία με το *βελόνι* και το *κοπίδι* για να βάλουν τις ξύλινες σφήνες. Μετά, κατάβρεξαν τις σφήνες με νερό. Αυτός είναι ο πιο εύκολος τρόπος. Το χτυπάμε με το κοπίδι, κατά μήκος μιας ευθείας. Τότε μπορούμε να δούμε αν θα ανοίξει καλά. Μετά απ' αυτό, το κόβουμε σε μικρά κομμάτια χτυπώντας το με ένα πολύ μεγάλο πεντόκιλο σφυρί. Τα κορίτσια έπαιρναν μικρότερα κομμάτια, τα αγόρια μεγαλύτερα. Το δικό μου μάρμαρο ζύγιζε περίπου τετρακόσια κιλά. Ήταν από τα μεγάλα.

Την πρώτη βδομάδα, έπρεπε να πας στο σιδεράδικο στο κέντρο του χωριού. Έπρεπε να αγοράσεις ένα σφυρί για τα μικρά σκαλίσματα, ένα ελαφρύ, και ένα άλλο για πιο βαριές δουλειές. Ο σιδεράς σού έσφιγγε το χέρι, ψαχούλευε τον δικέφαλό σου και σου έδινε το σφυρί που είχε το κατάλληλο βάρος για σένα. Τα κορίτσια δεν είχαν πρόβλημα. Ο σιδεράς τούς έδινε τις περισσότερες φορές σφυριά των 600 γραμμαρίων. Αυτά ήταν τα μικρά! Και πόσο ζύγιζαν τα μεγάλα; 1.100; 1.150; Τα δικά μου, το μικρό ήταν 740 και το μεγάλο 1.350.

Μετά απ' αυτό, πίσω στη Σχολή, έπρεπε πρώτα να κάνεις τον όγκο σου όσο πιο επίπεδο μπορούσες με το βελόνι, εκείνο το μυτερό εργαλείο, και μετά χρησιμοποιούσες ένα *καλέμι* με μεγάλα δόντια για να κάνεις κάποιες γραμμές στην περίμετρο. Και μετά απ' αυτό χρησιμοποιούσες ένα καλέμι με μικρότερα δόντια, και μετά απ' αυτό ένα καλέμι χωρίς δόντια. Σου έπαιρνε περίπου έναν μήνα να κάνεις μια επιφάνεια τελείως επίπεδη. Αυτό είναι εναρκτήριο σημείο που καθορίζει και την υπόλοιπη δουλειά σου. Έπρεπε να κάνεις την επιφάνεια τελείως επίπεδη για να πάρεις ακριβή μέτρα και να κόψεις την επόμενη πλευρά. Μετά το τουμπάριζες στην αντίθετη μεγάλη επίπεδη επιφάνεια, και στο τέλος έκανες τις μικρότερες πλευρές.

Φαντάσου πώς είναι το μάρμαρο στη φύση. Το μάρμαρο είναι «Κ-Α-Κ-Ο-τρία».[75] Κόκκαλα, τσόφλια αυγών, θαλάσσια όστρακα. Ανθρακικό ασβέστιο. Συγκεντρώνεται σε μεγάλες τρύπες κάτω από την επιφάνεια της θάλασσας. Γεμίζει τα κενά. Παίρνει το σχήμα της επιφάνειας που βρίσκεται από κάτω του. Όταν συμπιέζεται από το ίδιο του το βάρος, δημιουργούνται μεγάλες θερμοκρασίες και γίνεται μάρμαρο.

Όταν αποσπάς το μάρμαρο από το νταμάρι, η επάνω επιφάνεια, η επιφάνεια που βλέπει τον ουρανό, λέγεται *πρόσωπο*, το πρόσωπο του μαρμάρου. Αυτό μπορείς να το τρυπήσεις, να το σκαλίσεις· δεν σπάει. Η επάνω και η από κάτω επιφάνεια. Την μπροστινή επιφάνεια την λέμε *μουρέλο*. Μπρος πίσω. Και η κάθετη επιφάνεια στην άλλη μεριά είναι το *κεφάλι*. Δεξιά αριστερά. Το κεφάλι έχει τα πιο περίπλοκα νερά· είναι το πιο σκληρό μέρος του μαρμάρου, και δεν είναι εύκολο να κάνεις κάτι εκλεπτυσμένο εκεί· σπάει εύκολα. Η πρώτη και πιο εύκολη επιφάνεια είναι το πρόσωπο. Μετά, το μουρέλο, οι επιμήκεις πλευρές. Το κεφάλι είναι το τελευταίο που κόβεις. Και κάθε φορά που ο δάσκαλος ερχόταν και έβρισκε κάτι που δεν ήταν τέλειο, σου έλεγε να κατεβάσεις άλλο μισό εκατοστό την επιφάνεια με το χέρι. Οπότε, αυτή η διαδικασία, για τους περισσότερους σπουδαστές, έπαιρνε περίπου έξι μήνες, μπορεί και παραπάνω.

Όταν τελείωνες τον όγκο σου, ήταν ένα τέλειο ορθογώνιο παραλληλεπίπεδο και οι επιφάνειές του ήταν τελείως επίπεδες. Τότε έπρεπε να γράψεις κάτι [πάνω του]. Να γράψεις το αλφάβητο, δυο-τρεις φορές, ή ένα ποίημα, κάτι με γράμματα. Το πόσο σκάλιζες δεν είχε σημασία, αρκεί να ήταν καλά σκαλισμένο. Μπορεί κάποιος να σκάλιζε εκατό γράμματα και κάποιος άλλος να σκάλιζε τετρακόσια γράμματα μέχρι να του πούνε, «Είσαι έτοιμος να περάσεις στο επόμενο στάδιο».

Το επόμενο στάδιο ήταν να φτιάξεις κάτι· ας πούμε, ένα διακοσμητικό βυζαντινό αρχιτεκτονικό κόσμημα, όπως παγόνια, λουλούδια, πράγματα που βλέπεις στις ορθόδοξες εκκλησίες. Αυτό γινόταν στο τέλος του πρώτου έτους και τις αρχές του δεύτερου. Μετά έπρεπε να σκαλίσεις κάτι σαν διακοσμητικό ανάγλυφο. Αφού τελείωνες κάνα-δυο ανάγλυφα, προσπαθούσες να κάνεις κάτι τρισδιάστατο. Από το τέλος του δεύτερου έτους και για όλο το τρίτο, έπρεπε να αντιγράψεις, σημείο προς σημείο, κάτι, όπως ένα αρχαίο κεφάλι, το έργο ενός γλύπτη. Κάθε πρωί, Δευτέρα, Τρίτη, Τετάρτη και Πέμπτη, είχαμε τέσσερις ώρες μάρμαρο. Την Παρασκευή είχαμε ιστορία της τέχνης. Μετά γινόταν διάλειμμα μιας ώρας για κολατσιό και ύστερα είχαμε για τρεις ώρες ζωγραφική, σχέδιο και γλυπτική σε πηλό και γύψο, τέτοια πράγματα.

Αν και η Σχολή μας λειτουργεί πάνω από εξήντα χρόνια, δεν είναι αναγνωρισμένη από το Υπουργείο Παιδείας και το Υπουργείο Πολιτισμού. Έτσι, αναγκάστηκα να κάνω ένα διάλειμμα για δύο χρόνια και να πάω στον στρατό, και μετά να γυρίσω και να τελειώσω τη Σχολή. Σαράντα δύο μέρες μετά την αποφοίτησή μου, πήγα στην Ακρόπολη. Όλα έγινα γρήγορα. Ξεκινούσαν ένα πολύ μεγάλο έργο εκεί και χρειάζονταν μαρμαρογλύπτες. Ένας συμμαθητής μάς έπαιρνε τηλέφωνα και ρωτούσε αν ενδιαφερόταν κανένας να δώσει εξετάσεις. Έδωσα εξετάσεις στις 8 Αυγούστου του 1998.

Είχα το προνόμιο να δουλέψω στην αναστήλωση των Προπυλαίων. Τα Προπύλαια είναι ένα μνημείο μοναδικό,

75 $CaCO_3$.

υπό την έννοια ότι είναι ημιτελές: δεν το τελείωσαν ποτέ. Μόνο οι κίονες και τα πάνω μέρη του μνημείου—το επιστύλιο, οι δοκοί και τα φατνώματα—είχαν τελειώσει. Όλα τα υπόλοιπα, οι τοίχοι, δεν τελείωσαν ποτέ. Το δάπεδο δεν τελείωσε ποτέ. Μπορείς να δεις παντού τα σημάδια που έβαζαν οι αρχαίοι γλύπτες κατά τη διαδικασία κατασκευής του. Είχαν κάνει μόνο τις αρχικές χαράξεις, τους οδηγούς, ποτέ δεν έφτασαν στην τελική κατεργασία των επιφανειών. Είναι σχεδόν αδύνατον να το ολοκληρώσουμε εμείς τώρα με τον δικό τους τρόπο.

Η θεμελίωση όλων των ναών έγινε είτε λαξεύοντας και στρώνοντας τον ίδιο τον φέροντα βράχο είτε τοποθετώντας στη βάση λίθους που προέρχονταν από παλαιότερους ναούς. Από κει και πέρα, τοποθετήθηκαν μαρμάρινοι λίθοι με αρκετό *άπεργο*. Στη συνέχεια χαράχτηκαν οι άξονες και άρχισε η λάξευση των λίθων. Σε μερικά σημεία διακρίνονται μέχρι και πέντε διαφορετικά επίπεδα λάξευσης, για να φτάσουν στις εκλεπτύνσεις και στις τελικές διαστάσεις και κλίσεις του κτιρίου. Αυτό σημαίνει ότι αφού τραβήχτηκαν οι γραμμές, οι χαράξεις της κάτοψης, καθώς και η περίμετρος στους τοίχους, κάποιοι λάξευσαν επιτόπου τα μάρμαρα σε στάσεις πολύ άβολες για το ανθρώπινο σώμα—γονατιστοί, κάτω από θύρες, μέσα σε τρύπες, κρεμασμένοι ανάποδα. Η δουλειά έγινε σε χρονικό διάστημα πολύ μικρότερο απ' ό,τι θα χρειαζόμασταν εμείς για να την κάνουμε σήμερα με τα πιο σύγχρονα εργαλεία. Το πάχος του έξτρα μαρμάρου που αφαιρέθηκε ήταν το υπολογισμένο, γιατί όλα τα μάρμαρα είχαν *αναθυρώσεις* στις επιφάνειες επαφής, ενώ και οι επιφάνειες έδρασης ήταν τέλεια λειασμένες. Οι ακμές τους δεν ήταν απόλυτες· ήταν φαγωμένες ούτως ώστε να εξασφαλίσουν ότι δεν θα έσπαγαν κατά την τοποθέτηση του υπερκείμενου λίθου. Έπειτα, λαξευόταν δύο με τρεις πόντους η εξωτερική επιφάνεια. Με αυτό τον τρόπο έφταναν μέχρι του σημείου που οι αρμοί μεταξύ των λίθων είναι τόσο στενοί και ακριβείς που δεν μετριούνται με τα *φίλερ* μας αλλά με οπτικούς φακούς.[76]

Όταν τοποθετώ ένα μάρμαρο πάνω σε ένα άλλο, χρησιμοποιώ μια σειρά από πάρα πολύ λεπτά μεταλλικά ελάσματα για να μετρήσω το κενό. Το λεπτότερο έχει πάχος 0,005 του εκατοστού, δηλαδή το εν εικοστό του χιλιοστού! Ένα φύλλο χαρτί είναι πολύ πιο παχύ από τόσο, και αν το λεπτότερο έλασμα που έχω δεν περνάει στο κενό ανάμεσα στους λίθους, τότε η ένωση είναι τέλεια για μένα. Αλλά για τους αρχαίους αυτό δεν ήταν αρκετά καλό. Δεν είμαι σίγουρος πώς το έκαναν. Ίσως [η τελειότητα αυτή] να οφείλεται απλώς στο ότι το μάρμαρο έχει κάποια ελαστικότητα. Όταν έχεις ένα πολύ λεπτό και μακρύ κομμάτι μάρμαρο και το πιέσεις, θα πάρει μια μικρή κλίση μετά από δυο-τρία χρόνια. Ίσως η πίεση του ίδιου τους του βάρους να έφερε αυτό το αποτέλεσμα.

Τώρα το έργο στα Προπύλαια έχει τελειώσει και δουλεύω στον Παρθενώνα εδώ και περίπου δυόμιση μήνες. Μετά, ποιος ξέρει; Κάθε έργο είναι διαφορετικό, σε κάθε μέρος. Είναι πρόβλημα όταν δουλεύεις στον ίδιο χώρο για πολλά χρόνια και πρέπει να ακολουθείς τις κατευθυντήριες γραμμές που είχαν θέσει οι προηγούμενοι εργαζόμενοι. Όταν πας σε έναν νέο χώρο, βλέπεις πώς δουλεύουν. Αν υπάρχουν διαφωνίες, μιλάτε μεταξύ σας και προσπαθεί ο καθένας να εξηγήσει γιατί η δική του προσέγγιση στο πρόβλημα είναι η καλύτερη, ή γιατί ο δικός του τρόπος να γίνει κάτι είναι ο καλύτερος. Και αν πείσεις τους άλλους να ακολουθήσουν αυτό που προτείνεις, όλα είναι εντάξει. Σε αυτό το σημείο βρισκόμαστε τώρα.

Αλλά δεν έχω πρόβλημα προσαρμογής γιατί μέχρι και ο παλιός μου συγκάτοικος [στη Σχολή] δουλεύει εκεί. Όλοι γνωριζόμαστε μεταξύ μας. Οι περισσότεροι από εμάς έχουμε τελειώσει

76 *Φίλερ* (feeler gauge): μια σειρά από μικρά ατσάλινα ελάσματα διαφορετικού πάχους που χρησιμοποιούνται για τη μέτρηση διάκενων.

την ίδια Σχολή. Είμαστε φίλοι μετά από είκοσι χρόνια στην ίδια δουλειά. Και παρ' όλα αυτά, έχουμε διαφορετικές προσεγγίσεις στα ίδια πράγματα.

Ο Παρθενώνας έχει κάποια προβλήματα εξαιτίας του χώρου όπου δουλεύουμε. Και τα Προπύλαια επίσης. Φαντάσου ότι είμαστε αναγκασμένοι να δουλεύουμε εκεί—όλοι μας—σε έναν χώρο που στις καλές μέρες έχει περίπου 30.000 επισκέπτες. Και δουλεύεις σε ένα μνημείο που είναι πολύ ενεργό. Τα Προπύλαια είναι η κύρια είσοδος του Παρθενώνα, άρα κάθε επισκέπτης, αν δουλεύεις ψηλά στο μνημείο, περνάει από κάτω σου. Πρέπει να ακολουθείς πολλούς κανόνες ασφαλείας. Ο Παρθενώνας, από την άλλη, είναι στη μέση του Βράχου. Πρέπει να δουλεύεις εκτεθειμένος στον ήλιο. Είμαστε στριμωγμένοι εκεί πάνω και δεν έχουμε την κατάλληλη υποδομή για να δουλέψουμε. Δεν έχουμε χώρο να μετακινήσουμε τα μάρμαρά μας. Χρειαζόμαστε περισσότερο χώρο. Ευκολότερη πρόσβαση. Τώρα πρέπει να βγάλουμε τον γερανό μας και θα φέρουμε άλλον επειδή το μάρμαρο που πάει πάνω από την κεντρική είσοδο είναι περίπου δεκαπέντε τόνους και δεν έχουμε τον κατάλληλο γερανό για το μετακινήσουμε.

Τώρα δουλεύουμε σε ένα έργο που πρέπει να τοποθετήσουμε πάνω από τετρακόσιους μαρμάρινους λίθους στον βόρειο τοίχο. Άρα, φαντάσου τι γίνεται: πρέπει να σκαλίσεις μικρά συμπληρώματα για τετρακόσια κομμάτια, να κάνεις τρύπες και να τα συγκολλήσεις. Όλα τα νέα μάρμαρα πρέπει να λαξευτούν, άρα οι λίθοι πρέπει να σηκωθούν και να τουμπαριστούν τουλάχιστον τέσσερις φορές ο καθένας όσο θα τους λαξεύουμε. Ο κάθε λίθος έχει πλάτος ένα μέτρο και είκοσι εκατοστά. Τα μήκη διαφέρουν. Δεν θυμάμαι τώρα ακριβώς πόσο. Οι λίθοι στη βάση έχουν μεγαλύτερο μήκος από τους λίθους στην κορυφή. Και βέβαια δεν είμαι μόνος μου. Δουλεύουμε τριάντα πέντε άτομα σε αυτόν τον χώρο.

Αυτό τον καιρό δουλεύω στις συγκολλήσεις αρχαίων μαρμάρων με νέα. Για να μην βαρεθείς, πρέπει να γνωρίζεις όλα τα στάδια της διαδικασίας. Έχουμε χωριστεί σε τέσσερις ομάδες. Η μία σκαλίζει τα νέα μάρμαρα για να ταιριάξουν με τα αρχαία κομμάτια. Η δεύτερη ομάδα τα ενώνει: κάνει τις τρύπες, βάζει τις ράβδους τιτανίου και επιθέτει το τσιμέντο που τα ενώνει. Η τρίτη κάνει τα εξωτερικά σκαλίσματα. Η τελευταία ομάδα παίρνει τους επιδιορθωμένους λίθους, τους τοποθετεί στο μνημείο και κάνει το τελικό φινίρισμα.

Δούλεψα στο πρώτο στάδιο για περίπου τρία χρόνια. Μετά, για περίπου έξι χρόνια, ήμουν στο τέταρτο στάδιο, κάνοντας τα τελειώματα των επιφανειών πάνω στο μνημείο. Τώρα, εδώ και πεντέμισι χρόνια δουλεύω στις συγκολλήσεις. Αλλά δεν θα μείνω για πάντα εκεί. Αν πω ότι θέλω να αλλάξω και να πάω σε άλλο στάδιο, και κάποιος θέλει να έρθει και να κάνει αυτό που κάνω εγώ τώρα, η αλλαγή μπορεί να γίνει. Η βασική ιδέα είναι ότι όλοι πρέπει να ξέρουν τα πάντα... σχετικά με το μάρμαρο, μόνο σχετικά με το μάρμαρο! [*γέλια*]

Ανεξάρτητα από την εκπαίδευσή σου, δεν είσαι έτοιμος να δουλέψεις οπουδήποτε την επομένη της αποφοίτησής σου. Σε ένα έργο όπως αυτό της Ακρόπολης είναι πάρα πολύ σημαντικό οι παλαιότεροι μαρμαρογλύπτες να σου δείξουν τον τρόπο να κάνεις τη δουλειά σου σωστά. Δεν μπορείς να πεις σε έναν νέο, «Έλα, πάρε αυτό. Είναι μισό αρχαίο και μισό νέο. Τελείωσέ το». Του δίνεις να κάνει κάτι σαν αυτά που έκανε στη Σχολή. Παίρνει χρόνο να ανέβεις πάνω στο μνημείο. Στον καιρό μου, τα πρώτα τρία χρόνια έμενες στο έδαφος, έτσι ώστε όλοι—και πρώτος απ' όλους εσύ ο ίδιος—να αισθανθούν σίγουροι ότι μπορείς να δουλέψεις με αρχαία μάρμαρα. Για τους συμβασιούχους που ξεκίνησαν πριν από τέσσερα χρόνια ήταν ακόμα χειρότερα. Τώρα δεν έχουμε λεφτά. Οι περισσότεροι παλιοί μαρμαρογλύπτες πήραν σύνταξη και αποσύρθηκαν, οπότε αναγκαστήκαμε να δώσουμε στους νέους όχι τρία χρόνια, αλλά τρεις βδομάδες! [*γέλια*]

Το ήξερες ότι είχε γίνει και στην αρχαιότητα μια αναστήλωση; Οι μαρμαρογλύπτες που έφτιαξαν τη Βιβλιοθήκη του Αδριανού και το Ωρολόγιο του Κυρρήστου στους Αέρηδες, αναστήλωσαν τον 3ο αιώνα μ.Χ. το Ερέχθειο μετά από μια πυρκαγιά. Είναι γραμμένο, αλλά έχουμε δει επίσης και σημάδια από τους εργάτες. Και αφήνουμε κι εμείς τα δικά μας σημάδια. Αυτό σ' το λέω γιατί αν δεις τη δουλειά που έκαναν με τα τότε νέα μάρμαρα και τη συγκρίνεις με το πώς αναστήλωσαν το Ερέχθειο, θα διαπιστώσεις ότι ήταν πολύ καλύτεροι στο Ερέχθειο· γιατί πρέπει να σέβεσαι κάτι που είναι παλιό.

Οπότε, και οι αρχαίοι έπρεπε να προλαμβάνουν προβλήματα και λάθη. Για παράδειγμα, είναι πάρα πολύ σκληρή δουλειά να πάρεις έναν μεγάλο λίθο, ας πούμε έναν σπόνδυλο του Παρθενώνα, από το αρχαίο λατομείο πάνω στην Πεντέλη. Αν δεν περνούσε τον ποιοτικό έλεγχο όταν τον ανέβαζαν στην Ακρόπολη, απλώς έμενε εκεί αχρησιμοποίητος.

Τώρα, για να προλαμβάνουμε τέτοια πράγματα, ένας από εμάς πηγαίνει στο λατομείο του Διονύσου και είναι εκεί όταν κόβεται το μάρμαρο, έτσι ώστε να έχει μια πρώτη ιδέα ότι πρόκειται για καλό όγκο. Ακόμα κι όταν έρθει σε μας, μπορεί να σπάσει. Μπορεί να έχει ψεγάδια μέσα. Τον περνάμε από ακτίνες Χ για να δούμε μέσα στο μάρμαρο, γιατί μπορεί να έχει μικρά σπασίματα που αρχίζουν να μεγαλώνουν. Κάποια πράγματα είναι πολύ δύσκολο να τα προβλέψεις. Ή κοστίζουν... Φαντάσου κάθε όγκος από το νταμάρι να περνούσε από έλεγχο με ακτίνες Χ πριν έρθει σε μας! Οπότε, ακόμα κι όταν έχεις σκαλίσει ένα μάρμαρο, αν δεν είναι στην ποιότητα που το θέλεις, πρέπει να το βάλεις στην άκρη.

Μαθαίνουμε από τα λάθη του παρελθόντος. Κρατάμε όλες τις επιφάνειες των αρχαίων μαρμάρων άθικτες και προσπαθούμε να είμαστε όσο πιο ακριβείς γίνεται στο σκάλισμα της επιφάνειας του μέρους που λείπει. Ο Μπαλάνος, πριν από εκατό χρόνια, χρησιμοποιούσε *μεγάλους κόφτες* και έκοβε τα σπασμένα κομμάτια, κάνοντάς τα επίπεδα, έτσι ώστε να είναι πιο εύκολη η συγκόλληση με το συμπλήρωμα! Χρησιμοποιούσε σιδερόβεργες, οι οποίες σκούριασαν, προκάλεσαν μηχανικές εντάσεις και έσπασαν τα μάρμαρα. Τώρα προσπαθούμε να χρησιμοποιούμε υλικά της καλύτερης δυνατής ποιότητας. Προσπαθούμε να κάνουμε το καλύτερο που μπορούμε, αλλά κάποια προβλήματα δεν τα γλιτώνεις. Κάνουμε ό,τι είναι δυνατόν για να αποφύγουμε οτιδήποτε μπορεί να προκαλέσει προβλήματα στο μέλλον. Αλλά το αποτέλεσμα θα φανεί στο μέλλον! Ο Μπαλάνος τελείωσε την αναστήλωση του πριν από ενενήντα εννέα χρόνια. Ήταν εξαιρετική για τα στάνταρ της εποχής του. Τα πάντα ήταν τέλεια όταν την τελείωσαν, αλλά τώρα... Κάνουμε το καλύτερο που μπορούμε. Θεά Αθηνά, βοήθα μας!

Υπάρχουν κάποια πράγματα που απαιτούν πολύ μεγαλύτερη προσπάθεια απ' ό,τι θα έπρεπε, γιατί δεν υπάρχουν λεφτά. Αν μου σπάσει ένα εργαλείο, δεν έχουμε λεφτά να το φτιάξουμε. Οπότε, πρέπει να δουλεύω κάθε μέρα δυο ώρες παραπάνω, με μεγάλη προσπάθεια, να μοχθώ για κάτι που θα μπορούσα να κάνω πατώντας δυο κουμπιά. Αυτό είναι πρόβλημα για μένα. Και όχι μόνο για μένα, για όλους. Δεν έχουμε λεφτά να προσλάβουμε περισσότερο κόσμο, και έτσι κάποιοι από τους μαρμαρογλύπτες πρέπει να κάνουν άλλες δουλειές, όπως να σπάνε τσιμέντα, να ρίχνουν τσιμέντα, να μετακινούν μηχανήματα—πράγματα που να έπρεπε να τα κάνει μη εξειδικευμένο εργατικό προσωπικό.

Κάποτε ήμασταν διπλάσιοι απ' όσοι ήμαστε τώρα. Καταρχάς, το 2009, κάποιοι ζήτησαν να συνταξιοδοτηθούν. Θα μπορούσαν να έχουν δουλέψει άλλα πεντέξι χρόνια, αλλά όταν είδαν ότι άρχισαν περικοπές μισθών φοβήθηκαν μήπως χάσουν τη σύνταξή τους. Έτσι, χάσαμε περίπου το είκοσι τοις εκατό των εργαζομένων λόγω πρόωρης συνταξιοδότησης. Ήταν οι μεγαλύτεροι σε ηλικία, εκείνοι που είχαν τη μεγαλύτερη εμπειρία. Αυτό ήταν το πρώτο. Στη συνέχεια, επειδή το ύψος των μισθών μας καθοριζόταν από τα εκπαιδευτικά μας προσόντα, και το δίπλωμα της Σχολής της Τήνου δεν αναγνωριζόταν, πολλοί μαρμαροτεχνίτες, που είχαν επίσης πτυχίο από την Σχολή Καλών Τεχνών της Αθήνας, μπορούσαν να έχουν καλύτερες αποδοχές δουλεύοντας σε μουσεία. Οπότε, το ένα τρίτο των μαρμαράδων, που είχαν και άλλο πτυχίο, το χρησιμοποίησαν και πήγαν σε άλλες θέσεις. Όπως η λογίστριά μας. Η υπεύθυνη της μισθοδοσίας μας, η Μαρίνα, ήταν μαρμαρογλύπτρια από την Τήνο.

Τώρα, μετά την περικοπή των μισθών μας, παίρνουμε εξήντα δύο τοις εκατό λιγότερα χρήματα απ' ό,τι παίρναμε στο 2009. Όχι τα μισά, λιγότερα από τα μισά. Το 2009 έγινε μια μεγάλη περικοπή. Το 2010 μία ακόμα μεγαλύτερη. Το 2011 κι άλλη. Και τώρα, περισσότεροι φόροι. Και επίσης είναι πάρα πολύ δύσκολο τώρα να φτιάξεις κάτι και να το πουλήσεις. Δεν αντέχουμε οικονομικά να αγοράζουμε μάρμαρο για λογαριασμό μας, για να σκαλίσουμε κάτι για μια έκθεση ή κάτι τέτοιο. Όλα αυτά επηρεάζουν το ηθικό μας.

Το έργο στα Προπύλαιο βραβεύτηκε από την Europa Nostra για την αναστήλωσή μας. Όλα αυτά τα έργα άρχισαν πριν από την κρίση και τα τελειώσαμε *μέσα* στην κρίση. Στη μέση της κρίσης. Οπότε, σκέφτεται ο άλλος, «Δεν έχουν προβλήματα, όλα τους πάνε καλά». Εντάξει. Μια αναστήλωση πρέπει να τελειώνει. Τώρα έχουμε ξεκινήσει άλλα προγράμματα. Πρέπει να τελειώσουμε τον Παρθενώνα. Ίσως θα δουλέψουμε άλλα έξι, δέκα χρόνια. Καμιά φορά τα λεφτά τελειώνουν πριν από το έργο. Αλλά αυτό δεν έχει σημασία στην Ακρόπολη. Έχουμε παραδώσει εμπρόθεσμα οτιδήποτε μας είχαν βάλει να κάνουμε. Δεν είναι ότι έχουμε προβλήματα μόνο εμείς, οι μαρμαροτεχνίτες. Δεν έχουμε μηχανικούς, δεν έχουμε αρχιτέκτονες. Έχουμε προβλήματα σε όλους τους τομείς. Όταν έφυγε η Πολυάννα, δεν έφυγε μόνη της. Έφυγε μαζί με άλλους εβδομήντα πέντε.

Τώρα, το πακέτο χρηματοδότησης του ΕΣΠΑ έχει τελειώσει· περιμένουμε το επόμενο. Αλλά όταν είσαι μαρμαρογλύπτης, όταν έχεις μια τόσο εξειδικευμένη ειδικότητα, και είσαι άνεργος δύο χρόνια, πρέπει να βρεις κάτι άλλο να κάνεις για να συντηρήσεις τον εαυτό σου και την οικογένειά σου. Οπότε, κάποιοι μαρμαράδες φεύγουν από την Αθήνα και προσπαθούν να βρουν κάτι άλλο στο εξωτερικό. Εκτός Ελλάδος υπάρχουν κάποιες ευκαιρίες. Αυτοί οι άνθρωποι έχουν δουλέψει μαζί μας, ξέρουμε ότι είναι καλοί στη δουλειά τους. Τους χρειαζόμαστε να γυρίσουν πίσω. Αλλά, για να επιστρέψουν, πρέπει να ξέρουν ότι θα βρουν μια σταθερή δουλειά. Δεν μπορείς να είσαι παραγωγικός όταν έχεις το άγχος ότι αύριο ίσως και μην είσαι εδώ.

Ξέρεις, εγώ είμαι από εκείνους τους λίγους τυχερούς που όχι μόνο βγάζω τα προς το ζην κάνοντας κάτι που αγαπώ, αλλά που κάθε, μα κάθε, μέρα βρίσκω κάτι συναρπαστικό, κάτι καινούριο σε αυτό. Είναι καλό να μην αισθάνεσαι κουρασμένος από αυτό που κάνεις. Λέω στον εαυτό μου, «Είμαι τυχερός». Αλλά τώρα, υπό αυτές τις συνθήκες, το πρόβλημα είναι ότι ακόμα κι εγώ, αν μπορούσα να βρω κάτι άλλο, θα έφευγα. Πρέπει να βρω κάτι για να συντηρήσω την οικογένειά μου. Έχω πρόβλημα. Είμαι παντρεμένος· έχω δύο παιδιά.

Η δουλειά εκεί πάνω, στον Βράχο, δεν είναι μια συνηθισμένη δουλειά. Δεν λέμε ότι «δουλεύουμε» στην Ακρόπολη. Είμαστε αφοσιωμένοι σ' αυτό το έργο. Όταν λες, «Σήμερα έχω να σκαλίσω τρία τετραγωνικά μέτρα»—αυτή είναι δουλειά. Αλλά στην Ακρόπολη, πρέπει να πάρεις ένα συγκεκριμένο κομμάτι, να βρεις τον καλύτερο τρόπο να το ταιριάξεις στο μνημείο, να καταλάβεις τι το χτύπησε και γιατί είναι σπασμένο έτσι όπως είναι σπασμένο, πώς να το κάνεις να αντέξει στους αιώνες που έρχονται· προσπαθείς να κάνεις το καλύτερο που μπορείς. Ο κόσμος ρωτάει, «Μα τι κάνετε εκεί πάνω τόσα χρόνια;» Δεν μπορούν να καταλάβουν ότι προσπαθούμε να κρατήσουμε κάθε κομματάκι της ιστορίας μας στη θέση του.

Η γνώμη μου είναι ότι οι χώροι όπως αυτός [της Ακρόπολης], που είναι για όλο τον κόσμο, είναι δημόσιο κτήμα, συνεπώς οι άνθρωποι που δουλεύουν εκεί πρέπει να πληρώνονται από το κράτος. Αν κάποιος μου έλεγε, «Θα σου δίνω τρεις, τέσσερις, δέκα χιλιάδες ευρώ για κάθε λίθο [που σκαλίζεις]», τι θα έκανα; Θα σκάλιζα σαν τρελός για να ολοκληρώσω τους λίθους! Και θα προσπαθούσα να βρίσκω κομμάτια που θα ήταν τα πιο εύκολα για να βγάλω περισσότερα λεφτά. Υπάρχουν κάποιες δουλειές που είναι πολύ δύσκολες και δεν είναι καλοπληρωμένες, και που κανείς δεν θέλει να τις κάνει, αν μπορεί να βγάλει λεφτά κάνοντας άλλα πράγματα. Για παράδειγμα, δύο συντηρήτριες έπρεπε να τοποθετήσουν 1.300 θραύσματα—το μεγαλύτερο ήταν μερικά εκατοστά και το μικρότερο μισό εκατοστό—σε μια επιφάνεια ενάμισι μέτρο. Και δούλευαν εκεί, κάθε μέρα, επί έξι μήνες, για να τα τοποθετήσουν και να τα κολλήσουν με τσιμέντο. Υπήρχαν τέσσερα επάλληλα στρώματα θραυσμάτων. Και 1.300 κομματάκια.

Ήταν εκπληκτικό [αυτό που έκαναν οι συντηρήτριες]. Αυτή η δουλειά δεν πληρώνεται. Και κανένας δεν προσφέρεται να την κάνει. Όταν πηγαίνω στον Βράχο μετά από βαριά βροχή ή χαλάζι, ψάχνω να βρω λευκά σημάδια πάνω στις αρχαίες πέτρες. Επειδή το μάρμαρο έχει λίγο σίδηρο μέσα του, η πατίνα είναι κάπως κιτρινωπή. Αν την χτυπήσεις, από μέσα είναι λευκή. Οπότε, οτιδήποτε πέφτει με δύναμη πάνω του αφήνει μια λευκή κηλίδα. Ψάχνουμε για λευκές κηλίδες και μετά ψάχνουμε τριγύρω για θραύσματα που έχουν αποκοπεί. Αυτό δεν πληρώνεται. Δεν πρέπει μόνο να σου αρέσει, πρέπει και να το σέβεσαι, και να κάνεις το καλύτερο που μπορείς. Αν κάποιος, ακόμα κι εγώ, έλεγε, «Δώσε μας μια τιμή», λες και αυτός είναι ο λόγος που προσπαθούμε να κάνουμε το καλύτερο δυνατό... [*κουνάει το κεφάλι του*] νομίζω ότι θα δούλευα με το χέρι για το ένα τέταρτο της τιμής ενός *CNC*.

Ο Παρθενώνας και όλα τα μνημεία στον Βράχο της Ακρόπολης είναι πανανθρώπινα εμβλήματα. Αλλά εδώ στην Ελλάδα, ο Παρθενώνας είναι σαν τη σημαία μας. Ήταν το πρώτο μνημείο που αναστήλωσε το νεοσύστατο κράτος μας, μετά την τουρκοκρατία, και γι' αυτό έχουμε πρόβλημα με τα μάρμαρα του Παρθενώνα. Επειδή μας τα έκλεψαν! Τα έκλεψαν όχι από μας, σαν άτομα, αλλά από το μνημείο. Από τη σημαία μας! Είναι κάτι παραπάνω από μια πίστη, είναι κάτι παραπάνω από ένα έμβλημα. Δεν έχει να κάνει με την Ελλάδα, αλλά με τον ελληνικό πολιτισμό. Αντιπροσωπεύει τον ελληνικό πολιτισμό. Δεν είμαι σίγουρος ότι εμείς, οι σύγχρονοι Έλληνες, τιμούμε όπως οφείλουμε αυτόν τον πολιτισμό, αλλά εδώ πρόκειται για ένα μνημείο παγκόσμιας σημασίας. Αυτός είναι ο λόγος που βρίσκεσαι σήμερα εσύ εδώ και μιλάμε γι' αυτό.

ΓΛΩΣΣΑΡΙ

αναθύρωσις: μία αρχαία τεχνική ένωσης χωρίς κονίαμα, όπου οι περίμετροι των λίθων που βρίσκονταν απέναντι από τις εσωτερικές επιφάνειες έχουν εξαιρετικά λεπτομερές φινίρισμα για επαφή με το ελάχιστο δυνατό κενό, ενώ το κέντρο των εσωτερικών επιφανειών είναι τραχύ, για την καλύτερη δυνατή επαφή των ακμών και ενδεχομένως για μεγαλύτερη στατική αντοχή σε περίπτωση σεισμού.

άπεργο: τραχύτητα, ανωμαλία ή περίσσεια.

αριάνι: αραιό μείγμα από τσιμέντο και άμμο.

βελονάκι: μικρό *βελόνι*.

βελόνι: μυτερό καλέμι.

γαρμπίλι: λεπτά θραύσματα μαρμάρου ή χαλίκι.

γόμφοι: χάλκινες ή σιδερένιες σφήνες που χρησιμοποιούσαν οι αρχαίοι για να ταιριάξουν, να συνδέσουν και να σταθεροποιήσουν δύο κομμάτια μαρμάρου μεταξύ τους.

γωνιακός τροχός: ηλεκτρικό εργαλείο χειρός με περιστρεφόμενο λειαντικό δίσκο ή λεπίδα με διαμάντι· χρησιμοποιείται για λείανση ή κοπή.

CNC (Computer Numerical Control): η λειτουργία μηχανικών εργαλείων μέσω ηλεκτρονικών υπολογιστών.

εγκάρσια: νερά κόντρα.

εμπόλιο: τετράγωνο κομμάτι ξύλου σφηνωμένο στο κέντρο σπονδύλων κιόνων που βρίσκονται ο ένας πάνω στον άλλον· σύνδεσμος σπονδύλων. Στο κέντρο του *εμπολίου* βρίσκεται ο *πόλος*: μια συνδετική σφήνα από σκληρότερο ξύλο.

έντασις: η ελαφρώς κυρτή καμπύλη στον άξονα του κίονα· προστίθεται για να διορθώσει την οφθαλμαπάτη της κοιλότητας.

ΕΣΜΑ: Επιτροπή Συντήρησης Μνημείων Ακρόπολης· υπάγεται στο Υπουργείο Πολιτισμού.

ΕΣΠΑ: Εθνικό Στρατηγικό Πλαίσιο Αναφοράς· πρόγραμμα επιχορηγήσεων της Ευρωπαϊκής Ένωσης για την εκτέλεση έργων.

καλύμπρα: βαριά μεταλλική πλάκα με δύο λαβές η οποία χρησιμοποιείται για το ραφινάρισμα επίπεδων επιφανειών. Από μικρές χοάνες που προεξέχουν στη μια πλευρά της πλάκας προστίθεται άμμος, η οποία δημιουργεί μια λειαντική επιφάνεια κάτω από την πλάκα.

καμπάνες (ή λύκος) (λατιν. holivela): τρεις μεταλλικές ράβδοι—οι δύο κοίλες («καμπάνες»), η μία επίπεδη–, προσαρτημένες με πίρο σε μια λαβή με βρόγχο, οι οποίες χρησιμοποιούνται για την ανύψωση μεγάλων—σε όγκο και βάρος—όγκων μαρμάρου. Οι σφήνες προσαρμόζονται σφιχτά σε μια ορθάνοιχτη ορθογώνια τρύπα στο κομμάτι και όταν πιέζονται από το σκοινί, στο οποίο ασκείται δύναμη προς τα πάνω, ακινητοποιούν το μάρμαρο, το οποίο μπορεί έτσι να μεταφερθεί με ασφάλεια. Χρησιμοποιήθηκε μέχρι και την Αναγέννηση.

καμπάνες διαμαντέ: εξαρτήματα σε σχήμα καμπάνας για *γωνιακούς τροχούς*.

καμπάς: το μάρμαρο που πρέπει να αφαιρεθεί από έναν όγκο μαρμάρου πριν αρχίσει η λεπτομερής λάξευση· μια άλλη λέξη για το *άπεργο*.

καταφραή: ναυτικός όρος που αναφέρεται στο τελευταίο, κεντρικό κομμάτι ξύλου το οποίο ολοκληρώνει τα ύφαλα ενός σκάφους· εδώ αναφέρεται στο τελευταίο κομμάτι μαρμάρου που τοποθετείται και συνδέει όλα τα υπόλοιπα.

κεφάλι: η «κορυφή» ενός όγκου μαρμάρου, κάθετη στα νερά του· η δυσκολότερη επιφάνεια για λάξευση.

κλίμακα Μος (Mohs scale): εμπειρική κλίμακα για τη μέτρηση της σκληρότητας των ορυκτών· στο 1 της κλίμακας βρίσκεται ο τάλκης (το μαλακότερο των ορυκτών) και στο 10 το διαμάντι (το σκληρότερο).

κομμός: μικρό ψεγάδι ή ράγισμα στο μάρμαρο.

κόντρες (και κοντρίτσες): σημεία του μαρμάρου που δεν υποχωρούν στο φινίρισμα και απαιτούν περαιτέρω κατεργασία με το κατάλληλο εργαλείο (π.χ., με τη *λάμα* [1]).

κοπίδι: καλέμι με φαρδιά, χοντρή άκρη.

κούτελο: χαμηλό τοιχίο γύρω από τη βάση μπαλκονιού ή ορόφου.

κοφτάκι: μικρός *κόφτης* χειρός με τροχό ή πριόνι.

κόφτης: πολύ μεγάλο στατικό εργαλείο υγρής κοπής με τροχό.

λάμα [1]: επίπεδο καλέμι, [2]: στενό και λεπτό μεταλλικό έλασμα.

λαμάκι: μικρό καλέμι με ίσια άκρη.

λατύπια: τα θραύσματα που προκύπτουν κατά την κατεργασία του μαρμάρου.

μαντρακάς: μικρό, συμμετρικό, τετράγωνο σφυρί, συχνά με ελαφρώς φουσκωμένα άκρα· χρησιμοποιείται μαζί με το *καλέμι*.

μάντρες: χαμηλά τοιχία για τον περιορισμό των ζώων, για τη συντήρηση της γης, για τη σηματοδότηση της έγγειας ιδιοκτησίας κ.λπ.

μουρέλο: η πλαϊνή πλευρά ως προς τα νερά ενός όγκου μαρμάρου· οι άκρες, η περιφέρεια· επίσης.

ντισιλίδικο (ή ντισλίδικο): μικρό καλέμι με λεπτά δόντια.

ντουβάρια: οι λεγόμενες *ξερολιθιές*· πέτρινοι τοίχοι χωρίς συνεκτικό κονίαμα.

ξερολιθιά: είδος τοιχοποιίας χωρίς συνεκτικό κονίαμα.

ξεχόντρισμα: η διαδικασία αφαίρεσης του *χοντρού* (δηλαδή, του *άπεργου* ή *καμπά*) από έναν όγκο μαρμάρου. Αντίστοιχο ρήμα: *ξεχοντρίζω.*

οπισθόναος: το αίθριο στο πίσω μέρος ενός ναού της κλασικής αρχαιότητας.

ορθομαρμάρωση: η τοποθέτηση μαρμάρων σε κάθετη επιφάνεια.

παλάγκο: μικρό χειροκίνητο σύστημα ανύψωσης αντικειμένων.

παντογράφος: ηλεκτρικό μηχάνημα αντιγραφής.

πατέντα: εξατομικευμένη λύση για ένα ξεχωριστό πρόβλημα· καινοτομία· εφεύρεση. Αναφέρεται είτε σε ένα εργαλείο, είτε σε μια μέθοδο, είτε και στα δύο μαζί. Η έννοια της λέξης στα ελληνικά δεν ταυτίζεται απαραίτητα με την έννοια της αντίστοιχης λέξης στα αγγλικά.

πέκι: ευθυγράμμιση, επίπεδο, τετράγωνο ή κλίση.

πήχη (πληθ. πήχες): λεπτή, ίσια και επιμήκης ράβδος.

ποντάδόρος: ειδικό μετρικό όργανο, το οποίο μεταφέρει σημεία ενός γύψινου, πήλινου ή κέρινου προπλάσματος στο ακατέργαστο μάρμαρο που θα χρησιμοποιήσει ο γλύπτης για να φτιάξει ένα αντίγραφο.

ποντάρισμα: η συναρμογή ενός αρχαίου αρχιτεκτονικού μέλους με ένα νέο συμπλήρωμα· η διαδικασία αποκατάστασης (μέσω συμπλήρωσης) ενός μαρμάρινου έργου από το οποίο λείπουν κομμάτια. Αντίστοιχο ρήμα: βάζω πόντα.

ποντίλι: εργαλείο που μοιάζει με το *βελόνι*, αλλά με ίσια άκρη μικρού πλάτους.

πρόναος: το αίθριο στο μπροστινό μέρος ενός ναού της κλασικής αρχαιότητας.

πρόσωπο: η «πρόσοψη» ενός όγκου μαρμάρου, παράλληλη με τα νερά του· η ευκολότερη επιφάνεια για λάξευση· χρησιμοποιείται για κατασκευές με λεπτομέρειες.

ρούτερ (router): πολλαπλών χρήσεων ηλεκτρικό εργαλείο χειρός.

σαμπάνι: σύστημα ανύψωσης και μεταφοράς αντικειμένων μεγάλου βάρους· ο γάντζος, το συρματόσχοινο και ο ιμάντας που κρατάει το συρματόσχοινο.

σαπιόπετρα: είδος σχιστόλιθου της Τήνου.

σβουράκι: χειροκίνητο τριβείο.

σηκός: το κύριο μέρος αρχαίου ναού όπου ήταν τοποθετημένο το άγαλμα της θεότητας στην οποία ήταν αφιερωμένος ο ναός.

σήκωμα: η διαδικασία ασφαλούς μετακίνησης ενός μεγάλου όγκου μαρμάρου.

σμυρίγλι: η σμύριδα Νάξου (ένα τραχύ πέτρωμα που χρησιμοποιείται ως λειαντικό) στην τοπική διάλεκτο.

σπαθιές: κοψίματα, ραγίσματα· ψεγάδια του μαρμάρου.

σπαθοκομμοί: εγκάρσια ραγίσματα· ψεγάδια του μαρμάρου.

σπόνδυλος: λίθινο κυλινδρικό τύμπανο, τμήμα ενός κίονα.

σταγόνες: μικρές υδαταπωθητικές κυλινδρικές ή κωνοειδείς προεξοχές στο επιστύλιο ναών δωρικού ρυθμού.

στέλα: η μεταλλική βάση του *πονταδόρου*· συνήθως έχει σχήμα Τ ή Γ.

σχιστήριο: εργοστάσιο κοπής και λείανσης μαρμάρου.

τσιμέντο Δανίας: λευκό τσιμέντο από το Άλμποργκ της Δανίας· τσιμέντο Πόρτλαντ ταχείας πήξης με ισχυρή πρόωρη (δύο ημέρες) και στάνταρ (είκοσι οκτώ ημέρες) αντοχή· παράγεται από εξαιρετικά καθαρό ασβεστόλιθο και λεπτή άμμο και θεωρείται μοναδικό για το λευκό του χρώμα, τη σταθερότητα, τη χαμηλή περιεκτικότητα σε αλκάλια και την υψηλή αντοχή στις θειικές ενώσεις.

υπέρθυρο: διακοσμητική τοξωτή (μαρμάρινη, εν προκειμένω) κατασκευή που κλείνει το επάνω μέρος μιας πόρτας ή ενός παράθυρου, με σκαλίσματα και ανοίγματα τα οποία αφήνουν το φως να περνάει.

ΥΣΜΑ: Υπηρεσία Συντήρησης Μαρμάρων Ακρόπολης· υπάγεται στο Υπουργείο Πολιτισμού.

φαγάνα: μεγάλο οδοντωτό καλέμι.

φίλερ (feeler gauge): μια σειρά από μικρά ατσάλινα ελάσματα διαφορετικού πάχους που χρησιμοποιούνται για τη μέτρηση διάκενων.

χοντρό: το μάρμαρο που πρέπει να αφαιρεθεί από έναν όγκο μαρμάρου πριν αρχίσει η λεπτομερής λάξευση· μια άλλη λέξη για το *άπεργο* και τον *καμπά*.

χωροβάτης: τοπογραφικό όργανο που χρησιμοποιείται για τη μέτρηση υψομετρικών διαφορών.